现代商业网点规划理论与实践

朱皓云　等著

中国财经出版传媒集团
中国财政经济出版社

图书在版编目（CIP）数据

现代商业网点规划理论与实践 / 朱皓云等著. --北京：中国财政经济出版社，2020.12
ISBN 978-7-5223-0093-1

Ⅰ.①现… Ⅱ.①朱… Ⅲ.①商业网点-规划-研究 Ⅳ.①F713.1

中国版本图书馆 CIP 数据核字（2020）第 185437 号

责任编辑：樊　闽　　　　责任校对：李　丽
封面设计：北京兰卡绘世　　　　责任印制：张　健

中国财政经济出版社 出版
URL：http：//www.cfeph.cn
E-mail：cfeph@cfeph.cn

社址：北京市海淀区阜成路甲 28 号　邮政编码：100142
营销中心电话：010-88191522
天猫网店：中国财政经济出版社旗舰店
网址：https：//zgczjjcbs.tmall.com
北京富生印刷厂印刷　各地新华书店经销
成品尺寸：170mm×240mm　16 开　26.25 印张　408 000 字
2020 年 12 月第 1 版　2020 年 12 月北京第 1 次印刷
定价：98.00 元
ISBN 978-7-5223-0093-1
（图书出现印装问题，本社负责调换，电话：010-88190548）
本社质量投诉电话：010-88190744
打击盗版举报热线：010-88191661　QQ：2242791300

序　言

近年来，商业领域的进化不仅仅超出人们的想象，甚至使研究者感到迷惑，如复杂而多变的商业模式、融合地域人文的消费特征、穿越时空和技术边界的商业形态等。同时，城市的发展也具有迷人的色彩，城市和乡村的边界是更加清晰还是更为模糊？城市的商业功能和其他功能的关系是更为独立还是更为融合？这些现代城市和商业的特征使城市商业规划变得更具挑战性。比如，电子商务的发展是否需要减少线下商业的使用面积，人们的生活节奏越来越快，商业是跟随居住和工作固定布局还是跟随交通动线流动，商业综合体究竟应该承载什么功能？城市的商业应该体现什么样的城市文化，一个城市和另一个城市之间的商业究竟是什么样的关系，等等。这些疑问成为从事商业研究和规划的研究者无时无刻不在考虑的问题。

从2001年原国家经贸委印发《关于城市商业网点规划工作的指导意见》至今已过去了20年，虽然商务部已于2004年出台《城市商业网点规划编制规范》，但行业内仍然没有系统性的商业网点规划理论和编制指导书籍。商业网点规划作为国土空间规划中的专项规划，有着衔接商业发展需求和城市空间用地布局的重要意义，既指导商业有序发展，也帮助国土空间规划明确城市中的商业用地需求。在编制过程中我们发现，规划编制者、实施者和相关使用者存在对内容深度、概念定义、概念关系理解不一致的现象，存在对规划理论、发展规律、编制思路、编制方法等缺乏系统性认识的情况，也存在规划应用难、管理难的问题。本书是我们在大量的规划编制与实践的基础上，通过思想方法的提升，对商业网点规划编制中的概念、思想、方法、内容、深度进行全方位的归纳总结而形成的、用以指导规划编制的操作理论。我们期望在对商业网点的规划编制工作进行指导的同时，也为希望了解商业网点的相关人员提供清晰的商业网点有关概念认知和规划体系框架，并对现代商业有一个更为全面的认识。

本书具有以下特征：(1) 本书既基于《商业网点规划编制规范》的相关要求，又结合新的商业发展理念，内涵和外延都更大；(2) 部分章节深度略大于《商业网点规划编制规范》的相关要求；(3) 在介绍核心经典规划理论、研究方法、发展规律的同时，更多地探讨了新的发展思想、发展趋势、技术方法；(4) 结合实践情况，对《商业网点规划编制规范》中少量的专有名词进行修改或更清晰的解释。

商业网点规划的编制过程既包括对市场发展的自身规律的研究和把握，也涵盖对城市规划的系统性、指标性特征的反映和表达，规划内容庞杂。规划体系既有从宏观到微观的纵向综合性内容，也有各类规划对象的横向体系等专项内容。全书共四篇：

第一篇为概念与理论篇，是基础知识介绍篇，主要介绍商业网点规划的概念、主要编制内容、核心原理和商业网点规划的基础价值观，其目的是帮助读者构建一个商业网点编制工作的基本内容框架和思路来源框架，最终便于读者理解方法篇、规划篇、前沿篇中的逻辑思路和有关规划内容。

第二篇为调研与分析篇，是为规划定位、体量预测、规划布局提供思路和支撑依据的过程，调研与分析篇帮助读者理解蕴含在商业网点规划编制背后的相关影响因素、资料收集方法和资料分析方法。技术方法的恰当运用为我们规划编制提供合理的依据和支撑，是商业网点规划科学性的集中体现。结合最新网络技术，我们特编写大数据应用章节，将大数据在商业网点规划实践中如何帮助我们提高规划准确性的应用进行初步介绍。

第三篇为规划布局篇，是本书的核心内容，包括构成商业网点规划的三类核心对象（即商业空间、网点、业态）的分类专章（空间体系布局、商业中心规划、商业街规划、大型零售网点规划、综合体规划、农贸市场规划、商品交易市场规划、业态规划等），同时我们还介绍了商业网点的相关规划内容（商业设施、商贸物流和再生资源规划）。在书籍阅读过程中，读者们可以时刻感受到规划整体性与分类专章中的各类规划对象的紧密联系，那是由于空间、网点、业态彼此间存在的联系与影响决定的，而这些联系与影响也是本书论述的重点内容，将在各章节中详细展开。

第四篇为前沿思考篇，主要对商业网点中的新思考、新问题进行总结。

本书由朱皓云博士及其团队共同写作。朱皓云博士为本书的主要策划人和作者，共同作者还包括：周婉欣、段薇、姚竹羽、李宝强、邓瑶、付伟、柴之蔚、苏静、张强、叶丽群、李静芸、陈菁、李云劼、吕昕怡。

在本书编写过程中，我们查阅了大量论文著作和文献资料，特向作者表示感谢。本书大量案例基于四川省各市州及区县，因此对支持作者团队的各市州和各区县商务部门表示衷心感谢。由于商业发展变化迅速和我们有限的认识水平，书中难免存在欠清晰、不准确的内容，我们将通过未来更多的规划实践，对本书相关操作理论进行检验，也望读者批评指正，共同推动行业理论和技术方法的进步。

朱皓云

2020 年 6 月

目 录 ■■■■

第一篇　概念与理论篇

第二篇　调研与分析篇

第三篇　规划布局篇

第四篇　前沿思考篇

第一篇

概念与理论篇

作为全书的开篇，我们从商业网点的起源入手，进而转入现代商业网点规划的概念，详细阐述了将本书命名为《现代商业网点规划理论与实践》的原因，为读者即将在本书中读到的“新思想，新技术，新业态和新趋势”留下印象。然后，我们引导读者初步了解“空间、网点、业态”这三个现代商业网点规划编制中主要对象的基本概念，以便初次学习商业网点规划的读者在进入规划理论和规划编制内容框架的剖析之前对规划对象建立初步概念。随后，我们详细剖析了商业网点规划编制成果的基本内容和成果展现形式，借此为读者搭建一个较为清晰的编制工作需求框架。本篇中，我们还详细介绍了商业网点规划中的常用规划原理，帮助读者把握与商业发展、网点布局相关的基本城市发展规律、经济发展逻辑和规划方法。最后，阐述了我们在商业网点规划中坚持的价值观，以奠定我们在商业网点规划编制中使用的编制方法和相关取舍的思维基础。总的来说，本篇内容是为读者理解本书后续章节内容进行编制的，是读者需要了解的概念和理论基础。

第一章　现代商业网点规划的概念与内涵

一、商业网点的发展历程

中国古代商业产生于先商时期，有了最早的职业商人和货币；而后秦朝统一货币和度量衡，大力修建道路，促进了商业的发展，并于西汉时期在长安、洛阳等大城市形成了专供贸易的“市”，且设有专职官员进行管理；到了隋唐时期，由于政治统一，农业手工业发展和大运河开通，使得政通人和，长安、洛阳、扬州成为闻名中外的商业大都市，出现了“市坊分隔”“市白天定时开放”的现象，农村集市有了进一步发展，出现了市镇；宋元时期打破了日中为市的限制，夜市开始兴盛，在商业形式上打破了市坊界限，店铺随处可设，并在城市中出现不同类型的集市。随着城市规模和人口的扩张，城市的管理者开始对各类商业活动和设施设置进行设计和管控，以期使城市更为合理地发展。经过漫长的发展，我们将为生产经营和居民生活提供商品和服务的实体经营场所①称作“商业网点”，主要包含零售商业网点、商品交易市场、住宿餐饮网点、生活服务网点和相关专业服务网点②等。

当下，商贸流通业（以下简称“商业”）作为服务业的核心内容，其发展的优劣很大程度上决定了当地服务业发展的好坏，作为商业发展实际抓手的商业网点亟须进行合理的发展引导。因此，商务部在2001年发布了《关于

① 《商业网点分类》（GB/T 34401－2017）。

② 相关专业服务网点包括物流配送、租赁、会展、典当、拍卖、法律、咨询、旅游服务等。

城市商业网点规划工作的指导意见》，要求在全国直辖市、省会城市、计划单列市及沿海开放城市，制定大型百货店、综合及专业仓储式超市、连锁店、综合及专业商品交易市场的网点规划，并明确提出规划的原则和要求；2002年经贸委发布的《“十五”商品流通行业结构调整规划纲要》中明确提出，要将制定城市商业网点规划、实行听证制作为推动城市商业结构调整、促进现代流通发展的主要措施之一；2004年发布的《商务部关于印发〈城市商业网点规划编制规范〉的通知》促使商业网点规划的编制工作逐步规范化和标准化；同年发布的《商务部办公厅关于抓紧做好地级城市商业网点规划工作的通知》中指出，将开展地级城市商业网点规划工作，将以大型零售商店、批发市场、商品交易市场、物流基地为核心，按照相关原则和具体要求开展商业网点规划工作；2007年发布的《商务部办公厅关于做好县级城市商业网点规划工作的通知》中决定在全国开展县级城市商业网点的规划编制工作，相关指导思想、基本原则、规划内容和程序等应按照《商务部、建设部关于做好地级城市商业网点规划工作的通知》（商建发〔2004〕18号）、《商务部关于印发〈城市商业网点规划编制规范〉的通知》（商建发〔2004〕180号）的规定和要求执行。

纵观整个商业网点的发展变化，其实也是人类活动历程的变化，从自发形成、野蛮生长到聚集组合、有序发展，人类活动的变化就是商业网点发展的方向。但由于资源的有限性，对商业网点进行合理的计划和设计，将规划地的资源利用和自身发展达成效率最大化是必不可少的。

二、现代商业网点规划的概念

商业网点规划属于国土空间规划体系中的专项规划，由商务主管部门牵头编制完成。核心任务是以建立统一开放、竞争有序的商品市场体系为目标，以满足市场需求和提高人民生活水平为出发点，以调整商业空间结构和优化商业网点布局为主线，注重发挥市场配置资源的基础作用，避免低水平重复建设和无序竞争，促进社会和经济的协调发展。[①]

① 《商务部　建设部关于做好地级城市商业网点规划工作的通知》（商建发〔2004〕18号）。

按照有关要求，商业网点规划的编制范围主要是县级以上城市，所以商业网点规划的全称一般是“城市商业网点规划”。将规划编制的范围限定在城市，这是由我国城乡行政体系中城市和乡村的不同功能所决定的。一般我们认为城市是区域经济活动的中心，具有很强的聚集作用，其所辖区域内的镇、乡以市为中心开展经济活动。镇、乡本身的经济聚集能力较小，而商业作为一种具有很强聚集性的产业，一般在城市区域活跃发展。

本书所述的现代商业网点规划的概念基本等同于“城市商业网点规划”①，即“根据城市总体规划和商业发展的内在要求，在充分反映城市商业发展规律的基础上，对城市未来商业网点的商业功能、结构、空间布局和建设规模所做的统筹设计”。本书以“现代商业网点规划”进行命名，是因为在最新的规划实践中，我们运用了现代化的信息技术手段，考虑了城乡统筹、人民美好生活对商业发展的新要求，结合了最新阶段城市发展、商业发展趋势和新兴业态进行规划。由于这些新的趋势、需求和技术手段带来的变化，商业网点规划的规划对象如购物中心、百货店、超市、餐饮店等，已大大超出它们的传统概念范畴，商业空间也从原来对零售和服务业的发展布局，向着城乡多功能融合的方向发展。因而本书的“现代商业网点规划”较“城市商业网点规划”有着更现代的规划思想、更新的技术手段和更丰富的商业发展内涵。

本书认为，**现代商业网点规划是指根据国土空间规划和商业服务人民需求的内在本质，在充分反映商业发展规律的基础上，结合当代新思想、新技术、新业态、新趋势，对商业网点模式、功能、结构、空间布局和建设规模所做的统筹设计**。为方便阐述，本书下文中“商业网点规划”均指“现代商业网点规划”。

三、规划的主要对象

根据《城市商业网点规划编制规范》和规划实践经验，商业网点规划的主要编制对象可以分为三类，即商业空间、商业网点和商业业态。明确其概

---

① 《城市商业网点规划编制规范》（商建发〔2004〕180 号）。

念内涵是理解商业网点规划的重要步骤，这里我们仅提出这三类对象的定义和基本分类，其定义来源、演变、之间存在的相互关系由于涉及内容较多且侧重点不同，我们将在大型零售网点和业态与业种两章中详细阐述。

商业空间，是指各类商业网点和业态在一定范围内集聚而形成的以商业和服务业为主要功能的城市空间，规划中常见的商业空间主要包括商业中心或商圈、市场集群和商业街（区）。

商业网点，是指为生产经营和居民生活提供商品和服务的经营场所，一般包括商品流通类网点和服务类网点。商品流通类网点根据经营范围和经营方式的不同分为零售网点、商业综合体、商品交易市场、商贸物流设施和相关专业网点；服务类网点根据服务内容不同分为餐饮服务网点、住宿服务网点、居民服务网点和其他服务网点。①

商业业态在学术和日常工作中，还缺少明确的共识和标准化分类体系。本书中业态包含两层含义：第一，按照零售类业态分类标准，业态是指商业的经营方式或商品销售方式，如超市、便利店、专业店等。然而，此类划分方式只针对零售业态，无法有效涵盖到服务类和批发类。于是，在规划实践中，我们借鉴起源于日本的“业种”的概念，对业态进行二次定义，即业态是指以经营方式和销售的产品或提供的服务的类型进行分类的经营类型。在此基础上，我们将业态分为三级业态，第一级，零售类、服务类和批发类。第二级，零售类业态，按照经营方式或商品销售方式分为超市、专卖店、购物中心等；服务类业态，按照服务类型分为餐饮服务、生活服务、休闲娱乐服务；批发类，按照批发商品的种类分为综合类和专业类。第三级，在第二级业态的基础上，还可以根据销售产品的具体种类进行细分，如生鲜超市、综合超市、小吃店、饮品店等；专业批发市场有生产资料市场、日用品市场等。

四、规划流程

通常情况下，商业网点规划在签订合同后，开始调研工作，通过对资料

---

① 《商业网点分类》（GB/T 34401－2017）。

的分析研究，按照编制要求形成规划初稿，初稿在征求相关部门意见并修改后形成评审稿，评审稿经过专家评审后修改形成报批稿，报批稿报请市委市政府审批后公示形成最终成果，到此整个规划结束。上述过程通常需要一年，整个规划流程详见图 1－1。

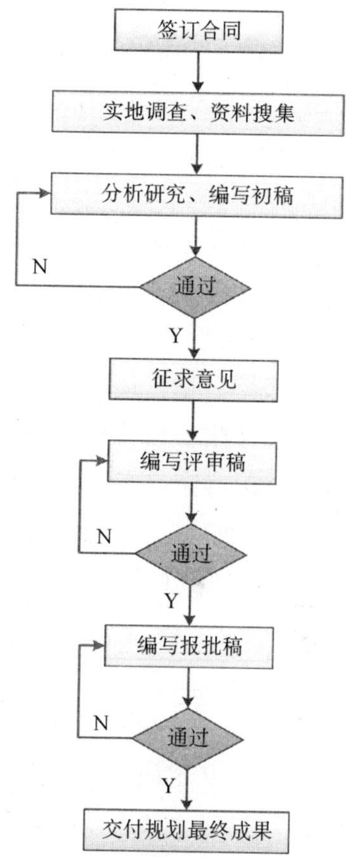

图 1－1　商业网点规划流程图

五、规划成果的一般形式

商业网点规划的成果是由规划文本、规划图则和规划附件三个部分组成。规划文本和规划图则具有同等法律效力，是规划成果的核心；规划附件是对规划文本的具体解释和规划工作的补充叙述，包括规划说明和基础资料汇编。

六、规划成果的主要内容

商业网点规划一般包括：规划背景、上版规划评价、规划范围和对象、规划期限、规划依据、指导思想、规划原则、系统性分析、网点设置标准、规划定位和发展目标以及商业网点布局规划。

（一）规划背景

根据规划地区的实际情况，阐述商业网点规划编制的原因、需求和意义。通常情况下商业网点规划编制可以分为两种情况，第一种是按照相关文件要求首次编制商业网点规划，第二种是现有的商业网点规划已不能有效指导商业有序科学发展而进行修编或重新编制，常见的原因有行政区划调整、国土空间规划（原城市总体规划）修编、重大设施建设等。无论哪种情况，商业网点的核心任务都是以建立统一开放、竞争有序的商品市场体系为目标，以满足市场需求和提高人民生活水平为出发点，以调整商业空间结构和优化商业网点布局为主线，注重发挥市场配置资源的基础作用，避免低水平重复建设和无序竞争，促进社会和经济的协调发展。

（二）上版规划评价

对于重新编制或规划修编的商业网点规划，上版规划评价是一项具有重大意义的前期工作。上版规划评价主要是对上一版商业网点规划的核心规划内容，特别是商业空间结构和大型网点和设施规划进行总结，并通过规划调研，检验规划实施情况。在此基础上，总结规划实施中完成情况和面临问题，明确现阶段商业发展情况，指导新版规划结合发展中的问题更有针对性地展开调研和编制工作，同时也使商业网点规划更具有延续性，避免由于重复建设带来的不经济现象。

（三）规划范围和对象

规划范围以城市行政区所辖的地域为规划范围，其中重点为国土空间规划中确定的中心城区范围。

规划对象一般包括商业中心、商业街、零售网点、餐饮网点、文化娱乐网点、生活服务网点、商业综合体、农贸市场、商品交易市场、商贸物流设施。根据项目所在地的实际诉求，也可能包括汽车服务网点、再生资源网点等其他类型网点，但不超出《商业网点分类》定义中确定的商业网点范畴。

（四）规划期限

商业网点规划的期限通常在20年左右，可分为近期和远期。近期期限应当与国民经济和社会发展规划期限一致，特殊情况下也可与国土空间规划（城乡总体规划）中的近期期限一致；远期期限应与国土空间规划（城乡总体规划）的期限一致。

（五）规划依据

规划依据相关的法律法规、国土空间规划（城乡总体规划）、控制性详细规划、国民经济和社会发展规划、各类相关专项规划等。作为城市总体规划层面的专项规划，商业网点规划用地布局、规划定位、功能布局等的核心依据是城市总体规划。

（六）指导思想

以科学发展观为指导，以扩大消费、引导生产、改善民生为宗旨，以构建现代流通网络为目标，不断提高商业网点规划的质量和水平，着力推动商业网点规划的实施，促进商业网点建设全面、协调可持续发展。

（七）规划原则

商业网点规划要充分结合地方交通区位条件、资源环境优势、经济社会发展情况及产业发展特点等要素，并与国土空间规划（城乡总体规划）、国民经济和社会发展规划及其他相关规划相衔接，遵循商业发展原理，实现城乡统筹、惠民利产、因地制宜、实效前瞻的规划原则。

“城乡统筹、惠民利产”是指要以人为本、远近结合，要进行结构调整、布局优化，但要协调发展并且改造和新建相统筹；“因地制宜、实效前瞻”是要坚持可持续发展，大型商业网点设施建设要与中小商店结合发展，规划调控要与当地的市场机制相结合，并且要不断更新规划技术。

（八）系统性分析

系统性分析是进行科学规划的重要过程，是通过对商业发展相关要素的全面分析，确定商业发展定位、发展目标和规划思路的过程，一般包括政策和规划解读、内外部发展环境分析、商业发展趋势分析、商业网点现状分析等。

（九）网点设置标准

商业网点设置标准包括面积标准、选址标准、服务半径和业态设置标准。由于各城市商业网点的发展需求不同，网点设置标准存在一定差异，但一般结合各类规范要求进行浮动设定。

（十）规划定位

规划定位即商业发展定位，一般用来表示商业未来一段时期内的发展方向，具有强烈的未来指向性，是商业网点规划编制工作的首要任务。只有在确定规划定位的明确的前提下，才能提出更加具体的发展目标和设置可执行的实施任务。

（十一）发展目标

规划目标通常情况下是以“两大层次、三类指标、近远结合”的目标结构体系体现的。其中“两大层次”是指总体目标和具体目标两个层面，总体目标是对商业网未来发展蓝图的定性描述，它的确定要考虑城市定位、产业特点和历史人文等要素来进行综合分析，具体目标要确定规划中的详细指标；“三类指标”是指经济类、商业类和布局类；“近远结合”是指要结合城市的实际情况，按照近期与远期提出。目标结构体系详见图 1－2。

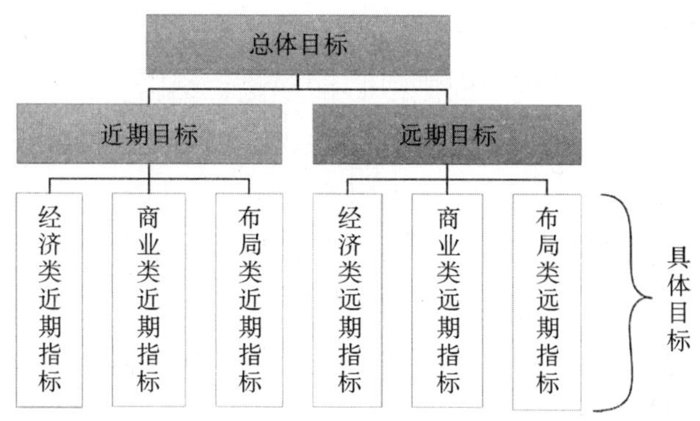

图1－2　商业网点目标结构体系示意图

（十二）商业网点布局规划

商业网点布局规划主要是解决四大问题，分别是商业发展的空间结构问题、各类网点的分布问题、各类业态分布和组合问题以及商业体量分布问题。

因此，商业网点布局规划就是围绕解决这四大问题来开展的，主要内容包括商业空间规划（商业总体空间结构规划、各级商业中心规划、商业街区规划）、商业网点规划（大型零售网点和商业综合体规划、农贸市场规划和商品交易市场规划），以及蕴含在各类商业空间中的业态和体量规划。

1. 商业空间规划

商业空间规划是指在系统性分析商业网点分布运营现状、客流动向、交通状况、商业环境、历史文化传承、城市发展结构、城市分区功能等因素的基础上，对商业发展在城市空间上做出的统筹安排设计。具体来说，它包括总体空间布局、各级商业中心规划、商业街（区）规划三个内容。

（1）商业总体空间布局规划。商业总体空间布局是城市商业活动、相关产业和有关建筑空间组合的综合反映，是在国土空间规划的城市用地布局的指导下，在充分了解项目所在地商业网点发展现状的基础上，结合商业发展的趋势和消费者的消费习惯后，对商业发展需求在空间上的统一安排。商业总体布局的合理性，关乎城市商业发展、商业设施建设和管理的有序性、实用性和商业发展的长远效益。一般来说商业总体空间布局按照“核心——轴线——节点”的点线面网络格局进行设置。我们需要注意的是商业空间结构既是相对稳定的，也是动态变化的，它随着商业功能需求、城市空间结构等因素的变化而变化。

（2）各级商业中心规划。根据中心地理论，结合我国城市商业空间结构相关研究成果，以及我国商业网点规划的实践，城市商业中心按照商业功能、规模和辐射能力可以分为三级，即市级商业中心、区域商业中心和社区商业中心。各级商业中心在城市空间上的分布，基本构成了大多数城市的整体商业空间结构。一般来说，规划中我们所指的各级商业中心均为零售和服务业为主要功能的商业中心，但不排除有的城市的市级商业中心具有批发或者批零兼售功能（见图 1－3）。

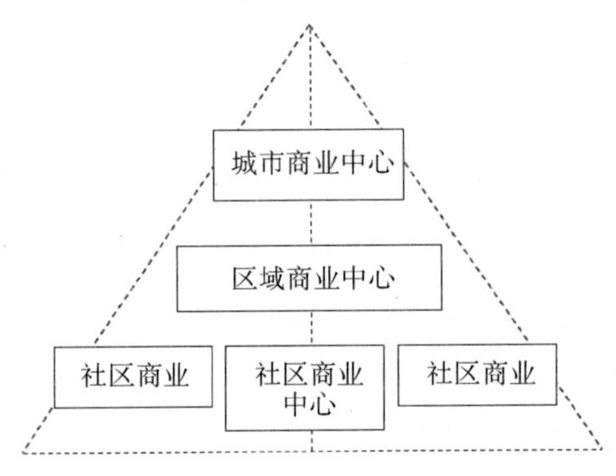

图 1－3　商业中心结构示意图

根据城市商业发展的需求，一般城市可以发展 1～3 个市级商业中心，一些特大城市结合本地人口的情况则可有多个；根据城市区划和人口情况设置若干个区域商业中心；而社区商业中心的发展则不受数量的限制。根据级差地租理论，由于不同业态的商业网点对地价的承受能力有别，会相应选择与其承受能力相适应的商业中心，由此形成功能各异的商业中心。因此在商业中心规划时，必须对三级商业中心的功能做出明确的定位，实现差异化发展。

市级商业中心的主要功能是满足全市常住居民以及游客对高档次、特殊类型商品的需求，人们在此更多地追求休闲、娱乐等享受型服务。因此，市级商业中心在业态发展上应该强调高档化、精品化、时尚化，重点发展名店、特色店、老字号店、百货店及餐饮娱乐网点等，由于地价较高，通常限制设置占地面积较大但功能较为单一的大超市与仓储式商店。

社区商业中心属于属地商业，其主要功能是满足当地居民日常生活用品、一般消费品及服务的需要。因此，其商业网点发展应该强调便民化、大众化，重点发展日用品店、便利店、食杂店、水果店、书报刊亭以及理发店、维修店等商业网点。

区域商业中心在规模等级和功能定位上介于市级商业中心和居住区（社区）商业中心之间，可结合各区域的特色，以及商业发展的基础条件，分别突出购物、交易、餐饮、娱乐、文化休闲、服务等功能，形成各自特色。

但需要特别注意的是，随着我国城市化进程的推进，在一些城市已经出现“逆城市化”[①] 端倪，因此在编制规划时，必须高度重视这一趋势，适度超前规划，在城市的新兴发展区、工业区等人口集中区域促进社区商业中心的形成，部分有条件的区域可以超前规划区域商业中心。市级、区域商业中心规划要素见表 1－1。

表 1－1　　市级与区域商业中心规划要素表

名称	宜以城市、地名、街道名称或标志性建筑命名
四至	对城市商业中心或区域商业中心聚集的商业设施的总体用地范围进行描述，描述的内容可为“四至”情况，或以主要商业设施为中心，各方向延伸情况
功能定位	对城市商业中心或区域商业中心具有的商业服务功能，以及在商业发展体系中所处的地位和主要服务对象进行描述
规模	依据功能定位和未来服务人口规模，结合用地规模和现有商业网点存量情况确定商业中心的基本商业规模
发展导引	业态结构：根据商业功能区的定位，确定商业网点的主要组成 调整优化：设施形态、经营档次、经营方式、服务技术手段等方面的创新优化 设施配套：主要包括服务性设施和景观性设施的配套要求
大型商业网点设置原则	购物中心、百货店、大型超市、专业店、专卖店设置要求
大型商业网点规划布局	单核或放射性单核结构、双核结构、凝聚式结构、多核结构等规划布局模式
商业中心公共设施配套	相关的服务性的公用设施* 和景观设施规划** 等
文化活动	营造商业氛围、宣传商业文化所策划的各种文化活动

说明：* 服务性的公用设施包括过街通道、停车场、座椅、废物桶、电话亭及报刊亭等；

** 景观设施包括景观小品、绿化、水体及广场等。

① 逆城市化：人口从大城市和主要的大都市区，向小的都市区、小城镇甚至非城市区迁移的分散化过程。主要原因是城市居民对生活环境自然化倾向的追求、大城市工业向外寻找廉价的土地和劳动力，以及交通和信息技术的发达。

(3) 商业街（区）布局规划。商业街（区）是一种重要的商业空间，但从整体商业空间结构来看，它一般是某一级商业中心的组成部分。商业街（区）是由众多专业店、专卖店、餐饮店、服务网点聚集而成线性商业空间，可分为综合型商业街和专业型商业街。

商业街的规划、建设与发展是发展现代商业的重要组成部分，也是商业网点规划的重点之一。在规划商业街时，要求在对现有商业街现状分析[①]的基础上，对未来商业街的发展方向、总体布局、发展重点以及对商业街的建设、改造、提升与完善等方面给予引导，并提出相应措施；其中最为核心的内容是如何突出商业街特色、营造美观的商业景观、丰富文化和传统内涵以及发挥旅游功能等，需要提出相应的对策来促进商业街有序稳定地发展。与此同时，要注重商业街配套设施的建设，包括交通设施、公用设施、绿化设施、卫生设施、信息设施、景观设施等，并对购物环境进行改善，如配备相应的旅游休闲、餐饮、娱乐等设施（见表 1－2）。

表 1－2　　商业街规划要素表

规划要素	综合型商业街规划	专业型商业街规划
功能定位	集时尚购物、商务办公、餐饮娱乐、文化休闲、都市观光等功能于一体；服务于本市市民以及各类商务人员和海内外观光游客	根据所处区域的人流、消费能力以及当地文化特色来确定
区位	一般位于城市商业中心或区域商业中心，是商业中心的核心载体；有立体化、网络化的便捷交通相配套	一般是历史形成的商业街区。有些专业商业街位于城市商业中心区或周边区域，成为商业中心多元化特色的有机组成部分；有些商业街位于商业中心外，往往以其特色成为吸引广域范围内人口的重要商业聚集区
规模	500～1000 米	200～500 米
业态结构	业态结构是“1＋2＋N”，“1”代表购物中心或百货店，“2”代表专业店，“N”则代表不同种类的品牌店；商业占 30%～35%，餐饮业占 20%～25%，休闲服务等占 30%～40%	商业街的建设和经营上，要加强前期整体规划和统一招商，要邀请经济、商业专家对商业街的功能布局、业态结构、经营结构进行充分的研讨和论证，树立和强化商业街的特色
景观规划	综合考虑街区服务性设施、景观环境、文化环境的建设	

① 商业街现状分析包括现有商业街空间布局、数量结构、发展特征等。

2. 商业网点规划

按照《商业网点分类》，结合规划实践情况，我们需要在空间上进行规划布局，并在图则中落实其用地位置的商业网点类型，包括大型零售网点、商业综合体、农贸市场和商品交易市场。而其他类型的网点，比如中小型零售网点、餐饮服务网点、娱乐服务网点、生活服务网点由于一般规模较小，不足以形成单独用地，我们将其作为商业空间或大型网点的业态进行描述性规划。

（1）大型零售网点和商业综合体规划。大型零售网点和商业综合体是承载城市商业活动的最主要的实体经营场所。作为城市中最主要的商业活动载体，大型零售网点和商业综合体在促进城市繁荣、改善营商环境、提升购物体验、满足居民消费需求、提升商业竞争力和增强城市商贸辐射力等方面具有重要的作用。然而，由于这类网点的体量巨大，一旦建设将对城市局部区域的商业格局、城市空间、道路交通带来较大影响，因此规划时需慎重设置，不可盲目发展，应规避商业体量过剩、城市空间压抑、局部交通拥堵等问题。

因此，此类大型网点的规划布局，必须在综合考虑城市现有大型商业网点分布情况、人口分布及变化情况、商业集聚效应、区位交通条件和消费者行为的基础上，秉持统筹兼顾、重点突出、特色明显、以人为本等原则下，根据大型商业网点与人口的对应关系，[①] 提出大型商业网点空间布局指引和分区、业态的调控导引，并在此基础上提出重点提升和新建的大型零售网点发展规划（包括选址、营业面积、功能定位、相关配套设施等）与建设时序。

（2）农贸市场规划。农贸市场，即以食用农产品零售为主的市场，是和居民生活关系最密切的网点类型。在商业网点规划中，农贸市场也往往是最受市民和有关部门关注的网点类型。农贸市场作为服务于限定区域居民的商业网点类型，一般以满足一定的服务半径和覆盖率作为农贸市场规划的重要标准。另外，随着居民生活品质的提高，除了农贸市场数量外，市场风貌、产品质量、服务质量等品质提升内容也成为农贸市场规划的焦点问题。因此，在老旧城区，农贸市场提升改造成为规划的重点内容。

① 具体对应关系可参考《城市商业网点规划资料汇编》。

（3）商品交易市场。商品交易市场在商业网点规划中是指常年进行现货交易的固定场所，经营方式一般以批发为主，也可批零兼售。商品交易市场规划在商业网点规划中是较为独立的规划体系，规划的主要内容应至少包括商品交易市场体系空间布局、市场类型规划、发展指引三项。由于商品交易市场和当地区位交通、产业类型、市场竞争力、城市用地条件等因素息息相关，在规划布局中需要整体考虑，在适合的位置布局符合城市发展需求、满足市场用地条件的商品交易市场类型。

3. 商业业态规划

商业网点规划对网点的空间布局和产业发展都具有调控和指导作用，因此对商业主要业态进行规划也是商业网点规划的主要内容之一，商业业态包括零售类业态、服务类业态和批发类业态。

（1）零售类和服务类业态规划。零售类和服务类业态规划一般是结合大型零售网点规划中的购物中心、商业综合体和各类商业空间进行设置的。业态规划注重的是对特定商业空间内业态的组合配置，而非业态的空间布局，因此业态规划一般按照特定商业空间的功能需求、服务范围等特征，结合各业态之间的兼容关系，分为鼓励发展型、控制发展型和禁止发展型进行组合配置。零售业态的规划不宜过细，应从大处入手，只需对各商业业态的布置原则、设置标准导向做出相应的界定即可，这样既可增加规划的灵活性，又能为商务主管部门管理商业网点提供参考，使规划不失可操作性。

根据《国家零售业态分类标准》（GB/T 18106－2004）和规划实践，规划中的零售业态主要包括食杂店、便利店、折扣店、超市、大型超市、仓储会员店、百货店、专业店、专卖店、家居建材商店、购物中心、厂家直销中心等业态。服务类业态包括餐饮服务类、文化娱乐类和生活服务类。

（2）批发类业态规划。由于批发类活动多在商品交易市场内进行，因此对批发类业态的规划通常通过对商品交易市场的规划来达成。商品交易市场按照经营方式可分为批发、零售以及批零兼营三种类型；按照经营商品类别可分为综合市场和专业市场两大类。

规划时应当顺应现代流通发展趋势，结合各区域产业特点，以布局调整、资源整合、功能创新为发展思路，加强商品交易市场的软、硬件建设，创新交易方式等。在编制商业网点规划时，必须对各专业批发市场（包括新建、整合、改扩建等）的功能定位、建设规模、建设地点、建设年限与时序等有相应的界定，以增加规划的可操作性（见表1－3）。

表1－3　商品交易市场规划要素表

名称	一般以企业名称或街道名称命名，应在名称中突出市场特色
区位	描述市场的地理位置
规模	描述市场的用地规模
功能定位	根据经营商品类型、区域经济中的地位和作用等因素进行描述
辐射半径	应根据市场服务对象、市场周边交通现状及发展情况、商品流向、与周边城市商品市场体系的关系等因素进行描述

第二章　现代商业网点规划理论和价值观

规划是对未来特定对象的整体性、长期性、基本性问题的思考和设计未来的行动方案，具有系统性和指导性的基本特点。规划理论是对大量实践经验的归纳与总结，研究并理解现代商业网点规划相关理论，有助于帮助我们深入理解商业和城市发展中的各种现象，把握商业和城市发展的基本规律，在进行商业网点规划时，帮助我们认清商业现状发展问题的本质，并对解决方案提供理性指导。同时，由于规划也是一段时期内的发展部署与安排，具有阶段性和时效性的基本特点。因此，在特定时期、特定情况下的规划价值观，也是影响规划编制思路、规划问题决策取舍的重要因素。本书在这里提出现阶段商业网点规划的理论基础和价值观，是为了帮助读者明确规划编制过程、方法与成果背后的逻辑依据。

一、城市发展理论

（一）区域发展梯度理论

区域发展梯度理论认为经济发展不平衡，就像处于不同的阶梯上，经济好的地区处于高梯度，经济差的地区处于低梯度，在经济好的地区与经济差的地区之间，还有几个中间梯度。有梯度就有空间的转移，高梯度地区首先应用新技术，先发展起来以后随着时间的推移，逐步有序地从高梯度地区向处于二级、三级的低梯度地区推移。随着经济的发展，梯度推移加快，区域间差距可以逐步缩小，最终实现经济分布的相对均衡。

区域经济梯度推移过程中，有三种效应同时起作用，即极化效应、扩展效应和回程效应，它们共同制约着地区经济发展、商业分布的集中和分散。极化效应作用的结果使生产进一步向条件好的高梯度地区集中；扩展效应使生产向其周围的低梯度地区扩散；回程效应削弱低梯度地区，促成高梯度地区进一步发展。三个效应综合作用的结果就是不断扩大发达地区与不发达地区之间的差别。其中起主导作用的是极化效应，扩散效应和回程效应相互对抗，起到了推波助澜的作用。

在商业网点规划中一般高梯度区域采取创新型的商业发展战略；中梯度区域可实行优化型商业发展战略；低梯度区域可以实行渐进型商业发展战略。

（二）区域发展辐射理论

区域发展辐射理论认为，经济发展与城市现代化进程中的辐射是指经济发展水平和现代化程度相对较高的地区（辐射源）与经济发展水平和现代化程度相对较低的地区进行资本、人才、技术、市场信息等的流动和思想观念、思维方式、生活习惯等方面的传播。通过流动和传播，进一步提高经济资源配置的效率，以更现代的思想理念、思维方式、生活习惯取代与现代化相悖的旧的习惯势力。一般将经济发展水平和现代化程度较高的地区称为辐射源。辐射的媒介是交通条件、信息传播手段和人员流动等。

在商业网点规划中利用区域发展辐射理论思想对城市商业及城市内部片区商业中心发展进行定位，通常高梯度区域定位要辐射中梯度和低梯度区域。

（三）区域发展增长极理论

区域经济发展增长极理论认为，在经济增长过程中，不同产业的增长速度不同，其中增长最快的是主导产业和创新产业，这些产业和企业一般都是在某些特定区域集聚，优先发展，然后对周围地区进行扩散，形成强大的辐射作用，带动周边地区的发展，这种集聚了主导产业和创新产业的区域被称为“增长极”。

增长极的吸收和扩散作用表现为：技术的创新和扩散、资本集中和输出、规模经济效益、产生集聚经济效果。增长极的作用效应表现为三种：一是极化效应，增长极通过推进型产业吸引和拉动周围地区的要素和经济活动不断趋向增长极，从而加快增长极自身的成长；二是扩散效应，增长极向周围地区进行要素和经济活动输出，从而刺激和推动周围地区的经济发展；三是溢出效应，增长极的极化效应和扩散效应的综合影响，如果极化效应大于扩散效应，溢出效应为负值，结果有利于增长极的发展。反之，如果极化效应小于扩散效应，就溢出。效应为正值，结果对周围地区的经济发展有利。

商业网点规划运用区域发展增长极的核心思想，是通过规划能形成城市商业发展新的增长极，进而带动周围区域的商业模式、商业业态、商业内容、商业技术等不断向增长极发展。同时，增长极理论的延伸点轴开发理论，认为高梯度区域大大小小的经济中心（点）沿着交通线路，向低梯度区域纵深发展推移，该理论主要用于指导商业发展的空间结构。

（四）城市体系理论

区域发展的极化和扩散效应，反映在空间层面则是城市空间的聚集与分散。城市体系理论从更广阔的区域层面来考虑，较好地综合了城市发展在空间上的聚集与分散。城市体系理论认为单个城市的存在与发展并非独立的，城市与城市之间存在着相互依赖、相互影响的关系。完整的城市体系分析包括三部分内容，即特定地域内所有城市的职能之间的相互关系、城市规模上的相互关系和地域空间分布上的相互关系。

因此，可以说任何城市的商业发展定位、商业体量和商业中心分布，都和该城市所在城市体系中的等级、承担的职能和所在的区位有直接的关系。在商业网点的规划定位、体量预测和商业中心布局的过程中，我们需要对该城市所在的区域进行分析，以明确其区域范围内的商业职能、辐射范围等内容。而更进一步，城市之间的职能关系可依据经济学的地域分工理论而进行研究。各个商业中心在地域空间上的分布可遵循中心地理论。区域内不同城市的商业规模上的相互关系，可通过“等级—规模分布”理论加以验证。

二、城市结构理论

城市结构是指城市各功能的空间分布组合关系，它是城市功能组织在空间上的投影。城市结构模式则是对城市内在机制和外部联系的抽象和概括。

从城市的土地使用形态来看，1920 年芝加哥人类生态学派提出了经典三理论，即同心圆理论、扇形理论和多核心理论，其空间结构如图 2－1 所示。

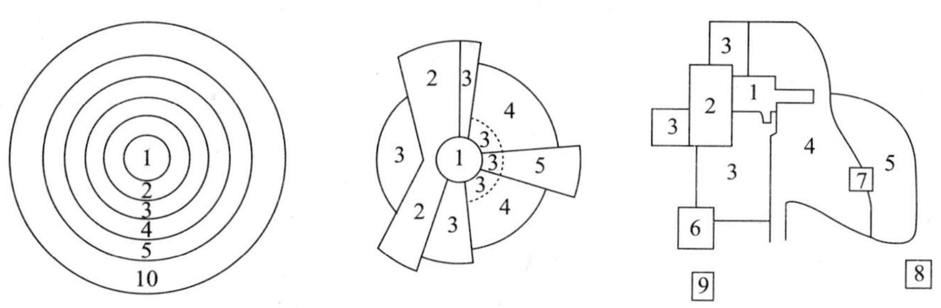

1 中央商务区　2 轻型制造业　3 低阶层住宅区　4 中等阶层住宅区　5 高阶层住宅区
6 重型制造业　7 外围商务区　8 郊外住宅区　9 郊外工业区　10 通勤者居住区

图 2－1　城市空间结构的三种典型理论①

（一）同心圆理论

同心圆理论是伯吉斯于 1923 年提出的，他将城市划分为 5 个同心圆的区域，从里到外依次是：中央商务区——城市的中心，商业、社会活动、市民生活和公共交通的集中点，集中办公大楼、金融机构、百货商店、专业商店、旅馆、俱乐部、公司总部等。过渡区——中心商务区的外围地区，衰变的居住区，集中贫民窟和一些较为低档的商业设施，如仓库、典当行、二手货商店、简便的旅馆和饭店等，成为城市中贫困、堕落、犯罪严重的地区。工人居住区——产业工人（蓝领工人）和低收入的白领工人居住的地方，多从过渡区中迁移出来，以便接近不断外迁的就业地点。中产阶级居住区——主要居住的是中产阶级，通常是小商业主、专业人员、管理人员和政府工作人员等。通勤者居住区——主要是一些富裕的、高质量的居住区，上层社会和中上层社会的住宅集中在此。他强调这些环并不是固定和静止的，而是随着城市的发展不断变化的。

（二）扇形理论

扇形理论是 1939 年由霍伊特提出，认为城市整体而言是圆形的，城市的

① 唐子来．西方城市空间结构研究的理论和方法．城市规划汇刊，1997－06.

核心只有一个。交通线由市中心向外放射状分布，同一类型的土地利用倾向于沿交通线向外扩展形成扇形。在交通、河流、地形等因素影响下，城市呈现扇形发展的状态。这一模型较同心圆模型更为切合城市地域变化的实际。

（三）多核心理论

哈里斯和乌尔曼 1945 年提出多核心理论，认为一个城市的建设，不是环绕着单一区域发展，而是环绕着若干个商品贸易网点的区域形成中心繁华交易区、住宅区、工业区、近郊区以及相对比较单独的卫星城镇等具有特征的功能区。由于各个功能区要求不同和特殊区位，如住宅区要布局在环境条件好的区域，位于工厂的上风向，商业区应该布局在人流量比较多的区域，重工业厂子一般布局在郊区等，所以各分区要相对平衡，互不干扰。同一城市产生了内部的分化，各个分化了的区域形成了自己的核心，城市由单一中心演变为多个中心。对于城市规模较大的地区来说多核心能够缓解规模扩大而带来的人口和交通压力，所以发展多核心的城市商业形态对城市的发展具有较大的意义。

综上，商业依赖于城市的发展，而城市的发展也要以商业为条件。从活动的角度来看，城市空间结构的变化带来空间功能效益的增长，从而带来更大规模的商业聚集、商业人流增加、商业效益增加等。从城市的空间结构特征来看，中心商务区是城市空间结构中的核心，零售业是中心商务区的主要功能要素，在商业网点规划时，需要根据每个城市的实际情况选择合理的商业布局模式。

（四）邻里单位和新都市主义理论

以上三种城市结构理论是从城市功能分区布局的角度出发的，但随着城市扩大，小汽车的全面普及，交通拥堵等问题随之而来。为了降低交通压力，从城市道路交通出发的城市结构理论应运而生。

邻里单位理论和新都市主义理论被用于支持城市功能混合布局的理论被提了出来。邻里单位是一种居住区组织理论，目的在于减少汽车对人们居住生活的干扰。其提出者认为，在邻里单位里不应有城市交通主干路穿越，而实现一种以步行为主要出行方式的城市空间，并且提供包括小学、地方商业、开发空间、服务机构等基础设施。邻里单位是我们社区商业的核心理论依据，也是我们10分钟、15分钟步行生活圈的重要支撑。

20世纪80年代以后，针对美国郊区建设中存在的城市蔓延和对私人小汽车交通的极度依赖所带来的低效率和浪费问题，新都市主义提出应当对城市空间组织的原则进行调整，强调要减少机动车的使用量，鼓励使用公共交通。由此，提出居住区的公共设施和公共活动中心等围绕着公共交通的站点进行布局，使交通设施和公共设施能够相互促进、相辅相成，并据此提出了“公交引导开发”的TOD模式。结合高铁、地铁等轨道交通站点发展商业服务业功能至今都是商业网点规划的热点思路。

三、经济区位理论

（一）区位理论

区位理论是关注经济活动地理区位的理论，已成为经济地理学、区域科学和空间经济学不可或缺的组成部分。区位论是研究和解决经济活动的地理方位及其形成原因等。区位论以德国经济地理学家约翰·海因里希·冯·杜能1826年发表的《孤立国同农业和国民经济的关系》第一卷为标志，有以韦伯、杜能等为代表的成本学派，以克里斯泰勒等为代表的市场学派和以丹尼逊、普莱德等为代表的行为学派等分类。

区位和选址是商业空间布局至关重要的影响因素，在进行城市商业网点规划时要充分建立在商业区位理论的基础上。目前我国衡量商业经营状况的指标主要是社会消费品零售总额，实际上商业的经营状况与其所在地理位置的经济发展水平有密切的关系，所以决定商业发展的主要因素之一就是它的商业区位，想要创造最大经济效益就需要充分研究商业区位理论并应用到实际当中。

（二）中心地理论

中心地理论①是由德国城市地理学家克里斯泰勒和德国经济学家廖什分

① 许学强，周一星，宁越敏．城市地理学．高等教育出版社，2009.

别于 1933 年和 1940 年提出的，20 世纪 50 年代开始流行于英语国家，后传播到其他国家，被认为是 20 世纪人文地理学最重要的贡献之一。该理论认为，每一点均有接受一个中心地的同等机会，一点与其他任何一点的相对通达与距离成正比，不管方向如何，均有一个统一的交通面。

中心地是指向周围区域居住的人口供应物品和劳务的地点称为中心地，而消费者到中心地购买商品的成本随离中心地的距离增加而增加，当距离大到一定的限度，消费者就会转向其他距离较近的中心点购买，这个最大距离就是市场边界。在单个企业的情况下，生产区域是圆形的，而在有许多企业的情况下，市场变成相邻的六角形。

中心地的等级由中心地所提供的商品和服务的级别所决定。中心地主要提供贸易、金融、手工业、行政、文化和精神服务。中心地提供的商品和服务的种类有高低等级之分。高级中心商品是指服务范围的上限和下限都大的中心商品，如高档消费品、名牌服装、宝石等，而低级中心商品是商品服务范围的上限和下限都小的中心商品，如小百货、副食品、蔬菜等。提供高级中心商品的中心地职能为高级中心地职能，反之为低级中心地职能，如名牌服装的专卖店和经营宝石的珠宝店是高级中心地职能，而经营小百货的零售店是低级中心地职能。具有高级中心地职能布局的中心地为高级中心地，反之为低级中心地。一定等级的中心地不仅提供相应级别的商品和服务，还提供所有低于这一级别的商品和服务。

中心地的等级决定了中心地的数量和分布。中心地的级别由企业维持生存必需的最低收入——门槛所决定。门槛越低，需要的最低光顾人口越少，市场的区域也就越小，中心点的级别也就越低。高级中心地的特点是：数量少，服务范围广，提供的商品和服务种类多。低级中心地的特点是：数量多，分布广，服务范围小，提供的商品和服务档次低、种类少。在二者之间还存在一些中级中心地，其供应的商品和服务范围介于两者之间。居民的日常生活用品基本在低级中心地就可以满足，但要购买高级商品或高档次服务必须到中级或高级中心地才能满足。

中心地的等级性表现在每个高级中心地都附属几个中级中心地和更多的低级中心地，形成中心地体系。

目前中心地理论是研究城市商业空间特征的重要基础理论之一，是城市经济学、社会地理学等学科的基础，为商业空间结构研究提供了理论框架，不仅探讨了城市等级的划分原则，而且为零售企业的区位选择、发展规模和空间结构提供了研究基础。在商业网点规划中，用中心地理论的思维思考，城市商业中心可以看作一个高级中心地，相对而言，片区商业中心可以看作一个中级商业中心，而社区商业中心则可以看作一个低级商业中心，每个等级的商业中心对应的中心地数量、分布以及提供的商品和服务基本已确定。

（三）新经济地理理论

新经济地理理论于20世纪90年代初由克鲁格曼等人提出，新经济地理理论将交通运输成本计入城市经济地理的发展过程中，并在一定程度上解释了城市主城区外围空间因素落后的原因——交通运输条件，针对城市交通与零售业的关系提出怎样发展城市外围区域零售业的方法策略。该理论是城市主城区外围空间零售业布局以及零售业态区位选择的重要理论之一。①

四、商业相关理论

（一）商圈理论

商圈是指商业企业对顾客的吸引力所能达到的范围，换而言之就是指商业企业吸引顾客的空间范围，或者来店顾客的地域范围。商圈的顾客来源可分为三个部分：居住人口、工作人口、流动人口。克里斯泰勒的中心地理论和廖什的市场区位理论都论证出了六边形的市场区域，都认为一个商业企业的服务空间范围是有一定限度的，由于这个限度的存在，使得在该商业企业周边存在一个以其为中心的区域，该区域在零售学中，就称之为商圈。影响商圈设定的因素主要有：经济状况、人口分布、购买力水平、交通情况等。考察一个商圈，要从商圈的中心点、中心点的吸引力范围、市场的发展动态等方面考虑。②

国外学者研究商圈测定的方法很多，主要围绕两条主线来展开：一是从

---

① 计晓燕．对中国经济地理研究体系的探索［J］．生产力研究，2012（08）：19－21.

② 刘霞．城市商圈规划研究［D］．呼和浩特：内蒙古师范大学，2008：40－60.

宏观角度对城市（区域）商圈进行测定。如威廉·赖利提出的零售引力模型。他认为，当在城市1、城市2之间存在一个等级相对低的城市3时，城市1和城市2向城市3吸引零售额的比率与两城市的人口成正比，与城市距离比的平方成反比。肯威斯进一步扩展了赖利的模型，提出断裂点公式，以确定在A、B两城市之间的顾客到任何一个城市购物的分界点。① 二是从微观角度对商业企业商圈进行测定。如哈夫提出了概率模型。哈夫概率模型是以大型零售商店（购物中心）为研究对象，模型表明，一个零售店的规模越大，越有更多的商品可供选择，顾客到店购物的可能性越大，顾客购物时间也越长，零售店的利润也就越大。哈夫认为，商圈布局方法的目的是测算特定地点的某个消费者到某个零售店（购物中心）购物的可能性，相对而言更加符合实际。②

对于商圈的分类有许多种方法，通常是按照商圈内商业企业的聚集程度、消费者购物便利程度（购物成本）来进行划分，一般划分为核心商圈、次级商圈和边缘商圈三个层次。核心商圈是指商业企业大量聚集，在这个区域内消费群购物十分便利，并且通常呈现出椭圆形或圆形状。整个商圈50% ~70%的顾客来自于核心商圈。次级商圈是指位于核心商圈以外的邻近区域，在这个区域内，顾客到达商业企业的聚集地不如核心商圈的顾客方便，他们可能需要增加些购物成本才能到达该区域。大约15% ~25%的顾客会来自次级商圈。边缘商圈处于整个商圈的外围，属于较远的辐射区域。在这个区域内，顾客到达商业企业的聚集地远且交通不够便利，该商圈的顾客占整个商圈的顾客总数的比率相当少，消费额占整个商圈的消费总额的比例也相当少。

城市商业网点规划中对城市商圈的研究和确定是重要内容。通过了解待定商圈内人口和社会的经济特征，能准确识别市场地理位置上的特点，从而可以掌握市场竞争、金融服务、交通运输、商品配送、劳动力供给等经营环境；利用商圈分析方法可以测算一定区域内同质零售店设置的数目，可以帮助确定新开零售店能否扩大市场，顾客是否会从现有的零售店转移到新开零售店，可以明确拟开新店的地区的市场是否已经饱和，并分析在某个商业地段开设零售店是否具有较强的竞争力，能赢得多少潜在顾客，能明确地划分

---

① 吴小丁．哈夫模型与城市商圈结构分析方法［J］．财贸经济，2001 -3：71 -73.

② 褚有福．商圈建设与市场规律［J］．商业经济与管理，2001 -10：22 -24.

拟开分店与已存在的竞争对手之间的竞争范围。另外通过城市商圈分析可以明确城市零售行业的发展定位，有利于对零售业布局进行综合规划发展。合理的商圈测度和空间布局能够有效避免同质零售业态零售之间企业的过度竞争，对城市零售业的发展取得良好的经济效益和社会效益提供基础的保障。

（二）商业集聚理论

国外地理学家们认为，城市商业的集聚现象与产业集聚、产业集群现象是不一样的，城市商业集聚现象指的是各种类型零售店在地理空间上的聚集①。城市商业集聚的明显特征是在一定的空间区域内零售业中各类业态共同存在发展，互为补充或是竞争对手；商业集聚为了吸引消费者的购买力通过降低信息获得成本和交易成本，取得更大的规模效益和经济效益。城市商业发展的重要特征之一就是商业的聚集性，集聚效应是由社会经济活动集中发展所形成的外部效果和规模效应综合而成的②。这样的集聚效应提高了资源利用率，节约了生产成本，增加了收入和效用，这就是商业的集聚发展。随着商业各个阶段细化分工和市场扩大，零售业与各种商业经济活动的主体联系也更加密切，如果各零售业态在城市中心的优势区域进行聚集发展，可通过住宿、餐饮等其他服务行业获得大量客源，增加客流量和销售营业额。因此，商业集聚理论是城市商业网点合理布局的理论依据之一，在合理规划下商业将拥有最佳的业态组合，能够使集聚效应适应城市经济发展、人口和交通等因素，产生集聚经济效益。

（三）级差地租理论

1966 年，加纳（B. J. Garner）对若干个商业中心内部构成分布的探究，依据城市土地地租的投标曲线，研究门槛人口、不同等级的商业区位和土地之间的相互关系，提出了级差地租理论。他认为拥有较高门槛的零售商业，能够支付起相对高昂的租金，因此位于城市的中心位置，黄金地段往往土地价格较高。

加纳理论的核心要点是：按城市土地级差地租的能级，商业布局分为城

① 陆通．我国零售业态演变与流通效率的相关性研究［D］．浙江工商大学，2015.

② 宣红岩．城市零售商业布局成因探析［J］．商场现代化，1999（02）：9－11.

市中心区、社区和街区等若干等级；在城市中心区域，具有最高门槛的商业活动，占据了地价最高的土地，并按照门槛递减的顺序，在其周围依次环绕其他商业职能活动；任何商业中心的核心区，总是被那些能够显示该商业中心最高级别的职能部门所占据，其他商业职能则按照门槛大小的系列排列；随着商业中心级别的提高，低级职能部门占据的位置，将越来越被排斥到商业中心的边缘，即地价较低的地方。级差地租理论是通过市场土地和商业房屋的供需关系，即土地价格或房租价格的信号，推进商业布局的合理化调整。

五、其他理论

（一）消费者理论

消费者理论主要是对消费者行为及购物心理的相关研究，主要分为消费效用理论（消费者对商品购买后的使用评价）、需求理论（消费者的有效需求和消费者的实际需要对商品价格和出售的影响）、选择理论（在满足消费者不同需要时对商品种类的选择）等几个方面，一般在地理学方向中通过消费者对商业地理位置的选择、商业业态和商品种类的选择以及消费承受能力等方面进行研究。①

（二）零售业态演变理论

零售业态演变理论是城市零售业态发展更新的过程，随着经济的发展零售业经营环境发生变化，从而使零售业在销售方式、选址、商品组合等方面发生变化。不同零售业态变迁具有不同的发展因素，通过创新和改革，逐步占领市场份额、提高综合竞争力，最终成为具有创新理念的新业态。通过对零售业态变迁的研究能够准确地认识零售业态发展的阶段特点和发展趋势，能够为零售业的发展提供新思路，同时能为零售业态适应城市格局变化和布局提供理论依据②。

---

① 文启湘，高觉民．消费经济学导论［M］．陕西人民出版社，2000.

② 庄华强．零售业态演化规律的理论探讨．商业经济与管理，2002－7：32－34.

六、城市规划方法论

商业网点规划作为国土空间规划的专项规划，规划方法的理论基础与其他城市规划类型具有一致性。常用于商业网点的规划方法理论，包括综合规划方法、连续性规划和倡导性规划。

（一）综合规划方法

综合规划方法论①的理论基础是系统思想及其方法论，也就是说，任何一种存在都是由彼此相关的各种要素所组成的系统，每一种要素都按照一定的联系性而组织在一起，从而形成一个有结构的有机统一体，系统中的每一个要素都执行着各自独立的功能，而这些不同的功能之间又相互联系，以此完成整个系统对外界的功能。在这样的思想基础上，综合规划方法论通过对城市系统的各个组成要素及其结构的研究，揭示这些要素的性质、功能以及这些要素之间的相互联系，全面分析城市存在的问题和相应对策，从而从整体上对城市问题提出解决方案。这些方案具有明确的逻辑结构。

综合规划方法是商业网点规划的基本方法，贯穿从现状分析到完成规划方案的全过程。我们通过对商业现状和相关因素进行分析，确定商业发展的目标和方向，并评估发展环境可提供的实施条件，而确定实现商业发展目标的行动任务，最终形成可完成任务的商业网点布局方案。

（二）连续性规划

连续性规划是由布兰奇所提出的针对规划过程的理论。他批判原来将城市规划作为最终的远期蓝图来使用的思想，认为城市规划应该既是一种最终蓝图，也应该兼顾近期计划的实施条件。规划不应该是一种终极的图景，而应该表达不断向目标推进的延续性过程。在商业网点规划中，我们尝试结合城市建设近期计划、消费需求、相关产业 5 年发展计划等条件，提出商业网点建设的近远期任务。

---

① 全国城市规划职业制度管理委员会．城市规划原理．中国计划出版社，2011.

（三）倡导性规划

倡导性规划是伴随西方民权运动和多元主义思想，由保罗·达维多夫提出的。“倡导性规划理论强调城市规划应能将社会各方面的要求、价值判断和愿望结合在一起，在不同群体之间进行协商，希望规划能成为各类群体表达意志的手段”。[①] 倡导性规划强调规划师职责和规划自上而下方式的转变，也是城市规划公众参与的基础理论。商业网点规划一般在调研过程中除了关注消费者对商业发展的需求外，也通过访谈的形式关注重点商贸企业发展面临的问题，通过对项目所在地消费者和企业需求与问题的整理，以问题为导向，明确规划的重点方向。

七、商业网点规划的价值观

（一）规划方式的思维基础

1. 复合开放性

城市规划本身就是一门交叉性学科，包含社会学、管理学、建筑学等多类学科知识，是一个开放的复杂系统。商业网点规划应置于整个城市社会经济发展的整体之中，从城市整体功能定位出发，处理好商业网点规划与城市总体发展规划、其他产业规划之间的关系。在编制商业网点规划的过程中我们发现，商业网点规划起到了协调商业发展和产业需求的作用，协调商业用地和城市规划布局的作用，我们往往需要参考城市规划主管部门、有关产业主管部门的意见。复合开放性的规划方式，有助于商业网点规划编制过程中积极收取其他行业、部门、专家意见，将有效观点融入规划方案中，增强商业网点规划的科学性。

2. 引导性规划

商业网点是非强制性的规划，只有当商业网点的规划内容融入控规中才能以法定条件得以实施。这实际上也十分符合商业作为市场反应最为迅速的

---

① 李论亮．科学的发展观与城市规划方法论．规划师．2005－2：14－17.

行业的特性，我们坚持市场主导，减少对经济发展自身规律的干涉。商业网点规划常常作为引导性规划，向政府部门和相关企业提供决策参考。全盘考虑、科学编制的商业网点规划，帮助政府在市场选择失灵或只追求经济利益而有违人民群众利益的时候引导商业正确发展。

3. 刚性规划

和国土空间规划、控制性详细规划等法定规划不同，商业网点规划需要强调其中的刚性指标内容。非法定类规划并非是说商业网点规划的规划控制内容完全是弹性控制内容，商业网点中的农贸市场、社区商业等具有公益性或半公益性的网点设施建设，以及包括大型网点体量、数量、服务半径等内容，应该作为刚性控制来对待，以避免由于市场规律本身带来的网点缺失或体量过剩。

（二）规划内容的思想基础

1. 全球化和区域一体化观念

全球化和区域一体化本应早就作为我们城市发展研究的共识，尤其是作为商业网点规划，在规划实践的观察和思考过程中，我们作为规划人员更清晰地感受到全球化带来的资本全球流动、经济高度聚集发展等市场表现。但实际上，近年来全球经济发展放缓，不确定因素增多，逆全球化思潮持续涌现。本书坚持全球化和区域一体化发展的观念，这既是由于我们坚持市场要素配置的自身规律，也是基于我国坚持推动更广泛国际和区域合作的发展需求。在此基础上，一带一路倡议、城市群、经济带等概念的文件、规划被作为各个城市商业网点发展的背景而广泛使用。

2. 可持续发展观

随着气候变化带来的一系列后果，城市规划领域对如何进行可持续发展、保护自然环境已进行了系列研究。商业网点规划作为城市规划的组成部分在编制中也需应用诸如“低碳城市”等理念，在商业网点规划布局的过程中，也考虑到减少碳排放、环境共生等因素进行布局优化和业态提升。

3. 科学发展观

商业网点规划的复杂性，使规划编制本身就是一个系统性的研究过程。科学规划观念是以科学的发展观为引领，充分了解商业现状，掌握商业规划的理论及政策依据，确保规划者、规划过程、规划实施的科学合理。坚持科学规划观念首先要解决我国城市商业网点管理不合理问题。要规范规划前期的商业网点调研工作，深入细致地做好规划范围内商业网点基本情况的调查，规划地区工业、农业、商业基础状况的调查，了解规划范围内的人口特征、消费需求特点、文化资源、交通运输状况等，在充分掌握大量调研数据基础上进行商业网点规划，以提高商业网点规划的科学性和指导性。不仅如此，还要进一步完善我国商业信息管理体制，将商业信息作为一种重要资源，纳入政府管理活动中，以保证商业网点规划的科学性和前瞻性。

4. 人本理念

人本规划观念是商业网点规划的出发点和落脚点。无论规划怎样超前，其核心都是以方便消费者购物、提高生活质量为中心。这包括与商业网点规划配套的服务设施规划、公共娱乐空间规划、环境规划等。要以人本化为出发点，考虑未来消费者的消费便利性和生活的高水准，体现城市环境的人本化和生态化特点，切实维护居民的合法权益，创造良好的生活环境，不断提高居民的生活质量。以人为本规划观念，还要注意城市间的定位差异，根据各城市消费者的消费水平、消费习惯等特点规划商业网点，体现城市个性。

5. 市场机制优先的观念

一般来讲，各类城市规划是基于市场失灵的前提下设置的公共政策干预，保障的核心是公共物品、公共资源和避免外部性带来的损失。商业网点规划的主要任务是在市场机制作用下对商业网点进行调整、引导和规范，既避免竞争不充分带来的垄断，也避免恶性竞争带来的损失。然而，商业作为对市场反映最为迅速的产业类型，商业网点规划编制反映和依赖于经济发展的自然规律。因此，在规划过程中，我们对市场配置效率不高、反映民生需求的如农贸市场等进行标准化配置；为避免恶性竞争浪费城市资源，我们对网点总体规模进行控制；但对如购物中心、商业综合体功能、业态、位置等内容仅进行发展指引。无论从商业发展规律还是规划编制要求考虑，商业网点中的面积、功能、业态等引导内容都具有“弹性控制”特征，以便政府以市场自身发展规律为前提，结合和城市整体发展需求，对每个商业网点的建设开发进行科学的调控干预。

第二篇

调研与分析篇

由于商业网点规划受到如地区经济、区位、政策、城市规划、居民消费、编制技术等诸多因素的共同影响，为了合理地确定商业发展方向，需要对各类影响因素进行系统性分析。因此本篇从商业网点规划编制的主要影响因素出发，介绍搜集这些影响因素资料的方法。随后，在实践案例中引导读者理解这些因素如何影响商业发展方向。另外，与传统的定性和定量分析方法相比，随着网络技术和地理空间技术的兴起，近年来大数据和地理空间系统分析成为支撑各类城市规划科学性的重要手段。本篇也将结合规划实践，为读者概括大数据和地理空间分析在商业网点中的应用。最后，由于商业网点规划也是具有指导和控制要求的规划，本篇将详细介绍商业网点体量预测意义和预测方法。

第三章　商业网点规划调研方法

商业网点调研是商业网点规划编制的第一环节，其目的是搜集获取准确客观的商业网点相关信息，增加研究人员对商业网点的认知理解，通过多方面、多角度的信息资料整理，结合商业网点发展现状、存在问题、未来发展趋势等影响因素分析预测商业发展相关指标，最终形成科学合理的商业网点规划。

一、商业网点规划的影响因素

商业网点规划按照其定义，应反映商业客观发展规律、城市总体规划和人民对商业的需求进行编制。结合最新的商业发展趋势，商业网点的规划编制主要受到以下因素的影响。

（一）政策与其他规划的影响

商业网点规划是国土空间规划（城市总体规划）层面下的产业类专项规划，目的在于通过规划构建合理的商业发展体系，引导城市商业合理布局，为控规编制或总规修编提供商业发展层面的参考。由于商业网点规划是非强制性规划，一般是通过将商业网点融入总规和控规的编制中得以实施的。此外它与其他产业规划、区域规划、控制性详细规划、社会经济发展规划、城市交通规划、公共设施规划、农贸市场规划、商业街规划等密切相关。

另外，规划作为一种公共调控政策，也需要反映一定时期内和规划相关的国家、省、市、部门政策对区域发展的指引和要求。与商业网点规划相关的政策文件一般是指党和各级政府的重要会议决议或意见、各类商贸流通相关行动方案或计划、各类区域经济合作协议或计划等。

（二）城市空间结构的影响

对一个城市而言，可以按发展顺序划分为老城区、新城区和开发区，也可以从功能定位角度划分为商业区、居住区、工业区、文化教育区、文化娱乐区、商务区、旅游区、金融保险、高科技园区等。各个区域承担着不同的功能，因此具有不同的辐射范围。现代城市发展的基本趋势是城市空间结构的郊区化和逆中心化，这就使商业功能定位和网点规划日趋重要。发挥各个区域的功能优势，做好各城区的商业网点规划，有利于实现城市整体功能，满足不同地方消费者的需求。

许多城市由于历史、政治、经济、地理等多种原因使各城区商业功能有明显的差异，但在近年的城市发展中为增加本地区经济收入，增加了大市场、物流园区等有利于增加税收的商业设施。这导致城区商业功能发生改变，从而增加了与其他城区同质化竞争的潜在危险，容易导致城市整体功能的淡化，不利于城市品牌形象的塑造。因此，商业网点规划要处理好城区间的商业功能定位，实现优势互补，错位竞争，减少无序竞争、盲目发展和重复建设。

（三）经济与产业发展的影响

经济发展水平和产业结构是决定城市发展变化的根本因素，对城市的各方面都起到重大影响。商业发展的基础就在于城市的兴起、繁荣，不同的经济发展水平和产业结构也决定了不同的商业发展需求。因此，城市经济发展水平、产业结构和产业类型是影响商业网点规划的重要因素。

商业是一种有组织地提供顾客商品和服务的行为，是实现商品流通的经济活动，基本上所有企业的产品都要通过商业活动进行商品与要素市场的转化，因此可以说商业的繁荣发展可以有效推动其他各类产业的发展。商业的含义包括商流、物流、信息流，我们进行商业网点规划，本质上也就是通过规划手段保持各产业的商流、物流、信息流通畅有序，因此在商业网点规划中，项目所在城市的产业发展情况、产业发展对商业服务的需求、相关产品市场、物流设施的建设情况都是我们关注的重点。

（四）人口与社会的影响

商业是围绕人的各类活动展开的，商业网点规划需要反映人口对商业的需求。人口对商业网点规划的影响主要体现在人口规模对商业规模的影响，人口结构对商业功能的影响，人口分布对网点分布的影响上。社会对商业网点的影响，主要反映在两个层面，一个是物质生活质量，如居民可支配收入、恩格尔系数、人均消费等，一个是社会精神文化生活习惯，如文化娱乐消费支出、教育支出、文化娱乐设施数量等。

（五）历史文化的影响

城市的发展离不开商业，商业的兴盛决定城市的繁荣。城市网点规划的一个重要任务就是依据城市的过去与现在，对城市未来的经济、文化予以谋划，其中传承是规划的基本指导思想之一。

在我国悠久的历史长河中，各个城市都形成了本地独特的传统文化，而文化是城市之根。城市商业网点规划的最终目的是适应城市居民不断增长的物质和文化消费需要，包括居民文化消费和休闲娱乐消费需要。因此，在商业网点规划中既要强调商业网点的商业功能，方便消费，又要传承传统文化，将传统文化与现代文化有机地融合到商业网点规划中。

二、需要的资料内容

在商业网点调研中需采集的信息包括几个方面，首先是规划区域经济和社会发展相关信息，包括国民经济发展情况、产业结构变化情况、居民生活与消费结构等内容；其次是规划区域商贸流通业发展相关信息，包括社会消费品零售总额构成及增长情况、批发零售业和住宿餐饮业增加值情况、限额以上批发零售企业发展情况等内容；最后是规划范围内商业网点发展信息，包括商业网点具体点位、具体数量、具体类型、建筑体量、建筑形式、经营业态、建设情况、存续状态、交通条件等内容。

当前商业网点调研中的问题通常出现在资料搜集上，本节将通过介绍商业网点规划调研过程中运用的几种调研方法，结合商业网点规划案例，分析调研过程中资料搜集时出现问题的解决方法。

三、实地调研法

（一）实地调研法概念

实地调研法是相对于文案调研法的资料搜集方法，是对实地进行调研活动的统称。在某些情况下，文案调研无法满足调研目的，搜集资料不够全面准确时，需要适时地进行实地调研来解决资料搜集问题，以取得第一手的资料和情报，帮助研究人员建立对调研对象的整体认识，形成较为完整、准确的认知体系。具体内容包括制订调研方案，研究确定调研目的、调研对象、调研内容，成立调研小组，前往调研现场，通过实地勘察、调研走访等方式获取较为完整、准确的原始资料合集，归纳整理次级资料等内容。

（二）实地调研法具体内容

实地调研以深入项目所在地，了解调研对象发展情况，建立完整准确的认知体系为主要目的，是城市商业网点规划最重要的调研方法之一。在城市商业网点规划当中，实地调研所见即所得具有时效性的原始资料搜集方式是该调研方法所具备的独特属性，具体内容则是通过调研人员实地走访城市主要商业中心、商业街区、商品交易市场、社区商业等商业网点，了解调研区域内商业网点主要分布区域、服务范围、服务对象等信息，初步建立对调研对象的认知印象，进而通过对大型商业网点、商品交易市场、在建拟建项目的具体点位、具体数量、发展类型、建筑体量、建筑形式、经营业态、建设情况、存续状态、交通条件等信息进行调研，形成完善准确的认知体系。

在实地调研准备工作阶段，需要调研组成员对规划对象的实际情况有一定的了解，需了解规划对象所在区位、分布点位、周边交通流线、商业发展情况等内容，制订科学合理的调研方案，将调研人员、调研时间、调研路线、调研资料搜集等内容有序地结合起来，同时还应列出对规划对象的调查资料清单，由项目负责部门提供资料支持，在调研结束后对比实际情况与提供资料是否存在差异，积极与负责部门沟通，进行资料数据的双向校核，确保调研数据的真实性与准确性。

在实地调研结束后进行的调研数据整理工作中，需要运用科学的方式方法将调研搜集到的商业网点相关资料进行整理、统计和分析。首先，进行编辑整理，将零碎的、杂乱的、分散的资料加以筛选，去粗取精，去伪存真，以保证资料的系统性、完整性和可靠性。在资料编辑整理过程中，需检查调研资料的误差，剔除信息错误的资料，以确保资料的真实与准确。其次，进行分类归档，将调研资料依据不同类别进行分类，以便于查找、归档和使用。再次，进行资料统计，将已经分类的资料进行统计计算，系统性地制成各种统计表、统计图。最后，对各项资料中的数据与事实情况进行比较分析，得出可以说明商业网点现状问题的统计数据，从而进行下一步的商业网点规划工作。

（三）实地调研法案例

为了让读者对商业网点规划中实地调研法有更为深入的了解，现以四川省某市《城市商业网点规划》实地调研部分为例，简要介绍实地调研法的一般步骤。

调研范围的确定：依据商业网点规划背景确定行政区划全域为调研范围。

调研对象的确定：依据《中华人民共和国统计法》《零售业态分类规范》（GB/T 18105－2004）确定中心商业网点和中心城区营业面积5000平方米及以上的零售类网点、批发市场、农贸市场等为调研对象。

调研数据的获取整理：通过现场踏勘，将调研对象原始资料按现状分为零售商业网点、商品交易市场、重点楼盘、商业街四种类型，并分别统计项目区位、项目名称、现状地址、经营业态和营业规模，经检查核对后制成现状情况一览表，进行现状商业网点分析。

调研信息的内容：制定全面采集现有农贸市场和农产品批发市场基本信息的调研目标，采取定位、街景图像等方法对农贸市场和农产品批发市场信息单独分类采集，农贸市场必要采集信息为：名称、所属区划、地址、用地面积、营业面积、营业摊位数、建设形式、配套设施（停车场、卫生间、检疫设施、垃圾房）、运营情况等；农产品批发市场必要采集信息为：名称、所属区划、地址、用地面积、营业面积、营业摊位数、年交易量、年交易额、年交易量、建设形式、功能区域划分、仓储面积、交易方式（传统交易、电子商务、电子清算)、交通条件（与高速公路、室内交通主干道是否连通，物流是否便捷）等。依据地区商业网点发展需要还可采集市场消费居民的消费习惯、消费层次，农产品批发市场与相应的农产品生产基地对接情况等信息。

调研过程中每日搜集商业网点具体信息后进行初步汇总整理，按照分类原则分为三级：一级分类为农贸市场和农产品批发市场；二级分类按照行政区划进行划分；三级分类按照建设形式（室内室外、单体室内、单体室内双层等）进行划分。信息内容图片和记录按要求进行整理，图片类信息单独命名、编号，图片数量少于50张的，储存于同一文件夹内，命名方式为“行政区划编号（总规确定的行政区划编号）××区（县、组团）××市场（市场编号)”；图片数量大于50张时，按行政区划单独建立文件夹储存，命名方式为“××区××市场（市场编号)”。记录类信息将访谈记录和现场记录按照分类标准整理成Excel表格。

四、问卷调查法

（一）问卷调查法概念

问卷调查法是国内外调查研究中较为广泛使用的一种方法，在商业网点调研过程中可结合实地调研法运用，主要运用在商业网点内部及周边实地调研过程中。其目的是对商业网点内部经营业态、经营载体、周边消费群体等调研对象进行商业网点资料搜集。通过科学设计的多种类型问卷获取商业网点业态类型、业态分布、消费者消费需求、消费群体构成、商业发展满意度等商业网点发展信息。

（二）问卷调查法的具体内容

在商业网点调查过程中，由于商业网点周边环境复杂多样，人员结构、消费层次有所不同，为了高效、快捷地搜集整理商业网点发展信息及周边环境数据，需设计符合商业网点规划背景的调查问卷。主要内容为调研人员在实地走访城市商业综合体、商业街区、社区商业等商业网点过程中，在调研区域商业网点周边对不同类型调研对象采取问卷调查的方式采集商业网点服务对象类型、经营业态、商业网点发展满意度、现状存在问题等商业网点发展信息，初步建立调研对象商业发展情况的信息体系，为商业网点发展趋势预测提供数据支撑。

问卷调查法的问卷设计是重要组成部分，调查问卷设计需符合以下原则：主题性原则，问卷调查的主题明确，重点突出；逻辑性原则，问题的布置有一定的逻辑顺序，符合一般受访者的思维逻辑；通俗性原则，考虑到受访者类型和问卷主题，问题的设置应符合受访者的理解能力与认识能力；合理性原则，问卷的内容精简化，将回答问卷时间控制在合适的范围内，同时应便于资料的校核、统计和分析。

问卷设计过程需按步骤进行，首先应确定调查的目的和内容，把握住调查的主题、受访对象、希望得到的调查结果等内容，将调查问题具体化、条理化、可操作化，形成系统性可测算的指标或数据。其次是搜集调研问题的相关资料，做好充足的资料准备，不仅能帮助调查小组加深对调研问题的认知，还能够为问卷问题设计提供丰富的素材。最后是根据问卷的目的与内容，确定问卷问题的结构形式，一般有开放式和封闭式两种。开放式问题就是由受访者自由回答，不提供具体答案的问题，这种形式的优点是灵活性大、适应性好，可以让受访者充分表达自己的看法与观点，所得信息数据比较丰富。其缺点是搜集到的资料标准化程度低，不易统计整理分析，需花费较高的时间成本，还容易产生大量的不准确、无价值信息。而封闭式问题是指将问题的几种主要答案全部列出，然后由受访者从中选取一种或几种答案的问题，其优点是问题及答案是标准化的，不仅有利于受访者理解和回答问题，节约调查时间，提高问卷的收回率与有效率，更有利于对资料进行统计分析。其缺点是问题设计比较困难，对于比较复杂、答案很多问题的问卷很难设计得全面完整，如果设计有缺陷、有漏洞，受访者就无法正确回答问题；回答方式比较机械，难以适应复杂的调查情况，受访者在调查过程中可能会对不懂、不了解的问题任意填写答案，从而降低资料的真实性。

（三）问卷调查法案例

为了让读者对商业网点规划中问卷调查法有更为深入的了解，现以四川省某市《城市商业网点规划》问卷调查部分为例，简要介绍问卷调查法的一般步骤。

调查范围的确定：依据商业网点规划背景确定行政区域内××商圈为调查范围。

调查对象的确定：依据《中华人民共和国统计法》《零售业态分类规范》（GB/T 18105－2004）确定商业网点服务范围内所包括的多种消费类型消费者群体以及商业网点周边沿街固定商铺、流动商铺作为调查对象。

调查问卷设计：通过调查范围和调查对象的确定，依据商业网点规划目标，调查问卷的主题为商业网点的产业发展现状，通过商业网点消费者群体、沿街商铺调研内容来体现。首先依据调查对象类型将问卷分为两类分别进行设计，一类是消费者需求问卷，另一类是沿街商铺发展情况问卷。消费者需求问卷从消费者特征、消费者消费习惯、消费者认知三个方面入手，其中消费者特征体现在问题设计中包括消费者年龄、性别、职业、身份、学历、家庭月收入等内容。消费者消费习惯问题设计包括消费者到商业网点的主要目的和主要原因、近一个月的消费频次、采用的交通方式、最近一次的消费金额、近一年的消费内容等。消费者认知问题设计包括对商业网点整体满意度、不满意的方面、商业网点需提升的方面、对商业网点的印象等内容。沿街商铺发展情况问卷则从商家经营过程面临的具体情况进行设计，设计问题包括商家对商业网点经营环境的具体满意度、是否满意某些方面、经营过程中所面临的问题等内容。

调查数据的获取整理：通过对调查范围内 7 个抽样点收回的 525 份消费者调查问卷分析得出的商圈内消费者构成、消费者消费习惯、消费者对商圈的认知等重要信息，结合商圈沿街专卖店及商铺收回的 53 份问卷分析得出的关于商家对商圈整体满意度、商家在经营过程中所面临的重大问题等重要数据进行统计、整理和分析，将所得结论整合在商业网点规划中现状发展问题部分，以便于进一步分析该商圈商业发展趋势与进行商业发展指标预测。

五、文案调查法

（一）文案调查法概念

文案调查法是指对公开发表的各种信息、情报进行搜集、分析、研究统计，以获得所需内容的一种方法。在商业网点规划前期搜集资料过程中利用多种信息渠道，获取商业网点规划区位的经济、地理、交通、优势产业、人文资源、社会经济发展状况等相关信息，有利于进一步开展实地调研工作。

（二）文案调查法的具体内容

文案调查法的特点是搜集已经加工过的文案资料，而不是原始资料，多以文献类信息为主，包括动态和静态两个方面，偏重于从动态角度搜集各种反映调查对象变化的历史和现实资料。其功能包括四个方面：文案整理可以发现存在问题并提供重要参考，文案整理能够为实地调查创造条件，文案整理可用于经常性的调查工作，文案整理不受时间和空间条件的限制。具体表现为：

（1）文案调查可以初步了解调查对象的性质、范围、内容等，并能提供实地调查无法或难以取得的各方面的宏观资料，便于进一步开展和组织实地调查，取得良好的效果。

（2）文案调查所搜集的资料可用来证实各种调查假设，即可通过对以往类似调查资料的研究来指导实地调查的设计，用文案调查资料与实地调查资料进行对比，鉴别和证明实地调查结果的准确性和可靠性。

（3）利用文案资料并经实地调查，可以测算所需的数据，对调查对象现状存在的问题和原因进行说明。

根据文案调查的特点和功能，决定了调查人员在进行文案调查时，应该满足以下几个方面的要求：

第一，广泛性，文案调查对现有资料的搜集必须周详，要通过各种信息渠道，利用各种机会，采取各种方式大量搜集各方面有价值的资料。一般说来，既要有宏观资料，又要有微观资料；既要有历史资料，又要有现实资料；既要有综合资料，又要有典型资料。

第二，针对性，要着重搜集与调查主题紧密相关的资料，善于对一般性资料进行摘录、整理、传递和选择，以得到有参考价值的信息。

第三，时效性，要考虑所搜集资料的时间是否能保证调查的需要。随着知识更新速度加快，调查活动的节奏也越来越快，资料适用的时间在缩短，因此，只有反映最新情况的资料才是价值最高的资料。

第四，连续性，要注意所搜集的资料在时间上是否连续。只有连续性的资料才便于动态比较，便于掌握事物发展变化的特点和规律。

（三）文案调查法案例

为了让读者对商业网点规划中文案调查法有更为深入的了解，现以四川省某市《城市商业网点规划》基础资料部分为例，简要介绍文案调查法的一般步骤。

文案调查范围确定：依据商业网点规划背景确定规划区位的商业发展资源、商业发展体系为文案调查范围。

文案调查对象确定：依据《中华人民共和国城乡规划法》《城市商业网点规划编制规范》《零售业态分类规范》《××市城市总体规划》等相关法律、法规、规范要求，确定规划区域内各主要职能部门为文案调查对象，包括但不限于发展和改革委员会、商务局、自然资源和规划局、交通运输局、经济和信息化局、文化和旅游局、各城镇、街道办事处等。

文案调查的统计整理：通过对多种信息渠道搜集到的商业网点相关资料进行整理归纳，将其分为经济和社会发展情况、商贸流通业发展情况、商业网点情况、城乡居民消费分析、各区县商业发展情况比较、周边市区商业发展情况比较等六个部分进行数据分析，以进行下一步的规划工作。

文案调查的具体内容：通过对市域商业网点商业空间结构现状、商业网点分布现状、市域商业功能发展现状分析总结得到市域商业总体发展概况，从中深入进行中心城区商业空间结构分析、中心城区商业网点数量统计、中心城区商业网点体量调查、中心城区商业业态种类统计和中心城区商业业态分布调查，从而得出中心城区商业网点发展概况，再对商业网点进一步分类可得商业中心、重点商业街区、大型零售网点、农贸市场、商品交易市场具体发展现状，经过分析得到该市商业网点发展特征为：市域商业结构初现，服务城镇人口的商业功能需要完善；区位交通条件优越，但商贸物流发展相对滞后；旅游资源相对丰富，但旅游商业设施缺乏；中心城区现状商业体量合理，商业品质偏低。依据以上现状发展特征，结合科学合理的商业网点设置标准，从而得出进一步的规划目标与发展指引，以进行下一步的规划工作。

六、座谈会调查法

（一）座谈会调查法概念

座谈会调查法，是采用座谈会的形式，由规划单位派出具有目的性的规划小组，与另一个小组的具有代表性的相关职能负责人进行沟通交流，从而深入了解规划相关信息的方法。常用于商业网点规划前期沟通和实地调研阶段，通过与规划相关机关单位深入交流获取项目所需资料数据，便于开展后续规划工作。

（二）座谈会调查法的具体内容

在座谈会准备过程中为达到既定的调查目标，需确定调查目的、调查对象、调查内容，并根据被调查对象的资料获取难易程度，做好提问解答的准备和启发问答的讲稿、提纲提示等。一般按照会前准备、会议过程中、会议结束三个阶段步骤进行工作安排，首先是会前准备阶段，内容包括：确定会议主题、确定参会人员、确定会议场所与时间、准备会议材料、准备会议所需演示及记录设备等。其次是会议过程中需把握会议主题，将重要问题、重要信息、重要数据等调查内容与参会单位协调明确，保证获取信息的真实性、可靠性。最后在会议结束后及时整理、归纳会议记录，研究回顾座谈会情况并分析会议信息资料，如有必要再进行补充调查。

（三）座谈会调查法案例

为了让读者对商业网点规划中座谈会调查法有更为深入的了解，现以四川省某市《城市商业网点规划》基础资料部分为例，简要介绍座谈会调查法的一般步骤。

座谈会调查范围的确定：依据商业网点规划背景确定规划区位所在中心城区及市内各区县为座谈范围。

座谈会调查对象的确定：依据《中华人民共和国城乡规划法》《城市商业网点规划编制规范》《零售业态分类规范》《××市城市总体规划》等相关

法律、法规、规范要求，确定规划区域内各主要职能部门为座谈会调查对象，包括但不限于发展和改革委员会、商务局、自然资源和规划局、交通运输局、经济和信息化局、文化和旅游局、各城镇、街道办事处等。

座谈会调查内容：通过结合现场调研法，在现场调研过程中开展项目前期座谈会，通过与商务局、自然资源和规划局、文化和旅游局、住房和城乡建设局、乡镇、街道办事处等单位的沟通交流，搜集到关于市域“十三五”规划主要目标、“十三五”期间服务业规划意见建议、服务业发展要求、市域商业发展现状现存问题等重要信息，在此基础上通过深化座谈会目标和内容，研究分析市域商业发展目标和蓝图构思，以进行下一步的规划工作。

七、大数据调研法

（一）大数据调研法概念

大数据调研是基于大数据理论之上的调研方法，对于大数据的概念，麦肯锡全球研究所给出了一个定义：大数据是一种规模大到在获取、存储、管理、分析方面大大超出了传统数据库软件工具能力范围的数据集合，具有海量的数据规模、快速的数据流转、多样的数据类型和价值密度低四大特征。而大数据调研就是运用多种技术方式对海量的数据信息进行加工整理，从中获取所需信息的方法。

（二）大数据调研法具体内容

大数据调研由五个基本结构组成，其中数据挖掘是获取数据最普遍的方式方法：

（1）可视化分析。对于不同需求的客户，数据可视化是数据分析工具最基本的要求。可视化可以直观地展示数据。

（2）数据挖掘算法。数据可视化是提供给客户的直观数据表示，而数据挖掘算法则是提供给计算机的数据信息。集群、分割、孤立点分析还有其他的算法让计算机深入数据内部，挖掘价值，不同的算法不仅能处理大数据的量，也可以提高处理大数据的速度。

（3）预测性分析能力。数据挖掘可以让计算机更好地理解数据，而预测性分析可以让操作人员根据可视化分析和数据挖掘的结果做出一些预测性的判断。

（4）语义引擎。由于非结构化数据的多样性带来了数据分析的新的挑战，在分析过程中需要一系列配套的工具去解析、提取、分析数据。语义引擎将能够从不同数据信息中智能提取所需信息。

（5）数据质量和数据管理。数据质量和数据管理是一些管理方面的最佳实践。通过标准化的流程和工具对数据进行处理可以保证一个效果较好的、高质量的分析结果。

在商业网点规划过程中部分项目相关数据可由文案调查法获得，该种方式获得数据具有一定的局限性，其时效性低于大数据调查法，在数据爬取过程中常用的数据获取方式包括手机信令数据购买、高德百度等地图软件 POI 数据爬取、基于 GPS 定位信息技术的活动空间数据爬取和电子商务平台用户数据爬取。

着重在数据挖掘领域，数据类型包括结构化数据类型、半结构化数据类型和非结构化数据类型，其中结构化数据是指能够用数据或统一的结构加以表示的数据类型，如数字、符号等。传统关系数据模型可用二维表结构表示。而半结构化数据是指介于完全结构化数据（如关系型数据库，面向对象数据库中的数据）和完全无结构的数据（如声音、图像文件等）之间的数据，XML、HTML 文档就属于半结构化数据。它一般是自描述的，数据的结构和内容混在一起，没有明显的区分。非结构化数据则是指其字段长度可变，并且每个字段的记录又可以由可重复或不可重复的子字段构成的数据库，用它不仅可以处理结构化数据（如数字、符号等信息），而且更适合处理非结构化数据（全文文本、图像、声音、影视、超媒体等信息）。

数据挖掘是通过分析每个数据，从大量数据中寻找其规律的技术，主要有数据准备、规律寻找和规律表示三个步骤。**数据准备**是从相关的数据源中选取所需的数据并整合成用于数据挖掘的数据集；**规律寻找**是用某种方法将数据集所含的规律找出来；**规律表示**是尽可能以用户可理解的方式（如可视化）将找出的规律表示出来。数据挖掘的任务有关联分析、聚类分析、分类分析、异常分析、特异群组分析和演变分析等。

最常用的几种数据分析方法包括：描述型分析、诊断型分析、预测型分析和指令型分析。描述型分析是最常见的分析方法，其内容是研究人员通过数据分析获取重要的数据信息，应用可视化技术能够让任何人明白数据所包含的信息，清晰地描述事物发生的状况。诊断型分析是在描述型分析的基础上，通过数据分析诊断工具进行评估，将数据的特征、异同点等内容进行深入分析，得到数据的影响因素及产生条件。预测型分析主要用于进行预测事件未来发生的可能性、预测某一个可量化的值，或者是预估事物的发展趋势，这些都可以通过建立预测模型来完成，预测模型通常会使用各种可变数据来实现预测。数据信息的多样化与预测结果密切相关。指令型分析则是在以上分析方法完成之后，基于数据价值和复杂性进行的综合分析方法，将描述型分析、诊断型分析、预测型分析所得的可能会发生的情况统一进行分析，帮助数据研究人员决定采取什么样的措施开展下一步的规划工作。

（三）大数据调研案例

为了让读者对商业网点规划中大数据调研法有更为深入的了解，现以四川省某市某区《城市商业网点规划》基础资料部分为例，简要介绍大数据调研法的一般步骤。

大数据搜集范围确定：依据商业网点规划背景确定规划区位所在中心城区及市内各区县为数据搜集范围。

大数据调研对象确定：依据《中华人民共和国统计法》《零售业态分类规范》（GB/T 18105－2004）确定全域商业网点和营业面积2000平方米及以上的大型零售类网点、农产品批发市场、农贸市场、商业街区为调研对象。

大数据信息采集：项目前期通过文案调查法搜集相关资料，结合数据挖掘软件，对数据搜集范围内的分析对象进行数据采集，包括商业网点数量、商业网点体量、商业网点空间分布和商业网点结构等信息。

大数据调研整理：通过相关软件对分析范围内的数据爬取，将数据归纳整理为城市商业中心、商业街区、大型零售商业网点、商品交易市场、物流园区等类型，并分别对其名称、发展业态、所在地址、营业面积、交通状况、经营范围等数据进行整理，统一制成统计图表、点位图表，实现数据可视化，以进行下一步的规划工作。

八、调研过程中常见问题及应对方法

在对商业网点进行调研过程中会遇到不同的问题，以下简要介绍调研过程中的常见问题及应对方法：

（一）调研对象完全拒绝或部分拒绝

调研过程中有几种不能采集完全信息的情况，一种情况是在调研场所由于某种原因不能接近调研对象；第二种情况是接近调研对象并完成开场白（说明了调研目的、意义、保密承诺等）后，调研对象拒绝访问，这种情况称为完全拒绝；第三种情况是调研中，调研对象拒绝回答某些问题，这种情况称为部分拒绝。

部分拒绝的处理：一旦调研对象同意配合调研，通常情况下不会拒绝回答调研问卷中的问题，调研中拒绝回答某些问题多半是因为问题过于敏感，或者是调研人员的问题、语言或非语言动作让调研对象感到疑虑或不安全。因此需要调研人员加强自身的调研技巧训练，争取取得对方最大程度的信任，调研中注意观察对方的情绪变化，不要特别强调问题的敏感性，当发现对方在回答某些问题出现犹豫时，应该鼓励对方或让其放心。

（二）调研过程中调研对象提问

调研过程中经常遇到调研对象向调研人员提问的情况，特别是提出有关问题或者是与正在调研的资料有关的问题。调研人员应明白自身的主要任务是搜集准确的信息资料，而不是向对方宣传知识或者提供服务。但是如果武断地拒绝对方的问题会导致访谈气氛不和谐。正确的应对方法是，向调研对象表达调研结束后将抽时间解答他们关心的问题。应该注意的是调研结束后要兑现自己的承诺，对于对方要求得到的服务，调研人员可以向他们介绍能够提供服务的主要负责人和联系方式。同时注意调研人员不宜在这些附属问题上花费太多时间以免影响调研工作进度，调研过程中也不能做出不能兑现的承诺。

（三）不明确回答的处理

在调研过程中涉及具体指标时，调查对象可能会给出不明确的数据答复，此时的应对方式是：不轻易满足调研对象不明确的数据答复，应在调研过程通过进一步的追问以获取准确的回复，对于特殊情况应在后续调研过程中进行补充调研。

第四章　商业网点系统性分析和大数据应用

商业网点规划是一个复杂的巨系统，受到各类因素的影响。为保证商业网点规划的科学性，我们需要通过对各类因素的系统性分析，明确各类因素与商业发展间的关系，为商业发展定位和发展目标提供可靠的决策依据。因此系统性分析的过程，也是体现规划思路、决定规划方向、指导规划目标和设置发展任务的重要过程。系统性分析中需运用大量定性、定量和空间分析的方法，同时我们结合最新的电子信息和互联网技术，让大数据分析也成为系统性分析中重要的科学支撑。为便于读者理解这一复杂的分析过程，本章我们首先从系统性分析的概念和理论入手，结合规划的技术路线，详细介绍系统性分析运用于商业网点规划中的主要内容，随后将概括性地介绍商业网点规划中大数据分析应用的相关数据、软件和方法。

第一节　系统性分析方法

一、系统性分析的理论依据和常用方法

（一）理论依据

规划定位系统性分析过程的理论依据主要是第二章提到的“综合分析方法”，即我们认为商业与其他社会、政治、经济、文化等因素共同组成了城市

这一有机整体，虽然商业与其他城市要素是相互独立的系统，有着自身的发展规律，但作为城市的重要组成部分，商业的发展也与这些其他要素有相互关联的关系。因此，商业网点规划在进行分析过程中，选取与商业发展密切相关的有关政策、相关规划、商业自身趋势、现状发展情况、区域地位、产业条件、居民消费等各类文件、统计数据、城市指标进行综合分析。通过一系列的系统性分析，可明确商业发展和网点布局的现状条件、发展问题、面临机遇、竞争压力等内容，对提出合理的规划定位、发展目标和达成目标的发展思路有决定性作用。

（二）常用方法

根据规划实践，商业网点规划中常用的分析方法包括定性分析、定量分析和空间模型分析三类九种。

1. 定性分析方法

定性分析方法常用于规划中复杂问题的判断，主要有因果分析法和比较法。

（1）因果分析法。商业网点规划分析中涉及的因素繁多，为了全面考虑问题，提出解决问题的方法，往往先尽可能多地排列出相关因素，发现主要因素找出因果关系。比如，在对商业发展品质进行判断，一般寻找居民消费需求、周边城市竞合关系等探寻原因。

（2）比较法。在城市规划中常常会碰到一些难以定量分析又必须量化的问题，对此可以采用对比的方法找出其规律性。例如确定人均商业面积、商业网点平效时，可参照相近的同类城市的指标进行定量分析。

2. 定量分析方法

规划中常采用概率统计方法、运筹学模型、数学决策模型等数理工具进行定量化分析。

（1）集中量数分析。集中量数分析是指用一个典型的值来反映两组数据的一般水平，或者说反映这组数据向这个典型值集中的情况。常见的有平均数。

（2）比重分析。计算某项经济指标各项组成部分占总体的比重，分析其内容构成的变化。例如三次产业占比、网点类型占比等。

（3）趋势分析。通过对有关指标的各期对基期的变化趋势的分析，从中发现问题的一种方法。例如有 GDP 增长率分析、服务业的增长率分析等。

（4）回归分析。回归分析是利用两个要素之间存在比较密切的相关关系，通过试验或抽样调查进行统计分析，构造两个要素间的数学模型以其中一个因素为控制因素（自变量），以另一个预测因素为因变量，从而进行试验和预测。例如，人均消费支出预测和时间之间的一元线性回归分析。

（5）层次分析法。层次分析法将复杂的问题分解成比原问题简单得多的若干层次系统，再进行分析、比较量化、排序然后再逐级进行综合。它可以灵活地应用于各类复杂的问题。例如，结合商业地位、服务人口数量、区位条件等因素对各商业中心规模的预测。

3. 空间模型分析

城市规划各个物质要素在空间占据一定的位置，形成错综复杂的相互关系，除了用数学模型和文字说明来表达外，还常用空间模型的方法来表达，主要有实体模型和概念模型两类。

（1）实体模型。即为各类效果图、透视图等。

（2）概念模型。包括等值线、网格、图标法。例如，鱼网图、折线图、饼图、柱状图、雷达图、热力图。

二、系统性分析的内容

（一）技术路线

商业网点规划中的综合分析是围绕规划项目所在区域展开的[①]，主要包含“未来”和“当下”两个主题。其中“未来”主要是指对已有的相关政策规划的解读以及发展趋势的研究，来明确对商贸流通业发展的要求和指引；“当下”则包含内外部环境分析和商业网点现状分析，以期分别了解项目所在地社会经济文化现状、存在竞争以及当下发展基础和存在问题。

通过分析，可以明确规划区域未来发展的方向以及当下具有的优势和存

① 通常商业网点规划区域是整个城市。

在的问题。根据商贸流通业未来发展的方向和当下形势判定，梳理城市实力与机遇，并结合当下的商业最新发展趋势，确定城市商贸业发展规划定位；根据当下存在问题和发展定位间的差距，凭借当地优势来制定与之匹配的发展思路。规划技术路线详见图 4－1。

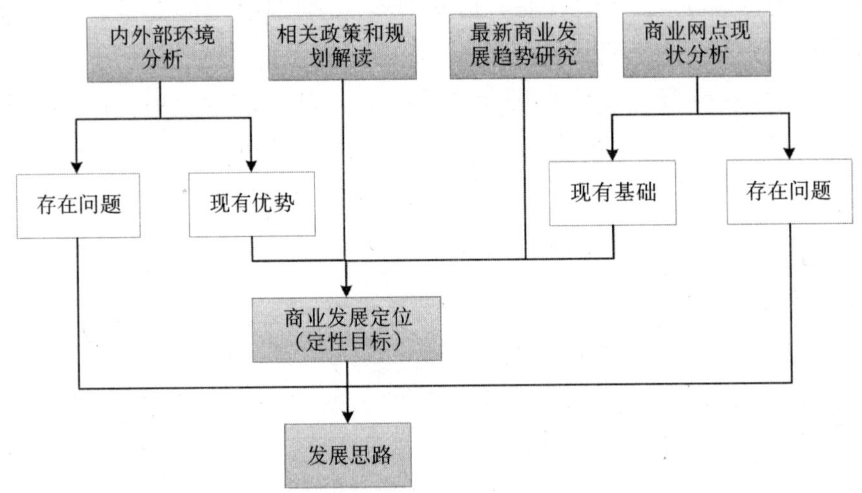

图 4－1　综合分析法技术路线图

（二）相关政策和规划解读

1. 相关政策解读

第一步：政策文件的选取，主要包含国家、省、市（县或区）这三个层面的政策文件。本书列举了在以往商业网点规划中解读政策时较为高效且全面的常见政策文件或相关内容，具体内容见表 4－1。但在实际规划中，应当根据规划项目所在地的实际情况来判定是否需要增减相应的政策内容。

表 4－1　商业网点规划选取相关政策常见文件

层面	常见政策文件
国家层面	最近一届人大代表会议报告，如“十九大”报告
	当年的人大代表会议、政治协商会议、党代会、中央委员会会议的会议内容或报告
	我国对外开放相关文件，如《推动共建丝绸之路经济带和21世纪海上丝绸之路的愿景与行动》

续表

层面	常见政策文件
省级层面	最近的省委会议内容或报告，如四川省委十一届三次全会内容
	本省针对推动商贸流通业或服务业发展出台的相关意见
市级（县或区）层面	本市市委会议内容或报告，如德阳市委八届七次全会内容
	针对本市（县或区）商贸流通业或服务业发展的相关政策文件

第二步：对选定的政策文件进行解读。解读时应当注意以下要点，第一是要紧紧围绕“商业”这一主题进行解读，不得中途改变解读内容；第二是解读应当侧重政策文件对商业的方向、内涵、趋势的指引，而对文件的内容进行简明扼要地总结性说明即可，无须将原文表述出来。

2. 相关规划解读

第一步：规划文件的选取。同样包含国家、省、市（县或区）这三个层面的政策文件。但在这当中本地的国土空间规划（城市总体规划）是商业网点规划的直接上位规划，应当对其进行重点解读，且商业网点规划不得违背其内容，其余常见规划文件见表4－2。但在实际规划解读时，若市级与省级规划文件内容方向一致时，着重对更为详细的市级规划文件进行解读即可。

表4－2　　商业网点规划选取相关规划常见文件

层面	常见规划文件
国家层面	我国多地协同发展文件，如《长江经济带发展规划纲要》《川南城市群规划（2014—2030）》
	我国国民经济与社会发展中服务业发展的相关文件，如《“十三五”现代服务业发展规划》
	国家乡村振兴战略规划，如《国家乡村振兴战略规划（2018—2022）》
省级层面	本省国民经济与社会发展中商贸服务业发展的相关文件，如《四川省“十三五”服务业发展规划》
	本省乡村振兴战略规划
	本省旅游业规划，如《四川省“十三五”旅游业发展规划》

续表

层面	常见规划文件
市级（县或区）层面	商业网点规划的上位规划，本地的国土空间规划（城市总体规划），如《德阳市域城镇体系规划和德阳市城市总体规划（2016—2030）》
	本地的控制性详细规划，如《德阳市控制性详细规划》
	本地的现代物流业发展规划，如《德阳市现代物流业发展规划（2017—2021）》
	本地的旅游业发展规划，如《内江旅游发展总体规划》
	针对本市（县或区）商贸流通业或服务业发展的相关政策文件，如《青岛市"十三五"现代服务业发展规划》

第二步：对选定的规划文件进行解读。应当注意，除了需要注意和上文政策解读同样的要点外，还需要特别注重与本地实情相结合。其中需要重点解读的是国土空间规划（城市总体规划），在解读时应当包括但不仅限于以下内容：城市的性质和职能、产业发展方向、城市发展结构和功能分区、近期重点发展城市区域。

（三）最新商业网发展趋势研究

研究商业最新趋势可以了解到当下最前沿的商业动态和商业模式，有助于提升商业发展的定位高度。趋势研究有诸多方法，但在对商业发展的前沿趋势进行研究时，通常采用先进或经典模式案例借鉴、公众意见问卷调查、商业发达地区实地调研学习三类方式。

先进或经典模式案例借鉴，是选取2～5个国际化开放程度高、经济繁荣或具有典型特色的国内外地区的商业发展案例，对其经营模式、选址布局、商业理念、商业氛围、建筑特色、配套服务文化植入等方面进行梳理和归纳总结。

公众意见问卷调查，通常是面向规划项目所在地的常住居民，若项目所在地在未来规划中具备旅游城市属性，也应增设外来游客的问卷调查。面向本地居民问卷主要以了解本地消费是否满足其日常需求，是否有消费外流倾向以及未来希望得到改进的方面；对游客的问卷主要是了解其旅游期间的消费构成，对规划地的旅游配套商业设施的满意程度及未来希望增加的商业配套设施。

商业发达地区实地调研学习，这一方式由于成本较高，主要为规划设计者个人调研学习，在商业网点规划项目的趋势研究中直接使用较少。借助培训会议或假日的机会到商业发达地区的核心或特色商业区走访观察，以获得直观感受。

（四）内外部环境分析

1. 外部环境分析

外部环境分析主要是明确项目所在地的物理条件，正确判断与周边城市的竞争关系。综合考虑到数据可获得性和分析可操作性，在规划时通常对以下内容进行分析。

（1）区位及交通分析。区位分析分别从国家、城市群、省的层面来进行，主要阐述规划城市所在地是否处在某经济带、某重要城市群或某区域的重要节点，以明确其区位战略地位；交通分析主要对其境内和周边的重要公路、铁路、水路和航空线路进行阐述，并分析各类通道的覆盖范围，以明确其城市可能辐射的市场（见图4－2）。

在上述基础上，结合规划城市对其区位优势的利用和可能市场的辐射实际程度来展开分析。方法包括归纳法和分析图示法。

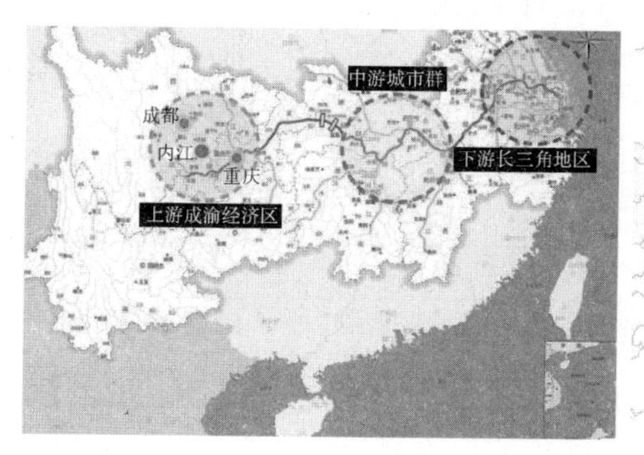

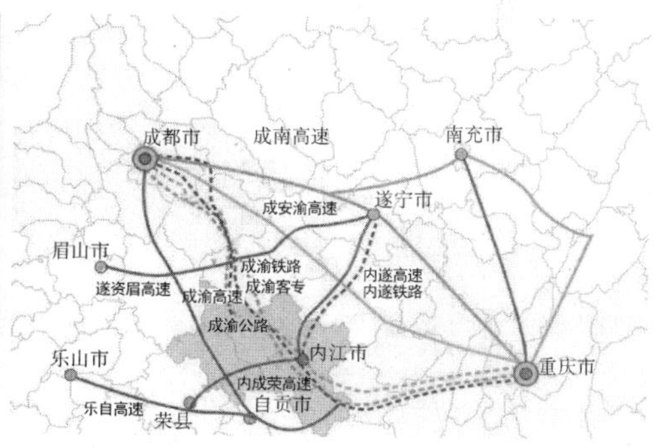

图4－2　NJ市区位与对外交通示意图

（2）区域商业竞争力分析。商贸流通业竞争力是指某一地区商贸流通产业相对于其他地区商贸流通产业在生产效率、满足市场需求、持续获利等方面所体现的竞争能力。通过建立商贸竞争力指标评价体系，运用统计分析软件①对周边城市的商贸发展水平作系统评价和比较，深入探讨项目规划城市商贸发展水平的相对优势和劣势。

影响城市商贸流通业竞争力的因素主要有商贸流通业市场规模、城市经济对商贸流通业的依存程度、流通业相关基础设施、人力资源、社会经济发展综合水平等。因此可根据规划城市可获得数据的情况建立评价指标体系，通常按照水平越高得分越高进行设置，见表4－3。

表4－3　　商业竞争力评价体系示意一览表

综合指标	标识	具体指标	标识	权重②
市场规模	Y1	社会消费品零售总额	X1	a1
		批发零售贸易业商品销售总额	X2	
		进出口贸易总额	X3	
对经济发展贡献度	Y2	第三产业增加值占GDP比重	X4	a2
		第三产业就业人员比重	X5	
		批发和零售业、住宿和餐饮业从业人数占第三产业从业人数的比重	X6	
社会经济发展水平	Y3	人口数	X7	a3
		地区生产总值（GDP）	X8	
		人均GDP	X9	
旅游产业贡献	Y4	旅游人数	X10	a4
		国际旅游收入	X11	
		国内旅游收入	X12	
基础设施条件	Y5	等级公路里程	X13	a5
		邮电业务总量	X14	
		物流配送体系	X15	

由于各具体指标的计量单位不同，不能进行统一度量与比较，故通过统计分析软件，将各指标数据进行无量纲化处理，消除量纲的影响，以正确反映不同指标的综合作用结果。

① 常用SPSS和Excel软件。

② 所有权重之和应当等于1。

具体指标标准化处理的计算公式如下：

$$[x_i - Min(x_i)]/[Max(x_i) - Min(x_i)] \times 100\%$$

式中：x_i 为该项指标的指标值；$Max(x_i)$ 为该项指标的最大值；$Min(x_i)$ 为该项指标的最小值。

在分别计算各个对比城市的综合得分后，可根据分数的高低、得分差距等分析得出规划城市的城市商业竞争力情况。

（3）商业专业化水平分析。商业专业化水平可通过区位熵分析进行。区位熵（Location Quotient，LQ），又称专门化率或地方专业化指数，它建立在区域比较优势理论基础上，由哈盖特（P. Haggett）首先提出并运用于区位分析中，是衡量某一个区域产业结构与全国平均水平差异的指标。它可以反映一个地区的专业化水平，可用来衡量某产业在一个地区的规模聚集程度及其在高一层次区域中的集聚规模优势程度，在衡量区域优势产业上排除了区域规模的差异因素，能够真实地代表一个区域的优势和劣势产业以及它们的变动趋势，从而对产业结构、产业布局以及区域经济发展做出评价和政策建议。

$$LQ_{ij} = \frac{L_{ij}/\sum_{i=1}^{n} L_j}{G_i/\sum_{i=1}^{n} G}$$

式中，i 为第 i 区域，j 为第 j 产业；LQ_{ij} 为第 i 地区 j 行业的区位熵；L_{ij} 为第 i 地区 j 行业的产值；G_i 为第 i 地区生产总值。

区位熵的计算结果越大，则表示该地区的产业专业化程度越高，具有一定的比较优势，反之则产业处于劣势地位。区位熵判别的依据一般以 1 为界。当某地区的 $LQ_i = 1$ 则表示产业 i 在当地处于一般水平；当 $LQ_i > 1$ 表示产业 i 在该地区的专业化程度较高，是具有比较优势的产业；当某地区的 $LQ_i < 1$ 则表示产业 i 在该地区属于劣势产业，表明该产业专业化程度较低，其规模具有比较弱势。

（4）城市商业影响力分析。断裂点理论是关于城市与区域相互作用的一种理论。由康维斯（P. D. Converse）于 1949 年对赖利（W. J. Reilly）的“零售引力规律”加以发展而得。该理论认为，一个城市对周围地区的吸引力与它的规模成正比，与它们之间的距离的平方成反比。

断裂点理论是城市区域商圈研究的基础，该理论的模型为：

$$\frac{Ta}{Tb}=\frac{Sa}{Sb}\left(\frac{Db}{Da}\right)^2$$

式中，T 为营业量；S 为商店或市场的规模；D 为两者合理分界点的距离。具有不同规模的相邻两个商店或市场中心 a、b 的分界点，应该在两者连线 Dab 上具有相等营业量的点，即 $Ta = Tb$ 的地方。于是得出求断裂点的公式：

$$Da=\frac{Dab}{1+\sqrt{\frac{Sb}{Sa}}}$$

断裂点的理论可以应用到相邻城市之间的吸引范围和市场区的划分，S 可以用城市的人口规模、商品零售总额、国内生产总值等来表示，计算出城市市场区（吸引范围）的大小，进而反映相邻城市间竞争能力的大小。

专栏 4－1　断裂点分析的应用[①]

用城市断裂点理论，将 DY 市和与之有便利交通联系的 CD 市和 MY 市进行影响力比较，利用社会消费品零售总额和城市之间距离，分别计算 DY 市商业 2011 年和 2017 年对其他城市的影响力半径。根据计算结果，DY 市商业辐射内化仍然较为突出，但与 2011 年对比，2017 年商业影响力半径有所扩大（见表 4－4、表 4－5）。

表 4－4　　2011 年和 2017 年各市社会消费品零售总额

城市	2011 年社会消费品零售总额（亿元）	2017 年社会消费品零售总额（亿元）
CD 市	2861.3	6403.5
MY 市	572.8	1112.48
DY 市	351.6	790.8

表 4－5　　2011 年和 2017 年 DY 市商业对周边城市的影响力

城市	与 DY 市的直线距离（km）	2011 年商业影响力半径（km）	2017 年商业影响力半径（km）
CD 市	60.8	15.8	16.6
MY 市	46.7	16.0	18.6

① 案例来自中商商业发展规划院编制的《德阳市城市商业网点规划（2018—2030）》。案例中数据来自各城市统计年鉴、统计公报以及百度地图。

（5）区域商品交易市场竞争分析。商品交易市场是农产品、工业消费品和生产资料流通的重要载体，关系到国民经济发展和居民日常生活。商品交易市场的设置需要与当地产业或市场相匹配，扬长避短，避免同质化竞争。借助大数据爬取，对规划地周边城市商品交易市场的数量、种类、交易额等展开分析，有助于找准规划城市商品交易市场发展的方向（见表4－6）。

表4－6　　2018年各市商品交易市场竞争分析示意表　　单位：个

城市	LZ市	ZG市	YB市	NJ市	SN市	合计
酒类	1	0	0	0	0	1
电子产品及家电	3	0	0	0	0	3
二手车、汽车及汽配	3	3	3	0	2	11
纺织品、服装和鞋帽	4	1	2	0	1	8
废旧物资	0	0	0	1	1	2
花卉苗木类	1	3	0	0	0	4
家居建材类	4	6	7	3	4	24
农产品、粮油、副食品、禽苗	3	2	4	6	4	19
日用品类	0	0	2	1	1	4
生产资料类	1	4	1	1	1	8
综合类	2	5	3	3	2	15
总和	22	24	22	15	16	99

2. 内部环境分析

内部环境分析主要了解项目所在城市的产业与消费概况，正确把握城市第三产业发展基础以及本地消费情况。通常选取近五年的数据，使用时间序列法来进行分析，并通过各类可视化统计图表予以展示。

（1）第三产业地位分析。地区生产总值（GDP）是国民经济核算的核心指标，由各产业增加值求和得到；人均地区生产总值是将一个地区核算期内（通常是一年）实现的地区生产总值与这个地区的常住人口（或户籍人口）相比进行计算而得到，是衡量当地人民生活水平的一个标准；三次产业结构是第一、第二、第三产业增加值占GDP的比例，是国民经济中产业结构中最重要的关系。

选取当地GDP、人均GDP和三次产业结构数据，按照时间顺序排列展开分析。可了解第三产业对GDP的贡献以及产业结构是否合理，以及未来调整方向。

（2）商贸流通业发展程度分析。社会消费品零售总额是国民经济各行业直接售给城乡居民和社会集团的消费品总额，由批发和零售业零售额、限额以上住宿和餐饮业商品销售额构成，是表现国内消费需求最直接的数据。通过对其分析可了解规划城市零售市场变动情况并反映经济景气程度（见图4－3）。

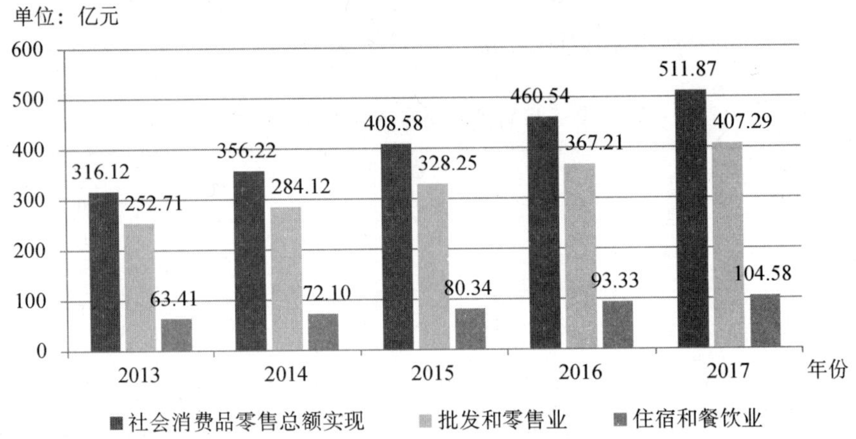

图4－3 2013—2017年某市分行业社会消费品零售额变化分析示意图

（3）城镇居民消费力分析。居民人均可支配收入被认为是消费开支的最重要的决定性因素，因而常被用来衡量一个国家生活水平的变化情况。人均消费支出是社会消费需求的主体，是拉动经济增长的直接因素，是体现居民生活水平和质量的重要指标。

通过对城镇居民人均可支配收入、人均消费支出以及支出占消费比例的分析，可以看出当地经济发展状况以及居民消费意愿（见表4－7）。

表4－7 2013—2017年某市城镇和农村居民可支配收入和消费支出分析示意表

年份	城镇居民人均可支配收入（元）	城镇居民人均消费支出（元）	城镇居民人均消费支出占人均可支配收入比重（%）	农村居民人均纯收入（元）	农村居民人均生活消费支出（元）	农村居民人均生活消费支出占人均纯收入比重（%）
2013	21745	15502	71.29	9352	5427	58.03
2014	23854	12823	53.78	10418	5882	56.46
2015	25787	16391	63.56	11428	8961	78.41
2016	27986	17591	62.86	12491	9653	77.28
2017	30393	—	—	13640	—	—

（4）居民消费结构。居民消费结构是在一定的社会经济条件下，居民在消费过程中所消费的各种不同类型的消费资料（包括劳务）的比例关系。消费结构可以反映居民的生活状况、消费倾向和需求。根据统计年鉴，我国居民消费通常分为食品、衣着、居住、家庭设备用品及服务、医疗保健、交通通信、教育文化娱乐服务和杂项商品和服务共 8 类。

专栏 4－2　城镇居民消费结构分析

从消费结构上看，城镇居民食品、衣着、教育文化娱乐服务、交通通信、家庭设备用品及服务方面的消费占总支出比例逐年下降；居住和医疗保健支出比例逐年上升。农村居民食品、家庭设备用品及服务方面的消费占总支出比例呈下降趋势；居住、交通通信和医疗保健支出比例逐年上升；衣着、教育文化娱乐服务支出比例基本不变。

综合来看，随着城镇和农村居民人均收入逐年增加，恩格尔系数降低，分别下降至 34.45% 和 38.14%，同时医疗保健类消费持续增长，说明本地居民消费正由基础型消费向富裕型消费转变，但教育文化娱乐类支出并未增加，除受到房价等消费支出增加影响外，也说明内江市零售、文化娱乐等服务业有待进一步优化，对居民消费的吸引力有待增强（见图 4－4）。

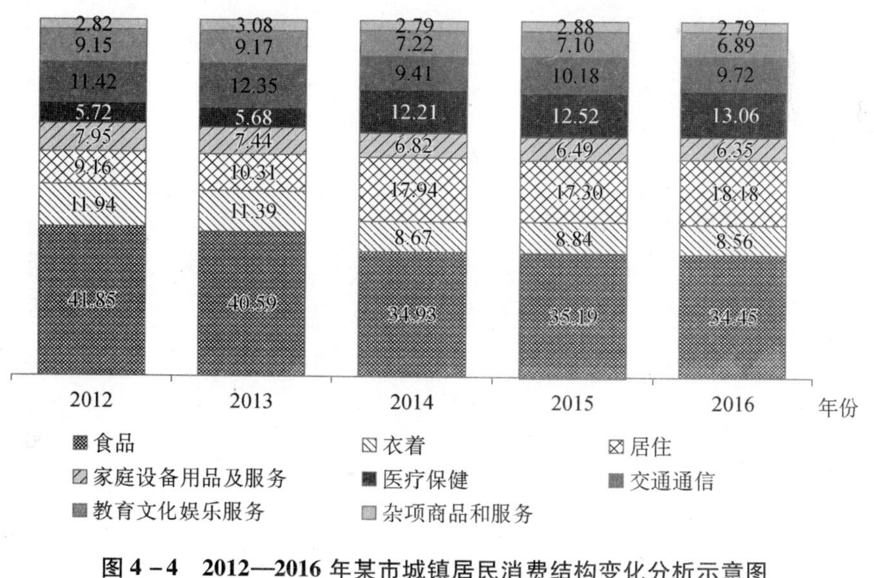

图 4－4　2012—2016 年某市城镇居民消费结构变化分析示意图

（五）商业网点现状分析

商业网点现状分析分别从商业在城市的宏观空间结构以及微观网点概况两个层面进行。

1. 商业网点空间结构分析

结合实地调研以及大数据爬取可获得现有商业网点的业态、数量、体量、分布、人均面积等重要数据，运用 GIS 等可视化软件，可绘制一系列分析图（见图 4－5）。对梳理城市商业网点业态结构是否合理，空间布局是否匹配城市发展，商业体量是否过剩或紧缺等问题有重要意义。

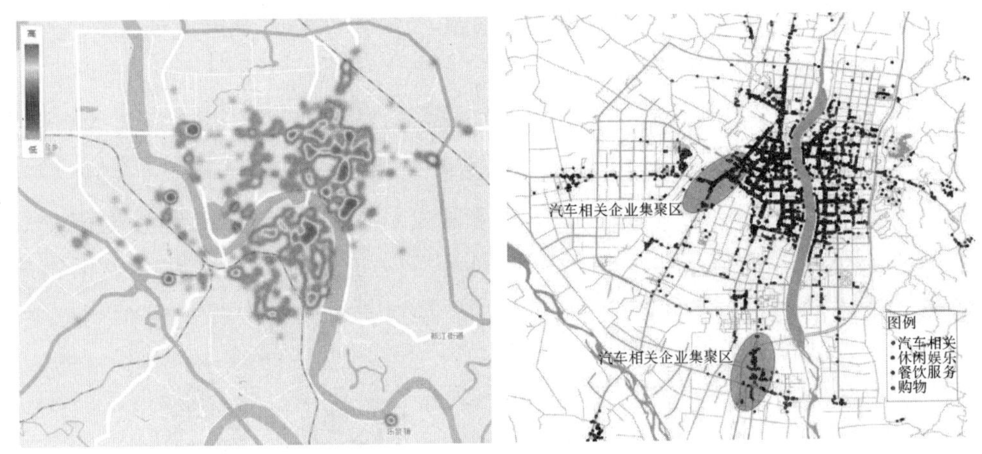

图 4－5　商业网点结构可视化分析示意图

2. 重要商业网点现状分析

重要商业网点是指在商业网点规划中的所有规划对象，通常包括地区各级商业中心、重点商业街区、大型零售网点、农贸市场、商品交易市场。此外，若规划城市当地有具体的网点规划诉求，也应当对其进行相应的现状分析。该分析的数据获得主要通过规划地实地调研，具体调研方法参看本书《商业网点规划调研方法》。

具体网点分析首先应从数量、聚集和分布特征、形象、业态、运营情况等要点来进行阐述。然后根据情况展开是否合理，未来可能增改的内容等分析。

专栏4－3　商业网点现状分析[①]

目前，MZ 市中心城区共有正在运营的农贸市场 8 个，建筑面积共 41127 平方米。有未营业或转变用途的农贸市场3 个，其中北门农副产品综合市场正在改建；三星农贸市场和金陵农贸市已转为其他用途，详见表 4－8、图4－6。MZ 市农贸市场大多为棚顶式，部分建筑老旧，此外部分区域形成了一定规模的沿街农贸市场，对交通和城市环境造成一定影响。

从分布情况来看，MZ 市中心城区农贸市场多位于旧城片区，按照500 米的农贸市场服务半径要求，无法覆盖其他城市片区居住区，难以满足居民日常生活需求。然而，从人均面积来看，MZ 市现状农贸市场千人指标为 210 平方米/千人（不含改为它用农贸市场面积），高于国内一般农贸市场 100～170 平方米/千人的建设标准；同时，部分农贸市场面积超过 10000 平方米，远高于《城市居住区规划设计标准》（2018 年版）规定的 2000～2500 平方米的标准。

由此，农贸市场千人指标虽高，但由于农贸市场主要集中设置在旧城片区，覆盖范围难以满足城市发展需求，并且，由于部分农贸市场单体面积过大，一定程度上将造成小范围内农贸市场面积过剩。

表4－8　　MZ 市中心城区农贸市场现状统计一览表

序号	名称	地址	建筑面积 m^2	建筑形式	使用情况
1	北门农副产品综合市场（改建中）	花园街	11000	棚顶式	改建中
2	三星农贸综合市场	积英新街 109 号附近	4875	3 层建筑	业态改变
3	仁泽市场（沿街）	安国横一街	—	以街为市	农副产品市场
4	玉马农贸市场	金陵雅居北门	6957	棚顶式	农副产品市场
5	宏正市场	东城巷 11 号	2000	棚顶式	建筑老旧，作为家具、超市使用占比较大，仅有 2 个菜市摊位

① 该案例来自中商商业发展规划院编制的《绵竹市城乡商业网点规划（修编）（2018—2030）》。

续表

序号	名称	地址	建筑面积 m^2	建筑形式	使用情况
6	绵竹大市场	安顺路 119 号	10384	棚顶式	农副产品零售与批发
7	紫岩综合市场	苏兴街 160 号	2240	棚顶式	农副产品市场
8	华盛市场	滨河西路二段	11230	底商	农副产品市场
9	金陵农贸市场	口腔医院旁	—	棚顶式	转变为物流配送基地
10	城西综合市场	瑞祥路 89 号	3200	棚顶式	农副产品市场
11	飞凫蔬菜批发市场	三星街和飞凫街交汇处东南角	3500	棚顶式	农副产品零售与批发

注：表中数据由 MZ 市商务局和实地调研共同确定。

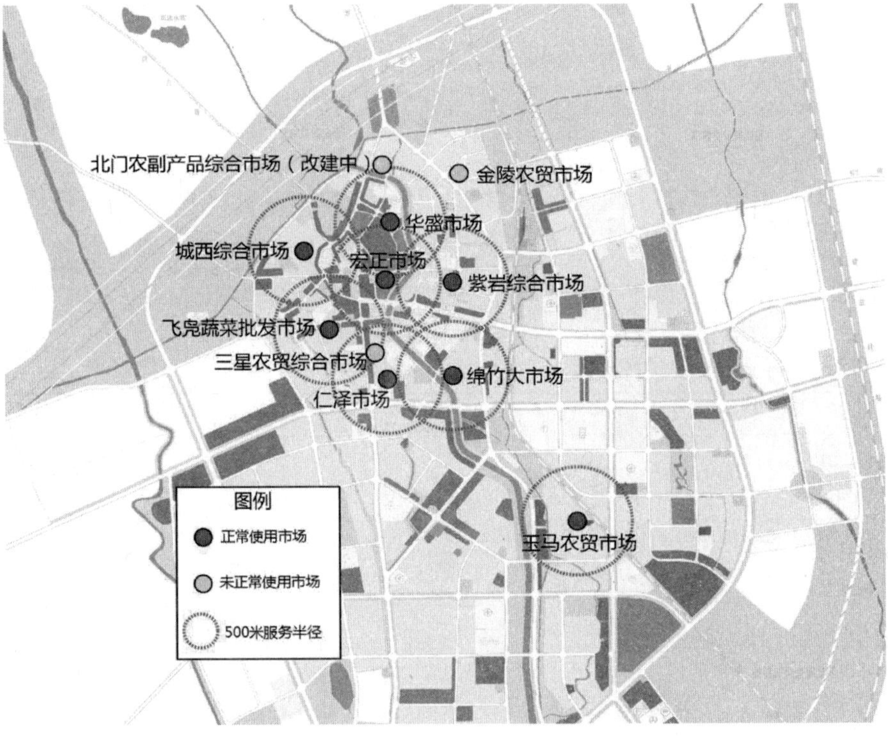

图 4-6　MZ 市中心城区农贸市场服务半径现状图

（六）系统性分析的结果

根据上述的政策规划解读、最新商业发展趋势研究、内外部环境的分析，以及商业网点发展现状分析，我们可以明确城市在区域商业体系中的位置，明确该城市政策和相关城市规划对商业发展的要求，明确城市商业发展所处的阶段和未来商业可发展的阶段，明确城市产业发展对商业服务的需求，明确消费者的消费需求，明确城市所在区域商业的竞争的压力与合作的方式，最终运用简易的 SWOT 分析方法，按照突出商业发展优势所在、规避区域竞争压力所在，挖掘和发挥资源潜力进行合理规划定位，做到满足城市发展需求、居民消费需求，符合城市性质和商业自身发展规律。综合分析法在提出规划定位中的应用用图 4 －7 表示。

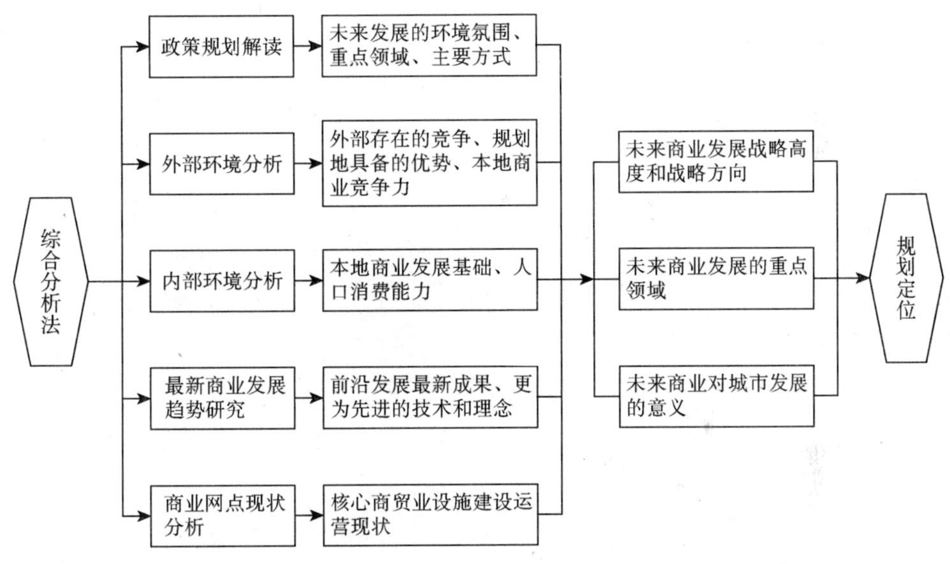

图 4 －7　综合分析法在提出规划定位中的应用示意图

第二节　大数据在城市商业网点规划中的应用

传统的商业网点规划，主要是以定性的描述、判断、总结为主，并辅以部分的定量归纳分析，而缺乏动态、可视化和有效的空间分析方法。商业活动在规模、数量和形态上的不断发展导致商业的规划管理难度日趋增大，仅依靠十分有限的统计数据，难以形成科学合理的规划和决策。随着信息技术的发展，我国地理信息网站、电子商务服务、社交媒体等领域快速崛起，运用火车头、八爪鱼、python 等数据爬取软件可对商业领域的网络数据进行爬取，获得全数据类型，为基于开源数据的大数据采集与分析带来了可能，由此迎来了新型数据环境下的商业分析时代。通过对新型数据的采集大幅提升了商业数据采集量和准确度，丰富了基础数据类型，为科学分析城市商业发展现状以及实施商业网点规划奠定了良好基础。

本节将介绍城市商业网点规划可利用的大数据类型、数据分析工具及分析方法。

一、大数据简介

（一）大数据的概念

大数据是指无法在一定时间范围内用常规软件工具进行捕捉、管理和处理的数据集合，是需要新处理模式才能具有更强的决策力、洞察发现力和流程优化能力的海量、高增长率和多样化的信息资产。大数据主要解决海量数据的存储和海量数据的分析计算问题。

麦肯锡全球研究所给出的定义是：一种规模大到在获取、存储、管理、分析方面大大超出了传统数据库软件工具能力范围的数据集合，具有海量的数据规模、快速的数据流转、多样的数据类型和价值密度低四大特征。

（二）大数据的特点

1. 数据规模庞大（Volume）

大数据通常是指 100TB（1TB = 1024GB）规模以上的数据量，数据量大是大数据的基本属性。根据国际数据资讯（IDC）公司监测，全球数据量大约每两年就翻一番，预计到 2020 年，全球将拥有 35ZB 的数据，并且 85% 以上的数据以非结构化或半结构化的形式存在（见图 4 – 8）。

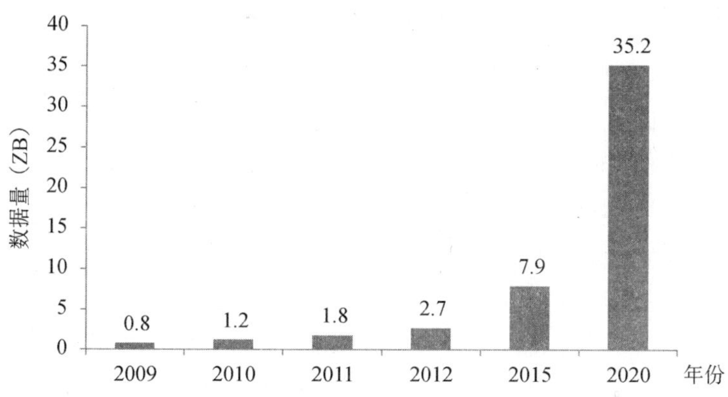

图 4－8　国际数据资讯公司（IDC）全球数据使用情况及预测图

2. 数据种类繁多、复杂多变（Variety）

数据种类繁多、复杂多变是大数据的重要特性。随着传感器种类的增多及智能设备、社交网络等的流行，数据种类也变得更加复杂，其包括结构化数据、半结构化数据和非结构化数据。其中，10% 是结构化数据，存储在数据库中；90% 是非结构化数据，与人类信息密切相关。

3. 数据更新频繁（Velocity）

新时代人们从信息的被动接受者变成了主动创造者。数据从生成到消耗，时间窗口非常小，可用于生成决策的时间非常短。

4. 数据价值密度低（Value）

数据呈指数增长的同时，隐藏在海量数据的有用信息却没有相应比例增长。恰恰相反，挖掘大数据的价值类似沙里淘金，从海量数据中挖掘稀疏珍贵的信息。例如，商场的监控视频，连续数小时的监控过程中有可能有用的数据仅仅只有几秒钟。

二、传统规划数据与地理空间大数据

（一）传统规划数据

由于商业数据的难获取性，传统的城市商业空间研究多基于大型商业网点数据展开，或者多采用基于行政单元的经济普查数据和问卷抽样调查数据进行商圈研究。这类数据往往体量较小，数据类别较少，来源有限，受行政区域限制，统计时间较长，精度较低，降低了城市商业空间研究的精细度与认知度（见表4－9）。

表4－9 传统规划数据类型表

传统规划数据类型	常见具体数据
遥感测绘数据	电子地图、航拍影像图、卫星遥感数据、地形图、建筑模型、地下管网数据等
统计数据	社会、经济、人口等统计年鉴数据等
调查数据	规划现场踏勘数据集等
知识数据	论文期刊、规划案例、会议讲座、照片视频等
规划成果数据	总体规划、控制性规划、专项规划成果等

（二）地理空间大数据

1. 概念和使用原因

大数据按照其数据特色可以有多种分类，在商业网点规划中主要使用带有空间坐标信息的数据，即地理空间数据。地理空间数据是指资源、环境、经济和社会等领域的一切带有地理坐标的数据，是地理实体的空间特征和属性特征的数字描述。使用这类数据是因为商业网点规划是对商业空间的规划，是将商业功能落实到合理城市空间中去的。因此，相比其他类型数据，具有空间信息的数据，更能帮助我们有效地、可视化地、精准地掌握商业在城市空间中的发展情况，为商业网点规划决策提供新的数据基础和技术支撑。现在基于地理空间大数据的城市规划分析已经成为一种新的趋势，但在商业网点规划中的应用还处在起步阶段。下面我们对商业网点中已经或即将使用的空间数据类型进行简单介绍。

2. POI 数据

POI 数据泛指一切可以被定义为点的实体，包括一间商铺、一个公交站、一个景点、一个邮筒等与人们日常生活相关的服务设施。它详细地描述了实体位置，包含了信息点的名称、地址、类别、电话、坐标等方面的信息，其覆盖面广、准确度高、实时性强，在城市规划空间结构的研究中被广泛应用。

3. 手机信令数据

手机信令数据是一种典型的大数据，它通过数量庞大的基站连续不断地追踪手机用户的位置、状态等信息，实现对居民活动比较全面完整的记录。与传统数据和其他大数据相比，手机信令数据的突出价值在于其近似全样本性、全时性，以及借助定位基站而附带的空间信息，因此在分析极其复杂的居民行为时最契合需求。

4. 出租车 GPS 数据

随着移动定位技术的不断发展与广泛应用，基于 GPS、手机等定位技术的移动数据实现了对居民日常出行轨迹的记录，已被广泛应用于居民日常活动与出行行为的分析中。记录的基本信息包括出租车在该时间点的经纬度、速度、方位、载客状态和有效性等，为居民活动空间的测度提供了新的契机，使个体活动空间的测度更易实现，也更加精确。

三、数据分析软件与常用场景

目前，较为系统和方便的地理空间数据的常用分析软件主要为地理信息系统（GIS）和 ECharts。

（一）GIS 的基本概念

地理信息系统（GIS）是在计算机硬件系统与软件系统支持下，以采集、存储、管理、检索、分析和描述空间物体的定位分布及与之相关的属性数据，并回答用户问题等为主要任务的计算机系统①，是一种分析和处理海量空间数据的技术。各国都开发了不同的 GIS 软件，行情用的包括 ArcGIS，Green GIS 等。

（二）GIS 在商业网点规划中的常用功能

GIS 所具有的空间数据与非空间数据处理能力，为商业网点规划提供了一种可视化的技术和定量测量方法，从而对整个商业进行宏观调控和行业管理，提高商业分析与经济决策的水平与效率，进而为制定科学的城市商业网点规划提供必要的参考（见图 4 –9）。

---

① 朱选．地理信息系统原理与技术．解放军出版社，2001：165 – 166.

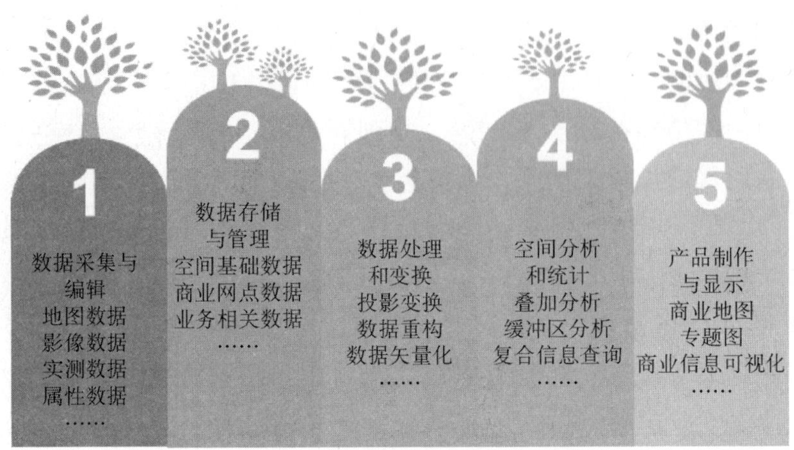

图 4－9　GIS 功能简介图

1. 数据采集与编辑

地理信息系统的数据通常抽象为不同的专题或图层，GIS 软件通过点状、线状、面状三种类型的空间要素来表示、模拟、管理空间信息，数据的采集与编辑功能保证各层地物要素按顺序转化为 x、y 坐标及对应的代码。在商业网点规划中，一个商业网点以一个点状要素表示，一个大型商业网点如购物中心，或某个行政区域范围，以一个面状要素表示，道路、河流等则以线状要素表示。每一个图层可以包含无数个同种类型的空间要素图形，且能够对每一个图层进行单独编辑（见图 4－10）。

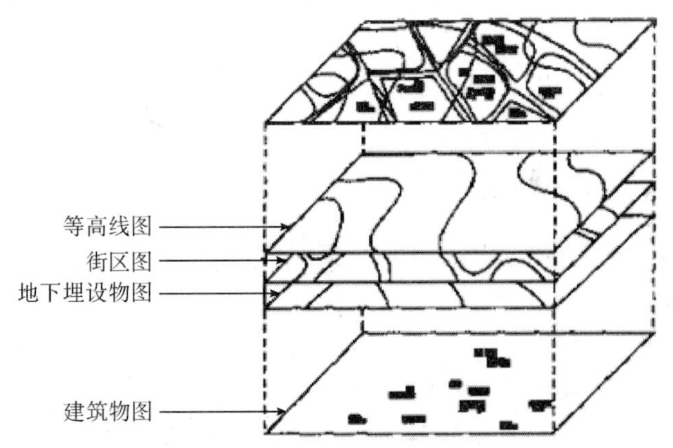

图 4－10　GIS 数据分层概念示意图[①]

① 黄杏元，马劲松，汤勤. 地理信息系统概论［M］. 北京：高等教育出版社，2008：15.

2. 数据存储与管理

商业规划分析需要处理区域内外庞大的数据信息，对各种烦琐的信息进行有效的利用和管理显得格外重要，GIS 拥有庞大的信息数据库，为信息的存储和管理提供了有效的技术支持。针对商业网点规划，可将需要 GIS 管理的数据分为三类：商业网点数据、空间基础数据、业务相关数据。

（1）商业网点数据。包括各类超市、百货、购物中心、农贸市场、专业市场、商业街区、社区商业网点等建筑物，以点状或面状要素表示，同时赋予每个要素属性信息，包括业态类型、面积、经营方向等。

（2）空间基础数据。是指城市总体规划、城市控制性详细规划等上位规划中的关键信息，包括区域用地类型，商业用地、居住用地等的分布情况；道路交通规划，主干道、次干道、快速路等道路的分布情况以及轨道交通和公共交通站点的设置情况；主要市政设施分布以及行政区域的划分等情况。

（3）业务相关数据。包括人口总量、人口密度、居民消费能力、周边地价等数据。

3. 数据处理和变换

由于 GIS 涉及的数据类型众多，同一种类型的数据其质量差距也可能较大，为保证数据的规范和统一，需对数据进行数据变换（投影变换、比例尺缩放等）、数据重构（数据拼接、数据截取等）和数据抽取（对数据从全集到子集的条件提取）。

4. 空间分析和统计

空间分析和统计功能是 GIS 区别于其他类型系统的一个重要标志，它用以确定地理要素之间新的空间关系，并为用户解决各类问题提供了各种工具。

（1）叠加分析。将同一区域两个图层的信息作叠加分析处理，不仅建立了新的空间特征，同时也将两个图层中的属性信息予以合并。例如将行政区域图层与商业网点图层进行叠加分析，可以得到各个行政区内的网点个数，这也是进行多条件复合检索的基础。

（2）缓冲区分析。根据数据库的点、线、面实体，自动建立各类要素的缓冲多边形，用以确定不同地理要素的空间接近度或邻近性。例如某一大型超市的辐射范围为 2 千米，则以该大型超市为原点，建立以 2 千米为半径的圆形缓冲区，此缓冲区所覆盖的区域，则是该购物中心的辐射范围。

（3）复合信息查询。查询功能是 GIS 最常用的功能之一，包括从空间位置检索空间物体及其属性、从属性条件检索空间物体及其位置等，并可以通过多个条件叠加实施查询功能。例如查询业态为超市、经营面积大于 100 平方米的商业网点分布情况。

5. 产品制作与显示

GIS 产品是指经由系统处理分析，可以直接输出供规划人员或决策人员使用的各种地图、图像、图表或文字说明。商业网点规划也可以利用 GIS 软件编制规划商业地图、专题图，优势在于可以利用单个图层修改、多个图层叠加复合信息查询等功能，缩短制图周期，实现商业信息可视化。

（三）GIS 在商业网点规划中的应用

地理信息系统作为获取、整理、分析和管理地理空间数据的重要工具，以其强大的空间数据分析能力，在商业网点规划与选址工作中，体现出众多的优点和巨大的潜力。借助 GIS 软件分析平台，利用图层处理、叠加分析、缓冲区分析等分析工具，科学合理地评价区域商业发展潜力，从而保证了选址与规划的科学性与准确性，对于商业网点的空间布局选址具有重要的指导意义。

1. 应用一　基于 POI 数据的商圈吸引力分析

商圈吸引力分析是在 ArcGIS 平台上，根据商业和服务类网点 POI 的分布情况，确定比实地调研更准确的商圈范围大小，并结合 Huff 概率模型推测消费者对周边商圈选择倾向的过程，以此判定商圈的影响范围。

（1）商圈范围确定。提取百度和高德地图 POI，通过 ArcGIS 渔网工具，将目标区域划分为 1000m × 1000m 的网格，统计各网格的商业 POI 数量（包含购物类、餐饮类和生活服务类网点），通过各网格中网点数量的变化情况，判断网格内商业密度，以此确定城市商圈范围。对比项目相关城市核心商圈大小，运用城市断裂点理论，分析各核心商圈影响力半径。在 MZ 商业网点规划中，根据其发展情况，单位网格内商业 POI 数量超过 500 个为商业高度集聚区域，由各个相连的超过 500 个商业 POI 的单位网格组成的区域，认定为城市商圈。

（2）吸引力计算。运用 Huff 概率模型和对 MZ 中心城区居民的吸引力进行分析，以距离为变量，在当前商圈规模情况下，中心城区居民选择去旧城商圈的概率为80.0%；考虑到高铁、高速公路等交通方式大大缩短了城市之间人口流动的时间，从以时间为变量，中心城区居民选择去旧城商圈的概率为40.9%（见图4－11）。

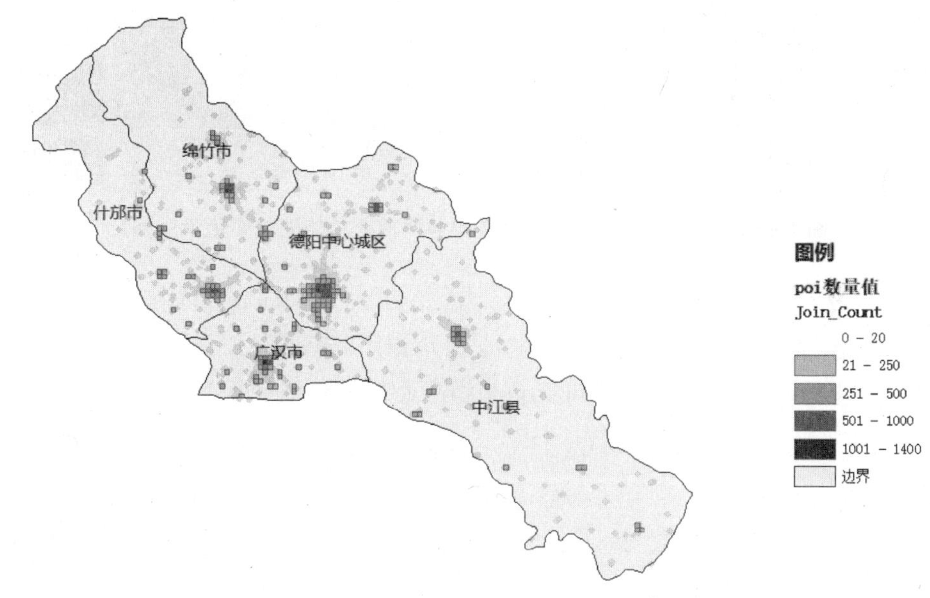

图4－11 DY市各区县商业中心范围示意图

2. 应用二 基于POI数据的商业功能及演变分析

利用POI进行商业功能研究，是在利用渔网工具确定商圈范围的情况下，对商圈内单位网格的商业网点进行分类统计形成的。根据现阶段研究论文的一般共识，某类型POI网点数量大于总数量的50%，认定为单一功能区域，各类型POI网点数量均小于50%则为混合功能区。另外，这种商业功能的分析，还通过长时间的POI网点爬取追踪，分析某区域商业功能演变和网点分布演变的过程，从而得出商业中心功能的变化、网点分布变化的趋势等（见图4－12）。

3. 应用三 基于点评数据的商圈口碑评价

电子商务正在逐渐改变着传统的商业营销模式，网络口碑越来越成为消费者和商户决策的重要考虑因素，并影响了消费者选择行为和商业网点空间布局。通过从大众点评等服务平台获得如评分数量、评分、点评关键词等数据，

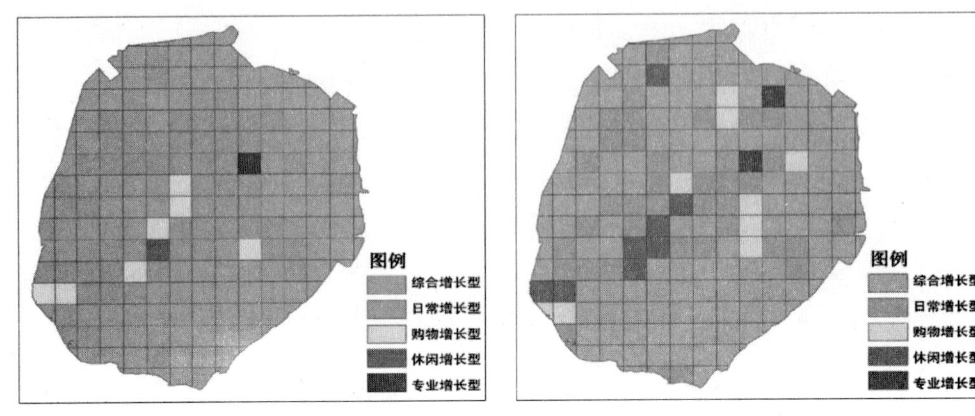

图 4－12　某城市 2011 年与 2017 年各类商业功能聚集变化示意图①

结合层次分析法，可有效为各网点进行满意度评分，并将各网点的满意度评分利用 GIS 进行显示，绘制各类商业功能的商圈口碑热度图，而口碑热度图则在一定程度上显示了消费者对某商圈的某类商业功能的认可程度（见图 4－13）。

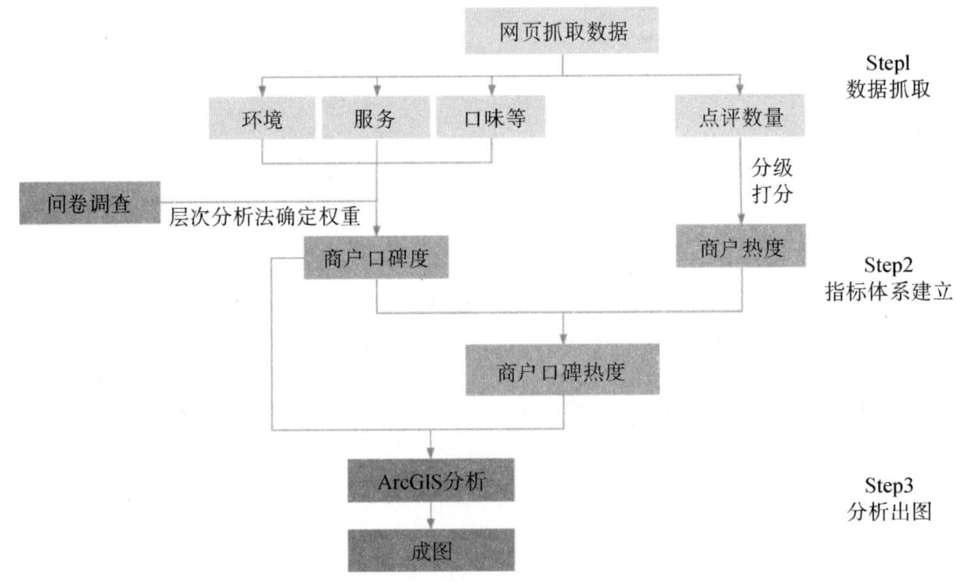

图 4－13　商圈口碑热度图技术路线示意图②

---

① 基于 POI 的厦门城市商业空间结构与业态演变分析。

② 杨卓，陈宏伟，刘宏波，等．南京商业空间格局及商业中心体验度评价研究——以大众点评数据为例［C］．规划 60 年：成就与挑战——2016 中国城市规划年会论文集（04 城市规划新技术应用），2016.

4. 应用四　基于道路数据的农贸市场规划

首先，在 ArcGIS 平台上构建道路网络分析模型，演示模拟道路交通组织方式。其次，结合现在农贸市场位置和规划选择进行农贸市场布点。最后，使用网络分析工具计算农贸市场 300 米与 500 米服务范围，核对是否满足农贸市场覆盖率要求。通过 ArcGIS 对道路进行模拟，可以较为真实地反映以步行距离计算的农贸市场服务半径。但由于商业网点规划中，农贸市场需要符合城市规划用地需求，一般作为验算调整的方法使用。与此相同的，该方法还可以用于社区商业中心等有固定服务半径要求的商业网点布局规划（见图 4－14）。

图 4－14　农贸市场服务半径示意图

图片来源：https：//www. sohu. com/a/241093515_657084.

（四）ECharts 基本概念

ECharts，是一个由百度开发的、使用 JavaScript 实现的开源可视化库，提供直观、交互丰富，可高度个性化定制的数据可视化图表。尽管 ECharts 也提供了常规的折线图、柱状图、散点图、饼图、K 线图等工具，但在商业网点规划中，常用的是其基于地理数据的热力图、折线图。由于 ECharts 是百度开发的可视化工具，其空间坐标是基于百度地图的空间坐标系统，存在无须坐标转化等优势。

（五）ECharts 在商业网点中的运用

利用通过大数据爬取工具得到的商业网点 POI 数据，可在 ECharts 中实现重分类及可视化，形成热力图或散点图，对区域内商业网点聚集情况，各类型商业网点的分布情况实现可视化显示，便于更直观、清晰地了解区域商业网点发展的现状（见图 4－15）。

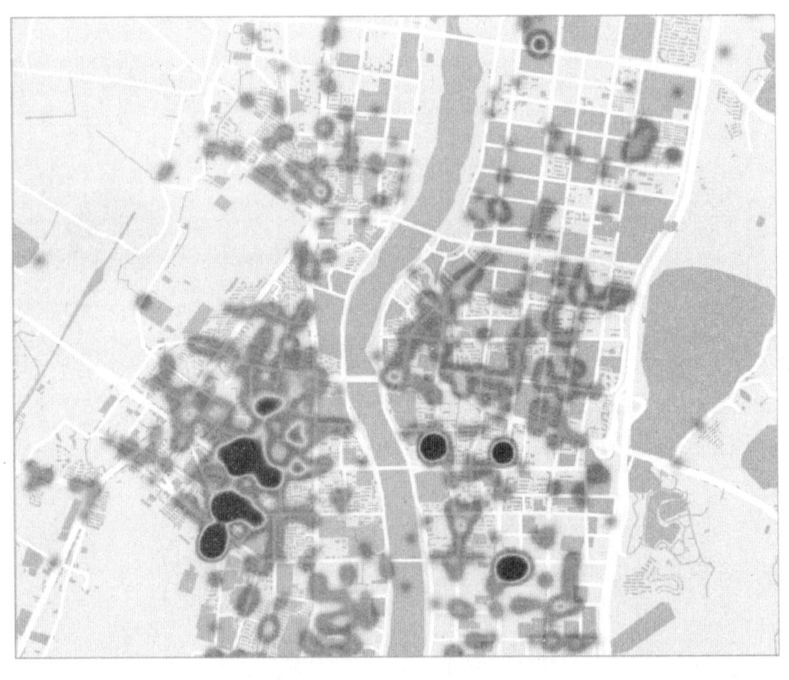

图 4－15　DY 市中心城区商业网点总体密度示意图

（六）其他的应用场景和主要问题

大数据类型多样，使用方法多样，在商业网点规划中除了以上相对成熟的应用场景外，还可用于城市经济关联度分析、商贸物流设施布局分析、区域商业潜力评价等场景，为确定城市商业发展环境、商业空间结构、网点布局等提供支撑。现阶段，大数据在商业网点中的应用尚处于起步阶段，由于大数据一般是基于网络开源数据的数据类型，存在数据获取困难、中小城市数据量较少、数据代表人群有限、分析技术水平有限等问题，有待在未来规划实践中进一步研究。

第五章　城市零售商业体量预测理论与方法

一、零售商业体量预测的背景

随着城市的不断发展，城市零售商业进入快速发展阶段，商业综合体、购物中心、大中型超市等零售商业网点如雨后春笋般在大中型城市涌现，这极大地促进了城市商业的发展，满足了人们的商业需求。但零售商业体量不能与城市商业发展相匹配的问题也随之而来，一方面很多大中型城市零售商业网点遍地开花，已远超出居民消费需求，商业体量严重过剩，出现大面积零售商业网点空置现象；另一方面，部分中小型城市商业发展缓慢，现有零售商业网点不能满足居民消费需求，出现供小于求的现象。

为解决城市零售商业体量与城市商业发展不相匹配的问题，亟须对城市零售商业体量进行研究预测，从而更加科学地指导城市零售商业健康有序发展。

二、零售商业的基本概念

零售商业一般也称之为零售业，学界至今还没有对其进行统一的概念界定，主流的定义主要有以下几种：

营销学角度的定义：零售业是任何一个处于从事由生产者到消费者的产品营销活动的个人或公司，它们从批发商、中间商或者制造商处购买商品，并直接销售给消费者。

美国商务部的定义：零售贸易业包括所有把较少数量的商品销售给普通公众的实体。它们不改变商品的形式，由此产生的服务也仅限于商品的销售。

中国国家标准定义：以向消费者销售商品为主，并提供相关服务的行业。[①]

三、零售商业的种类

按照零售业态的分类原则，零售业态可以分为有店铺零售业态和无店铺零售业态两大类，包括食杂店、便利店、折扣店、超市、大型超市、仓储会员店、百货店、专业店、专卖店、家居建材商店、购物中心、厂家直销中心、电视购物、邮购、网上商店、自动售货亭、直销、电话购物 18 种零售业态。[②]

按照商业网点的分类原则，零售网点主要指有店铺零售网点，包括商业综合体、购物中心、百货店、超市、专业店、专卖店、家居建材商店、折扣店、仓储会员店、厂家直销中心、便利店、食杂店 12 种零售网点。[③]

实际规划中，在进行零售商业体量测算时，通常测算的零售商业体量主要是指有店铺零售网点体量。

四、零售商业体量预测相关理论与方法

（一）体量预测原理

1. 惯性原理

惯性原理又称为连续性原理，其基本内容是：事物具有保持既有运动状态的性质。惯性原理既是基本的物理规律（牛顿第一定律），也是一切事物运动的基本规律。[④] 任何事物的发展均和其过去的行为存在联系，过去的行为不仅对事物的现在有着深刻影响，还将会影响着事物未来的发展，因此任

①② 零售业态分类（GB－T 18106－2004）。

③ 商业网点分类（GB－T 34401－2017）。

④ 刘新建．高等数量经济学．北京：科学出版社，2018：148－155.

何事物的发展都有时间上的延续性，即惯性。

惯性原理为人们采取趋势外推法等预测方法提供了理论依据，是预测最为基础的原理之一。

2. 相关性原理

世界上任何事物的发展变化都不是孤立的，各种事物之间都存在着直接或间接的联系，都与其他事物的发展存在或大或小的相互影响、相互制约、相互促进的关系，这些关系或联系就是科学研究中的相关性。①

我们最常见的因果关系就是事物之间普遍联系和相互作用的形式之一，是最重要的相关性。在零售商业体量预测中，许多指标和其他指标都存在着因果关系，存在着相关性，认识、理解、利用它们之间的相关性就能为体量预测提供预测的基础。

3. 相似性原理

相似性原理是根据不同事物之间的相似性预测未来。相似性是对物质世界存在共同属性的反映。分类是人类对客观世界认识的基本方法，分类的依据就是一些事物存在共同的属性。从不同的属性或属性组合进行分类，得到不同的分类，也可以得到不同的分类体系。属于同一类的事物就有一些共同的发展规律，这就是相似性。②

零售商业体量预测中常常会利用相似性原理，采用类推或类比的方式进行预测，把同类别事物的已知发展规律类推到未知规律事物上去，对未知事物的规律做出合理性预测。

4. 预测原理的运用

在零售商业体量预测中，惯性原理、相关性原理、相似性原理经常会在预测中进行使用。例如，预测时经常会基于某一段时间居民的消费性支出使用趋势外推法对未来某一年居民的消费性支出进行预测，这个方法就包含了对惯性原理和相关性原理的使用；在进行一些数据比例分析时，由于某些城市的数据不完善，导致某些比例难以计算，在预测时会利用相似性原理，采取类比其他城市的方法进行解决。

---

①② 刘新建．高等数量经济学．北京：科学出版社，2018：148－155.

（二）体量预测相关方法

1. 回归分析法

回归分析法是指利用数据统计原理，对大量统计数据进行数学处理，并确定因变量与某些自变量的相关关系，建立一个相关性较好的回归方程（函数表达式），并加以外推，用于预测今后因变量的变化的分析方法。[①] 根据因变量和自变量的个数分为：一元回归分析和多元回归分析；根据因变量和自变量的函数表达式分为：线性回归分析和非线性回归分析。

在零售商业体量测算中，主要运用的是线性回归法。通过对历年城镇居民人均消费性支出、历年城市旅游收入等指标值建立回归方程并加以外推，预测其在未来某一年的值，进而进行商业体量相关数据计算。

2. 相关分析法

相关分析法是指研究两个或两个以上处于同等地位的随机变量间的相关关系的统计分析方法。

零售商业体量的预测模型就是相关分析法的典型应用，通过分析和预测实体店铺承载的城镇居民消费性支出、实体店铺承载的旅游人群消费支出以及实体店铺单位面积营业额这些与零售商业体量相关的因素，从而预测零售商业体量。

3. 层次分析法

层次分析法是美国运筹学家匹茨堡大学教授萨蒂于 20 世纪 70 年代初提出的一种层次权重决策分析方法。这是一种将定性与定量分析方法相结合的多目标决策分析方法，该法的主要思想是通过将复杂问题分解为若干层次和若干因素，对两两指标之间的重要程度做出比较判断，建立判断矩阵，通过计算判断矩阵的最大特征值以及对应特征向量，就可得出不同方案重要性程度的权重，为最佳方案的选择提供了依据。[②]

层次分析法将定性和定量分析有机结合起来，系统灵活简洁，在城市规划、科研评价、政策制定等方面有着广泛应用。在零售商业体量预测中层次

---

① 盛骤．概率论与数理统计．北京：高等教育出版社，2010.

② 郭金玉，张忠彬，孙庆云．层次分析法的研究与应用．中国安全科学学报，2008－5.

分析法主要用于各商业中心零售商业体量的预测，在整体预测城市零售商业体量后，就会根据商业中心的服务人口及功能定位，运用层次分析法，测算各个商业中心的零售商业体量。

五、影响零售商业体量预测的主要因素

在一个城市当中影响商业发展的因素多种多样，这些因素不但影响城市商业走向繁荣或衰败，也直接或间接影响城市零售商业的体量预测。下面从影响零售商业整体体量预测的因素和影响商业中心体量预测的因素两个方面做简要分析。

（一）影响零售商业整体体量预测的因素

1. 消费性支出

一个城市的商业发展很大程度取决于该城市人群的消费能力，人群的消费能力是影响商业发展的重要因素，它在很大程度上影响着城市零售商业体量。在零售商业体量预测中，一般以消费性支出作为人群消费能力的量化指标，这是预测零售商业体量中一个极为重要的指标。在考虑消费性支出这一指标时，主要考虑两个方面，一方面是城镇居民人均消费性支出；另一方面是旅游人群消费性支出。

城镇居民人均消费性支出方面，主要通过分析城市历年城镇居民人均消费性支出数据，用拟合的方式预测若干年后城镇居民人均消费性支出。

旅游人群消费性支出方面，主要通过对城市旅游收入进行分析，用拟合的方式预测若干年后城市旅游人群消费性支出。

2. 消费占比

消费占比是反映居民人均消费性支出和旅游人群消费性支出中在实体店铺中消费所占的消费比例。

一般把城市统计年鉴中近 3 ~ 5 年的城镇居民人均消费支出中食品烟酒、衣着、生活用品及服务、教育文化娱乐、医疗保健、其他商品及服务在城镇居民人均消费支出中的占比的几何平均值作为城镇居民在实体店铺消费的人均消费支出占比。若城市统计年鉴中数据不全，一般用省平均值代替。

一般把城市旅游经济运行分析报告中游客用于购物、餐饮和娱乐消费方面的花费占总旅游收入的比例作为旅游人群消费性支出中在实体店铺中消费所占的消费比例。若城市没有经济运行分析报告则以其他城市为参照。

3. 人口数量

零售商品的消费主体是人，零售商业的发展离不开人的参与，人口数量的多少能在相当程度上影响零售商业发展的好坏，从而影响零售商业体量。

在零售商业体量预测中，中心城区常住人口的数量直接影响实体店铺承载的城镇居民消费性支出预测。中心城区常住人口数量越多，实体店铺承载的城镇居民消费性支出就越大；反之，中心城区常住人口数量越少，实体店铺承载的城镇居民消费性支出就越小。

中心城区人口数量一般根据城市总体规划确定，若预测年份没有相关人口数据，则根据城市历年人口进行预测。

4. 物价因子

物价因子一般关联实体店铺单位面积营业额，作为实体店铺单位面积营业额的每年浮动值，使计算数据更为合理。

该项指标根据中华人民共和国国家统计局公布的居民消费价格指数（CPI）进行计算，一般以近五年我国城镇居民消费价格指数平均值作为城镇居民消费的商品或服务价格水平相对上年平均增长的值，其取值范围一般在2%～5%。

5. 平效

平效一般是指年度平效，即店铺一年的单位面积营业额。平效反映了实体店铺的经营水平，平效越高，实体店铺的效率也就越高，同等面积下营业额也就越高。

零售商业体量预测采用的预测方法主要就是平效预测法。因为在实际经营中，平效和店铺的营业额密切相关，如果营业额太低，店铺往往会因为没有利润而倒闭，只有在平效合理的情况下，才不会引起店铺倒闭或者店铺竞争力不足。因此采用合理的平效对零售商业体量进行预测，能够在很大程度上避免零售商业体量供应不足或者体量过剩的情况出现，确保店铺能够健康有序地发展。

（二）影响商业中心体量预测的因素

影响商业中心体量预测的因素很多，区域经济、城市总体规划、商业中心区位、区域人口等因素都能影响商业中心体量预测，其中商业中心的功能定位和区域人口是预测中用到的最主要因素。

1. 区域经济

区域经济是城市商业发展的根本，一个区域如果经济发展停滞不前，商业发展就无从谈起，零售商业体量也会受到严重制约。一般而言，一个区域经济体量越大，经济发展越好，商业也会发展得越好，零售商业体量也就会越大；反之，一个区域经济体量逐渐变小，商业发展衰退，零售商业体量也会随之变小。

区域经济的发展现状、发展趋势是影响该区域商业中心体量的重要因素，在商业中心体量预测时应予以充分考虑。

2. 城市总体规划

城市总体规划是指导城市合理发展的战略部署和纲领性文件，它一般能反映城市未来20年的整体发展方向，其对各区域的功能定位直接影响着商业发展轴和商业中心的功能定位，影响各个商业中心在整体零售商业体量中的占比。

城市总体规划中的商业布局则能反映城市未来商业的发展方向，特别是商业用地布局，决定了城市未来商业用地的供给情况，能在很大程度上决定城市某个区域内未来商业的发展，所以在预测城市零售商业体量时，一定要充分考虑预测区域商业用地情况，考虑其商业承载能力。

3. 商业中心区位

根据商业中心所处区位的不同，零售商业体量也各有不同，一般而言，从商业中心层级的角度来比较，市级商业中心，因为交通便利、商业设施配套齐全等原因，往往是消费者首选消费目的地，所需零售商业体量为整个地区最大；区级商业中心，零售商业一般是满足消费者普通餐饮、购物消费，所需零售商业体量为整个区域中等；社区级商业中心，零售商业一般是满足消费者日常生活所需，所需零售商业体量为整个区域最小。

4. 区域人口

和整体零售商业体量预测一样，人口因素也是影响商业中心体量的尤为重要的因素。

在商业中心体量预测中，人口是作为影响商业中心体量的两个主要因素之一进行分析的。区域人口的多少，在很大程度上影响着商业中心的体量，在用层次分析法对商业中心体量进行预测时要充分考虑区域人口因素。

六、零售商业体量预测方法

零售商业体量预测通常采用的是平效预测法①，此方法采用消费性支出和平效（单位面积营业额）指标进行预测。体量测算模型如下：

根据《城市商业网点规划编制规范（商建发〔2004〕180号）》和《零售业态分类规范（GB/T 18106－2004）》，此处测算的零售商业体量为零售网点、餐饮网点、休闲娱乐网点及居民服务网点营业面积之和，不包含写字楼、酒店、商品交易市场三者的营业面积。人均零售商业面积是指零售网点、餐饮网点、休闲娱乐网点及居民服务网点营业面积之和除以常住人口数得到的值。

由于商铺的营业收入均来自居民和旅游人群在实体店铺产生的消费支出，因此本方法将采用以下模型来测算××市中心城区商业体量：

$$S_i = (Y_i + T_i) \div X_i \quad \text{（公式 5－1）}$$

式中：i——预测年份，此处取2021年和2030年；S_i——第 i 年的零售商业体量；Y_i——第 i 年实体店铺承载的城镇居民消费性支出；T_i——第 i 年实体店铺承载的旅游人群消费支出；X_i——第 i 年实体店铺单位面积营业额。

专栏　零售商业体量预测示例

根据零售商业体量预测公式：$S_i = (Y_i + T_i) \div X_i$（公式5－1），依次计算 Y_i（第 i 年实体店铺承载的城镇居民消费性支出）、T_i（第 i 年实体店铺承载的旅游人群消费支出）和 X_i（第 i 年实体店铺单位面积营业额）的值，最后得出 S_i（第 i 年的零售商业体量）以及各商业中心的商业体量。下面以某地级市中心城区零售商业体量预测为例作简要说明。

① 中商商业发展规划院．××市城市商业网点规划（2018—2030年）．

1. 实体店铺承载的居民消费性支出预测

实体店铺承载的城镇居民消费性支出可用以下公式进行测算：

$$Y_i = y_i \times \theta_i \times P_i \quad \text{（公式 5 - 2）}$$

式中：i——预测年份，此处取2021 年和2030 年；Y_i——第 i 年实体店铺承载的城镇居民消费性支出；y_i——第 i 年城镇居民人均消费性支出；θ_i——第 i 年城镇居民在店铺消费的实物和服务支出比重；P_i——第 i 年××市中心城区常住人口。

根据《××市统计年鉴》（2012—2017）及《2017 年××市国民经济和社会发展统计公报》，汇总××市 2010—2016 年城镇居民人均消费性支出表，消费性支出包括食品烟酒、衣着、生活用品及服务、教育文化娱乐、医疗保健、其他商品及服务（见表 5 - 1）。

表 5 - 1　2010—2016 年××市城镇居民人均消费性支出一览表　单位：元/人

年份	2010	2011	2012	2013	2014	2015	2016
城镇居民人均消费性支出（元）	9634	10550	11805	12964	14492	15742	16780

通过拟合分析可以发现，××市城镇居民人均消费性支出呈幂指数增长趋势（见图 5 - 1），构建预测模型，公式如下：

$$y = 9033.4x^{0.2927} \ (R^2 = 0.9424) \quad \text{（公式 5 - 3）}$$

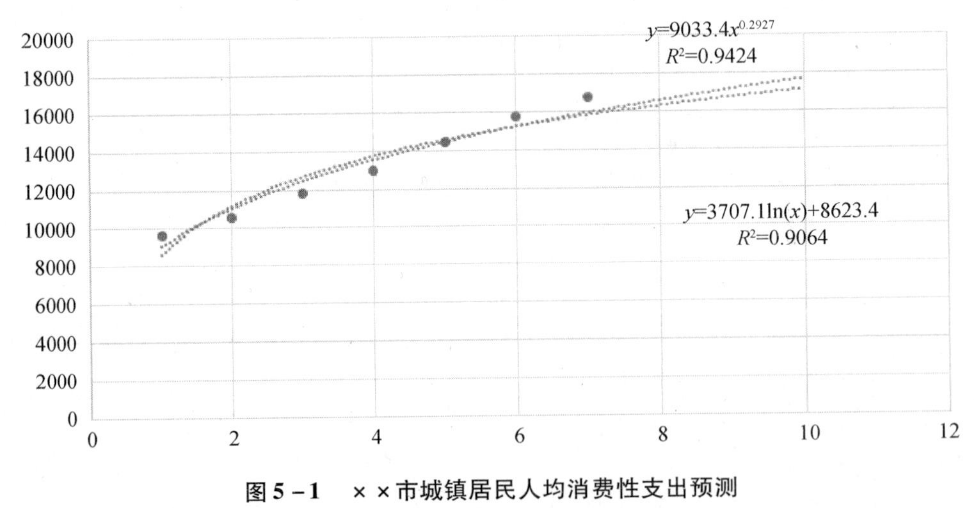

图 5 - 1　××市城镇居民人均消费性支出预测

将基础数据代入公式5－3，通过计算得出2021年××市城镇居民人均消费性支出约为18695元，2030年为22022元，即：$y_{2021}=18695$ 元/人，$y_{2030}=22022$ 元/人。根据《××市城市总体规划（2010—2020）》及《××市中心城区审视完善规划》知，至2021年中心城区人口将达150万人，到2030年将达190万人（见表5－2），即：

$P_{2021}=1500000$ 人

$P_{2030}=1900000$ 人

根据四川省城镇居民消费性支出结构，算得 $\theta_{2014}=69.85\%$，$\theta_{2015}=70.33\%$，$\theta_{2016}=68.73\%$，取三者几何平均值69.64%作为 θ_i 的参考值。

将以上数据代入公式5－2，可得中心城区实体店铺承载的居民消费性支出总额，即：

$Y_{2021}=195.29$ 亿元

$Y_{2030}=291.39$ 亿元

表5－2　××市中心城区城镇居民消费支出预测表

指标	2023年	2030年
城镇居民人均消费 y_i（元/人）	18695	22022
中心城区人口 P_i（人）	1500000	1900000
居民在实体店铺的消费支出比重 θ_i（%）	69.64	69.64
实体店铺承载的消费支出 Y_i（亿元）	195.29	291.39

2. 实体店铺承载的旅游人群消费支出预测

××市2010—2017年旅游收入情况见表5－3。

表5－3　2010—2017年××市旅游收入情况一览表

年份	2010年	2011年	2012年	2013年	2014年	2015年	2016年	2017年
全市旅游总收入（亿元）	91.13	122.3	155.43	210.23	253.78	321.72	375.12	458.73
中心城区旅游收入（亿元）	26.01	35.1	44.65	65.11	80.49	100.69	122.55	158.4
中心城区旅游收入占比（%）	28.5	28.7	28.7	31	31.7	31.3	32.7	34.5

通过拟合分析可以发现，××市中心城区旅游收入呈线性增长趋势（见图5－2），构建预测模型，公式如下：

$$y = 18.422x - 3.7757 (R^2 = 0.9643) \quad (公式5-4)$$

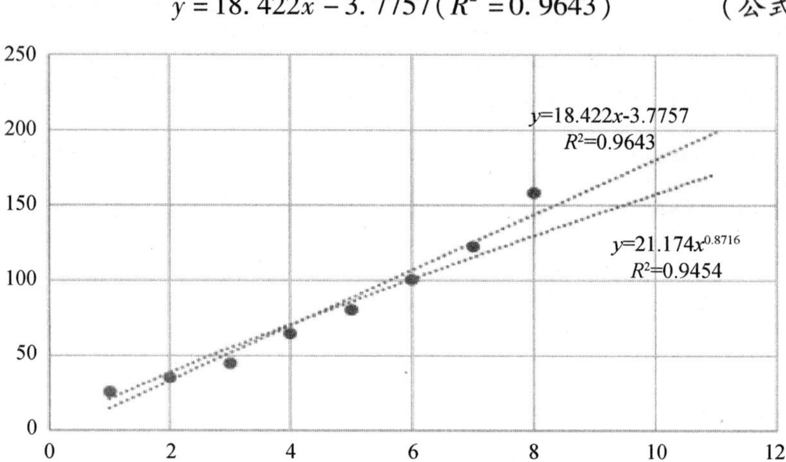

图5－2　××市中心城区旅游收入预测

将基础数据代入公式5－4，通过计算得出2021年××市中心城区的旅游总收入为217.29亿元，2030年为383.09亿元。

参考2016年成都市旅游经济运行分析报告，游客花费中41.8%用于购物、餐饮和娱乐消费。据此估算，至2021年××市中心城区实体店铺承载的旅游人群消费总额将达90.83亿元，2030年将达160.1亿元。

3. 测算单位面积营业额

单位面积营业额可通过以下公式进行测算：

$$X_i = X_0(1 + \lambda)^n \quad (公式5-5)$$

式中：i——预测年份，此处取2021年和2030年；X_i——第i年实体店铺单位面积营业额；X_0——2016年实体店铺单位面积营业额[①]；λ——物价因子，一般在2%～5%；n——预测年与基准年的年份差值，即i等于2021时n等于5，i等于2030时n等于14。

① 此单位面积营业额为实体店铺承载的城镇居民消费性支出与实际营业的商业设施面积的比值，不涉及空置商业设施，不涉及专业市场商业面积。

由统计数据测算，2016 年××市中心城区实体店铺承载的城镇居民消费性支出 $Y_{2016}=125.1$ 亿元，2016 年××市中心城区实体店铺承载的旅游人口消费 $T_{2016}=51.23$ 亿元，2016 年××市中心城区已建实体店铺营业面积为 136.8 万 m^2，由此可得××市中心城区实体店铺单位面积营业额为 12890 元/m^2，即 $X_0=12890$ 元/m^2。

根据国家统计局公布的居民消费价格指数（CPI）进行分析可以发现，近五年我国城镇居民消费价格指数平均值为 102.84，即城镇居民消费的商品或服务价格水平相对上年平均增长 2.84%，因此物价因子 λ 取 3%，由此可得：

$X_{2021}=14943$ 元/m^2

$X_{2030}=19497$ 元/m^2

4. 中心城区商业体量测算结果

将 $Y_{2021}=195.29$ 亿元，$Y_{2030}=291.39$ 亿元，$T_{2021}=90.83$ 亿元，$T_{2030}=160.1$ 亿元，$X_{2021}=14943$ 元/m^2，$X_{2030}=19497$ 元/m^2，代入公式 $S_i=(Y_i+T_i)\div X_i$，可得：$S_{2021}=191.47$ 万 m^2，$S_{2030}=231.6$ 万 m^2。

由此可得，2021 年××市中心城区零售商业体量为 191.47 万 m^2，人均零售商业面积为 1.28m^2；2030 年××市中心城区零售商业体量为 231.6 万 m^2，人均零售商业面积为 1.22m^2。

5. 中心城区各商业中心商业体量预测

商业面积的多少，表现为商业的密集程度。而各商业中心的商业密集程度，与其服务的居住人口及功能定位密切相关，既要满足本地居民的日常生活需求，又要符合自身的产业功能定位（见表 5－4）。因此，可利用层次分析法原理，建立科学合理的指标体系，计算出商业中心服务人口及功能定位的权重，进而测算出各商业中心的商业面积（见表 5－5）。

表 5－4　　××市中心城区商业密集程度评价指标体系表

一级指标	二级指标	一级指标	二级指标
居住人口 A1	××商业带 B1	功能定位 A2	××商业带 B9
	××旅游带 B2		××旅游带 B10
	××片区商业中心 B3		××片区商业中心 B11
	××片区商业中心 B4		××片区商业中心 B12
	××片区商业中心 B5		××片区商业中心 B13
	××购片区商业中心 B6		××片区商业中心 B14
	××片区商业中心 B7		××片区商业中心 B15
	社区商业中心 B8		社区商业中心 B16

表 5－5　　××市中心城区商业密集程度评价指标权重表

一级指标	权重	二级指标	权重
居住人口 A1	0.5	××市级商业中心 B1	0.2865
		××市级商业中心 B2	0.1903
		××片区商业中心 B3	0.0330
		××片区商业中心 B4	0.0408
		××片区商业中心 B5	0.0623
		××购片区商业中心 B6	0.0484
		××片区商业中心 B7	0.0251
		社区商业中心 B8	0.3135
功能定位 A2	0.5	××市级商业中心 B9	0.2751
		××市级商业中心 B10	0.4083
		××片区商业中心 B11	0.0504
		××片区商业中心 B12	0.0565
		××片区商业中心 B13	0.0757
		××片区商业中心 B14	0.0639
		××片区商业中心 B15	0.0492
		社区商业中心 B16	0.0209

注：表中社区商业中心的权重涵盖了社区商业中心及未纳入商业中心的沿街底商。

利用 AHP 软件，建立如下层次结构模型图（见图 5－3）。

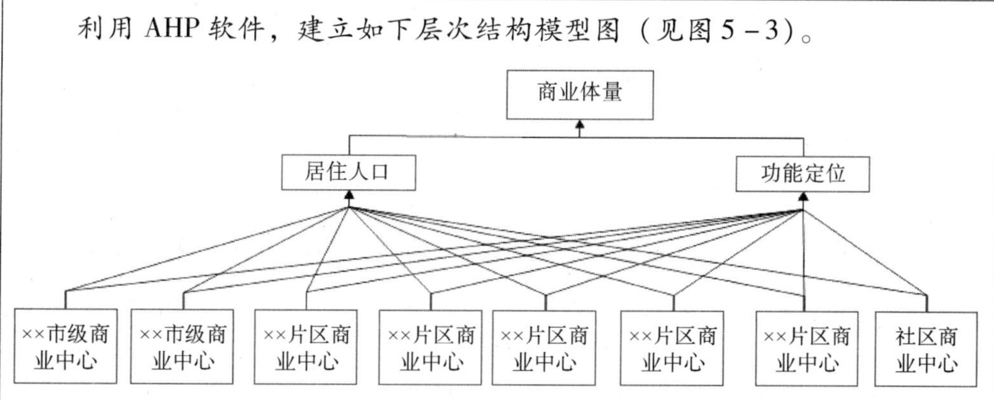

图 5－3　××市中心城区商业密度程度评价层次结构模型图

由前文可知，至 2030 年××市中心城区商业总面积为 231.6 万 m^2，由此得出 2030 年各商业中心体量如表 5－6 所示。

表 5－6　2030 年××市中心城区商业面积控制一览表①

商业中心	权重	商业面积（万平方米）
××市级商业中心	0.3474	80
××市级商业中心	0.2327	54
××片区商业中心	0.0417	10
××片区商业中心	0.0487	11
××片区商业中心	0.069	16
××片区商业中心	0.0562	13
××片区商业中心	0.0371	9
社区商业中心	0.1672	39

七、零售体量预测中存在的问题

现阶段零售商业体量预测还不能达到相对准确的程度，预测结果为城市

① 表中数据为预期参考值，因商业发展具有较强的市场调控特征，因此表中数值与实际情况可能会存在一定偏差，在规划实施过程中需根据实际情况进行优化调整。

未来零售商业大致的商业体量，只能作为决策者在城市商业发展大方向上的参考。零售商业体量预测还存在以下问题：

（一）指标体系有待完善

根据现在大多数城市的发展情况，在预测城市零售商业体量时，一般都是预测中心城区的零售商业体量，人口主要考虑的是城镇居民和旅游人群，不会考虑农村人口的因素。其原因主要包括以下两方面：首先是城镇居民和旅游人群是城市实体店铺的消费主体，消费支出占实体店铺营业额的绝大部分，并且相关数据获取较为容易且准确；其次是中心城区商业对周边农村地区的辐射范围不易确定，辐射人口和农村居民消费性支出也就不易确定。因此在预测城市零售商业体量时一般会忽略中心城区周边农村居民消费性支出。

但不能否认的是农村居民的消费性支出是真实存在的，而且随着时代的发展，农村居民的收入水平在不断增高，特别是国家实施乡村振兴以来，农村居民的收入大幅提高，随之而来的是消费性支出的不断增大，在做商业体量预测时还是应适当考虑中心城区周边农村人口的因素。

预测时可以通过走访调研农村居民的消费目的地情况，获取调研数据后，估算城市零售商业的辐射范围，从而估算辐射的农村人口，推算出农村人口在中心城区的消费性支出，最后以城镇居民、农村居民、旅游人口的消费性支出之和作为实体店铺承载的消费支出，这样预测结果会相对合理一些。

（二）数据准确性有待提高

零售商业体量预测，数据越准确，预测结果就相对越合理，但由于每个城市的统计数据情况不同，很多城市统计数据并不完善，使得预测时使用的数据会有一定偏差。

以旅游人群消费性支出为例，以连续多年的旅游收入为基础能通过拟合的方式预测未来某一年的旅游总收入，但是该市并没有旅游经济运行分析报告，也就无从知晓旅游人群在购物、餐饮和娱乐消费方面的消费比例，使预测旅游人群消费性支出变得较为困难。这里采用的解决办法是参考成都市旅游经济运行分析报告中游客花费在购物、餐饮和娱乐消费方面的比例，从而计算旅游人群的消费性支出。

采用类比的方法虽然具有一定科学性、合理性，但不足之处也非常明显。首先是两座城市在旅游人口、商业发达程度等方面差异较大，成都作为类比城市，参考性不是特别大。其次是游客花费在购物、餐饮和娱乐消费方面的比例是一个动态变化的过程，作为一个固定值来使用较为不妥。数据的准确性还需通过不断地改进预测方法来不断提高，以期取得更为合理的预测结构。

第三篇

规划布局篇

商业网点规划是系统性的纵向逻辑思维过程，从影响因素到规划定位，从规划思路到网点布局，从空间分布到业态发展指引都体现了这一过程。但对于各类空间、网点、业态，它们也有其自身的布局要求和发展规律，是各成体系的独立横向系统。本篇的各章节既注重保持商业网点规划系统的逻辑思考过程，也考虑各类规划对象发展历程、变化趋势和规划思路的相对完整独立性，因此，本篇中的各章也可看成是各类规划对象的独立章节。

为了维持商业网点规划系统性思考过程的顺序性和完整性，也便于读者对“定位、空间、网点、业态”相互关系的理解，我们从规划定位出发，概括规划定位的重大意义和基本特征，并简要说明在规划定位的基础上，我们如何确定发展目标和规划思路。接着，进入商业网点空间结构布局，结合空间结构布局的思维过程，阐述贯穿商业网点规划始终的“规划定位—空间结构—商业空间—商业网点和业态业种之间的逻辑关系”，帮助读者建立完整的商业网点规划体系结构。在此基础上，随后的各个章节都是对某一类对象的规划方法进行系统性阐述，而每一类规划对象的布局、功能、规模都与其在商业网点规划体系中的作用有密切关系。

商业网点规划布局阶段，一般包括空间结构布局规划、商业中心规划、商业街规划、大型零售网点规划、商业综合体规划、农贸市场规划、商品交易市场规划和商贸物流设施规划。同时，按照项目要求，还可能包括4S店规划和再生资源回收网点规划。在商业网点规划编制成果中，业态和业种一般在大型零售网点、商业中心或商业街布局规划中进行引导说明，这里为了让读者对业态和业种规划编制要求和方法有更清晰的认识，本篇结合业态业种专项规划扩展讲解。

第六章　规划定位、发展目标和空间结构布局

一、概述

由于规划定位、发展目标和空间结构布局在商业网点规划中存在着紧密的逻辑关系，因此本章除了介绍其各自特征或规划思路外，将重点阐述它们之间的互相支撑关系。其中，规划定位在商业网点规划中具有指引空间布局思路和确定网点和业态发展方向的重要意义，是商业网点规划编制的首要任务，同时也是提出发展目标的前提条件。由于规划定位是建立在系统分析过程基础上的高度抽象的思想凝练，因此，很难具象表达其具体思维过程。本章主要说明规划定位在规划编制中的重要意义，以及合理的规划定位的基本要求。同时简要介绍规划定位和规划目标、规划思路的关系，为后续各个章节中各类空间、网点和业态是如何在规划定位和发展目标指引下实现科学合理的规划布局做准备。

商业网点空间结构布局是明确规划定位、发展目标后的一项重要任务，空间结构向上体现规划定位、发展目标的有关要求和思路，向下指引商业空间、商业网点和业态合理分布，在商业网点规划编制中是保持规划定位到网点布局思路一贯性的重要环节。本章重点讲述商业网点空间结构如何保持规划定位到网点布局的逻辑延续性，以及如何进行空间结构布局。首先是通过梳理商业网点空间结构的概念及与规划定位、商业空间和商业网点的相互关系，明确空间结构如何衔接规划定位与商业空间、商业网点和业态。其次是明确商业网点空间结构的主要影响因素和布局原则，并结合案例分

析城市商业网点空间结构如何布局。最后解析城市商业网点空间结构数量布局问题。

二、规划定位

（一）定位在规划编制中的重要意义

商业网点规划作为国土空间规划中的专项规划，兼具产业发展规划的宏观战略性特征及城市空间规划的定量和局部控制要求。规划通过宏观到微观、整体到局部的双重考虑，确保商业网点系统建设的科学性和可实施性。城市发展战略是指对城市社会、经济、环境发展做出的全局性、长远性和纲领性的谋划，其核心是解决一定时期的城市发展目标和实现这一目标的途径。在商业网点规划编制中，规划定位一般用来表示商业未来一段时期内的发展方向，具有强烈的未来指向性。因此，作为具有战略意义的规划，确定合理的规划定位是商业网点规划编制工作的首要任务。而商业空间和网点的布局、业态的引导，则是实现与规划定位相匹配的发展目标的实施途径。

（二）规划定位的特征

1. 概念

规划定位即是一个城市的商业发展定位，是指这个城市在一定地区、国家甚至更大的区域范围内的商业体系中所处的地位，以及这个城市商业所承担的政治、经济、社会有关的功能。城市的商业发展定位是体现城市在区域商业领域发展地位和重点发展方向的定性描述。

2. 合格的规划定位基本要求

（1）符合城市性质。由于商业发展定位，是城市众多职能定位的组成部分，承担着城市政治、经济、社会的商业有关功能，因此合理的商业发展定位首先要符合该城市在国土空间规划中确定的城市性质。符合城市的性质即是，第一，符合城市在区域内的宏观战略影响范围。例如，某城市的区域地位是区域中心城市，那么这个城市的商业发展定位就有可能是区域商业中心城市。第二，符合城市的主要职能。例如，某城市的主要职能是区域政治和文化中心，则该城市的商业定位可能是区域文化消费服务中心。第三，符合城市的主导产业结构。例如，某城市是汽车产业基地，则该城市的商业定位可能是与汽车产业结合的汽车商贸服务中心。

（2）符合商业未来的发展方向。符合商业未来的发展需求有两层含义，第一，规划定位是建立在现在商业发展阶段基础上的。第二，规划定位是对未来商业发展方向的预判。考虑到一个城市的商业发展始终具有一定的时代特征，并随着社会经济增长、人民生活水平的提高，终将会随着需求的改变而进入下一个发展阶段。我们确定规划定位，既不能脱离现阶段发展的实际情况，虚构一个无法达成的远大理想，也需要体现商业自身向下一阶段变化的需求特征，为未来一段时期商业有序的、有品质的发展明确方向。例如，某城市现阶段已初步建成社区商业体系，但随着消费需求的进一步变化，该市的商业发展定位可能是社区消费新场景特色示范区。再比如，某区域内第一产业、第二产业产品种类和数量逐步提升，未来需要商业服务业进行有关服务，该市下阶段的商业发展定位可能是商业和产业融合发展的特色城市。

由此我们可以看出，商业发展的规划定位既需要考虑到城市的区域地位、产业结构、政治文化等因素，又要考虑到商业的现状发展阶段、未来发展趋势、发展需求等情况。因此，规划定位是在规划理论的指导下，进行系统性的科学分析后，按照一定的商业发展趋势和规划价值观对未来商业发展方向和目标的高度概括。规划定位是高度抽象的描述，因此在规划中为了使规划定位得以实施，我们需要将这种描述转化为具体的发展目标和发展思路而使之更具有可操作性。因此，我们接下来将介绍规划的发展目标和发展思路的主要内容和转化原则。

三、发展目标和发展思路

（一）发展目标

在规划定位后，我们从定性目标和定量目标两个层面对规划定位进行转化。定性目标一般需要集合城市特色资源和发展现状，明确商业空间、网点、业态的重点发展方向。例如，某市的其中一项规划定位为“都市圈的区域商贸副中心城市”，为了实现这一发展定位，结合城市特色资源和发展现状，提出与商贸副中心地位相匹配的发展目标，“构建多层次商业空间结构、形成专业化的国际商贸物流中心、打造具有新业态的消费场景”。

定量目标包括两类，一个是社会消费品零售总额目标，一个是商业发展体量目标。一般是在定位的指导下，建立数学模型进行预测，详细的预测过程已在第五章中展开。

（二）发展思路

在明确了发展目标之后，进一步细化目标实现的路径，商业网点规划编制中会提出针对每一个规划目标的实施路径，即发展思路。发展思路具有高度的问题指向性，是在通过系统性分析后，探寻如何解决商业发展现状问题和发展目标之间的差距的思维过程，详见图6－1和图6－2。

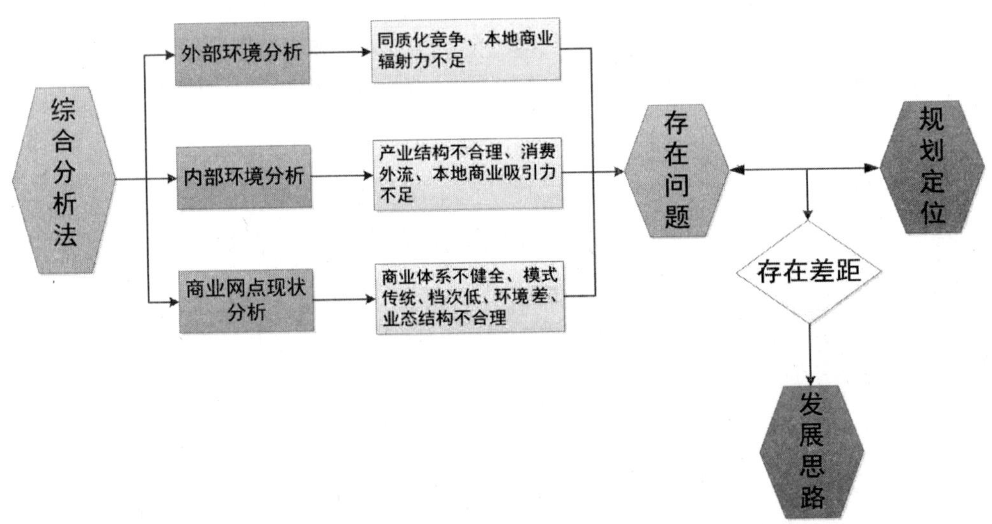

图6－1　综合分析、规划定位与发展思路的关系示意图

发展现状
• 区域辐射：DY市人口规模小，受成都辐射，商业影响力弱
• 产业发展：以传统商贸业为主，对德阳城市产业结构调整推动力不足
• 空间布局：商业网点集聚特征突出，空间分布不均态势明显
• 业态结构：以零售购物为主要业态，体验类和旅游文化类商业不足
同质化发展
国际化发展
产业融合发展
差异化发展
结合新零售发展
均衡化布局
商旅融合发展
业态结构调整
相关要求
• 国际化：扩大对外开放，拓展海外市场，积极发展商贸物流业
• 同城化：加速成德同城化进程，生活服务类商业与成都同品质发展
• 特色化：与成都商贸职能差异化，走特色商贸的专业化发展道路；深刻挖掘德阳特色，商旅文融合发展
• 品质化：满足德阳市居民消费习惯和消费需求，提升商业服务便捷性

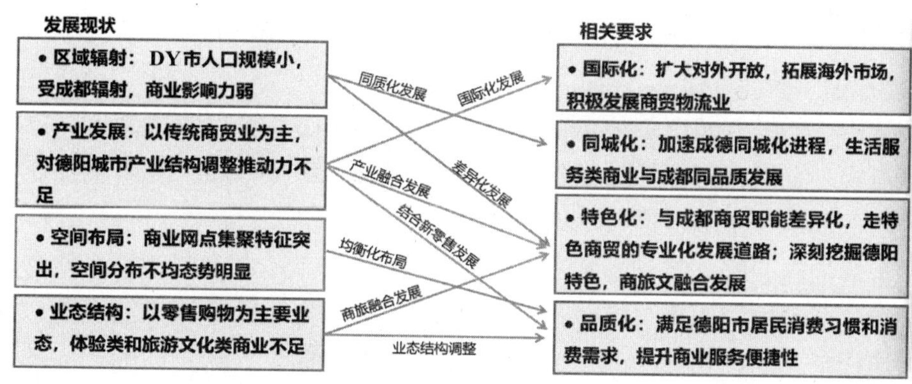

图6－2　存在差距对比示意图

发展思路是贯穿于整个规划设计布局的思想轴线，在找出差距后，需要概括提出指导商业空间、网点和业态布局的具体方案。一般我们会从商业发展结构、居民生活消费需求、产商融合发展需求和商业环境氛围需求四个方面进行思考（见图6－3）。

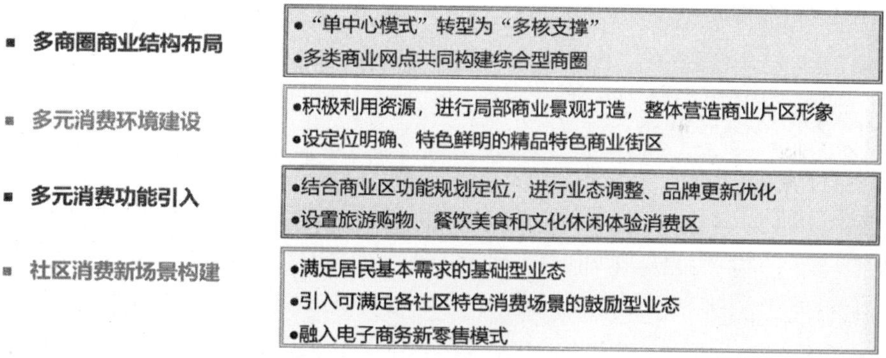

多商圈商业结构布局
•“单中心模式”转型为“多核支撑”
•多类商业网点共同构建综合型商圈
多元消费环境建设
•积极利用资源，进行局部商业景观打造，整体营造商业片区形象
•设定位明确、特色鲜明的精品特色商业街区
多元消费功能引入
•结合商业区功能规划定位，进行业态调整、品牌更新优化
•设置旅游购物、餐饮美食和文化休闲体验消费区
社区消费新场景构建
•满足居民基本需求的基础型业态
•引入可满足各社区特色消费场景的鼓励型业态
•融入电子商务新零售模式

图6－3　发展路径示意图

四、商业网点空间结构布局的概念

（一）空间结构布局概念、要求

我们借鉴城市总体规划中城市空间布局的概念，认为商业网点空间结构布局（总体空间结构布局），是指各类商业网点、商业业态、有关活动、相

关设施与商业环境、建筑空间组合的综合反映。确定商业网点空间结构布局是在基本明确规划定位、发展目标、发展思路后的一项重要任务。商业网点空间结构布局是在城市总体规划用地布局、分区功能规划的指引下，依据商业网点规划发展思路和体量控制要求，结合城市商业网点实际发展情况，对重要商业网点在空间上进行的统一安排。

合格的商业网点空间结构布局的总体要求，首先是合理布局，使得所有商业需求各得其所，满足区域产业发展要求、符合人民美好生活期望、符合城市总体结构用地布局要求；其次是突出特色，使得各商业空间功能差异化明显，避免同质化竞争和低水平无序发展。需要注意的是，商业网点空间结构是相对稳定又发展变化的，它随着功能需求、城市结构的变化而变化。

（二）空间结构布局与其他概念的关系

从商业网点空间结构规划的概念我们可以看出，其是对商业网点在城市空间上分布的统筹安排，是反映商业发展需求与城市空间联系的投射。因此，为了更合理地确定商业网点空间结构，必须明确它与商业网点、商业空间、商业定位之间的关系。

1. 与规划定位的关系

商业网点空间结构体现各类商业功能在城市空间上的整体分布和联系。而规划定位则指明了商业未来一段时期内在城市发展中所承担的经济、社会等各项功能，也可以说规划定位确定的商业发展方向是决定空间结构并推动其变化的根本因素。通过对规划定位进行发展目标的拆解，可以从定性目标和定量目标两个层面，帮助确定商业空间结构的布局思路。

2. 与商业空间的关系

这里的商业空间是指具有某种商业功能的每一个城市空间，因此商业网点空间结构也就是概括体现各个商业空间之间组织或层级关系和内在联系的整体布局形态。空间结构中规划布局的最小单元是单个的商业空间，即各级商业中心、商业发展轴或发展带以及市场群。通过确定各类商业空间功能和规模，引导各类商业网点、商业业态按照符合城市发展需求和商业发展规律的方式集聚发展，从而达到城市整体商业发展的定位和目标。

3. 与商业网点的关系

对于商业网点来说，空间结构是对网点在城市空间上分布的统筹安排，换句话说，在商业网点规划中，空间结构规划对各类商业网点规划布局起到了决定性的指引作用，然而，在规划编制中，商业空间结构的主要内容并非是直接确定各网点的布局位置，而是通过协调各个商业空间的布局，间接指引商业网点分布的。因此，我们在这里也需要对商业中心、轴线和市场群这些商业空间概念以及它们与网点、业态的关系稍作描述，帮助读者全面理解定位—空间结构—商业空间—商业网点和业态之间所具有逻辑顺序的相互关系。

（三）商业空间与网点和业态的关系

1. 商业中心与商业网点的关系

各级商业中心是其所处区域商业最为集中的区域，商业中心所处区域的定位、区域的发展趋势、区域的产业类型等决定了商业中心的发展定位与规划指引。而商业中心的发展定位与规划指引则决定了商业网点的类型、层级和业态。

类型方面：市级商业中心、区级商业中心基本包含了商业综合体、购物中心等大中型零售类商业网点，自助餐厅、快餐店等餐饮服务类网点，酒店等住宿服务类网点，电影院等娱乐类网点；社区级商业中心主要为百货店、超市等零售类网点和美容美发、维修店等居民服务类网点。

层级方面：商业中心的层级一般和商业网点的层级呈对应关系。不同层级的商业中心对应的商业网点层级不同，营业面积不同。以商业综合体为例，一般市级商业中心规划布局市级商业综合体，营业面积一般在 5 万 ~ 10 万平方米，服务半径为 3 千米以上；区级商业中心规划布局区级商业综合体，营业面积一般在 1.5 万 ~ 5 万平方米，服务半径在 1 ~ 3 千米；社区级商业中心规划布局社区商业综合体，营业面积一般在 1 万平方米以上，服务半径在 1 千米。

2. 商业中心与商业业态的关系

业态方面：商业中心的发展定位与规划指引基本决定了商业网点的业态。新设置的商业网点业态是为商业中心的发展定位与规划指引服务的。下面以某市市级商圈[①]为例。该市级商圈发展定位为市级综合性商圈，传统文化与现代潮流交织的品牌零售和文化娱乐商业中心；规划指引为以旧城改造为契机，推动“商旅文”深度融合，加快促进商圈商业结构转型升级，结合文庙文化及其建筑风格，通过改建现有商业网点、商业街区，增加活动场所，美化商业景观，塑造具有传统建筑风格的现代时尚商圈形象，积极引进品牌商业街区运营管理企业，推进商圈品质化发展。为达到规划定位与规划指引目标引导业态设置：鼓励引入具有新鲜感的复合型业态体验店、设计师品牌店、主题餐饮店、品牌服饰店等具有流行元素的业态，同时结合文庙旅游，积极为具有本市传统特色的餐饮美食、特产商品提供发展机会，鼓励企业集聚设置本土产品文化体验店；适度设置专卖店、专业店、连锁快餐店、饮品店、小吃店、创意市集、居民服务等业态。

3. 商业发展轴（带）与商业网点的关系

商业发展轴（带）是集合城市各种资源形成的发展商业的综合轴线，指引着城市商业的空间发展方向。商业网点、商圈作为商业发展轴的组成部分，和商业发展轴形成“点—轴”关系。即若干商业网点形成商圈，若干商圈和城市产业、特色资源通过道路交通、河流等连接形成带状空间商业发展轴线。商业网点和商圈只是轴线上的一个“点元素”，由若干个“点元素”构成了发展轴线，形成“点—轴”关系，这些“点元素”的发展要符合“轴线”的整体发展定位。

4. 市场集群和商业网点的关系

市场集群是商业空间中以批发或批零兼售为主要功能的空间类型。市场集群中的商业网点一般以各类商品交易市场为主，大型市场集群中也可能布局服务区域生活或工作人口的大型零售网点、商业街等。大城市的市场集群可能按照销售产品的类型进行划分，中小城市的市场集群一般为综合性的，其目的是增强市场集群效应、优化城市商业环境、缓解市内交通矛盾等。

五、影响商业网点空间结构布局的主要因素

影响商业网点空间结构布局的因素多种多样，下面介绍城市规划、区位

---

① 中商商业发展规划院．××市城市商业网点规划（2018—2030）．

交通、人口数量、规划定位四个主要的影响因素。

（一）城市规划

城市规划是影响商业网点空间结构布局最为主要的因素之一。无论是现阶段的城市总体规划、城市控制性详细规划，还是即将实施的国土空间总体规划，都对城市各个区域的用地性质有着明确的规定。而商业网点空间结构布局是建立在城市总体规划等各类上位规划的基础之上，因此其规划布局深受城市规划的影响。

从宏观方面来讲，上位规划的空间布局很大程度上影响了商圈的布局，影响了商业发展轴的发展方向和空间走向。

从微观方面来讲，构成商业发展轴线的各类“点元素”深受上位规划用地布局的影响，其中零售类网点和商品交易市场类网点主要受城市商业用地布局的影响，城市商业用地布局基本决定了零售类网点和商品交易市场的整体布局结构；商贸服务类网点功能基本复合于零售类网点当中，因此其布局也主要受商业用地布局影响；商贸物流类设施主要受城市物流用地布局的影响，商贸物流类设施首要考虑的就是物流用地的布局情况，然后再结合交通和需求选择布局位置。

（二）区位交通

区位交通是影响商业网点空间结构布局的又一主要因素。区位条件是否优越，交通条件是否便捷直接影响着商业网点空间结构的整体布局。

就区位条件而言，在满足用地性质的前提下，区位条件越优越，商业网点布局越密集，等级也会越高，越容易形成商圈；反之，区位条件越差，商业网点数量越少，等级也越低，难以形成商圈。

就交通条件而言，在满足用地性质的前提下，一般情况下交通越便捷的地方，商业网点布局的数量会相对越多；反之，交通条件越落后的地方，商业网点布局的数量会相对越少。交通是否便捷直接影响人流量的大小，影响商业网点特别是零售型商业网点的经营，也影响着商圈的规划布局。

（三）人口数量

人口数量也是影响商业网点空间结构布局的重要因素。从整个规划区域来讲，人口数量的多少直接影响整个规划区域的整体商业体量，一般情况下，人口数量越多，整个城市所需要的各类商业网点就越多，整体所需要的商业网点体量就越大，商圈往往布置在这些区域；分区规划来讲，人口数量影响商业网点的数量以及商业网点在各区域的分布密度，一般情况下人口数量越多的区域，人口密度也会越大，商业需求也就会越大，越容易在这些区域布局商圈、布局相对更多的商业网点。

（四）商业规划定位和发展目标

规划定位及目标拆解是商业空间结构布局的核心影响因素。商业网点空间结构布局是从城市整体角度，为实现商业定位和发展目标搭建的总体框架，可以说是实现城市商业有序发展的整体路径，因而商业网点空间结构布局全面地反映了规划定位和目标对商业功能、发展体量的要求，从而对各个商圈、轴线的功能定位、体量控制起到决定性作用。

六、商业网点空间结构布局的一般流程

商业网点空间结构布局是一个较为复杂的规划过程，要考虑的因素众多，规划流程复杂，下面以成都平原某地级市城市商业网点规划为例，[①] 围绕“怎么布，布多少”两个方面，详细介绍商业网点空间结构中商业中心和商业发展轴布局的一般流程。

（一）怎么布

1. 摸清现状

摸清现状就是在现状调研的基础上，对规划区域的商业网点分布、功能、体量等现状进行全面梳理，概括现状商业空间结构、评判商业空间结构合理性、找出现状问题，为有针对性地进行空间结构调整奠定基础。

2. 摸清需求

摸清规划区域实际需求实际上就是确定合理的发展目标，这是商业网点

① 中商商业发展规划院．××市城市商业网点规划（2018—2030）．

空间结构规划中尤为重要的一步，只有找到规划区域商业需求的“症结”所在，后期才能“对症下药”。商业网点空间结构布局就是将发展目标落实在城市空间上，以指导商业在城市空间中的有序发展。发展目标确定的过程在本书第六章第二节，本节的重点在于如何将发展目标合理落实到空间中，并形成商业功能之间的相互关系。摸清商业网点现状和发展需求以后，我们通常对现状和需求进行对比，以明确商业发展的各项任务，将各项任务落实在适合空间中的过程，就是规划形成商业空间发展结构的过程。

3. 空间结构布局

（1）布局要求和原则。空间结构布局，就是将上文所说的各项任务合理落实到空间中，在进行商业网点空间结构布局时需要满足以下条件，第一，保障商业功能需求的完整性；第二，保障空间分布的协调性；第三，保障各类商业空间的层次性和系统性。因此在进行空间结构布局时需要遵循以下原则：

第一，明确商业发展重点方向，抓住商业空间建设的主要需求；第二，商业空间结构清晰、层次清晰，与城市整体发展结构协调；第三，局部商业功能与整体商业定位的协调，商业功能分布与城市区域功能协调。

（2）案例分享。在对规划区域商业网点现状、商业需求、重点发展区域充分了解分析后，最后对商业网点空间结构进行综合布局，这里先讲述商业发展轴（带）、商业中心（商圈）的布局指引、发展定位、规划和业态引导。

专栏 6－1　综合布局示例

下面以××市中心城区商业网点空间结构规划布局为例。

根据××市中心城区城市空间结构，结合中心城区商业网点实际发展情况，按照中高端商业集聚布局、社区商业均衡布局的原则，规划形成“2 带、4 圈、多中心”的商业网点总体空间结构。

“2 带”是指绵远河都市休闲商业发展带和东山生态商业发展带。

1. 绵远河都市休闲商业发展带

布局指引：中心城区规划范围内绵远河两岸用地。

发展定位：滨河多功能都市商业带，德阳城市活力魅力展示厅。

规划指引：以提升德阳城市商业形象和服务品质、塑造城市商业品牌为宗旨，在绵远河沿线重要节点，结合城市商务、教育、娱乐、文化等产业和湿地、石刻、工业建筑等城市特色资源，布局特色商业街区、城市商业综合体、社区商业综合体、购物中心等商业网点，复合于综合体或购物中心内，建设专业店、专卖店、大中型超市、旅游市场等高品质商业网点，积极引进和培育一批中高端商业品牌，引导形成集品质购物、娱乐休闲、创意文化、餐饮美食等业态于一体，具有多功能、品质化、有内涵、聚人气等特征的都市商业集聚发展带，塑造一批展示德阳城市魅力的新商业地标。

业态引导：结合两岸城市功能，鼓励设置品牌购物、商务餐饮、休闲餐饮、文化创意展销、德阳特色产品展销业态，适度设置专卖店、专业店、连锁快餐店、饮品店、小吃店、创意市集和生活服务等业态；禁止设置商品交易市场、露天农贸市场、汽车修理厂、金属制品加工厂和再生资源回收站等影响交通和城市形象的业态。

2. 东山生态商业发展带

布局指引：双东和寿丰片区东一环沿线及周边用地。

发展定位：产商融合综合商业带，都市生态微度假休闲娱乐区。

规划指引：结合东山区域教育、研发办公、品质居住等内容，在双东和寿丰片区东一环沿线及周边用地，按照周边教育用地、居住用地人群需求，发展各层次零售购物、餐饮、休闲、文化娱乐等商业功能，形成以商业街区为主的低密度商业网点，注重商业环境与周边自然环境融合，引导形成以生态为特色的复合功能综合商业带。

业态引导：按照沿线城市功能，鼓励设置零售购物、生活服务、教育培训、商务餐饮、休闲餐饮、体育健身、休闲娱乐、主题乐园等业态，适度设置专卖店、专业店、连锁快餐店、饮品店、小吃店、创意市集等业态；禁止设置商品交易市场、露天农贸市场、汽车修理厂、金属制品加工厂等影响交通和城市形象的业态。

"4 圈"是指文庙商圈、城北商圈、八角商圈和天元产业融合特色商圈。下面以城北商圈为例作简要说明。

发展定位：市级商务休闲商圈，集合高端商务消费、对外贸易、生态休闲的国际品质商业中心。

规划指引：以打造成都北部第一商圈为目标，结合湿地、湖泊、绵远河景观和高铁北站、市级体育场等城市设施，建设生态化、现代化、国际化的商务商业区，积极引进国内外首入品牌店，形成××市品牌最丰富、最时尚的商圈，打造××市高端品牌消费和城市休闲娱乐中心。规划建筑面积40万平方米。

城北商圈包含高铁TOD新消费功能区和万达品质购物休闲功能区两大功能区。其中，高铁TOD新消费功能区主要依托旅游集散服务街区、水岸风情娱乐街、市级商业综合体等载体，引入商务餐饮、工艺品及旅游纪念品店、国内外首入品牌店、线上线下体验店、VR体验馆、电竞馆、休闲会所、KTV、酒吧等业态，在TOD模式引导下将高铁片区发展成为集旅游服务、餐饮美食、商务休闲、购物消费为一体的新消费示范区。万达品质购物休闲功能区主要依托万达广场、市级商业综合体、水岸风情餐饮街、奥林匹克体育中心等载体，设置品牌零售店、进口食品店、特色餐饮、创意料理、运动休闲、体育健身等业态，打造集品质购物和运动休闲为一体的购物休闲示范区。

业态引导：鼓励设置首入品牌服饰店、商务餐饮店、休闲健身中心等业态，适度设置室内文化娱乐中心、大众餐饮店、居民服务等业态；限制设置商品交易市场、露天农贸市场、汽车修理厂、金属制品加工厂、再生资源回收站等影响交通和城市形象的业态。

多中心是指30个社区商业中心。其布局方法是在满足用地性质的前提下，结合人口和市级商圈分布情况，按照服务半径为1千米的标准，在整个规划区域进行均衡布局（见图6-4）。

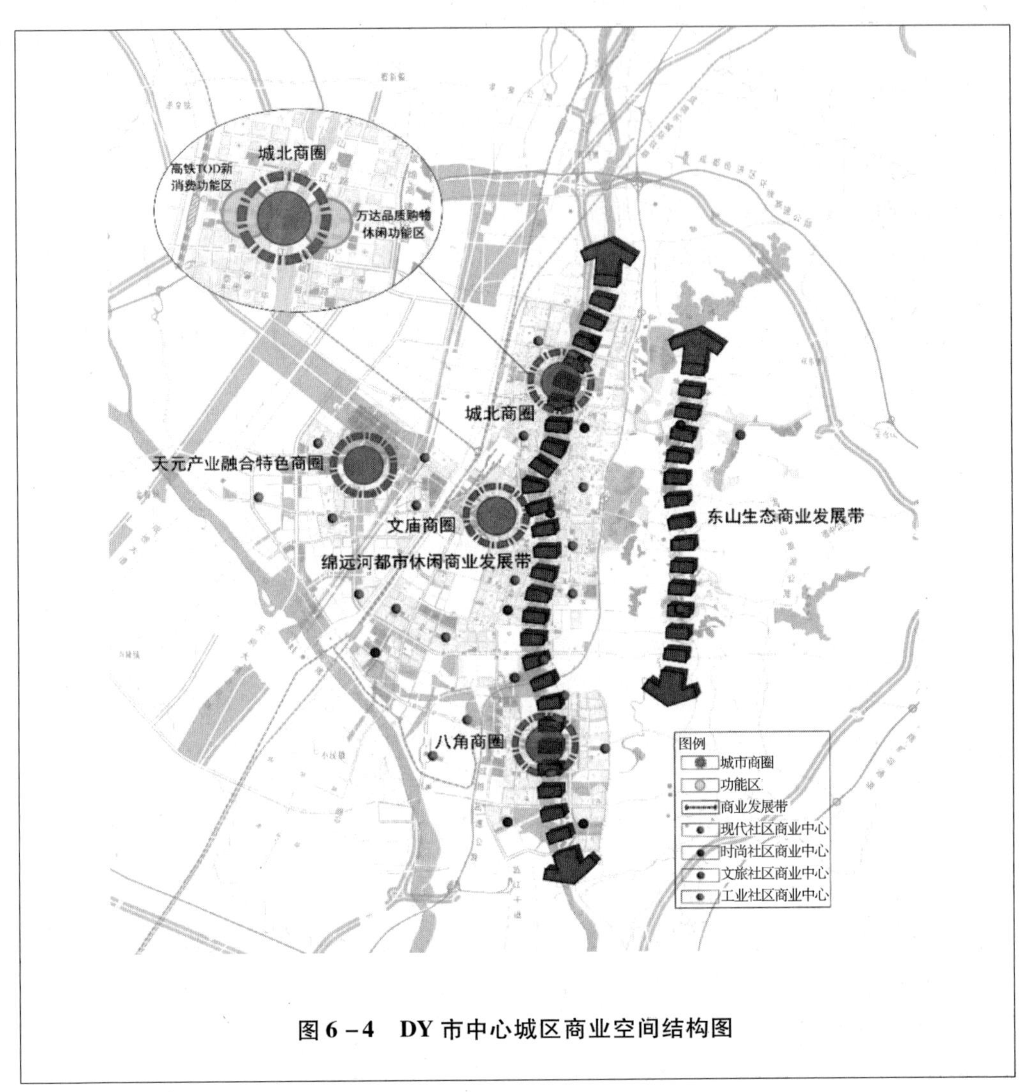

图 6-4　DY 市中心城区商业空间结构图

（二）布多少

解决了商业网点空间结构“怎么布”的问题之后，接下来另一个问题就是“布多少”，即解决商业发展轴（带）布置的数量问题、商业中心（商圈）布置的数量问题。“布多少”一般依据重点布局、均衡发展的原则。

专栏6－2　“布多少”示例

下面仍然以××市中心城区商业网点空间结构规划布局为例。

1. 商业发展轴数量

本次规划布局了绵远河都市休闲商业发展带和东山生态商业发展带2条商业发展轴。其原因如下：

就绵远河都市休闲商业发展带而言，××市中心城区的商务、教育、娱乐、文化等产业和湿地、石刻、工业建筑等城市特色资源以及绝大部分居住用地都分布在绵远河两侧，两侧区域有着良好的商业发展基础，整条绵远河串联起了商业发展的各类“点元素”，也贯穿了整个中心城区，在这里规划布局绵远河都市休闲商业发展带，既有发展基础，也利于整个中心城区的商业发展。

就东山生态商业发展带而言，主要是结合该区域生态智谷、大学城、用地布局的规划情况，考虑该区域未来在教育、研发办公、品质居住等方面有着较大的发展潜力，自然生态环境也较为良好，为促进该区域商业有序发展，故规划布局一条低密度的生态商业发展带。

其余区域大部分为工业区，没有形成带状发展商业的基础。

2. 商业中心（商圈）数量

首先需要说明的是，一般情况下，商业中心都从市级商业中心、区级商业中心和社区级商业中心三个层级进行规划，但在本次规划案例中根据商业发展的新趋势区级商业中心的功能复合于社区级商业中心中，因此只有市级商业中心和社区级商业中心两个层级。

（1）市级商业中心（商圈）。接下来说明市级商业中心，也就是案例之中的“4圈”是如何确立的。

文庙商圈为现状商圈，位于中心城区核心区域，规划主要是对其进行改造升级，以旧城改造为契机，推动“商旅文”深度融合，加快促进文庙商圈商业结构转型升级。

城北商圈为规划市级商圈，位于中心城区北部，有高铁和万达两大功能片区，是该市未来5～10年的核心发展区域，因此规划将这里打造成为集合高端商务消费、对外贸易、生态休闲的国际品质商业中心。

八角商圈和天元产业融合特色商圈主要是从城市的产业角度进行考虑，形成产商融合商圈，服务于产业人口和当地居民，其中天元商圈为规划市级智慧体验商圈，位于中心城区南部，是工业核心区域，周边区域存在着大量工业企业，有着大量的产业人口，规划将这里打造成为以新零售体验、生活服务、生态休闲类商业为主，工业氛围和都市消费相结合的新兴消费中心；天元产业融合特色商圈为规划市级产业融合体验式商圈，位于中心城区西部，该区域聚集了大量商品交易市场，人流量大，消费需求较大，规划将这里打造成为以产商融合、新零售体验、休闲娱乐、生活类产品商贸交易为主，第三产业和商业消费相结合的体验消费中心。以生活类产品交易为切入点，发展商品交易市场，结合区域产城一体的发展理念，形成以文化娱乐、休闲餐饮、跨境购物功能为特色的商业中心，吸引市内外消费人群。

东山区域没有规划商圈的原因是因为该区域人口较少，商业主要是以商业街区为主的低密度商业网点，难以形成商圈。

（2）社区商业中心。社区商业中心是在满足用地性质的前提下，结合人口和市级商圈分布情况，按照服务半径为 1 千米的标准，在市级商业中心 3 千米服务半径外的整个规划区域进行均衡布局（市级商业中心内服务半径内原有的社区商业中心保留），最后布局完成后的数量即为社区商业中心的最终数量。

七、商业网点空间结构布局中存在的问题

商业网点空间结构布局中存在的问题主要体现在商业网点空间结构下的商业网点布局上。

（一）规划滞后导致网点布局不合理

商业网点空间结构规划作为城市的专项规划，首先就要符合上位规划的相关要求，但在规划中时常会遇到上位规划滞后导致商业网点空间结构布局不尽合理的情况。上位规划滞后影响商业网点布局主要有以下两种情况：

第一是城市总体规划和区域总体规划调规步调不一致。一般城市在制定总体规划后，中心城区的各个区会结合总体规划制定或调整本区的总体规划，以便和城市总体规划保持一致。但随着城市的发展，规划中原有的用地布局会出现和城市发展情况不相匹配的情况，一般区县会提出调规，报上级单位批准后，改变用地性质。若在调规批复期间进行商业网点空间结构规划就会出现一些问题，商业网点空间结构规划是建立在城市总体规划用地布局的基础之上，所有规划布局必须符合城市总体规划用地性质。但这样布局有时就会出现不符合实际情况的问题，一个地块在城市总规上还是居住用地性质，在区县的规划上可能已经准备调整为商业用地，此时本应结合实际需求，布置商业设施，但在此地块布局商业就不符合城市总体规划用地性质，按照下位规划服从上位规划的原则，就不会在此布局商业网点，这样就在一定程度上造成了供需矛盾，导致商业网点布局不合理。

第二是城市总体规划处于规划末期，用地已经不符合城市发展需求。商业网点规划有时会遇到城市总体规划处于规划末期，正在进行规划修编的情况，此时进行商业网点规划，根据城市总体规划的用地性质进行商业网点空间结构布局，部分商业网点会出现布局不合理、无法满足城市发展需求的情况。

（二）商贸服务类网点规划力度有待加强

商业网点分为商贸流通类网点和商贸服务类网点两大类。现阶段商业网点规划侧重点在零售类网点、商品交易市场类网点、商贸物流类设施等商贸流通类网点的规划上，对商贸服务类网点的规划力度偏弱。

商业综合体、购物中心、大中型超市等零售类网点，综合市场、生产资料综合市场、农产品市场、食品饮料及烟酒市场等商品交易市场类网点，商贸物流园区、商贸物流配送中心、仓储设施等商贸物流类设施在商业空间结构布局规划中都有着较为细致的规划，规划空间结构搭建较为完善。而商贸服务类网点中的餐饮服务类网点一般就复合于商业街、商业综合体、购物中心业态当中，住宿服务类网点、娱乐类网点复合于商业综合业态当中，居民服务类网点一般复合于社区商业综合体和社区购物中心业态当中，都没有再单独进行网点规划，未搭建商贸流通类网点的规划空间结构，规划力度有待加强。

第七章　商业空间规划

商业网点规划一般以商业空间为单位进行商业发展引导。商业空间是体现城市商业发展定位、实现发展目标的核心城市功能区域。根据商业空间的层级、大小、特色产业等特征，商业网点规划中的城市空间包括商业中心、商业街（区）、社区商业三项内容，它们共同构成了商业空间结构的基本骨架。本章通过研究其各自的演化规律和最新发展趋势，总结商业中心、商业街（区）、社区商业空间的一般规划方法，并结合规划案例，对规划方法加以说明。

第一节　商业中心规划

一、概要

商业中心规划是商业网点规划的重要内容，是城市中商业网点集聚度最高、功能最全面的商业服务空间。一个城市核心商业中心的发展情况，基本可代表该市商业发展的水平。在商业网点规划中，作为商业服务功能的核心城市区域，商业中心规划向上全面承接规划定位、发展目标对城市商业发展的任务和要求，向下对大型零售网点、商业综合体等商业网点发展和布局提供重要的指引依据。商业中心规划中心既包括了商业中心体系规划，也包括单个商业中心的发展指引规划。商业中心体系规划是对城市商业发展布局的全面考虑，已在本书商业发展结构规划中进行讲解，本章研究的主要对象为单个商业中心。

商业中心作为商业服务业功能聚集的城市空间，它既是一种城市范围，也包含商业活动的组织运行，在规划过程中既要考虑到作为城市功能与城市本身发展需求、周边用地的联系，也需要认识到商业发展竞争性、辐射性等原理。本章从商业中心既是空间也是一种商业组织的定义出发，对商业中心自身发展周期、受到的影响因素、现阶段发展特征进行分析，并通过老商业中心改造、新商业中心规划案例分享，对商业网点规划中商业中心需要重点考虑的因素进行讲解、对网点和业态指导进行示范。

二、商业中心的定义

（一）商业中心的标准定义

按照《商业网点规划术语》，商业中心是指以商品零售为主、商业服务业聚集的区域，具有综合性商业服务功能，包括城市商业中心、区（县）级商业中心、社区（镇）商业中心。由于社区商业中心是以特定社区为服务范围，以社区居民为服务对象的商业中心，其规划思路和设置标准与城市商业中心、区（县）商业中心有较大区别，这些将在本章第三节进行单独讲述。本节所讲的商业中心特指具有较大辐射范围的城市商业中心和区县级商业中心。

（二）按照等级区分的定义

根据商业网点规划实践，我们对城市商业中心和区（县）商业中心的定义如下：

1. 城市商业中心

城市商业中心是指商业高度集聚、经营服务功能完善、服务辐射范围超广域型的商业中心或商业集聚功能区。城市级商业中心辐射能力强，业态丰富多样，并在城市中占据中心重要地位，具有城市最为繁华的商业和最具活力的市场，服务范围和影响面一般涵盖整个城市、周边地区甚至国内外更大的范围，商业规模至少30万平方米以上。

2. 区（县）商业中心

区（县）商业中心介于城市级和社区级商业中心之间的商圈，是指商业中度集聚、经营服务功能比较完善、服务范围为广域型的地区商业中心和集聚区。该等级商圈布局一般选择分布在各区通达性较好的地方，主要提供中间档次但购物频率较高的消费品，服务人口一般设定在20万人左右，确保满足区域内居民的购物、餐饮、休闲、娱乐和商务活动需要。随着商圈的不断发展和整个城市功能的不断完善，某些区位条件好、交通便利的区域级商业中心将充分发展演变成为副市级商圈，甚至市级商业中心地。

3. 特色商业中心

特色商业中心不是按照商业中心等级进行划分的，而是主要依托城市浓厚文化氛围、历史古迹、民族民俗风情来发展的、具有独特风味的特色商业中心，它可能是城市商业中心，也可能是区（县）商业中心。特色商业中心大多形成于实体历史文物资源丰富的区域，是将商业和历史、旅游、文化等进行嫁接形成的、可以展现城市历史背景、人文内涵的综合性空间。商业开发一般是在保护文化历史空间的基础上进行的，以展示城市特色文化、优化游客体验消费、协助区域持续发展、改善原有居民生活条件为目的。如北京的三里屯、什刹海、南锣鼓巷、海淀图书城、秀水街等这些都是最典型的代表，特色商业最能代表一座城市的历史、文化、旅游与商业价值融合的程度。

4. 具有“商圈”概念的商业中心定义

除了商业中心外，在我们日常生活、政府文件和各类城市或产业规划中还经常使用“商圈”这一概念，“商圈”的概念与“商业中心”既有区别又有联系。按照《商业网点规划术语》对商业中心的释义，商业中心更倾向于指代以商业功能为主的城市空间，它强调的是商业功能的空间范围，常见的这一类词语还包括“商业集聚区、商业功能区等”。“商圈”，除了包括“空间范围”这一概念外，还包括一种“组织概念”，是在空间概念下把商品零售、商业服务业作为一个商业群体来分析，其对内具有竞争性，对外具有辐射性，涉及商圈竞争、商圈效应等多个方面。①

---

① 叶小玲．广州天河路商圈的城市空间形态演变研究．华南理工大学，2015.

在商业网点规划中引入商圈有关内涵来完善"商业中心"概念，是因为商业网点规划作为政府对市场使用宏观调控手段的有效依据，在规划中更注重城市商业的整体发展而非局部，这就势必需要商业网点规划从项目所在城市的内外部竞争性、协作性出发，将每一个商业中心以及其内部的商业网点作为城市乃至城市所在区域商业群体的一部分来考虑，这更倾向于"商圈"的"商业组织"概念。因此，商业中心借鉴商圈的概念，具有两层内涵，第一是商业网点集聚、商业活动集中产生的城市特定区域；第二是具有内部协调性、外部竞争性的商业群体组织。另外，我们需要注意的是，由于商业中心对外的辐射力，因此商业中心除了指实际的商业网点聚集而形成的城市空间外，也隐含了由商业中心辐射力带来对某一距离内消费者的吸引空间。

三、商业中心发展周期

通过对国内外商业中心的研究，商业中心的发展一般分为起步阶段、聚集阶段、衰落阶段和复苏阶段。①

（一）起步阶段

起步阶段即为商业中心形成的初期阶段，一般在人流集中、交通发达的城市中心、交通枢纽等地形成。根据规划调研经验，我们现在可见的商业中心的形成一般有两种方式，一是自发形成，二是政府引导。自发形成的商业中心，多数已存在较长时间，多为城市中老城区的商业中心。根据文献研究，这类商业中心在形成初期以小型零售网点为主，体量较小、业态单一、沿街扩散。另一类则为政府引导形成的商业中心，多为城市新区商业中心。这类商业中心由于经过较为细致的规划设计，在形成初期即修建大型商业网点，引入较为丰富的商业业态类型，同时周边一般规划有大型公共活动设施、市政服务设施、商务服务设施等，共同组成城市新的大型公共空间。

（二）聚集阶段

聚集阶段即商业中心快速扩张阶段。对于自发形成的这类商业中心，商

① 齐晓斋．城市商圈发展概论．上海：上海科学技术文献出版社，2007.

业投资的高回报率，促使更多的商家向商业中心聚集，同时也让原来的经营者不断扩大经营规模。规模扩大带来的集聚效应，也为商业中心带来更多的消费者。在此情况下，商业中心的商业体量得到快速发展，业态结构逐步丰富，空间布局从沿街零散分布发展到街区网格形式。部分城市的商业中心还发展成为商业商务中心，进一步扩大了商业中心的辐射范围。由政府引导的商业中心，由于具有较高的起步阶段，在聚集阶段一般表现为各类商业设施的快速建成、新颖商业业态的不断引进、消费者规模的持续增加、其他配套设施的不断完善等方面。

（三）衰落阶段

衰落阶段也可以称为停滞阶段。结合商业网点规划实践经验，现阶段，我国商业中心中发展到这一阶段的一般为老城商业中心。根据边际效益原理，随着商业中心规模的不断扩大，商业中心内部的竞争压力加剧，投资收益不断减少，发展将放缓或停滞。由聚集阶段商业中心快速发展带来的无序扩张、业态同质化、设施老旧、环境杂乱等问题随之而来。同时，随着城市的发展，新的商业中心兴起，消费者被分流，老商业中心的影响力、辐射范围将有所缩小，老商业中心活力下降。①

（四）复苏阶段

复苏阶段也可以理解为商业中心更新发展阶段。商业中心一般也是城市中心，它的发展衰落基本与城市中心保持一致。在以往规划案例中，商业中心的复苏离不开城市更新、旧城改造。商业中心复苏一般需要结合城市更新，赋予其新的城市功能，打造新的城市景观，服务新的消费群体。这一阶段由于涉及城市建设、营造、经营的方方面面，很难由市场自发完成，需要政府和企业共同谋划，对商业中心的空间结构、建筑景观、服务功能等进行全面的统筹规划，在解决既有问题的同时，让商业中心符合新的城市发展需求，带来新的商业发展活力。

---

① 侯海荣．我国城市商业中心规模研究．哈尔滨工业大学，2011.

四、商业中心发展的影响因素

商业中心的变迁涉及城市规划、经济管理、城市地理学等多类学科，结合文献资料和规划实践经验，从商业中心发展的整个周期来看，经济发展、消费结构、人口规模、交通条件、城市结构、体制构成和自身资源是影响其发展变化的主要因素。值得注意的是，各商业中心由于其发展阶段、发展背景、资源特殊均有所不同，影响其发展的主要因素也不相同，在分析其影响因素时，需要结合其所处阶段和自身特色进行综合分析。

（一）经济发展

纵观各城市老商业中心或传统商业中心的兴衰，经济发展是商业中心发展变化的根本影响因素。从古代经济繁荣时期的商贾云集，到近代战争时期的范围萎缩，从改革开放后的重新繁荣，到老城区的空心化，再到近年的商业中心整体改造，经济发展的水平、方向、速度都对商业中心的发展产生影响并伴随其发展的整个周期。

（二）消费结构

消费需求和结构的变化是影响商业中心内部业态构成变化的主要因素。商业中心是承载居民消费的核心城市空间，随着居民消费需求的变化，商业中心的业态业种、消费品质、消费环境等也随之变化。

（三）人口规模

人口规模基本决定了商圈的大小。这里的人口规模更准确应理解为可吸引的消费者规模。一般市级和区县级的商业中心都服务于对应范围的居住人口，但一些大城市的商业主中心除了服务本地居民外，还吸引着周边地区乃至全国或全球的消费者，而这些商业中心也就成为国内或国际商业中心。

（四）交通条件

优越的交通条件既是商业中心发展的必要条件，也可能成为限制其发展的重要因素。商业中心需要大规模的人流、物流，一般位于城市交通主干道旁，并设置有各类公共交通站点。便利的交通区位条件，是保障商业中心人员和物资往来的重要因素。另一方面，由于各商业中心的辐射效应不同，便利的交通条件，就可能加剧各商业中心间的竞争性，按照断裂点理论，吸引力不足的商业中心辐射将下降。

（五）城市结构

城市结构的变化是商业中心功能变化的重要因素。城市结构的变化意味着一定范围内人口规模的变化、城市功能的变化。市级老商业中心，由于城市的郊区化发展、去中心化进程等因素，人口随之流失，新城区商业中心兴起，也为原有商业中心带走一定客流量。同时，城市功能变化，例如第二产业外迁、旅游业兴起等都影响着商业中心功能的变化。

（六）调控管理

调控管理是指政府对商业中心的宏观调控和综合管理，对商业中心的发展有一定的加速或减速作用。宏观调控包括各类规划、政策等，主要通过有意识的政府引导，促进或抑制商业中心发展，多在城市功能、发展结构发生变化的时候进行。政府对商业中心的综合管理，一般以成立管理委员会的方式进行，负责包括区域公共设施建设和修缮、活动组织、联系企业物业、数据统计等工作，在有需要的时候，也对整个商业中心的宏观发展进行规划并组织实施。

（七）特色资源

自身资源条件是决定商业中心发展方向的核心因素。商业中心由于其区位、等级、所在城市、服务对象等方面的不同，都有其自身的特色条件，但我们这里所说的特色资源，主要是指人文历史资源、自然景观资源和特色产业资源。由于具有与其他商业中心不同的资源条件，这类商业中心往往不仅承担一般商贸服务功能，还和其他产业的设施融合，共同组成城市的特色服务中心、展示中心。

五、现阶段商业中心的演化特征

（一）功能特征

商业中心呈现功能复合化和功能高指向性共同发展的特征。随着消费者一站式、个性化的消费需求同时凸显，商业中心出现功能复合化和功能细分化共同发展的趋势。同时由于高客户黏性经营模式的兴起，精心选择业态内容，主要服务于特定人群的商业中心开始出现。一般功能复合化的商业中心业态全面、能满足各类消费者需求，可吸引人群类型多样、人数更多的消费者，常见于城市商业主中心和区（县）商业中心。具有特定业态、特定功能的商业中心，消费人群类型较少，但在一定程度上，其辐射范围通常较广，常见于城市商业副中心或区商业中心。

（二）网点分布特征

据研究①，不同的网点类型随着消费者消费习惯和商业发展趋势的改变，在商业中心内呈现不同的聚集和分散现象。现阶段百货店、购物中心、商业综合体都呈现出在商业中心内某一个或某几个核心店高度聚集的特征。超市类网点主要结合居住区发展或位于城市郊区，在商业中心内的较少。专业店、专卖店则在商业中心内呈现沿街集聚发展的形态。便利店已逐步形成网格状空间布局模式。餐饮店和休闲娱乐店虽也呈现沿街布局模式，但也高度依附商业中心的核心区发展。

（三）环境特征

展现以人为本、景观化的环境营造趋势盛行。商业中心是以人的活动为主的城市空间，近年许多城市商业中心都进行了步行街改造、公共活动空间打造、特色商业景观营造、公共设施建设等，新建商业中心也都强调舒适的消费环境、特色化的商业空间建设等。商业中心空间环境的建设，在为消费

---

① 李伟，黄正东．基于POI的厦门城市商业空间结构与业态演变分析．现代城市研究，2018－4：56－65.

者提供舒适环境的同时也彰显了商业中心自身的特色，是城市对外形象展示宣传的重要环节。

（四）内部空间结构特征

从单核放射到多核网状的发展趋势。商业中心内部空间结构的变化和其发展阶段相关，也和商业中心的规划布局相关。作为一个城市区域，商业中心主要由大型商业网点、商业街共同组成，多核心网状的空间结构，可以有效起到明确内部功能分区结构、增强商业中心内部联系性的效果，从而有序扩大商业中心规模和能级。

六、商业中心规划的一般方法

本章以单个商业中心为出发点，介绍如何进行规划定位和发展指引。

（一）规划内容

商业中心规划的主要内容包括规划范围、发展定位、发展指引、规划体量，其中发展指引主要是对商业中心范围内商业网点、商业业态和业种、空间形象和配套设施的指引。

（二）规划思路

商业中心规划思路的确定，很大程度上也就是商业中心规划定位的确定过程。在明确商业中心的发展定位之后，结合现状和城市规划用地布局，根据各类商业网点的用地、业态等特征选择符合定位功能需求的网点进行布局，并对网点业态进行指引，就基本完成商业中心规划的核心内容。因此，商业中心的发展定位是规划思路确定的核心内容。

（三）规划定位的确定

商业中心是城市商业功能的核心承载空间，从商业网点整体布局层面上看，每一个商业中心都承担着所在城市商业发展上的一项重要任务，比如零售品质提升任务、交易市场种类完善任务、文旅商融合发展任务、城市景观提升任务等。这些任务是在城市整体商业发展定位下，结合发展现状情况、资源条件与规划目标进行分解确定的。这些被分解的任务，很大程度上决定了城市中每一个商业中心的规划定位。从整体到个体定位确定方法，可以有效保障各商业中心的有序发展，避免同质化竞争，同时也满足城市各方面、各层级的商业需求。因此，从单个商业中心规划定位来看，影响其定位的因素主要包括：在城市商业发展整体定位、商业中心在城市整体商业中的地位和承担的任务、现状发展情况和可挖掘的特色资源。

（四）发展方向的确定

商业中心的发展方向也可以叫作发展需求的确定，是实现商业中心定位、指导商业网点和业态设置的承上启下的内容，是对商业中心定位在商业功能和发展需求的扩展描述。发展方向包括发展目标方向、发展范围方向、商业功能方向、建设形式方向、景观氛围等多类方向。根据不同商业中心的定位，可对发展方向的几类或者全部进行描述，从而更有效地指导网点、业态、设施和形象的设置。

（五）发展指引的确定

商业中心的发展指引，是在发展需求明确的情况下，对商业中心所需要的主要网点类型、业态类型、区域形象提出发展建议。在商业中心的规划内容中，一般将业态按照鼓励设置、限制设置和禁止设置进行区分。对于符合商业中心功能需求且展示规划定位特征的业态设置为鼓励发展业态；和鼓励业态不相冲突但不能体现商业中心定位特征的设置为限制业态；对于商业中心功能、形象、环境冲突的业态设置为禁止业态。

七、案例分享

（一）老商业中心提升改造类案例分享

以 DY 文庙商业中心为例，分享老商业中心提升改造规划方法。

1. 四至范围

已经形成规模的商业中心四至范围的划定主要按照三个原则划定：（1）不

违背当地已有的商圈范围共识；（2）商业空间保持一定的步行连续性；（3）为改造提升留有余地。该商业中心四至范围是：北至东街，东至泰山北路，南至岷江西路，西至凉山路沿线。

2. 规划定位

按照上文规划思路，商业中心定位受到城市商业发展整体定位、商业中心在城市整体商业中的地位和承担的任务、现状发展情况和可挖掘的特色资源的影响。确定商业中心定位的过程中，即为对上述影响因素的分析过程。

专栏7－1　老商业中心规划定位

城市整体商业发展定位为：成都平原高品质商贸副中心城市，产商融合发展特色城市和社区新场景消费典范城市。

和该商业中心相关的发展目标为：与成都商贸错位发展，结合城市文化旅游特色、区位特色、产业发展需求，形成多功能、多层次商业结构。

和该商业中心相关的发展任务为：（1）引导城市商业中心发展形成由大型商业网点、商业街及服务设施共同组成的综合商圈。（2）积极利用文庙等文化建筑资源，促进旅游、文化、商业功能深度融合。（3）整体营造商业片区形象，引导老旧商业功能区进行建筑改造。（4）进行业态调整、品牌更新优化。

商业中心发展现状：（1）作为城市商业主中心，体量巨大、地位突出、功能复合、业态种类齐全。（2）围绕文庙发展，历史文化底蕴深厚，且已有意识结合文庙打造步行街。（3）存在大量小商品零售、批发业态、生活服务业态，产品质量较低、品牌价值不高。（4）商业中心内大型网点和商业街区业态混乱，以服饰、日用百货、餐饮为主，重复性高。（5）缺少体验式业态、文化旅游服务业态、新零售业态。（6）街区底商式商业中心，高品质的大型零售网点分散，各网点之间联系性弱，商圈整体性差。（7）缺少街区景观打造，商业中心内整体面貌老旧，街区步行体验较差。

按照总体定位、发展目标、发展任务要求，结合商业中心城市商业主中心的商业地位和文庙特色资源，明确其发展方向应包含两个方面：第一是作为城市最高级别的商业中心，承担提升城市整体商业品质的责任；第二依托文庙，发展具有地域特色的文化旅游商业，形成对外城市商业展示空间。因此，确定其规划定位为：市级综合性商圈，传统文化与现代潮流交织的品牌零售和文化娱乐商业中心。

3. 提升方向

通过对比商业中心定位和现实发展之间的差距，以目标和问题为导向，提出商业中心发展方向。因此，该商业中心的发展要点在于：(1) 以旧城改造为契机，推动“商旅文”深度融合，加快促进文庙商圈商业结构转型升级。(2) 结合文庙文化及其建筑风格，通过改建现有商业网点、商业街区，增加活动场所，美化商业景观，增强网点和街区联系性，塑造具有传统建筑风格的现代时尚商圈形象。(3) 积极引进品牌商业街区运营管理企业，推进商圈品质化发展。

在发展要点基础上，对商业中心业态提升进行指引：鼓励引入具有新鲜感的复合型业态体验店、设计师品牌店、主题餐饮店、品牌服饰店等具有流行元素的业态，同时结合文庙旅游，积极为具有德阳传统特色的餐饮美食、特产商品提供发展机会，鼓励企业集聚设置本土产品文化体验店；适度设置专卖店、专业店、连锁快餐店、饮品店、小吃店、创意市集、居民服务等业态；禁止设置商品交易市场、露天农贸市场、汽车修理厂、金属制品加工厂、再生资源回收站等影响交通和城市形象的业态。由于该商业中心为街区式商业中心，除整体发展指引外，规划还分街道对商圈内主要商业街道的业态进行调整，作为业态提升的细化内容。

4. 规划体量

商圈体量按照层次分析法，结合现状体量、服务人口、重要性等因素确定，预测过程和方法在本书第五章已述及。

（二）新城商业中心规划案例分享

以 DY 城北商业中心为例，分享新城商业中心规划方法。

1. 四至范围

规划新建的商业中心四至范围主要受到城市规划中商业用地规模和用地形式的限制。按照项目所在地城市总体规划或国土空间规划中用地规划的编制情况，商业中心内主要为商业用地和商住用地。结合商业预测面积，在商业用地集中的区域，以道路、绿地、河流等人工或天然障碍物为依托划定商业中心四至范围，并注意为未来发展留有余地。该商业中心四至范围为：牡丹江路以南，黄浦江路以北，苗山街以东，龙泉山路以西。

2. 规划定位

按照以上规划思路，商业中心定位受到城市商业发展整体定位、商业中心在城市整体商业中的地位和承担的任务、现状发展情况和可挖掘的特色资源的影响。由于新建商业中心没有现状发展情况，分析重点应放在与所在区域的整体城市建设、规划发展方向相协调、可深入的区域资源上。

专栏 7－2　新城商业中心规划定位

城市整体商业发展定位为：成都平原高品质商贸副中心城市，产商融合发展特色城市和社区新场景消费典范城市。

和该商业中心相关的发展目标为：与成都商贸错位发展，结合城市文化旅游特色、区位特色、产业发展需求，形成多功能、多层次商业结构。

和该商业中心相关的发展任务为：(1) 引导城市商业发展空间格局由"单中心模式"转型为"多核支撑"。(2) 构建体验式、智慧化、国际化、品质化商圈。

商业中心所在区域城市规划要求：以居住、商务等功能为主的综合性城市功能区。重点依托城际北站交通枢纽，建设商务办公、金融服务、商业接待、文化娱乐等功能于一体的城市商务休闲中心。

商业中心所在区域城市景观条件：区域位于城北新区景观轴线和绵远河生态带交汇处，景观生态条件优越。

按照总体定位、发展目标、发展任务要求，结合商业中心所在区域交通枢纽、商务金融、文化娱乐的城市功能，明确其发展方向应包含两个方面：第一是作为城市新区商业中心，应以高标准、高品质进行规划，形成代表城市现代化商业发展质量的商业中心；第二，结合区域门户区域、商务金融、城市景观轴线等城市功能，应满足相关旅游、商务办公、生态休闲消费需求。因此，确定其规划定位为：市级商务休闲商圈，集合高端商务消费、对外贸易、生态休闲的国际品质商业中心。

3. 发展方向

按照商业中心定位和城市规划要求，以发展目标为导向，提出商业中心发展方向。该商业中心的发展要点在于：（1）以打造成都北部第一商圈为目标，结合湿地、湖泊、绵远河景观和城市北站、市级体育场等城市设施，建设生态化、现代化、国际化的商务商业区。（2）积极引进国内外首入品牌店，形成城市品牌最丰富、最时尚的商圈。（3）打造区域高端品牌消费和城市休闲娱乐中心。

按照发展要求进行网点和业态设置。区域兼具商务功能，商业网点应以商业综合体为主，沿河可设置休闲商业街。鼓励设置首入品牌服饰店、商务餐饮店、休闲健身中心等业态，适度设置室内文化娱乐中心、大众餐饮店、居民服务等业态；限制设置商品交易市场、露天农贸市场、汽车修理厂、金属制品加工厂、再生资源回收网点等影响交通和城市形象的业态。

4. 规划体量

商圈体量按照层次分析法，结合现状体量、服务人口、重要性等因素确定，预测过程和方法在第五章讲述。

第二节　商业街（区）规划

一、概要

就商业的发展阶段来看，商业中心形成初期即是从沿街摆摊、设立店铺开始的，可以说商业街这种商业空间形式，贯穿了大多数城镇商业发展的全过程，而我国很多知名商业街区，如上海的南京路、广州的上下九、北京的王府井大街、成都的春熙路、南京的新街口等都是各城市繁荣发展的缩影，蕴含了城市无数的历史文化内涵，成为展现城市特色风貌的宣传名片。

一般来说，政府部门主要关注的是具有深厚历史文化底蕴和鲜明城市风貌的特色商业街，从商务部到各省市，展开过多次特色商业街的评选。但商业街作为一种商业空间概念，远不止历史文化特色街一种内涵。各类业态聚集、各种空间形态的商业街，在商业整体空间结构和功能布局中起到了丰富空间形式、完善商业功能的作用，也是带动城市商业品质化发展、拉动消费需求、促进经济增长的有效手段。作为一种与城市商业中心相比，用地相对较小、布局灵活多变的空间形态，商业街还可以有效应对局部居民消费需求，也可以与公共服务设施、景点、产业集群结合发展，它的网点组合、业态组合、功能组合的多样性，也带来了商业街类型的多样性。根据不同的需求，商业街有不同的分类标准，本节将从商业街的分类出发，详细说明商业网点规划中常见的各类型商业街规划布局和发展引导的思路和方法。

二、商业街（区）的概念和类型

（一）概念

美国学者早在 1923 年提出了“商业区（也就是本书所描述的商业空间）”的概念，将商业区定义为商业活动的会聚场所，一般认为商业街是商业空间的形态之一。根据《商业网点规划术语》，商业街区是指能够满足人们对商业的综合性、专业性和社会性需要，由多数量的商业及服务设施按规律组成，以带状街道建筑形态为主体呈网状辐射，统一管理并具有一定规模的区域性商业集群。

（二）商业街（区）的分类

目前商业街（区）还没有一个统一的分类标准，根据规划实践经验，并结合国家、省、市的商业街区认定要求，商业街按照不同的特征可以分为以下几类：

第一，按照是否禁止一般车辆通行，可分为步行商业街（区）和非步行商业街（区）。

第二，按照是否具有深厚的历史文化背景和鲜明的城市特色风貌，可分为特色商业街和非特色商业街。

第三，按照销售产品或提供服务的种类，可分为综合型商业街和专业型商业街。其中，综合商业街是指由多业态、多数量的商业及服务设施按规律组成，能够满足人们对购物及服务性消费综合需要的街区专业商业街是指以经营商品类型相同或属性相似的商店集聚而成，具有一定规模，为消费者提供专业性消费的商业街区，专业街可包括餐饮休闲街、服饰街、体育用品街、家居家电街、书法艺术街等。一般来说，步行街和特色商业街多为综合型商业街，但也可能为专业街，需根据具体业态进行判断。

对商业街（区）进行分类，是为了更好地明确其功能类型特色，以便对其进行更有针对性的发展指引。因此，在实际规划过程中，根据不同城市商业街发展的不同需求，商业街类型划分可能有所不同。比如，有的城市为了突出餐饮功能和休闲娱乐功能，可能将餐饮街、休闲娱乐街从专业街中单独列出，分为综合街、专业街和餐饮娱乐街；有的城市具有深厚历史文化底蕴，可能分为综合商业街、专业商业街和特色商业街。我们在规划过程中应该意识到，若没有按照统一标准进行分类，则很可能出现重复划分的现象，对具有特殊目的的分类标准，需要在规划成果中进行说明。

（三）商业街（区）规划的相关理论

商业街本身作为线性的商业空间类型，不同于商业中心的四至完备性、层级性，更多需要考虑商业街的可识别性，与其他功能区的联系性、尺度性等，因此除了常用的规划理论外，通常会结合其线性和微小尺度特色，补充空间组织理论和城市微更新理论。

1. 空间组织理论

凯文·林奇在《城市意向》一书中，对人们对城市的印象进行了研究，发现人们主要是通过道路、边界、区域、节点和标志物五要素来感知城市空间的。不同形态的要素组合，会对人造成如压迫、不安、舒适等心理上的影响，进而影响人是否愿意选择进入某一空间。在商业街区规划设计中，街道的亲和力、可进入性、辨识度等常常是通过对这五个要素的研究进行改善，以达到街区环境品质提升的目的。简·雅各布斯在《美国大城市的生与死》中提出，街道和广场决定城市的基本面貌，街道要有趣，城市才能有趣。而街道有趣，需要满足 5 个条件：第一，街道功能混合，至少包括如购物、生活、餐饮、工作等两个以上功能。第二，街道不能超过一定长度。第三，不同时代的建筑应当紧密混合。第四，街道必须安全，且不能有视线阻挡。第五，街道上必须有不间断的人群。商业街规划基本遵循这五个条件，包括多功能融合，限定长度，彰显历史背景，设置步行街，提供大量人群集聚的空间。

2. 城市微更新理论

城市微更新是城市更新的一种形式，目的在于通过改造的方式，提升存量空间的品质，但是区别于大拆大建型的城市更新，城市微更新强调在不破坏区域原有整体空间格局和社会结构的前提下，通过介入局部空间改造，提升整体的空间品质。“城市微更新”理论注重中小型功能的多样性，主张用中小规模、包容多种功能的、逐步渐进的改造取代大规模的、单一功能的、快速的改造，主张以可识别的城市空间修复传统城市形态，弥补碎片和消失的历史建筑；注重多功能混合的廉价商业空间，保护现有社区空间环境和社会结构。

国内毕鹏翔等人①对商业街区的城市微更新进行了研究，提出了商业街区微更新的方法，可以概括为“加法”“减法”“置换法”。“加法”是指通过增加建筑设施或者建筑构件来弥补空间质量低下、服务设施不足的问题。“减法”是指拆除违法违规自建的建筑或者构筑物以及利用率低下、破坏生态环境的公共设施。“置换法”是指通过以新换旧的方式将不能满足居民现代化生活需求或者审美需要的陈旧建筑设施拆除重建，或者进行空间功能的置换。

三、商业街（区）的发展趋势

（一）高品位引领发展

从国际上看，高品位步行街已经成为国际化大都市的“标配”。如纽约第五大道、巴黎香榭丽舍大街、东京银座等，街道干净整洁、建筑风格独特、门店装修精致，让人在休闲的过程中感受着城市的魅力。从全国来看，高品位步行街成为商业街高质量发展的重要抓手，2018 年 10 月，商务部印发《高品位步行街评价指标（试行）》，立足国内现有基础，从规划布局、设施

---

① 毕鹏翔，陈刚，王云．商业街区的城市微更新研究——以合肥大学城商业街区为例．合肥工业大学学报．

环境、功能品质、运营管理、综合效益五个方面，明确了高品位步行街的评价重点和方法，确立了高品位步行街改造提升的方向。

（二）多业态复合发展

随着经济的发展和人民生活水平的提高，消费者的消费能力和消费偏好也在发生着深刻变化。传统的仅有单一购物服务功能的商业街，已经不能很好地满足当前阶段消费者的需求，往往需要向其中引入餐饮、休闲、娱乐等多种体验式业态，实现多种业态的协同发展，来提高商业街的综合服务能力，这将是商业街发展的新趋势。在原来只有购物功能的商业街上，引入不同类型的商业业态，如餐饮、娱乐、休闲等商业业态，使得业态之间彼此形成协同效应，相互补充，满足消费者“一站式”的消费需求，不仅提高了商业街的综合服务能力，也为消费者提供了极大的便捷性，增强了消费者的购物体验，是商业街发展的新趋势。

（三）主题化差异发展

打造主题商业街，是商业街差异化经营的一种创新，在激烈的市场竞争中避免同质化竞争，做出自己的特色，打造属于自己的核心竞争力。在客群定位上，更倾向于对一部分客户进行精准定位和营销，从定位到设计再到招商运营，都沿着特定的主题化进行，从而打造出专属于特定客群的商业化产品，满足特定用户的差异化需求。同时，在个性化、差异化的基础上融入更多的商业元素，从而实现商业价值。主题商业街，满足市场中某些特定人群的消费需求和兴趣导向，进而实现对消费客群的导流，然后在此基础上叠加其他与之关联的业态，为消费者提供更多的服务。打造个性化、差异化、主题化的商业街，给消费者提供独具特色的感官体验，在当前商业业态同质化严重的情况下，意义更加凸显。

（四）文商旅融合发展

特色商业街的发展离不开文化氛围，文化是特色商业街的灵魂，是其根本的精神支撑所在，以文化彰显商业特色，以旅游促进商业消费。特色商业街，就是将鲜明的地域特色与浓厚的历史文化氛围，植入商业元素，为消费者营造独具地方特色的商品和服务。虽然特色商业街的定位突出文化主题，但仍具有一般的休闲、娱乐、购物等功能，在商业属性上却是独一无二的。特色商业街，就是在具有浓郁地方特色和文化底蕴的地区建立商业街，以独特的风俗习惯和历史文化为基础，然后在其中植入商业元素，让消费者感受到独具特色的地方文化和风土人情，给消费者带来全新的购物体验和感受。不仅促进了特色文化的繁荣与传播，也为传统商业街的转型升级提供了新思路。

四、商业街（区）的规划与实践

（一）商业街（区）现状调研

1. 确定现状商业街

商业街作为一种空间类型而非实体网点类型，需要我们对项目所在地是否已形成商业街做出基本判断。不同于一个城市的市级商业中心给当地居民留下已经达成共识的心理边界概念，实践中我们发现很多城市居民和职能部门对商业街概念模糊，没有明确的商业街认定标准。具体表现为，第一，可能认为只要以商业功能为主的街道都是商业街。现在由于各类建筑热衷于将底层布局一定数量的店铺，若以此为标准则大街小巷都是商业街，范围显然过宽。第二，可能认为必须设立为步行街或评选为区级以上特色商业街的才能是商业街，但实际上很多城市各类业态自然聚集、沿街发展，已自发形成了比如服饰街、生活用品街、餐饮街等商业街，若以此为标准，范围显然过窄。因此，在规划调研的过程中，除了由各级政府认定的商业街外，我们一般按照商业街（区）的划分标准，主动寻找符合商业街（区）划分要求的街道，厘清现状发展情况。下面我们就各类现状商业街一般可能存在的情况进行总结。

2. 现状综合型商业街存在情况总结

在商业网点规划实践中，我们发现城市级商业中心、部分区（县）商业中心及社区商业中心的各类网点常常沿街道分布，形成具有综合功能的商业街区。例如，大城市的市级商业中心往往呈现多个大型商业网点比肩而立，它们的一层裙楼空间沿街设立铺面或橱窗，形成带状的商业空间。又或者多个大型商业网点之间虽然有一定的距离，但它们周边的街道均沿街分布着各类小型商业网点，共同组成了一个以商业为主要功能的城市空间。同时，有的区（县）商业中心受到现有用地条件等因素的影响，只能沿街聚集发展，形成商业街式的区（县）商业中心。因此，综合型商业街由于功能复合、网点数量多、需满足人们综合消费需求，往往出现在各级商业中心。同时，需要注意的是，商业街虽然是商业中心的重要空间形式，但不是所有商业中心都由商业街组成。

3. 现状专业型商业街存在的情况总结

专业街可能存在两种情况：一是，在具有良好功能分区的城市级或区（县）商业中心内，以各条专业街构成综合型的商业中心，例如服饰街、餐饮街、日用品街、家电街、通信设备街等共同构成满足居民综合消费需求的商业中心。二是，结合特色用地条件、特色产业布局、特色大型城市公共设施分布建设的相关专业街。例如，景观优美的河岸边，通常形成餐饮街或休闲娱乐街；风景名胜旁，通常形成旅游产品街；城市体育中心旁，通常形成体育用品街。在现状调研过程中，为了更有针对性地确定商业街区的发展情况，我们应注意对城市景观风貌、特色产业、大型设施等进行全面掌握，并对可能形成商业街的重点区域进行实地调研。

（二）商业街（区）规划布局思路

1. 建设目的

商业街（区）规划布局是商业网点规划中商业街规划的核心部分，按照商业街的建设指引可以分为四类，即规划保留、规划提升、规划新建和规划取消。要明确规划布局思路，就需要我们明确城市发展和建设商业街的目的。结合上规划实践和国家、省、市对商业街的认定标准，商业街的发展和建设主要存在以下几个目的：第一，作为商业中心的主要空间类型，是引导大型综合性城市商业中心规模化发展的重要形式。第二，作为城市重要公共活动空间、大型公共服务设施的商业配套，是完善城市各类商业服务功能的重要载体。第三，相对大型商业网点，具有用地布局灵活的特征，可完善城市商业空间布局体系，弥补商业功能缺失空间的商业服务需求。第四，作为城市历史文化、景观风貌的对外展示名片，集中体现城市特色和文化内涵，提高城市街区环境品质。

2. 布局思路

第一，根据建设目的，在商业中心内，以及因缺少用地造成的商业功能缺失区域布局符合综合消费需求的商业街。第二，在风景名胜区、历史文化区、公共活动空间周边等地，布局以餐饮、休闲、娱乐、文化体验、城市风貌展示等功能为主的商业街。第三，在大型公共服务设施周边，如医院、体育中心、博物馆、文化馆周边布局相关产业配套的商业街。第四，有的商业街，如建材家居、汽摩维修、夜宵夜市等，由于对周边环境和交通有一定的负面影响且难以通过改造消除的，需要根据城市需求进行拆除迁建。

（三）单条商业街规划引导

在商业网点规划中，商业街除了规划布局外，还对每条商业街的发展建设提出规划指引。商业网点规划主要是总体层面的指引性规划，对于单条商业街的引导，主要是从完善城市商业功能、引导商业街有序布局、推动产商融合发展、促进商业展现城市魅力的城市整体角度出发，因此，在商业网点规划中单条商业街的规划引导内容主要包括规划范围、建设指引、业态引导和建设时序。而完整的单条商业街区打造方案，是以提升单条商业街竞争力为出发点，在商业网点指引下，对街区规划定位、功能分区、详细业态布局、景观风貌、建筑风貌、道路交通、公共服务设施、活动组织、重点品牌等内容进行详细的规划设计。下面我们主要以商业网点规划中单条商业街的规划引导进行说明。

1. 引导原则

坚持从城市商业功能整体考虑，合理确定单条商业街主要功能。要因地制宜科学规划和精心设计，明确特色商业街的布局定位、个性特色、业态规模和发展目标，做到理念创新，规划先行，打造承载城市商业、旅游、文化功能的特色商业街区品牌。

坚持结合城市文化、自然景观，突出文化传承、和谐发展。传承城市文化和休闲生活方式，挖掘特色商业街的历史文化内涵，发挥其在商业、产业、文化等方面的优势，塑造特色商业街的独特性和差异性。

坚持政府引导、市场运作。充分发挥政府在规划布局、政策支持、建设管理、优化环境、提供服务等方面的主导作用。调动市场各方的积极性，鼓励有实力的企业积极参与特色商业街区建设。

2. 业态引导思路

根据以下三个方面科学精准定位：

根据城市发展需要。充分研究城市发展战略和要求，明确商业街在城市发展格局的地位和作用。

根据目标消费群体。充分研究商业街的消费市场和消费群体，以消费为导向对商业街进行定位。

根据自身发展潜力。充分研究商业街自身的区位交通条件、空间格局和资源要素等条件，明确商业街定位的能级。

满足街区形象塑造的需求。城市街道是展示城市形象的重要窗口，并包含部分社会交往功能，商业形象和活动作为城市道路景观和功能的重要组成部分，业态布局需满足街道功能和形象。

满足消费者可达性的需求。既有利于增加消费可能性，也有利于交通组织，业态布局以最短步行距离为目标，方便各类消费者。

满足各类业态自身的需求。根据各业态对区位交通条件、停车需求、外摆需求、建筑结构、设备设施、人流大小的需求，布局在满足其发展需求的地段。

（四）案例分享

本章案例选取《DY 市城市商业网点规划（2018—2030）》，对商业街区的规划实践进行分享。

1. 商业街发展需求

根据该市商业网点规划的定位和目标，与商业街相关的需求包括：首先，发展成为区域商业副中心，构建多功能、多层次商业结构；其次，利用产业和生态景观等优势条件，建设产商融合发展特色城市。

与商业街有关的建设任务包括：第一，引导城市商业中心发展形成由大型商业网点、商业街及服务设施共同组成的综合商圈；第二，积极利用湖、山、文庙等城市水岸、绿地、文化建筑等资源，进行局部商业景观打造，增加商业氛围、文化风情、亲水功能，形成城市新兴消费走廊；第三，重点建设定位明确、特色鲜明的精品特色商业街区，促进旅游、文化、商业功能深度融合，提升旅游休闲和购物消费的载体空间和环境氛围；第四，整体营造商业片区形象，引导老旧商业功能区进行建筑改造，鼓励新商圈内部商业建筑空间互相联系。

2. 商业街规划思路

根据商业街区发展的任务需求，确定以下规划思路：一是完善城市商业配套，增强城市商业服务功能；二是强化商业链接，促进商圈联动；三是提升城市商业形象，提高城市商业品质；四是促进商旅融合，凸显城市特色，增强城市内涵。

3. 商业街分类

上文在商业街（区）分类中我们提到：商业街的划分根据所在城市的需求，可以有意识地按照不同标准进行划分，以达到突出规划重点，方便规划引导的目的。本项目为了突出山、水、文化资源与商业的融合发展，引导商业与文化、旅游深度融合，在商业街分类中，分为特色商业街、综合商业街和专业商业街三类。

特色商业街是指集聚效应显著、历史文化底蕴深厚或建筑景观风格鲜明、区域特色突出、拉动消费作用明显的商业街区。

综合商业街是指由多业态、多数量的商业及服务设施按规律组成，能够满足人们对购物及服务性消费综合需要的街区。

专业商业街是指专业品类购物型商业街，以经营商品类型相同或属性相似的商店集聚而成，具有一定规模，为消费者提供专业性购物的商业街区。

在本次规划中，我们将具有城市文化背景、山湖景观资源的餐饮街、休闲娱乐街均纳入特色商业街区，以突出人文、山水旅游资源和商业街融合发展的目的。

4. 商业街规划布局

结合上述发展要求和规划布局思路，本项目共规划商业街 19 条，按商业街业态类型来看，本次规划综合商业街（区）5 条，特色商业街（区）13 条，专业商业街 1 条。按商业街建设标准来看，其中规划新建 12 条，在建 1 条，提档升级 4 条，规划保留 2 条（见表 7 - 1）。

表 7-1　　DY 市中心城区重点商业街区规划一览表

序号	名称	布局指引	类型	业态指引	长度（m）	规划指引	建设时序
1	旅游集散服务街区	DY 北站站前广场及绿地两侧，牡丹江西路与黄浦江西路之间	综合商业街	旅游服务、餐饮美食、休闲娱乐、购物消费	—	新建	远期
2	文庙综合商业街区	北至城隍庙街，东至泰山北路，南至岷江西路，西至华山南路	综合商业街	品牌购物、本土旅游产品展销、文化展示和风情餐饮	—	提档升级	近期
3	生态生活主题街区	东一环以西，渭河路以南区域	综合商业街	商务餐饮、休闲餐饮、服饰零售、日用品零售、生活服务、休闲娱乐体验	—	新建	远期
4	大学城商业街	蚕丛湖东路西侧	综合商业街	职业教育培训、金融服务、书店书吧、彩扩服务、商务餐饮	1200	新建	远期
5	天元公园式综合商业街区	长江路和一环路交叉口东北侧	综合商业街	跨境电商、O2O、教育培训、室内娱乐、文化娱乐、室内运动、休闲餐饮、零售购物、居住服务	—	新建	远期
6	凹街	长江东路	特色商业街	餐饮美食、休闲娱乐、文化娱乐	—	规划保留	—
7	水岸风情娱乐街	绵远河以西，钱塘江路与牡丹江路之间	特色商业街	室内娱乐、休闲餐饮	500	新建	远期
8	水岸风情餐饮街	绵远河以东，钱塘江路与牡丹江路之间	特色商业街	休闲餐饮、室内娱乐	500	新建	远期
9	黄河餐饮休闲街	天山路以东，牡丹江路以南	特色商业街	大众餐饮、夜啤酒、社区购物	750	在建	近期

续表

序号	名称	布局指引	类型	业态指引	长度（m）	规划指引	建设时序
10	彩泉夜市特色街	绵远街	特色商业街	夜市	350	提档升级	近期
11	旌东里美食街区	峨眉山路以东，珠江路与雅河路之间	特色商业街	大众餐饮、商务餐饮、休闲餐饮	—	规划保留	—
12	工农村美食商业街	金江街与云峰山路	特色商业街	大众餐饮、室内娱乐	1500	提档升级	近期
13	植物花卉休闲街	庐山南路与圣湖路交汇处以北	特色商业街	花卉植物、咖啡书店、休闲餐饮	500	新建	远期
14	花鸟宠物收藏品商业街	绵远街二段和金花巷交叉口南侧	专业商业街	花卉宠物、收藏品交易	150	提档升级	远期
15	滨江酒吧街	下旌湖滨河路	特色商业街	酒吧、KTV、休闲餐饮	1000	新建	远期
16	126 冶轴文创园商业街	华山南路二段与辽河街交叉口西南侧	特色商业街	书店、餐饮、文创、酒店	300	新建	近期

5. 单条商业街规划指引示例

特色商业街——工业主题影视街

规划范围：沱江西路与华山南路交汇处以西，长度约 500 米。

建设指引：新建。

业态引导：利用金鑫厂等闲置厂区，工业主题影视街以文化展览观影为主题，兼具休闲体验功能。拟结合 DY 市广电资源，通过电影剧本定制场景的模式，为微电影剧本量身塑造剧本拍摄实景，同时衍生开发电影实景主题餐厅、微电影体验馆，以及电影相关制品零售店等体验商业。规划引进影视主题娱乐、影视主题餐饮、旧时光老物件店、影院、手工艺品体验销售店、工业主题展览馆、咖啡轻食等业态，吸引本地居民和外来游客。

建设时序：规划远期。

综合商业街区——文庙综合商业街区

规划范围：北至城隍庙街，东至泰山北路，南至岷江西路，西至华山南路。

建设指引：分街道进行提档升级。

业态引导：文庙综合商业街区历史悠久，是DY市传统的商业中心，以休闲旅游和购物消费功能为主，现状部分街区商业业态较为低端、功能组织稍显混乱，结合旧城区改造，需提档升级。按照传统文化与现代潮流交织碰撞的主题思路，分街道进行规划调整。规划将南街打造成品牌购物一条街，在现状基础上进行品牌提升，引进品牌服装店、鞋帽店、化妆品店、珠宝首饰店等业态，引入零售与休闲复合业态，如服饰加书店等；庙街打造成品牌一条街，结合游客需求，以展示本土旅游产品为主，设立特色产品旗舰店，引入本土美食体验店等业态；新天地打造成文化展示和风情餐饮小吃一条街，规划引进工艺美术品体验展销店、文化展示及演艺店、异国料理、大众饮食等业态。

建设时序：规划近期。

专业商业街——花鸟宠物收藏品商业街

规划范围：绵远街二段和金花巷交叉口南侧，长度约150米。

建设指引：提档升级。

业态引导：花鸟宠物收藏品商业街位于中心城区，现状规模较小，占道经营情况普遍，考虑中心城区居民购买便利化，保留此处商业街。加强街道管理，引导此处无法容纳商家至规划DY花鸟鱼虫市场，避免长期占道经营，提升城市形象和居民生活环境。

建设时序：规划远期。

第三节　社区商业规划

社区商业作为一种并不新鲜但近年来得到蓬勃发展的零售商业形态，已经成为城市商业发展和居民生活品质提升的重要一环。首先社区商业整合了零散商业，承载功能更为齐全，填补了居民日常消费多元化和品质化的空白，使得城市商业体系更加完善；其次社区商业基于社区范围进行服务的特点，使其相对于大型商业和城市级商业具有更为便民利民、方便快捷的优势之外，还对社区居民消费更具有适应性，更为契合居民日常消费需求和适应电商冲击下的新消费理念；最后社区商业作为城市品质化打造的重要部分，规范化的社区商业，在统一管理下，改善了分散的个体经营带来的业态品质参差不齐、经营秩序混乱等城市问题。

近年来随着社区商业的逐步成熟，社区商业的投资、规划和管理的逐渐完善，社区商业已经发展为一个相对成熟的商业形态；同时在商业竞争日益加剧的商业环境下，城市商业风险不断提高，致使投资者着眼于社区商业的消费市场；再者在新消费理念和电商市场冲击下，社区商业依靠距离优势，更易衍生出符合主流趋向的一站式消费模式，并易与消费者形成互动，弱化电商对其的影响，从而使得社区商业的重要性日渐凸显。

虽然社区商业得到了长足的发展，但在实际经营过程中却呈现出“两极分化”的结果，有的社区商业发展为社区活力中心、交往中心等，成为社区不可缺少的重要组成部分，而有的社区商业则经营惨淡，举步维艰甚至难以维继。社区商业究竟会走向何方，又究竟该如何对其进行规划引导，才能使其得到良性发展，才能找准其在商业体系中的定位、确定其规模的适度以及布局的合理。本节从社区商业的理论基础切入，通过对社区商业的发展历程、典型模式、发展趋势以及规划的理论指导等研究，结合规划经验，对社区商业的数量、定位、类型、业态、布局选址以及面积的规划方法进行讲解，为社区商业规划实践提供参考。

一、社区商业的概念

（一）社区的概念

要明确社区商业的内涵，首先要确定“社区”这一概念。“社区”一词源于拉丁语，原义是亲密的关系和共同的东西。19 世纪末，德国社会学家斐迪南·滕尼斯在他的著作《礼俗社会和法理社会》的基础上，最早提出“社区”（community，一般译为“共同体”“团体”“集体”“公社”等）这一概念，当时是指“由具有共同的习俗和价值观念的同质人口组成的，关系密切的社会团体或共同体”。①

经过100多年的不断发展，如今对“社区”的定义和理解多不胜数。早在1981年著名美籍华裔社会学者杨庆坤在对各种社会学文献的整理后，就统计出至少140多种社区定义。美国社会学家帕克认为，“社区”是指“许多个人、家庭、团体以及习俗、制度组合在同一地区之内，并在这种共同组合形式中形成的种种联系”。② 日本社会学家横山宁夫认为“社区具有一定的空间地区，它是一种综合性的生活共同体”。中国著名社会学家费孝通则认为“社区是若干社会群体（家庭、民族）或社会组织（机关、团体）聚集在一地域里，形成一个在生活上互相关联的大集体”。

本书对“社区”的定义沿用《社区服务指南（GB/T 20647.1－2006）》中提出的定义，即居住在一定地域内的人们所组成的多种社会关系的生活共同体。

（二）社区商业的概念

社区商业，顾名思义是为社区提供服务的商业。正如社区的定义一样，社区商业在国际上并没有一个通用的标准和定义。

美国的社区商业大多以购物中心为主，其《零售辞典》将购物中心定义为：“购物中心是一个由零售商店及其相应设施组成的商店群。作为一个整体进行开发和管理，一般有一个或几个核心商店，并有众多小商店环绕。购物中心有宽敞的停车场，其位置靠近马路，顾客购物来去便利。”新加坡社区商业以邻里中心为主，是指分布于政府组屋区内，为居民提供生活配套服务的设施。

我国国家标准《商业网点规划术语（GB/T 34433－2017）》将社区商业定义为以社区范围内的居民为服务对象，以便民、利民，满足和促进居民综合消费为目标的属地型商业。而在《社区商业设施设置与功能要求（GB/T 37915－2019）》中的定义则对服务对象、功能及形态等进行了进一步明确——指以城镇居民相对集中的居住区居民为主要服务对象，以便利居民基本生活消费为目标，提供日常生活需要的商品和服务的属地型商业形态。

① 全国城市规划执业制度管理委员会编．城市规划相关知识．北京：中国计划出版社，2011：426.

② 沈萌萌．社区商业的理论与模式．城市问题，2003－2.

二、社区商业的发展历程

（一）国外社区商业发展历程

社区商业产生于20世纪50年代的美国，当时的美国由于城市的郊区化，城市居民大量向郊区扩散，从而产生了专门为郊区居民区服务的社区商业。随后同样在郊区化的影响下，20世纪60年代，英国、法国等西方国家以及日本逐步开始发展社区商业。20世纪70年代，新加坡在西方国家的基础上提出了邻里中心的概念，社区商业也得到快速发展。

（二）中国社区商业发展历程

我国严格意义上的社区商业发展较晚，总体上经历了政府包揽、国退民进、自由发展、规范发展以及转型升级五个阶段。

政府包揽阶段。计划经济时期社区商业由政府包揽，当时我国还没有严格意义上的社区商业，只能算作社区商业的雏形，主要承担的是国家计划分配条件下对社区居民的产品配送派发功能，社区商业设施是国家计划设置的国有公共设施，社区商业组织和管理由政府指导街道社区组织实施。①

国退民进阶段。随着计划经济向市场经济的转型初期，社区商业的性质开始由政府计划供应的产品配送形态向商品经济形态转化，社区商业组织和新兴起的个体经营者，开始成为城市社区商业的独立经营主体。② 在这一阶段，社区商业呈现出政府主导与市场主导并存的模式。

自由发展阶段。随着计划经济向市场经济转型的完成，国营社区商业从城市社区商业中整体退出，社区商业在缺乏行业规范的市场自由竞争环境下发展，虽然社区商业市场角色的转换活跃了社区商品服务市场，但社区商业发展的整体形象却没能够得到根本改变，呈现出自由无序、低端重复、良莠不齐的特点。③

规范发展阶段。为解决社区商业发展滞后、低品质、差形象等种种问题，

---

①②③ 刘建湖．城市社区商业发展模式的定位思考．商业研究，2008－12：197－200.

自2005年以来，政府开始对社区商业进行控制和引导，出台了一系列指导性文件，如《商务部关于加快我国社区商业发展的指导意见》和国家标准，如《社区商业设施设置与功能要求》，社区商业逐渐步入正轨，形成了较为完善的社区商业体系。

转型升级阶段。目前我国社区商业正处于转型升级阶段，随着国民经济的不断发展和消费水平的不断提高、新消费理念和商业模式的提出以及科技的快速革新，消费者对社区商业提出了更高要求，市场环境也逼迫社区商业提高竞争力，社区商业正逐步向体验式、场景式、智慧化等方向转型。部分地方政府也已出台了相关的政策指导，如《成都市打造社区商业消费新场景 构建社区优质生活服务圈工作方案》。

三、社区商业的发展趋势

（一）智慧化

随着科学技术的不断发展创新，由互联网、大数据、人工智能等新兴技术带来的消费、购物的便捷化和体验化进一步增强了商业竞争力，同时随着智慧社区的发展，进一步推动了科学技术向社区商业的渗透，社区商业的智慧化成为其发展的一大趋势。智慧化的社区商业一是通过新技术手段，营造更方便、更快捷、更高效的社区商业环境（如智能导视、移动支付等）；二是实现业态的智慧化，包括传统商业形态的智慧化转型（如智慧超市、智慧店铺等）以及新兴智慧业态的植入（如VR体验、科技体验等）；三是整合线上线下资源，在销售、物流等方面实现线上线下的深度融合，提供立体化的商业服务。

如南京海峡城世茂52 + mini mall社区商业（见图7 - 1），结合智慧化场景引入多种业态，一是运用互联网的场景化思维，构建其经营和公共空间，增强消费者消费过程的体验感；二是在引入如咖啡 + 银行业态、O2O品牌“爱世集”创新等业态的基础上，融合移动支付、虚拟现实、智能仓储的技术，使消费者有更好的消费体验；三是建立数字营销以及智能管理系统。通过视频客流分析系统和wifi + LBS定位系统，实现客户定制化的精准营销，并利用O2O系统汇集线上线下店铺，依靠智能管理系统，用大数据对商场进行精细化管理。

图7－1 南京海峡城世茂52＋mini mall社区商业

图片来源：https：//www. weizan. cn/t/d－6955064。

（二）品质化

在消费者消费水平和消费需求的不断提高下，消费者的消费能力得到较大的提升，同时受到电商影响，商业竞争更为激烈，商业的迭代升级更为迅速，从而使得社区商业为了留住和吸引消费者，开始向品质化方向发展。社区商业的品质化一是体现在业态的品质升级，包括品牌商家的引入、现有商家的品牌化包装以及创新业态的植入等；二是体现在品质化商业空间的营造，包括主题的植入和文化氛围的营造、体验式以及沉浸式消费空间的打造等；三是体现在完善便利的基础设施配套，包括导视设施、停车设施、环卫设施等。

如日本的Grand－TREE社区商业中心（见图7－2），为了提升商业品质向多个方面发展，一是设置了包含零售、餐饮、美容及服务业、百货/超市业态在内的共160个商铺，包含Loft精品酒店、西武百货店等在日本享有盛誉的知名品牌；二是从消费者购买需求和便利度等角度考虑，探索构建了新的商业业态空间组合，如西餐厅对面是品牌服装店、生鲜食品超市对面是杂货店等，并推出了视频体验导购的创新购物方式；三是提出“家庭、爱、亲子”的主题定位，并根据主题设置了针对孩子的楼顶花园、免费户外游乐场、鲸鱼喷泉等；四是设置了细致入微的设施配套，如专为宠物提供清洁及饮用水的设施、独立吸烟室、遍布内部的服务呼叫器、小孩专用卫生间、育婴室等。

图 7 – 2　日本的 Grand – TREE 社区商业中心

图片来源：http：//blog. linkshop. com. cn/u/q_5022141101/327070. html。

（三）多元化

随着商业从“增量”向“存量”的转变，商业趋于饱和，传统单一功能的商业为寻求集聚效应带来的规模经济，在消费需求的变更、支撑和影响下，向规模化、多样化及完善化发展，带动社区商业向更为综合、跨界复合的多元化业态发展。社区商业的多元化一是日常消费业态更为完善，功能更为齐全，形成方便快捷的一站式消费；二是与服务业相融合，复合餐饮、购物、休闲、娱乐等功能，通过业态集聚以及不同功能、不同品牌之间的联合，使这些功能与日常消费形成互补，满足大部分消费需求；三是与公共服务功能相融合，复合健康、养老、体育、行政等功能，进一步拓宽消费群体，并通过针对消费群体进行的主题、业态等打造，提升消费互动，营造消费归属感。

如方洲邻里中心，融合了多种功能业态（见图 7 – 3），一是从“柴米油盐酱醋茶”到“衣食住行”，设置了生鲜店、洗衣店、超市、银行等 12 项基础业态，以满足消费者日常生活需求；二是结合餐饮、文娱、游乐等功能，设置了音乐美术教育、儿童乐园、健身房等辅助性功能业态，服务于周边多个小区，且周边小区内不再单独设置商业区，商业集中设置便于管理；三是设置了社区服务站、社区文化活动中心、社区卫生服务中心、苏州独墅湖图书馆分馆等公共服务设施，使其与社区商业互相带动人气，更好地吸引人气和分配客源。

图 7－3　方洲邻里中心

图片来源：https：//www. sohu. com/a/166108688_689064。

（四）社交化

在消费水平提升的情况下，消费者的消费需求从物质消费向精神消费转移。在电商以及人工智能中不能得到满足的购物体验、人文社交等需求方面，实体商业的竞争优势得以凸显，社区商业则以此为突破点，注重人的情感交流，从消费场所向社交场所进行转变。社区商业的社交化一是设置多种具有交互功能的社交类业态，如咖啡店、水吧等，为人们提供休闲社交的平台；二是通过活动策划、培训讲座以及线上社交圈打造等方式，加强顾客与顾客、门店和顾客之间的联系，从而增强商业活力。

如无锡万科邻里家 Live 社区商业，打造不同类型社交互动业态（见图 7－4），一是对传统社区商业的"关系""功能"以及"场景"进行重建，提出了构建邻里关系新平台的消费理念；二是设置了"社交活化场""开放式会客厅""昼夜便利站"等社交平台，从餐饮、健身、宠物等营造社交一条龙服务；三是通过创造儿童主题 IP，为儿童提供成长陪伴服务，并通过亲子活动增进亲子之间的交流互动。

图 7－4　万科邻里家 Live 社区商业

图片来源：http：//www. winshangdata. com/html/xm/605/34. htm。

四、社区商业的典型模式

（一）美国以购物中心为主体的社区商业模式

美国社区商业是在城市郊区化的影响下而自发形成的，随着城市居民的郊区化而不断发展与成熟，形成了以购物中心为主体的社区商业模式。在该模式下，低层的购物中心作为社区商业的中心，其他零售设施围绕购物中心以块状式、街区式、中心发散式等方式布局。社区商业主要提供购物、餐饮、娱乐休闲、综合服务等功能，其业态大概比例为：购物约为 65%，餐饮约为 15%，娱乐休闲约为 12%，综合服务约为 8%。①

社区商业分为街道中心、中等社区中心、大社区中心三个等级，由于政府倡导打造 20 分钟可达的中小社区生活圈，以及美国人口密度低、汽车普及率高等因素，大规模的社区商业较为稀少，社区商业整体以街道中心和中等社区中心居多（见表 7－2）。

① 靳晶晶．中外社区商业开发模式比较及经验借鉴．商业经济研究，2018－17.

表 7－2 美国购物中心分类与特征表

分类	街道中心	中等社区中心	大社区中心
规模	2000～10000m^2	10000～30000m^2	30000m^2 以上
业态	一般包括 1 个超级市场、1 个药房，以及杂品商店以及 6 家以上餐馆	包括 1 个核心店百货商店和相关配套设施	包括 1～4 个百货商店，50～100 个或更多的卫星商店服务设施
布局	封闭的"微型步行街"	以核心街道为中心向外辐射	以封闭块状布局，多建于高速公路入口

资料来源：张荣齐主编．社区商业管理，第七章．北京：中国物资出版社，2018. 转引自靳晶晶．中外社区商业开发模式比较及经验借鉴．商业经济研究，2018－17.

（二）新加坡公益与商业结合的邻里中心模式

新加坡社区商业同样是在城市郊区化的情况下发展而来的，但不同于美国的自发形成，其社区商业是在政府主导下整合沿街底商后统筹规划形成。新加坡将这种形式的社区商业命名为"邻里中心"，邻里中心不以营利为主要目的，主要为社区（新加坡为组屋区）居民提供生活服务。

邻里中心模式将公益性服务设施与商业结合，除社区商业外，还兼顾社区文化、社区体育、社区养老、社区医疗等公益服务功能，配置 12 个基本行业和业态业种（包括菜市场、社区活动中心、社区门诊、银行、邮政、快餐店、超市等），推荐 13 个业态行业和业态业种（包括服装店、礼品店、摄影店、音像制品店等）。建设方式一般采用综合叠建或综合叠建与独立设置相结合的模式，并在具体实施中将各个功能有机结合在一起，使其成为各自的延伸和补充。

新加坡邻里中心根据服务人口规模分为三个等级，新镇中心、邻里中心以及邻区商店，详细分类标准如表 7－3 所示。

表 7－3 新加坡邻里中心分类与功能

商业分级	新镇中心	邻里中心	邻区商店
配置标准	40000～60000 套住户	6000～8000 套住户	1000～1200 套住户
商品档次	高档商品	中档商品	生活必需品
设置面积	1.27m^2 对 1 单位组屋	1.27m^2 对 1 单位组屋	1.27m^2 对 1 单位组屋
业态组合	百货公司、超级市场、餐饮娱乐设施以及功能服务设施	普通日用品商店、诊所、餐厅等服务设施。典型的邻里中心包含 35 个商店、2 个食阁、1 个超级市场、1 个菜市场、1～2 台自动提款机	普通日用商店和餐厅

资料来源：靳晶晶．中外社区商业开发模式比较及经验借鉴．商业经济研究，2018－17.

（三）日本以传统商业街为基础的社区商业模式

日本的社区商业是由社区底商发展而来，由于日本社区采用开放式的布局，社区住宅大多临街而建，从而衍生了大量的沿街底商。这些沿街底商经过整合集聚后，逐步形成了日本社区商业以传统商业街为基础的模式——“商业街协同组合”。

“商业街协同组合”以传统沿街底商形成的商业街为基础，业态由传统商业店铺（连户店铺、中型超市、24 小时便利店以及杂货店等）、部分中小企业组成。其在为周围居民提供服务的同时，还肩负着保护中小商业企业、保护城市的传统文化特色的重任（如日本东京都神乐坂商业街）。[①] 随着日本经济的不断发展与居民消费观念的转变，依附于住宅区的商业街空间形式业态的局限性、占道经营等问题日益凸显，以传统商业街为基础的社区商业逐渐走向衰落，以购物中心为主的邻近型社区商业得到快速发展，成为当前日本社区商业的主要形式。

反而我国在此模式上摆脱其传统商业街的束缚，以商业街为载体，在满足社区购物、餐饮、娱乐等基本社区服务的基础上，灵活地与文化、旅游、生态等相结合，形成了社区商业街模式，如深圳福田区东海坊社区商业。

五、社区商业的规划与实践

（一）社区商业的规划内容

在明确社区商业规划内容之前，首先需要弄清社区商业、社区商业中心以及社区商业网点之间的关系。本章第一节在对社区商业的概念阐述时提到社区商业指的是一种属地型商业形态；而社区商业中心是指在社区范围内具有综合性商业服务功能，以商品零售为主、商业服务业聚集的区域[②]；社区商业网点是指承载社区商业形态的建筑载体，包括社区商业综合体、社区购

---

① 沈萌萌．社区商业的理论与模式．城市问题，2003－2.

② 编者注：社区商业中心的定义参考《商业网点规划术语（GB/T 34433－2017）》中对商业中心的定义。

物中心以及沿街的商铺等。

在商业网点规划中，为了确保可操作性和可实施性，通常是通过对一定区域相对集中的社区商业进行规划，而达到整体控制和引导的目的，即社区商业规划主要对社区商业中心以及构成社区商业中心的社区商业和社区零售网点进行规划，而不包括散布的社区商业。因此首先要明确规划范围内社区商业中心的数量和布局选址，其次为了明确社区商业的发展方向、满足消费需求、承接和支撑上位规划，需要对其定位、类型及业态提出指引；再者规划要为社区商业更深层次地规划建设提供指导，则要明确其载体的面积。因此社区商业规划的内容主要包括数量、布局选址、定位、类型、业态以及面积。

（二）社区商业的规划思路

社区商业的规划方案是在现状社区商业情况（数量、面积、分布、经营情况等）以及用地条件、资金条件、政策条件等客观因素分析的基础上，通过上位规划、城市发展目标、消费需求等分析，确定社区商业规划的目标，然后根据服务人口、服务半径、业态选择等标准、规划形成的。其在商业网点规划中，一般首先是在商业网点总体规划布局的思考中，确定出社区商业中心的数量和布局选址的大致方案，再确定社区商业的定位、类型和业态，最后通过建设面积的落实，对方案进行修正。技术路线图如图 7 –5 所示。

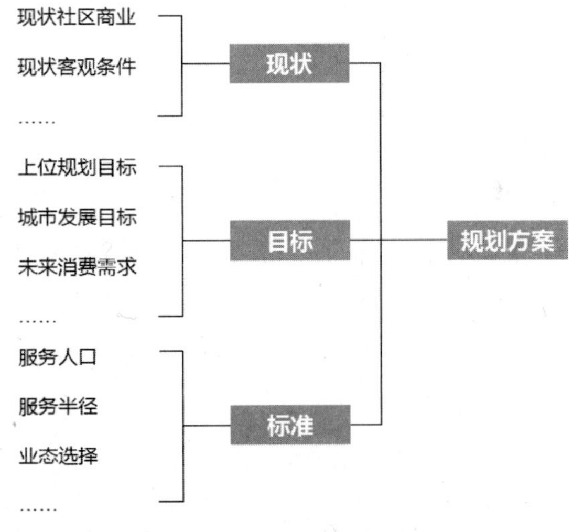

图 7 –5　社区商业规划技术路线图

（三）社区商业的规划原则

为了保证社区商业规划满足相关政策规范及标准要求、把握规划方向，使规划目的得到有效实施，需要对规划原则进行制定，一般社区商业的规划原则有：

合规性原则。社区商业规划作为商业网点规划的一部分，首先要符合规划行业国家及地方标准、政策法规的要求，在规划用地、用地指标等方面与相应标准要求保持一致；其次要满足如环境、生态等其他方面的政策要求，确保规划的合法性。

便捷性原则。社区商业最基本的职能就是满足居民基本生活需求，其相对片区级和城市级商业最大的优势就是便捷性，这就要求社区商业具有一定的集聚度，且相对于服务范围内的每一个点，到达它都不需要花太长的时间。

多样性原则。前文提到在多种因素的作用下社区商业的需求是多样化的，那么相应的社区商业需要承载的功能和业态也一定是多样化的，社区商业应当具备多样化功能和业态，使其保持商业活力，维持商业繁荣。

适度性原则。社区商业虽然具有多样化的消费需求，但这些需求对商业的承载力是有一定限制的，过小的规模会导致需求得不到满足，过大的规模则致使资源浪费的同时缩减效益，适度地把控规模，才能使其具备持续发展的能力。

（四）社区商业的数量

由本节社区商业的规划内容可知，此处所述社区商业的数量，是指社区商业中心的数量。社区商业规划中，社区商业是在综合考虑其本身的服务半径、服务人口、功能业态以及整体规划的布局选址之后而得出的。一个规划范围内社区商业中心的最终数量，是随着规划方案的变化而变化的，不同的规划方案也可能会产生不同的数量。因此，在对社区商业中心的数量进行确定时，通常会先根据规划经验和相应的设置指标，从需求的角度预估一个值，并以此数值为参考依据，为规划提供指导，形成最终规划方案后得出其最终的数量。

预估值仅仅是一个参考，由于缺乏对整体布局以及单个社区商业体量、用地等方面的具体思考，肯定会与最终数值产生一定的偏差，因此在建立预测模型时，无法也无须做到精准预测，考虑到数据的可获取性和预估方法的相对科学，通常通过单个社区商业的服务人口，以及规划范围在规划期限的预测人口总量，测算该值。

专栏 7-3　案例——某市中心城区社区商业的数量

中心城区到 2030 年 120 万人，根据社区商业中心规划经验，以及该市的实际情况，预测平均每个社区商业中心的服务人口为 2 万～3 万人，得出其预测数量为 40～60 个。在此基础上，对规划范围内的社区商业进行整体布局选址和数量确定，由于用地、服务半径以及部分社区商业的功能被城市级和片区级商业中心所承担等因素，最终共规划了社区商业中心 32 个（见图 7-6）。

图 7-6　某市中心城区社区商业规划布局图

(五)社区商业的布局选址

社区商业中心的整体布局和单个社区商业中心的选址是一个相辅相成的过程，受到用地性质、服务人口、消费需求、商业竞争等多方面因素的影响。

通常情况下，社区商业中心主要集聚的是商业功能，应当设置在商业用地上；但根据国家用地兼容规范，部分用地都兼容有商业服务设施的指标（如居住用地），故也可以在指标允许的范围内，设置在其他用地上；同时一些社区商业会和公共服务设施联合建设，从而具有公益性质（如邻里中心），这部分社区商业也可以设置在公共服务设施用地上。

为了满足社区商业提供基本生活需求的职能，保证商业业态和功能的多样化，社区商业的载体应首先和社区服务中心、医疗卫生中心、文化中心等公共设施以及农贸市场等联合设置；其次为了满足便捷性，社区商业中心需要具有较高的可达性，故一般与交通枢纽联合设置或沿居住区主要道路布局设置；综合考虑我国城市人口密度、社区商业承载能力、交通便捷程度等，其服务半径选取为1km。

在选址时社区商业中心还要考虑城市核心区（片区级商业中心以及城市级商业中心）的影响，在城市级商业中心和片区级商业中心辐射的核心地带，社区商业中心的功能完全可由城市级商业中心和片区级商业中心承担，为避免商业功能的重叠，这些区域一般不再设置社区商业中心。城市核心区的服务半径一般按照3km进行推算，即社区商业中心一般需要设置在城市核心区3km以外。

专栏7-4 案例——某市中心城区社区商业布局选址

该市中心城区现没有较为成型的社区商业中心，主要通过零散的商铺和沿街底商承担社区商业的职能，在对城市商业体系打造中，对接其城市管理者的诉求以及商业发展的需要，认为该规划范围内应当整合和新增社区商业中心，实现社区商业的集聚，以提升社区商业的品质，发掘新的商业动力。

在对该市中心城区规划时，首先考虑该市社区商业中心的整体布局，在确定城市商业主中心、副中心以及片区级商业中心等城市商业核心区之后，根据社区商业布局选址距离核心区3km的原则，以及城市居住人口分布情况，确定需要布置社区商业中心的区域；其次根据现有社区商业的发展情况以及客观条件，选取符合社区商业中心用地要求、发展状况较好、有一定发展空间的现状社区商业作为预选点位；再次按照社区商业中心1km的服务半径，考虑到上位规划、用地状况等实施因素，确定可以新增社区商业中心的点位，作为预选点位；最后对服务人口、服务半径、每个社区商业的规模以及建设成本等综合考虑，对预选点位进行取舍，确保每个社区商业中心的规模、服务人口、服务半径间的适配，同时服务半径尽量减少重叠区域，且社区商业服务尽量覆盖整个需要布置社区商业的区域，从而得到社区商业中心的最终布局（见图7－7、图7－8）。

图7－7　某市中心城区城市核心区

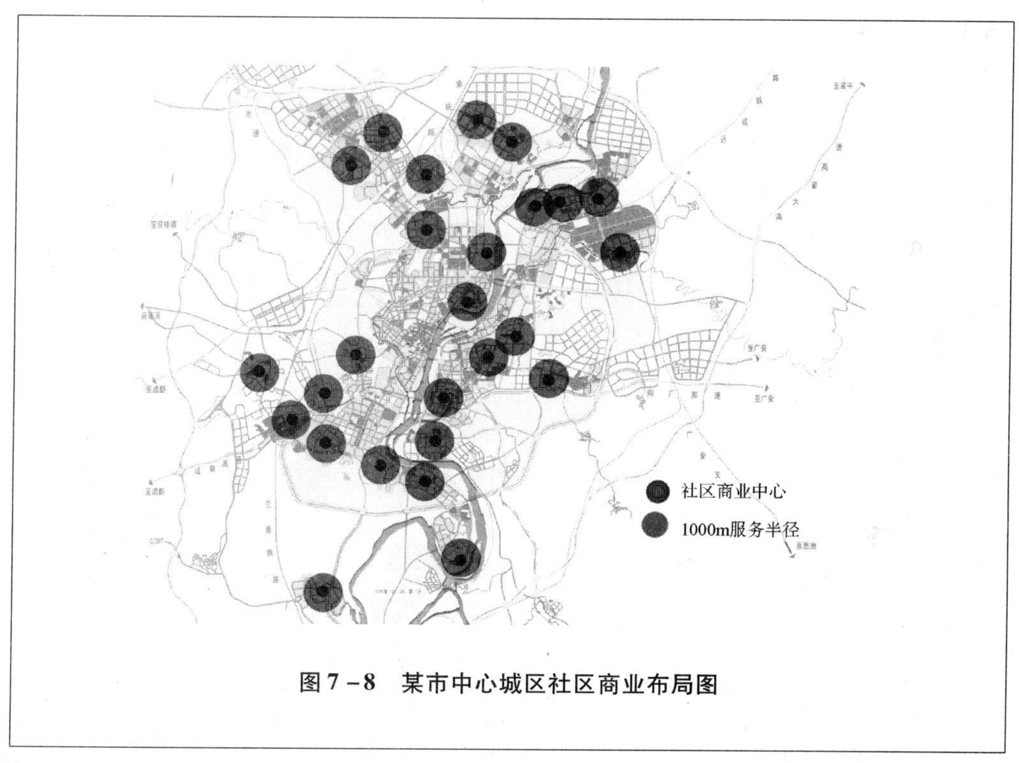

图7－8　某市中心城区社区商业布局图

（六）社区商业的定位

在规划实践中，社区商业的定位是在实地走访调研的基础上，综合考虑上位规划以及社区商业现状，通过区位分析、消费需求分析等研究，并结合相关理论知识以及消费理念后提出的，其影响因素主要包括人口、环境、文化等。

1. 人口因素

服务人口是影响社区商业定位的最主要因素，主要体现在：一是社区商业的规模受到服务人口数量的限制，从客观条件上对社区商业定位提出了要求；二是根据商业发展的一般规律，社区商业水平要与服务人口的总体消费水平保持相对一致，在消费层级上对社区商业定位进行了限定；三是不同服务人群具有不同的消费目的、消费习惯以及消费行为，这些基于需求端的消费目的和行为必然会对应产生供给端的商业目的及行为，则服务人口结构从需求角度对社区商业功能产生影响。

2. 环境因素

一是城市商业体系下，社区商业相对于片区级商业以及城市级商业，具有其特定的职能和定位；二是片区商业环境下，受到片区商业定位的指导，且由于一定区域对某一功能的需求量是相对恒定的，社区商业功能定位受到周边底商、购物中心、商业综合体等商业业态的影响；三是在地理环境下，区位、地势、景观、交通等对社区商业空间环境的营造，也间接影响了社区商业的定位。

3. 文化因素

一方面，传统文化观念，从精神层面影响了消费者的消费行为，从需求上影响社区商业定位；另一方面，通过传统文化传承或文化植入而融入社区商业的特色文化，赋予了社区商业更深层次的内涵，在吸引消费者、改变消费行为的同时，也使得社区商业的业态结构、经营方式和主题营造与文化相融合，在需求和供给两侧的各种因素下，最终作用于社区商业定位。

专栏 7－5　案例——成都市某区某社区商业的定位

该社区商业的定位是在经过城市定位、服务人群、现状和周边业态以及当地产业特色的分析基础上，结合思考和创新提出来。

基础分析：首先，通过对其上位规划分析后发现，该社区商业处于该区的主城区，属于其城市核心的电子信息主体功能区；其次对社区的服务人群进行了分析，发现其服务范围内有成都工业学院高校一所，其主要服务人群为学生群体、居住区居住人口以及功能区产业人口；再次对现状和周边业态进行分析，发现其现状业态以社区服务和企业孵化为主要业态，周边以大型餐饮、KTV、网吧、社区服务为主，与产业功能区的结合并不紧密，针对学生这一重要人群，也缺乏具有吸引力的业态；最后对该区的产业进行分析，该区在新型显示、集成电路、新经济领域发展较好，具有一定的基础。

规划思考：一是对品质要求的思考，该社区商业位于城市核心区，是城市名片和形象打造的重点区域，其品质必须能够支撑其城市形象打造的特色化、品质化要求；二是对发展方向的思考，由于该区文化旅游资源相对周围其他城市较为匮乏，不形成优势，而其产业在新型显示、集成电路、新经济领域的发展优势则比较明显，故而在对其特色化打造时，应当扬长避短，将社区商业与其产业进行融合打造自己的特色，同时考虑到其服务人口的构成，应当融入新颖、特色、潮流的业态。

提出定位：在综合基础分析与规划思考之后，结合成都市社区新场景的打造要求，最终将该社区商业定位为以服务师生人群、产业创新人群和社区居民为主，融入虚拟现实、人机互动等新科技形式的潮玩娱乐消费新场景，科技互动体验式社区（见图7－9）。

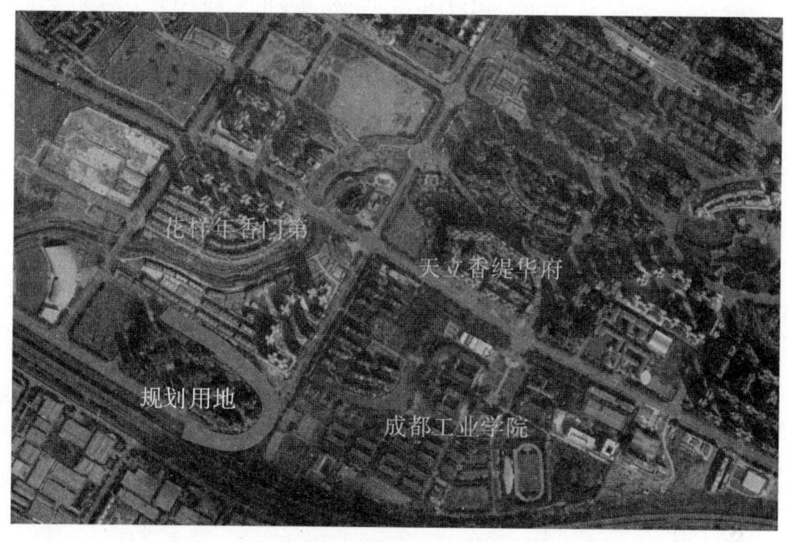

图7－9　成都市某区某社区商业规划用地

（七）社区商业的类型及业态

1. 社区商业的类型

根据不同的分类方式，社区商业有不同的类型：按照社区商业的成熟度，可分为自发型社区商业、现代型社区商业；按照居民文化和消费水平，可分为高档社区商业、中高档社区商业以及中低档社区商业；按照其区域集中度，可分为区域性社区商业、集中性社区商业以及邻里性社区商业；按照空间形式，可分为围合式（封闭式）社区商业、离散型社区商业、步行街式社区商业以及集中型社区商业；按照布局形态可分为街区条状社区商业、块状组团社区商业以及条块结合社区商业；根据载体形式分可为底商型社区商业、裙

房型社区商业以及独立型社区商业……①

我国在《社区商业设施设置与功能要求（GB/T 37915－2019）》中根据居住人口规模和服务半径将社区商业分为社区商业中心、居住小区商业和街坊商业；《成都市打造社区商业消费新场景构建社区优质生活服务圈工作方案》中提出，社区商业消费新场景分为城市社区、国际社区、现代社区以及农村社区。

根据社区商业规划的内容，其规划层级主要是国家标准的社区商业中心和居住小区商业。为了更方便地明确其职能，对业态和功能提出指引，本书根据不同的服务对象将其分为城市配套型、工业配套型和农村配套型。其中城配套型和工业配套型是针对中心城区的分类，而农村配套型是针对城市郊区和乡镇的分类（见表7－4）。

表7－4　社区商业分类及其业态配置

类型	社区位置	服务对象	服务类别	业态配置	网点类型
城市配套型	中心城区内以居住功能为主的社区	以相对集中的居住区居民为主要服务对象	以日用品购物和家庭服务为主	首要满足居民日常基本生活需求，设置农贸市场、超市、生鲜超市、便民菜店、便利店、早餐店、药店、维修店、家政服务等业态。其次，鼓励结合农贸市场、超市、社区商业综合体设置美容美发店、餐饮店、儿童培训、儿童游乐、健身中心、医疗保健等满足家庭各成员需求的消费业态	社区商业综合体、社区购物中心、超市、社区商业街等
工业配套型	中心城区内位于工业集中区的社区	以园区企业的员工为服务对象	结合工业区邻里中心设置的休闲服务消费场景	以便利店、超市、快餐店、邮政、银行、咖啡厅、休闲吧、文体娱乐网点为主要业态	社区购物中心、社区商业街
农村配套型	位于镇乡场镇的社区	以镇乡居民为服务对象	结合场镇和居民居住集中区设置生活便民服务场景	以便利店、标准化农贸市场、生资店、餐饮店为主要业态，镇乡还可叠加政务、商务服务等	社区购物中心、社区商业街

① https：//wenku. baidu. com/view/07f75aae3b3567ec112d8ab5. html。

2. 社区商业的业态

在商业网点规划中，由于社区商业只是其规划的一部分，通常只是根据其分类对每一类社区商业的业态设置标准，并不对每一个社区商业的业态进行单独规划，但无论是对单一社区商业或是一类社区商业的业态进行设置，都需要明晰如何对社区商业的业态进行规划以及社区商业应该规划哪些业态。

如何规划业态：社区商业业态的规划设置，是一个具有较强主观性的过程，其结果是一个规划者理论基础、规划经验以及创新的集合。通常社区商业业态的设置主要考虑社区商业本身的职能需求、消费者的消费需求、城市整体发展需求等。在把握需求的基础上，再结合商业业态与功能之间的关系，考虑各个社区商业的具体情况，对其业态进行确定。

规划哪些业态：本书按照一般社区商业的需求以及各个功能的优先级，将社区商业的业态分为保障型、鼓励型、调节型以及主题型四大类。其中保障型和鼓励型业态是基础业态，是每个社区商业都应尽量具备和完善的业态；调节型业态和主题型业态则相对灵活，其业态不影响社区商业基础功能的发挥，仅对社区商业的品质造成影响，故而可以结合实际需求进行设置（见表7－5）。

表7－5　社区商业业态分类

类型	具体内容
保障型业态	满足居民日常基本生活需求，由政府主导建设，具有公益性特点，是必须设置的商业业态，包括菜市场（生鲜超市）、早餐店
鼓励型业态	满足居民生活日常生活消费需求，由市场化运作方式建设的商业业态，包括综合超市、小型购物中心、专业店、专卖店、餐饮店、面包店、美容美发店、便利店、洗衣店、维修、再生资源回收、药店、家政服务、休闲健身、代收代缴、金融服务等；新型业态，如电子商务物流取货自提店、各类社区OTO店等
调节型业态	满足居民多样化、个性化生活消费需求，因地制宜选择性设置的商业业态，包括图书音像店、电话购物、代订代购、照相馆、医疗保健、文化娱乐、足浴保健、花店、酒吧、茶室咖啡店、房屋租赁等中介、旅馆等
主题型业态	针对旅游景区、主题开发区、养老社区等配套特有的主题型商业业态，包括餐饮、酒店、便利店、旅游品商店、适老产品、理疗按摩等业态

专栏 7-6　案例——某市中心城区社区商业类型

由于该市的规划范围在中心城区，不涉及郊区及农村地区，因此社区商业中心的类型只有城市配套型和工业配套型。在经过布局选址后，一共规划了26个社区商业中心，首先在中心城区建成区，根据现有服务人群确定其社区商业的类型，在建区和待建区则根据上位规划，确定未来社区商业服务的人口构成，将以居住区居民为主要服务对象的社区商业设置为城市配套型、将以园区企业的员工为服务对象的社区商业设置为工业配套型。最终形成23个城市配套型社区商业中心、3个工业配套型社区商业中心（见图7-10）。

图 7-10　某市中心城区社区商业中心布局图

（八）社区商业的面积

社区商业作为一种市场化的活动，其面积的影响因素涉及的范围极广，无法单纯地通过测算得出确切的面积，故而一般情况下，社区商业规划中社区商业的面积（此处所指面积仅包括商业部分载体的面积，不包括部分社区商业联合设置的公共服务、居住等功能的面积），仅仅是一种预测值和参考值。一般采用的预测方式有：指标对照参考、构建预测模型以及类比其他社区（可以通过多种预测方式来减少误差值，尤其是通过构建预测模型进行预测时，可以采取多个模型进行验证）。

指标对照参考：一是参考国家标准，根据《城市居住区规划设计规范（GB50180－2018）》，“十分钟生活圈居住区”商业服务业设施建筑面积的千人指标为320～450m^2，对应的服务人口为1.5万～2.5万人，而“十五分钟生活圈居住区”对应的建筑面积千人指标和服务人口分别为320～460m^2以及5万～10万人。社区商业体量的预测值则可以通过估算其服务人口，对应千人指标测算得出。二是参考日常商业网点规划经验，一般城市的人均商业面积处于1～1.5m^2，在实际规划过程中，可以针对不同地区的商业发展水平对人均指标以及规划的社区商业所占整体商业的比例进行预估，从而根据服务人口测算出社区商业的面积。

构建预测模型：影响社区商业的因素虽然很多，但可以通过对主要影响因素的量化，构建预测的模型，预估出社区商业的面积。如消费者购买力可以通过人均消费支出、人均GDP进行量化，商业吸引力可以根据赫夫概率模型得到商业吸引系数而量化，商业效益可以根据单位面积营业额进行量化等。通过多个因素的综合考虑，并将这些因素对社区商业面积的影响用一个数学模型表达出来，从而得到社区商业的预测面积。平时所用的模型是“平效预测法＋层次分析法”，在书中第六章有详细的讲解。

类比其他社区：通过选取与规划的社区商业业态、服务人口、经济发展水平、区位交通等相似度较高的一个或多个现有运营社区商业进行调研和分析，根据其现有商业面积和商业饱和度来估算规划的社区商业面积。

专栏7－7　案例——某市中心城区社区商业面积设置

考虑到商业网点规划中社区商业数量众多，且其体量设置的一般方法大致相同，案例选取了某市某区的一个社区商业的面积设置，来详细阐述社区商业面积的设定方法。

该社区商业的面积是采取指标对照参考的方法得出的。在根据城市总规及现场调研，确定该社区商业服务人口为1.5万人的基础上，首先对照《城市居住区规划设计规范（GB50180－2018）》指标（320～460m^2/千人），得出其面积为4800～6900m^2；其次对照实际规划经验指标（1.2～1.5m^2/人），得出1.5万人的商业需求为1.8万～2.3万m^2，而结合经济发展情况、居民消费习惯以及该处社区商业的实际情况等因素考虑，规划期内该社区商业承载的商业服务占1.5万人所需总商业服务的30%左右，故而得出社区商业的面积为5400～6750m^2，综合两处结论，考虑到远景发展，将其面积暂定为5000～7000m^2。

结合上位规划及现状用地情况，该处社区商业选址地块占地总面积为14000m^2，对地块容积率的要求为0.8～2.4，完全可承载规划的商业面积，具有可操作性（此处只针对单纯的社区商业部分，当有其他功能联合设置时，应综合整体面积对可操作性进行验证。当用地地块不能满足建设体量需求时，可适当调整社区商业的面积或尝试调整容积率，但调整幅度过大及无法调整时，应考虑扩大用地或更换选址），故而最终确定商业面积为5000～7000m^2（见图7－11）。

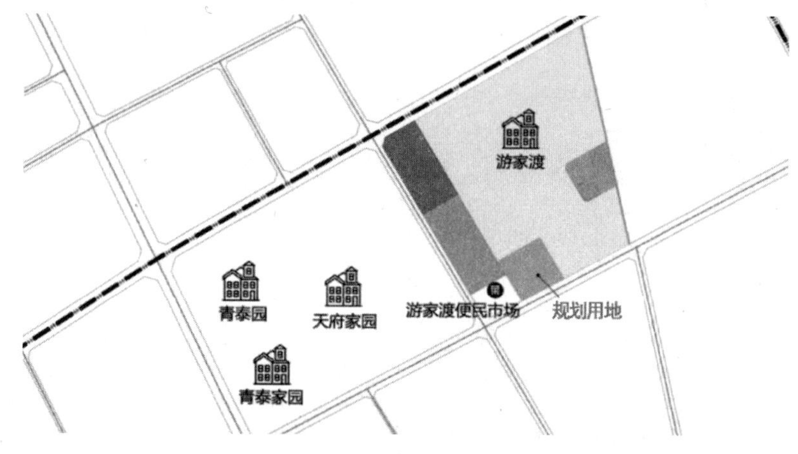

图7－11　某市某区某社区商业规划用地及主要服务小区

第八章　零售和生活服务类商业网点规划

第一节　大型零售网点规划

一、概要

大型零售网点是城市商业发展的重要载体，是组成各类商业空间的主要网点类型。根据以往的规划调研经验，大型零售网点的数量在城市商业网点中占比极少，但体量往往占零售和服务类商业总体量的一半以上，商业发达城市可达到70%以上。因此，大型零售网点是商业网点的核心组成部分，承载着城市主要的商业服务功能。同时，大型零售网点一般是由企业投资、建设、运营和管理的商业设施，无论从消费环境、货物品质、服务质量等方面都远高于中小型网点，可以说大型零售网点是展现城市商业品质的有效载体。另外，由于大型零售网点的企业主导属性，一般来说责任单位相对明确，从政府职能部门调控的角度，大型商业网点也更有利于政府对市场的调节。

尽管大型零售网点一直是商业网点规划的重要规划内容，但由于商业网点相关的各类分类标准、规划术语等是从多纬度进行规定的，各项标准之间没有完全一致，且规划术语与我们日常理解存在差异，因此，网点、业态、城市空间等概念相互交织，在规划实践过程也存在一些概念含混的问题。除此之外，近年商业形式迭代更新较快，消费需求不断变化，大型零售网点的布局形式也随着商业发展趋势不断调整，在规划实践过程中有的大型零售网点不再单独布局，一些新的大型零售网点也应得到补充。因此，本章节将从大型零售网点的定义出发，明确各类大型零售网点的定义和相互关系，厘清规划所涉及如网点、业态、商业空间等相关概念的定义和差别，在此基础上结合大型零售网点的发展趋势，阐述大型零售网点规划的一般内容和规划思路，最后对一些编制中的问题提出思考建议。

二、大型零售网点定义及相关概念

（一）有关规范或标准对大型零售网点的定义

根据商务部发布的《商业网点规划术语》，零售网点是指《零售业态分类标准》（GB/T 18106－2000）中规定，包括食杂店、便利店、折扣店、超市、大型超市、仓储会员店、百货店、专业店、专卖店、家居建材商店、购物中心、厂家直销中心12种零售业态的有形店铺。根据商务部印发的《城市商业网点规划编制规范》（2004版）规定，大型零售商店一般是指营业面积在5000平方米以上的百货店、超级市场、大型综合超市、仓储商店、专业店、家居中心和购物中心。本章节的大型零售网点即编制规范中的大型零售商店。

按照《零售业态分类标准》（GB/T 18106－2000），大型零售网点中包含或相关的各零售业态的定义分别为：

百货店：在一个建筑内，经营若干大类商品，施行统一管理，分区销售，满足顾客对时尚商品多样化需求的零售业态。

超市：开架售货、集中收款，满足社区消费者日常生活需求的零售业态，根据商品结构的不同，可以分为食品超市和综合超市。

大型超市：实际营业面积6000平方米以上，满足顾客一次性购物的零售业态。根据商品结构的不同，可以分为经营食品为主的大型超市和经营日用品为主的大型超市。

仓储商店：以会员制为基础，实施储销一体、批零兼售，以提供有限服务和低价格商品为主要特征的零售业态。

专业店：以专门经营某一大类商品为主的零售业态。

家居中心：以专门销售建材、装饰、家居用品为主的零售业态。

购物中心：是多种零售店铺、服务设施集中在由企业有计划地开发、管理、运营的一个建筑物内或一个区域内，向消费者提供综合性服务的商业集合体。购物中心根据地点和面积不同，分为社区购物中心、市区购物中心和城郊购物中心，其中社区购物中心面积为 5 万平方米以内，市区购物中心面积为 10 万平方米以内，城郊购物中心为 10 万平方米以上。

（二）规划编制中的定义变动

按照《城市商业网点规划编制规范》（2004 版）规定，5000 平方米以上的 7 类商业网点应纳入大型零售网点的规划范围，但在实际规划编制过程中，由于各大中小城市商业发展程度差异较大，为更符合各城市商业发展阶段和编制需求，结合现在商业发展趋势，在规划编制过程中结合规范和标准定义，可能对规划中的大型零售面积和类型做出一定范围调整。每次规划编制的名词解释，将根据具体规划情况对涉及的大型零售网点概念进行解释说明，这里我们总结已遇到的一些常见变动。

面积调整：部分中小型城市商业发展较为缓慢、网点面积普遍较小，根据调研实际情况，可将 2000 平方米以上的零售网点纳入规划范围，则商业网点规划的大型零售网点规划章节对象变更为 2000 平方米以上的大中型零售网点。

网点类型调整：除去超级市场类型。由于《零售业态分类标准》（GB/T 18106－2000）中未对超级市场和大型综合超市给予明确定义（其给出的定义为超市和大型超市），结合现有市场上的常见网点类型，我们认为现在超级市场和大型综合超市的定义既难以明确区分也无明显必要区分，故在大型零售网点的实际编制过程中均按照大型综合超市进行规划。结合规划实践和标准定义，本章节内的大型综合超市是指以自选销售、开架售货、集中收款为主要经营方式，实际营业面积 5000 平方米以上、满足顾客一次性购物需求的零售业态。

因此，在实际编制过程中，大型零售商店一般是指营业面积在 5000 平方米以上的百货店、大型综合超市、仓储商店、专业店、家居中心、购物中心 6 类网点。此外，根据实际情况，我们把奥特莱斯这种厂家折扣直销形成的零售店聚集区，归纳为一种特色购物中心，但由于其与一般购物中心在规划思路上有所区别，下面将直接表述为奥特莱斯。

（三）相关概念及相互关系

1. 有关概念

网点：根据《商业网点规划术语》，网点是为生产经营和居民生活提供商品和服务的实体经营场所。

业态：按照第一章中本书对业态的定义，业态是指以销售的产品或提供的服务的类型进行分类的经营类型。

商业空间：参考《商业网点规划术语》，我们认为商业空间是若干商业网点在一定空间范围内集聚而形成的城市服务区域，商业空间在规划中一般以商业中心、商圈、商业轴线、商业集聚区、商业街等类型出现。

2. 概念间的关系

之所以我们需要再次明确网点、业态以及商业空间的概念，是因为我们在规划实践过程中，经常遇到概念混淆而无法明确表达的问题，同时，也只有明确了以上概念之间的关系，才能以更加整体的思考过程，对每个网点进行科学规划，让每一个网点符合城市商业发展的需求。在这里我们将结合大型零售网点的实际需求，对以上概念的关系进行解释。

（1）网点和业态的关系。由上可知，网点主要是指各类销售和服务的场所，是实体空间的概念；业态主要是指销售的产品和提供服务的类型，带有产业的概念。在规划中我们可能会对网点和业态难以区分，是因为网点和业态共同组成了我们日常生活中常常表达的词汇“店”。例如，服饰店，我们一般提到这个词，其实既包含了其经营的场所空间本身，也蕴含其运营商品为服饰类的商品类型。而这对应到规划用词中，服饰店这个词，其实就暗含了网点、业态两个概念。因此，我们可以看到网点和业态是我们日常生活中“××店”这一词汇的两个内涵，网点更侧重于表达业态的经营场所，业态更侧重于表达网点的商品类型，有时候为了便于区分，我们把“××店”规定为网点的表达，“××业态”规定为业态的表达。

（2）网点和商业空间的关系。按照网点和商业空间的定义我们可以很容易理解，商业空间是由各类商业网点集聚而形成的一种城市区域，商业空间可以包含各类商业网点。因此，我们可以说大型零售网点是商业空间的重要组成部分，是承载商业空间各项商业功能、形成商业空间特色的主要载体。

（3）特殊的网点类型。我们需要注意的是，在大型零售网点中，购物中心这种类型的网点，按照其“向消费者提供综合性服务的商业集合体”的定义，实际上更倾向于一种小型商业聚集区的空间概念，它包含了多类其他商业网点和业态。但在实际规划过程中，为了符合一般认识，便于规划管理，我们仍然将其按照一种网点类型在大型零售网点中进行规划。但在规划编制中，购物中心作为一种特殊的网点和业态形式，一般需要对其具体包含的其他网点和业态类型进行规划说明。

（4）大型零售网点之间的关系。除了上文我们提到的购物中心外，各类网点之间也存在着能否包含的兼容关系。大型零售网点从网点的建筑形式上看，均为有可能独立用地的商业网点类型。也就是说，这些网点既可以复合于某个商业建筑内，也可以形成独栋建筑或建筑群。根据实际建设情况，我们制作了网点兼容表来表示某类网点是否可以设置在另一类网点内部。根据网点兼容性表格，在这6类大型零售网点中，购物中心可以兼容其他百货店、大型综合超市、专业店、家居中心，面积较大的购物中心也可设置仓储式超市，是兼容性最大的大型零售网点。此外，百货店也对其他网点具有一定兼容性。而其他大型零售网点，由于其经营形式相对独特或业种相对单一，对其他网点的兼容性较小。各类网点间的具体兼容性，见表8－1。

表8－1　　大型零售网点兼容性一览表

兼容主体 / 被兼容主体	大型综合超市	家居中心	仓储式会员店	专业店	百货商场	购物中心	商业综合体
大型综合超市		×	×	●	×	×	×
家居中心	◎		×	●	◎	×	×
仓储式会员店	×	×		◎	×	×	×
专业店	×	×	×		×	×	×
百货商场	●	◎	◎	●		×	×
购物中心	●	◎	●	●	●		×
商业综合体	●	◎	●	●	●	●	

备注：（1）●兼容性良好　◎兼容性一般　×不可兼容

（2）由于商业综合体内可兼容多类大型零售网点，则将商业网点兼容性纳入考虑。

（四）购物中心和商业综合体的概念比较

根据以上兼容表可知，以空间形式来理解，购物中心和商业综合体都是商业网点和商业服务的空间集聚形式，都可以兼容各类商业网点。其商业功能在一定程度上也有重叠的部分，建筑形式也有相似之处。甚至在商业网点的布局上，也根据体量、区位等因素，包括城市级和社区级。因此，我们需要对两个概念进行比较，以达到明确规划对象的目的。

根据上文，购物中心是具有零售和综合商业服务功能、面积达5000平方米以上的零售网点。而按照《商业网点分类标准》，商业综合体是以零售、餐饮、娱乐等功能为主，集合游览、休憩、办公、住宿和交通等城市生活空间，商业营业面积5万平方米以上或商业营业面积占建筑总面积30%以上的综合商业服务设施。

因此，根据其定义，商业综合体是具有多类城市功能，且商业营业面积最小应为5万平方米以上的商业服务设施。购物中心则是以商业零售和服务功能为主，商业营业面积达到5000平方米以上的一类零售网点。根据规划实践，由于现代商业发展朝向多功能、复合式的方向发展，购物中心的零售购物功能比重正有所下降，因此，商业零售和服务功能之间的区别已不能成为购物中心和商业综合体之间的重大区分，而是否具有其他非商业功能，例如，酒店、会议会展、商务办公等，应成为判断其区别的重要因素。因此，购物中心和商业综合体，作为城市商业网点的重要组成部分，在规划过程中，结合城市功能需求进行综合判断，可成为选择两类网点的重要判断标准（见表8－2）。

表8－2　　购物中心和商业综合体的对比表

	商业功能	其他城市功能	面积	位置	建筑形式	类别
购物中心	零售购物、餐饮服务、休闲娱乐、生活服务等	无	5000平方米以上	各级商业中心、城郊	多层建筑 高层建筑 建筑群	属于大型零售网点
商业综合体	零售购物、餐饮服务、休闲娱乐、生活服务等	商务办公、酒店住宿、居住生活、交通换乘、会议会展等	50000平方米以上	各级商业中心、商务中心	高层建筑 建筑群	属于商业网点，不属于大型零售网点

三、大型零售网点发展趋势

研究大型零售网点的发展趋势的目的是指导我们根据发展规律、发展趋势科学合理地进行规划布局。因此，在趋势部分，我们选择在商业网点规划中需要考虑的大型网点属性进行趋势研究，包括业态、用地条件、需求性①三个方面。本节所包含的6类大型零售网点，在上述三个方面中表现出相似性和区别性，为避免重复叙述，根据各类网点在三个属性上的发展情况，我们将这6类网点划分为三组进行需求分析。

商业发展、消费习惯等新的趋势对商业各类网点发展都具有相似的影响，本节不再对如商业发展集中化、建设形式景观化、业态复合化、智能化、体验化、主题化等趋势进行详细描述，重点研究与大型零售网点规划布局相关的用地趋势和在我国的需求趋势。

（一）百货店、大型综合超市、专业店、家居中心的发展趋势

从需求性看，结合规划实际和商业发展实际情况，百货店、大型综合超市、专业店、家居中心均为各类城市的必备网点类型，是居民日常消费的重要场所。另外，近年来这四类商业网点受限于有限的紧凑型城市用地，并受到商业业态复合化、消费一站式、零售商业体验式等发展趋势的影响，在实际建设中，百货店、大型综合超市和专业店一般不再独立用地进行规划和建设，而是复合于购物中心、商业综合体或商业街内设置。同时，家居中心也可结合购物中心或商业综合体设置，但考虑其销售商品和家居建材交易市场具有一致性，家居中心也可结合城市交易市场布局。从业态上看，由于其网点业态均不存在复合式业态，近年来业态变化程度相对较小，但仍受到互联网购物模式的冲击和销售形式的影响，部分网点开始实施线上线下融合发展模式，进一步优化个性化定制、商品配送、生鲜加工、售后保障等服务。

---

① 需求性具体是指在商业网点规划中，此类网点是否为必备规划网点，若存在可替代性则为不必备网点。

（二）购物中心发展趋势

从需求性看，购物中心为各类城市必备网点类型，是居民日常消费、休闲娱乐、展示城市商业形象的重要场所。从用地条件看，购物中心为独立用地的商业网点类型。受到消费者个性化、多元化、一站式、复合式、主题化等消费需求影响，以及电子商务的挤压，购物中心向着品牌化、体验化、娱乐化、多元服务方向发展，结合所在区域消费这需求，打造主体式的生活消费和工作消费空间。根据相关经验，购物中心将会把提供独特的体验和满足消费者个性化需求放在重要位置，打造创新娱乐体验业态，更多地引入个性潮牌、设计师品牌、文创品牌以及二次元等消费业态。与此同时，部分购物中心不再向着大而全发展，而是根据其目标客户的价值取向，精心选择某类或某几类满足这些消费者需求的业态，形成某类主题式的消费场景。此外，结合信息技术和人工智能技术，线上线下融合的模式大量运用，为消费者提供更便利的消费场景。

奥特莱斯作为购物中心的一种特色形式，近年来在我国有较快的发展，典型的奥特莱斯根据目标市场和选址区位有百货店和购物中心两种类型，购物中心类的奥特莱斯一般以风情小镇的模式布局在大城市郊区，随着近年商业趋势变化，奥特莱斯也向一站式综合休闲场所不断发展，拓宽业态类型，形成集休闲、娱乐、餐饮、购物、景观于一体的消费场所。但由于对人流量需求大、货源较少、消费较高等因素，不是一种必备的商业网点类型。

（三）仓储商店

从需求性看，由于其所销售产品与大型综合超市、商品交易市场、百货店等业态有较大重复性，且在我国发展和普及度均不高，仓储商店不属于商业网点规划的必备网点，不是所有城市的商业网点规划都应对其进行规划布局，应在考虑到城市发展需求的情况下进行确定。从用地需求来看，仓储商店一般可独立用地，但也可设置在购物中心或商业综合体内，可以补充设置城市和业态类型。

四、大型零售网点规划布局一般方法

（一）主要内容

商业网点中的大型零售网点规划布局一般包括大型网点的类型、位置、数量、体量、业态建议、规划要求[①]和开发时序。其中，对于有风貌提升需求的老旧大型零售网点，将结合业态建议的内容对风貌提出一定引导。

（二）布局思路

理解大型零售网点的规划布局思路，需要我们将大型零售网点放在商业网点规划编制的整体思路中进行考虑，明确大型零售网点在商业网点中扮演的角色，以及和规划中的其他内容，比如空间结构、商业中心、网点业态的相互关系，以便我们在对大型零售网点进行规划的时候，符合整个城市商业发展的需求。

1. 与商业空间结构的关系

大型零售网点是实现商业空间结构的核心载体。在本章上一节中已对商业空间结构的有关概念进行了详细阐述，这里我们主要明确大型零售网点与空间结构的关系，以帮助我们明确如何确定大型网点的分布位置。大型零售网点作为商业网点的重要类型，是构成包括商业中心或商圈、商业轴线、商业集聚区等商业空间概念的重要载体，因此，大型零售网点也对城市商业空间结构起到支撑作用。从大型零售网点规划的角度来看，这类网点一般布局在各级商业中心、商业轴线和商业集聚区内。

2. 与商业发展定位的关系

大型零售网点是实现商业发展定位的重要网点。这里的商业发展定位更多是指大型零售网点所在商业中心、商业轴线或集聚区等商业空间的发展定位，是整个城市商业定位和功能的细分层级和重要组成部分，与单个大型零售网点的业态配置有直接关联。大型零售网点由于可包含的业态种类多、体量大、方便统一管理运营，是实现各商业空间核心商业功能的优质载体，通过在各类网点合理配置符合定位的商业业态，可以有效实现各商业空间的定位和功能。

3. 与商业体量的关系

大型零售网点是调控城市商业体量的有效抓手。根据实践经验，大型零售网点虽然数量较少，但单个网点体量较大，其总面积在城市零售商业体量

---

① 规划要求主要包括保留、新建、拆除、提升整改四类。

中可达40%～70%，是城市商业体量的最主要载体。同时，大型零售网点由于从用地开发到商业运营都以企业为主导力量，方便政府实施宏观调控和管理。通过对大型零售网点建设的调控，可以有效保障商业体量合理配置，防止或减缓体量过剩或不足的情况。另外，也可以通过对现有载体的再利用或业态调整，避免结构性体量过剩或不足。

4. 与城市空间和公共设施的关系

大型零售网点是展示城市景观的主要平台，是提供公共服务的重要场所。大型零售网点不仅是商业活动的主要场所，也是人们社会交往的重要场所。随着人们对城市景观空间、活动空间认识和需求的进一步提升，作为城市公共活动空间重要组成部分的大型零售网点，其商业景观、建筑风貌、配套设施、交通组织等方面都成为展示城市风貌和活力的重要节点区域。因此，大型零售网点的布局和建设，一般除了应符合规划用地条件外，还应符合城市空间和风貌规划的引导，符合城市文化和自然景观特色，并按照有关要求配置相关公共服务设施，提升城市风貌、优化消费体验。

综上所述，大型零售网点规划应符合所在商业空间的发展定位，符合区域体量控制要求，满足区域业态需求，配置可以展示城市风貌的景观和符合标准的配套设施。

（三）布局过程

1. 确定位置

按照大型零售网点与商业空间结构的关系，作为城市商业的重要载体，大型零售网点一般布局在商业空间结构所确定的商业中心、商圈、商业轴线或商业集聚区内，其中商业中心包括城市商业中心（可能有城市片区级）和社区商业中心。

2. 确定网点类型

大型零售网点的类型一般按照各商业空间的功能需求确定。在功能需求的引导下，选择可提供相应功能的网点类型。结合大型零售网点发展趋势，大中型城市和商业发展较好的小城市，一般已不再新增独立用地的百货店、大型综合超市、专业店、家居中心，而是将其复合于购物中心或商业综合体内，按照功能需求进行网点设置规划说明。对于商业需求以日常消费为主、商业规模预测较小的社区商业中心或乡镇商业中心，可按照功能需求，布局百货店或大型综合超市，并结合商业街或其他小型网点规划满足其他功能需求。

购物中心一般布局在商业中心或其他重要商业空间节点，但由于它和商业综合体在商业零售功能上具有较强的可替代性，网点类型一般需要结合城市区域的整体定位和用地条件来确定，对于有商务办公、酒店住宿、会议会展、交通枢纽等其他城市功能需求，所规划用地容积率较高、体量较大的可规划为商业综合体，对于没有其他城市功能需求、容积率较低、可建设体量较小的，适宜规划为购物中心。

由于奥特莱斯、仓储商店等大型零售网点受到人们消费习惯、企业自身发展规划、招商引资条件等限制，需在与甲方充分沟通对接后进行选址规划，一般设置在对外交通条件便利、具有较大用地面积的城市边缘。

3. 确定数量和体量

大型零售网点的体量应在各商业空间的体量规模下，结合一般单个网点体量规模和城市规划的商业用地数量和面积确定。

4. 确定业态

百货店、大型综合超市、专业店、家居中心、仓储超市业态相对固定，这里我们讨论的业态内容是指购物中心的业态配置。购物中心作为各类零售店和商业服务的集合体，从业态的配置上将很大程度反映该区域的商业功能需求和定位。按照各类商业空间的定位特征，规划满足定位需求的业态类型，并按照鼓励业态、限制业态和禁止业态进行规划设置。在大型网点的业态指引中，一般会到三级业态。需要注意的是，城市商业中心内根据需求可能布局多个购物中心，作为宏观指引，规划编制过程中，宜结合新的商业发展趋势和当地商业需求，差异化设置各购物中心的业态内容，为其策划具有一定独特性的主题业态，通过差异化的业态聚集发展，形成相对独立的主题场所，并和其他主题场所一起共同组成满足商业空间的整体定位需求的功能区域。

五、规划案例

以 DY 市八角商圈的大型零售网点规划为例，展示大型零售网点的规划方法。

（一）分析商圈定位

专栏 8-1　商圈定位分析
发展定位：市级智慧体验商圈，以新零售体验、生活服务、生态休闲类商业为主，是工业氛围和都市消费相结合的新兴消费中心。 规划要点：充分利用八角片区产城一体的区域氛围，结合区域工业制造、电子商务、创新孵化、生态休闲等功能，通过新建等大型商业服务设施，打造融合工业文化和现代都市生活的商业场景，形成集研发办公、新零售体验、品质生活于一体的 DY 市全新体验型消费中心。零售和商业服务规划建筑面积 35 万平方米。

按照规划说明，该区域的商业网点的功能主要包括新零售体验、生活服务、生态休闲，同时该区域也包含有研发办公、电子商务、企业孵化等城市功能需求，规划建筑面积为 35 万平方米。

通过大型零售网点所在商圈发展定位和规划要点分析可以得知，该商圈所需零售和商业服务面积较大，且包含其他类型城市服务需求，适宜布局商业综合体类的商业网点，而其相关大型网点复合于商业综合体内部。同时，该区域的零售和商业服务特征为新零售体验、生态休闲和品质生活。其网点和业态设置应体现新型和品质双重特色，以新的和品质化的网点类型、业态类型和服务为重点。此外，结合商圈工业氛围的城市特征，该区域大型零售网点需符合城市风貌特征。

（二）大型零售网点规划

1. 大型零售网点设置

百货店、大型综合超市、大型专业店复合于商业综合体内设置。按照商圈定位和发展指引，规划布局新建商业综合体 3 个，同时满足区域商业、商务、酒店住宿、科研孵化、会议会展等城市功能。按照规划定位需求，在商业综合体内设置百货店、大型综合超市、大型专业店等网点。

新增仓储商店 1 个，新增奥特莱斯式购物中心 1 个。按照商圈定位和发展指引，网点要体现新消费、品质消费。在规划中通过网络调查，该城市居民消费力强，乐于接受新的消费模式，并有周末到周边城市仓储超市、奥特莱斯休闲购物的习惯。综上考虑，规划在新城区规划这两处非必需的大型零售网点，以满足当地消费需求，丰富零售网点类型（见图8－1）。

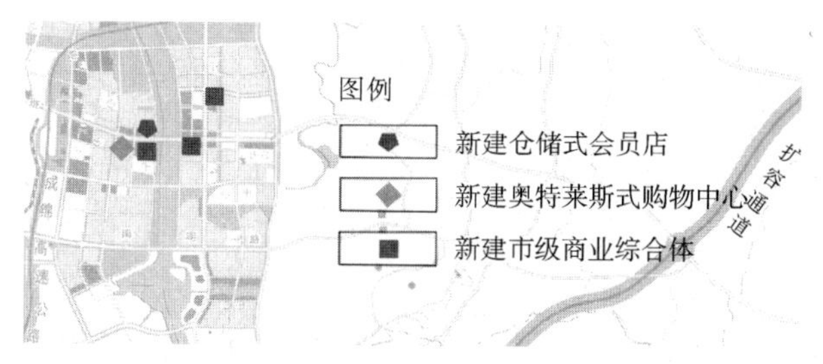

图8－1　大型零售网点示意图

2. 业态设置

该区域的大型零售网点中由于未设置购物中心，各类网点基本为固定业态，规划中仅对业态进行规划说明，不需设置鼓励发展业态，但考虑到现阶段，新型购物中心的商业功能已远远拓宽于零售购物功能，在业态设置中和商业综合体有相似之处，故对此处商业综合体的商业业态进行设置。

根据发展定位，该商业中心是所在区域的品质生活服务中心，也是城市的新消费体验中心，因此我们在商业综合体内重点布局城市缺少的、符合消费趋势的新零售业态，如线上线下生鲜店、快闪店、网红店、首入品牌店等。同时，作为新的休闲娱乐中心，我们也布局包括室内游乐园、体育运动馆、展览馆、艺术馆等城市旧区相对缺少的新型休闲娱乐业态。此外，作为区域的品质生活服务中心，规划布局包括食品零售、服饰零售、餐饮服务、生活服务类业态（见表8－3）。

表8－3　大型零售网点规划一览表

网点名称	网点类型	面积（m^2）	业态配置建议	规划指引
商业综合体1	商业综合体	110000	线上线下生鲜店、快闪店、网红店、首入品牌店、百货店、大型综合超市	新建
商业综合体2	商业综合体	110000	无人超市、餐饮店、百货店、大型综合超市	新建
商业综合体3	商业综合体	110000	室内游乐园、体育运动馆、展览馆、艺术馆、KTV、百货店、大型综合超市	新建
奥特莱斯	购物中心	10000	服饰专业店、服饰专卖店、餐饮店、超市	新建
仓储式会员店	仓储式会员店	10000	仓储式会员店	新建

3. 大型零售网点体量

结合各类大型零售网点体量需求、城市用地情况对商圈商业面积进行划分，其中仓储商店和奥特莱斯式购物中心为 1 万平方米，其他类型大型零售网点未给出具体面积，商业综合体面积为 11 万平方米。

六、需要思考的问题

1. 未来是否区分商业综合体和购物中心

大型零售网点按照网点分类要求和商业综合体不属于统一类型的商业网点，按照规划编制规范，分别不同的章节进行编制。然后，随着商业趋势的变化，越来越多的购物中心不再以零售为主要业态，在商业服务方面和商业综合体的差异愈来愈小，同时，更多的大型零售网点也复合于商业综合体内，在进行大型零售网点规划的过程中，很难明确商业综合体和大型零售网点的边界。因此，最新编制的商业网点规划，我们将商业综合体和大型零售网点进行合并编制。但同时我们也意识到，商业综合体由于还包括其他的城市功能，在商业功能的确定、发展类型、发展趋势上和大型零售网点中购物中心的规划上仍存在一定的区别，限于城市发展不确定性和规划的弹性，如何结合更有效的基础条件对其进行区分或者是否还有必要在规划编制过程中对其进行区分，都将是我们接下来需要考虑的问题。

2. 是否明确复合于购物中心或综合体内的大型零售网点

在规划实践的过程中，我们发现购物中心和综合体由于需要企业根据市场需求进行业态策划，对于是否设置百货店、大型综合超市等由企业自主决定，政府一般对其网点功能提出要求指引，但无法、也不应强制其设置某类大型零售网点。

第二节 商业综合体规划

一、商业综合体规划背景

商业综合体作为商业网点规划的重要组成部分、城市商业的重要载体，其数量多少、体量大小、业态布局等均能在一定程度上影响城市商业的整体发展，因此系统地梳理商业综合体的发展体系，解决商业综合体发展中存在的问题，做好商业综合体规划，有利于促进城市商业发展。

当前城市商业综合体的问题主要集中在数量、体量、等级、布局和业态五个方面，本节将在系统地阐述商业综合体的概念、发展历程、主要特征等相关内容的基础上，结合体量预测、区位、用地性质、发展趋势等，着重介绍解决上述五个方面问题的方法。

二、商业综合体的概念

本节将从商业综合体相关概念和商业综合体概念两个方面进行介绍。

（一）商业综合体相关概念

首先介绍建筑综合体和城市综合体这两个与商业综合体密切相关、容易混淆的概念。

1. 建筑综合体概念

建筑综合体的概念目前没有形成统一的定义。《中国大百科全书》中的定义为多个功能不同的空间组合而成的建筑；《美国建筑百科全书》中的定义为在一个位置上，具有单个或多个功能的一组建筑；就城市中心商务区（CBD）的内涵而言，可以将建筑综合体理解为城市活动中多种不同的功能空间进行有机的组合（商业、办公、居住、酒店、展览、餐饮、会议、文娱），通过一组建筑来完成，并与城市的交通相协调。[①]

建筑综合体主要强调多种不同功能空间组合。

2. 城市综合体

一般意义上认为，城市综合体是指在城市中的商业、办公、酒店、居住、餐饮、展览、交通、文娱、社交等各类功能复合、互相作用、互为价值链的高度集约的街区群体。[②]

大部分文献将城市综合体称之为“HOPSCA”，即 Hotel（酒店）、Office（写字楼）、Park（公园）、Shopping mall（购物中心）、Convention（会议中心、会展中心）、Apartment（公寓），其核心功能为商务办公、商业零售、酒店公寓和住宅。

---

① 黄杉，武前波，崔万珍．国内外城市综合体的发展特征与类型模式．经济地理：2013－04.

② 龙固新．大型都市综合体开发研究与实践（第二版）．南京：东南大学出版社，2011.

城市综合体不仅强调多种不同功能空间组合，而且强调功能空间之间相互作用、有机整合。

（二）商业综合体概念

关于商业综合体目前较为权威的定义为《商业网点分类》国家标准，其对商业综合体的定义为：以零售、餐饮、娱乐等功能为主，集合游览、休憩、办公、住宿等综合服务功能于一体，商业营业面积占建筑总面积30%以上且商业营业面积达5万平方米①以上的综合商业服务设施。②

从商业综合体的定义可以看出，商业综合体是建筑综合体和城市综合体的子类，只不过国家标准中明确了商业综合体的主要功能和次要功能，以及商业综合体的商业营业面积和商业营业面积占建筑总面积的占比，定义指向更为明确，条件更为严苛，外延更小，有利于更好地厘清建筑综合体、城市综合体、商业综合体三者之间的关系。

三、商业综合体的发展历程

商业综合体本质上属于建筑综合体和城市综合体的子类，所以建筑综合体和城市综合体的发展历程基本上涵盖了商业综合体的发展历程，下面将以建筑综合体和城市综合体的发展历程来展现商业综合体的基本发展历程。

综合体起源早，发展历史悠久。在国内，建筑综合体最早可以追溯到宋代的城市综合性市场“瓦子”；在国外，建筑综合体最早的雏形则为古罗马时期广场及其周边具有综合功能的公共设施。现代商业综合体正是从这些建筑综合体的雏形发展而来，下面分别从国内和国外两个角度，简要介绍商业综合体的发展历程。

（一）国内

1. 西周至唐代时期

西周至唐代，我国的商市采用“坊市制”的管理方式，在空间和时间上都受到了限制。以唐代长安为例，东市聚集的是为贵族官僚服务的各种商业，西市则

---

① 实际规划中商业营业面积会根据规划城市实际情况作适当调整。

② 商业网点分类（GB/T 34401－2017）。

多为外国商人的店铺，两市以商品交易为主，也有少量的手工作坊。[①] 此外，某些坊内也存在如寺庙、学校和用于戏曲演出的教坊等公共建筑，混合使用的迹象初步出现。至唐末，居住坊内出现了商铺，商坊空间突破了坊墙（见图8－2）。

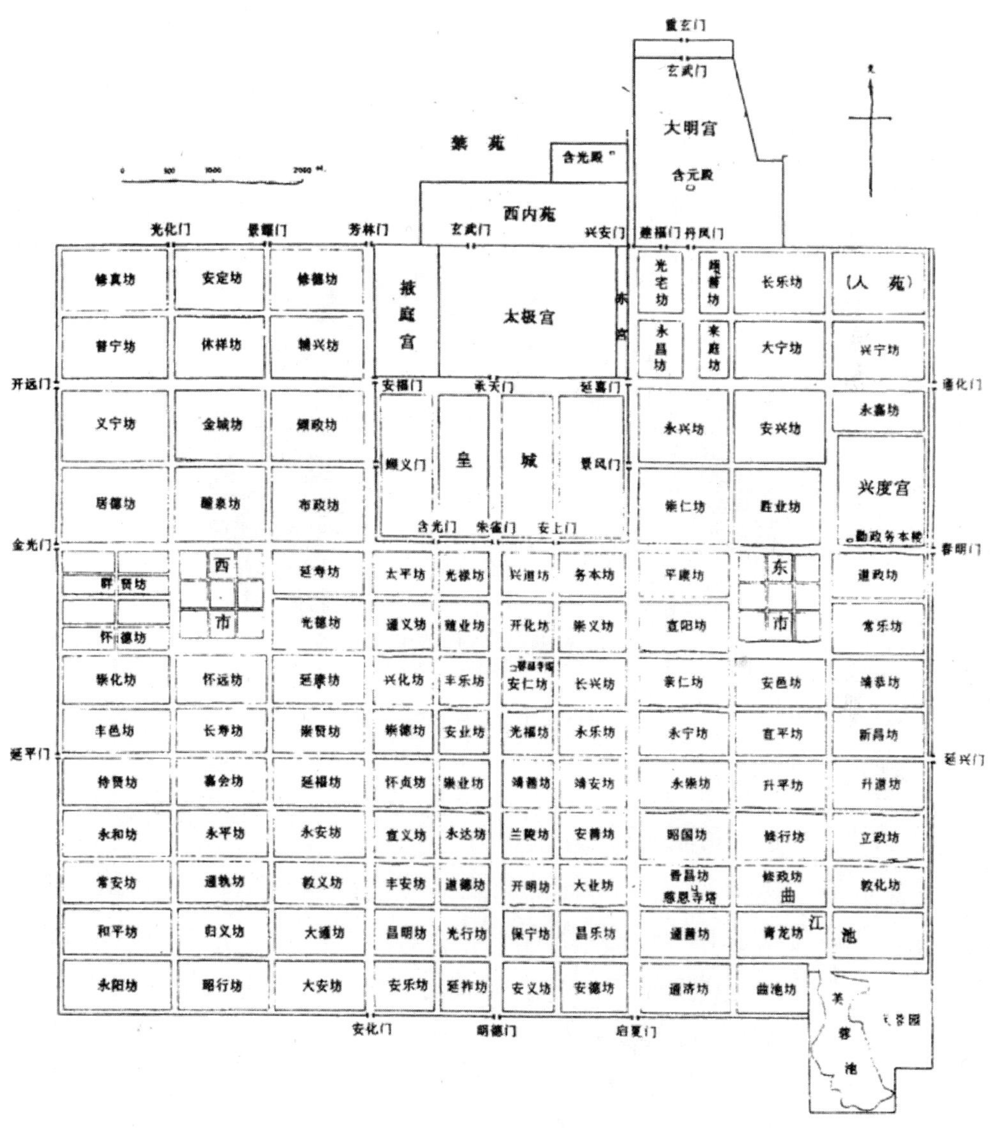

图8－2　唐长安坊市制度[②]

---

① 董鉴泓．中国城市建设史．北京：中国建筑工业出版社，1989.

② 李德华．城市规划原理（第三版）．北京：中国建筑工业出版社，2001.

2. 宋代到鸦片战争前期

由于宋代商品经济的繁荣，城市商业空间的形态得到了进一步改变，集中作为点或者面的“市”开始蜕变为线状的“街”市，这一“街”市的商业形态一直持续到鸦片战争前。街市由商业、娱乐、休闲、文化等服务设施组成，具有综合性，“前铺后居”“下铺上居”的商住混合建筑成为普遍的沿街建筑形式。我国最早的城市综合性市场可以追溯到这个时期，当时东京开封出现了一种名为瓦子的场所，它是“坊市制”打破以后一种城市综合性市场,① 是集表演、酒店、旅店、商铺于一体的建筑综合体雏形（见图 8－3）。

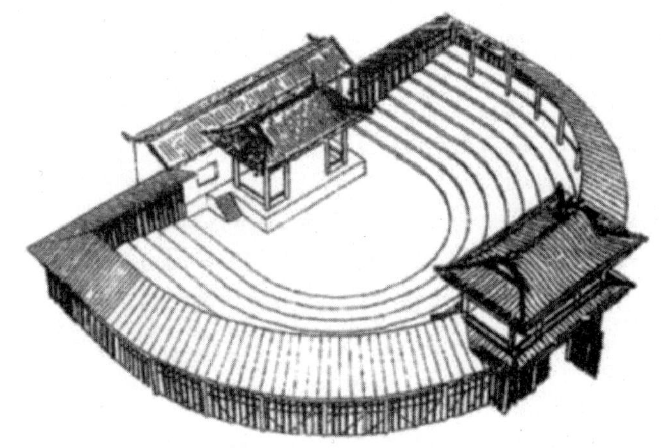

图 8－3 宋代瓦子

图片来源：百度图片。

3. 鸦片战争后到清朝末期

鸦片战争后到清朝末期，中国的商业空间受到国外消费文化等因素的影响，逐渐开始产生变化。随着一系列不平等条约的签订，中国很多城市成为开埠城市，西方的消费文化和商品也随着这些城市的开埠被不断引入中国，城市商业空间也随着开埠而逐渐发生改变。以清朝末期的上海为例，1843 年随着上海开埠，中外贸易中心逐渐由广州移到上海来，上海商业逐渐发展起来，与发达商业活动相适应的各类行业公所也随之大量出现，其中较有代表性的是豫园和城隍庙。各类商业设施汇聚在其周边，形成具共生特征的商业

---

① 虞云国．细说宋朝．上海：上海人民出版社，2002.

区，现代综合体的功能逐步出现（见图8-4）。

图8-4　上海豫园和城隍庙

图片来源：太平洋摄影部落博客。

4. 20世纪初期

随着时间的推移，我国经济发展相对较好的区域逐渐出现了一些功能复合、综合性较强的场所。例如始建于1903年的北京东安市场（见图8-5），它是我国较早的一个集几百家店铺、茶楼、饭馆、杂耍场、戏院等多功能于一体的综合性市场。到1918年的时候，上海南京路出现了永安公司（见图8-5），这是一栋综合了各种商业功能的大型建筑物，包括购物、旅馆、酒楼、茶室、游乐场、银业部等各种设施，可以被认为是中国最早的建筑综合体。①

图8-5　东安市场和永安公司

图片来源：北晚新视觉和豆瓣。

① 宁越敏，刘涛．上海CBD的发展及趋势展望．现代城市研究，2006-2.

5. 20 世纪 80 年代至今

1980 年以来，我国的商业综合体开始相继出现，最早的是被合称为“双峰并世”的深圳国贸中心和北京国贸中心（见图 8－6），其后陆续出现了上海的新天地、北京的燕莎和华贸中心、深圳的帝王大厦、广州的天河城等。至今，许多二线、三线城市也开始把城市综合体建设作为改变城市形象、进行新区建设和旧城改造的主要载体和手段。①②

图 8－6　北京国贸中心和深圳国贸中心

图片来源：搜狐网和深圳日报。

（二）国外

1. 古希腊和古罗马时期

国外商业综合体的雏形可追溯到公元前 3 世纪至公元 2 世纪的古希腊和古罗马时期。在古希腊时期，广场与围绕其布置的神庙、议事厅、剧院、商店、体育场以及竞技训练场等建筑共同构建了城市和生活的中心，为政治集会、戏剧演出、集市贸易和体育竞技提供了必要的场所。在这里，柱廊的存在不但丰富了广场的空间层次，而且将广场活动从室外引向室内，③ 这使得全天候的广场活动成为可能并使广场具有活力。基于此，广场以及周边的建筑群具备了商业综合体“全日制”建筑的特征；在古罗马时期，人们开始热衷于追求世俗化的城市生活，这一时期出现了多功能的大型公共设施（见图

① 杨建军，朱焕彬．城市综合体建设的空间影响效应——以杭州市城市综合体建设为例．规划师，2012－6.

② 卞显红．基于自组织理论的旅游产业集群演化阶段与机制研究——以杭州国际旅游综合体为例．经济地理，2011－2.

③ 蔡永洁．城市广场．南京：东南大学出版社，2006.

8－7）。在一组建筑群中往往包括浴场、讲演厅、音乐堂、图书馆和许多商店，这种具有综合功能的公共设施应当是国外建筑综合体最早的雏形。①

图8－7　古罗马城市广场

图片来源：全景网。

2. 18世纪工业革命以后

18世纪工业革命开始后，人们的生产方式由手工劳动向动力机器生产转变，商品生产效率大大提高，人们的空闲时间逐渐变多，消费、娱乐需求逐渐增加，商业拱廊形式的消费场所逐步在欧洲出现。

欧洲最早的商业拱廊将购物、餐饮、娱乐等不同功能混合，成为现代商业综合体的雏形。意大利米兰的维克托·埃马努埃尔拱廊（Galleria Vittorio Emanuele Ⅱ）就是其中尤为著名的一处商业拱廊（见图8－8）。

图8－8　商业拱廊

① 江泓．商业综合体与城市公共空间．现代城市研究，2009－11.

3. 20 世纪 30 年代后期

20 世纪 30 年代后期，美国纽约洛克菲勒中心成为建筑综合体的典范。

洛克菲勒中心是世界上著名高层建筑群之一，由美国洛克菲勒家族于 1928 年投资兴建，于 1939 年底全面竣工。它的建筑风格简洁，与当时美国的高层建筑有着明显的区别，在 20 世纪 30 年代被认为是最新颖的建筑群。

整个洛克菲勒中心建筑群包括办公楼、剧院、音乐厅、餐厅、商场等部分，是集商业、办公和娱乐于一体的城中之城，也是纽约市以至全美国的重要观光景点之一（见图 8－9）。①

图 8－9　纽约洛克菲勒中心

图片来源：凤凰美洲。

4. 20 世纪 50 年代中期

20 世纪 50 年代开始，以郊区住宅为先导，人口大规模地向郊区迁移，掀起了一场人口郊区化浪潮，导致对零售业、商业、服务业、公共设施等方面的需求不断增多，为购物中心发展提供了良好的消费市场。②

1956 年第一个封闭型购物中心——南谷购物中心（Southdale Center）在明尼阿波利斯郊区开放，它集高档零售店、餐饮店、电影院、小型动物园、银行、邮局多种功能与服务于一体，拉开了美国购物中心兴盛的序幕（见图 8－10）。

---

① 吴焕加．建筑工人．1997：54.

② 姜静静．世纪一年代美国购物中心的兴盛及其原因与影响．硕士学位论文：华东师范大学历史学系世界史专业，2010：16.

图 8－10　明尼阿波利斯郊区购物中心 Southdale Center

图片来源：Outside。

5. 20 世纪 80 年代

20 世纪 80 年代以来城市综合体开始在西方国家大量兴起，包括世界第一个城市综合体——法国巴黎的拉德芳斯（见图 8－11）。

1958 年，为了满足巴黎日益增长的商务空间需求，缓解巴黎老城区的人口、交通压力，保护巴黎古都风貌，巴黎市政府决定在拉德芳斯区规划建设现代化的城市副中心，将面积 750 公顷的拉德方斯区建设成为工作、居住、娱乐设施齐全的现代化商务中心。经过近半个世纪的建设，拉德芳斯区现已成为欧洲最具影响力的商务中心，被誉为“巴黎的曼哈顿”。到 2001 年，全区已建成商务与办公楼面积近 250 万平方米，容纳公司 1600 多家，区内工作人员超过 15 万人。①

图 8－11　巴黎拉德芳斯

图片来源：摄影部落。

6. 20 世纪 90 年代以来

20 世纪 90 年代以来，得益于经济的快速发展，部分发达地区出现大型商业综合体（见图 8－12），如日本东京六本木（见图 8－13）等。

---

①　张开琳．巴黎拉德芳斯 Sub－CBD 建设及其经验借鉴．城市开发，2004－12：69.

六本木是由森株式会社开发建设的新城建筑群，总占地面积约为11.6公顷，由主体的办公楼和住宅楼、高级宾馆、朝日电视台及商场组成，总建筑面积约为72.4万平方米（包括地下建筑面积）。前后共历时17年才完成，通过对商业、办公、居住、宾馆等多种功能的综合组织，为地区提供多样化的城市活动空间。①

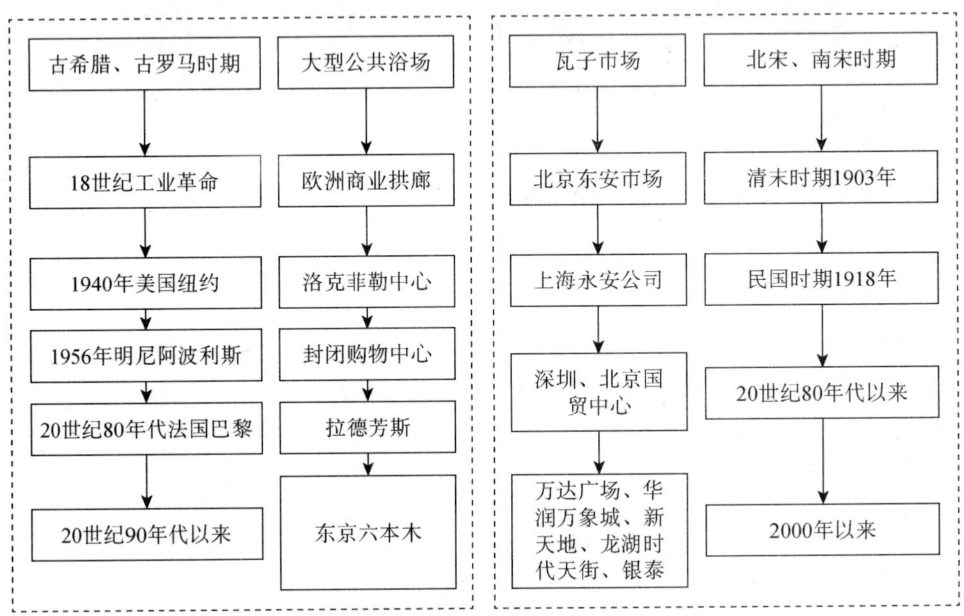

图8-12　国内外综合体发展历程谱系②

图8-13　六本木新城森大厦

① 陈伟，张帆．日本东京六本木新城建设的启示与反思．规划师，2007-10：88.

② 黄杉，武前波，崔万珍．国内外城市综合体的发展特征与类型模式．经济地理，2013-4.

四、商业综合体的相关理论

（一）商业综合体布局理论

由于商业综合体一般根据商业中心或商业发展轴（带）位置进行规划布局，商业综合体的相关空间布局理论，包括区域空间结构理论、零售商业区位理论、商圈理论、集聚效应理论、土地价值理论、中心地理论和多核心理论，已在前面详细阐述，这里不再赘述。

（二）商业综合体业态布局理论

1. 土地混合使用理论

混合使用最早在1976年美国城市土地学会（Urban Land Institute）编著的《混合使用——新的土地使用方法》一书中提出，在中国其内涵强调"混合功能（Mixed－use）"与"土地利用（Land－use）"两个层面的整合：通过不同土地利用方式的混合、不同设施的混合、土地与设施交错的混合来实现不同类型活动的混合布局（垂直或水平）;[①] 两种或两种以上的城市用地在一定空间和时间范围内的混合使用状态，体现在土地使用、功能布局和空间形态上的混合。[②]

土地混合理论是各种设施、各种业态、各种空间混合布局的理论依据，它为商业综合体向功能复合化发展，土地、空间集约化发展指明了方向。

2. 城中城理论

新理性建筑主义倡导者克里尔兄弟提出了CBM概念（也叫"城中城"理论），这是购物中心和城市综合体的最初理论来源，它包括"Center中心＋Block街区＋Mall大型商业中心"。其内核诠释是：一个城市的重构，均由都市区域构成，当一个区域出现，就得有针对自身的限制、中心和边界，每一个区域都应该或都必须成为CBM，并需满足包括"工作、居住、休息"等各项功能的日常都市

---

① 段伟，任艳梅，冯冀等．基于生计资本的农户自然资源依赖研究——以湖北省保护区为例．农业经济问题，2015－8：74－82.

② 赵丹丹，胡业翠．城市土地利用效率与城市化耦合协调性研究——以我国285个地级及以上城市为例．水土保持研究，2017－1：291－304.

生活，并有自己独立的中心和明确的边界，这就形成了“城中城”理念。①

商业综合体通过对零售、餐饮、娱乐、游览、休憩、办公、住宿等不同功能有机组合，保障内部各项功能有效运转，能够满足“工作、居住、休息”等各项都市日常生活功能，是微缩版的“城中城”。

五、商业综合体的主要特征

（一）可达性高

商业综合体往往位于城市 CBD 等城市交通网络发达、城市功能相对集中的区域，拥有与外界联系紧密的城市主要交通网，其交通便捷，可达性高。以春熙路商圈的成都 IFS 为例，直达该处的地铁有地铁 2 号线、地铁 3 号线，经过该处的公交有 28 路、49 路等，到达该处的主要道路有蜀都大道和红星路。总体来说到达成都 IFS 的交通十分便利，增大了人们前往成都 IFS 的几率（见图 8－14）。

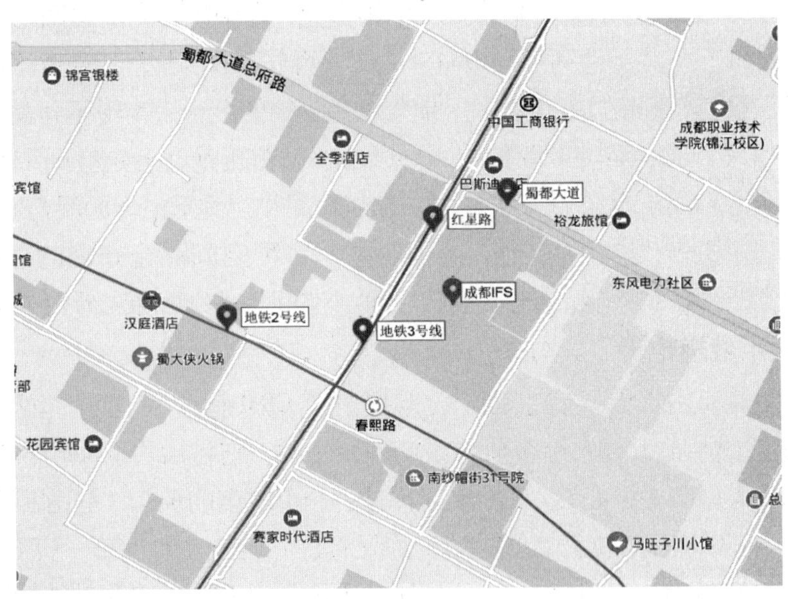

图 8－14　成都 IFS 周边交通图

图片来源：百度地图。

---

① 杨溢．城市化背景下政府对城市综合体发展的对策研究．硕士学位论文，苏州大学政治与公共管理学院公共管理专业，2018：10－11.

（二）体量巨大

商业综合体的体量一般与所处位置以及城市规模相匹配，经济发展一般的城市，城市中心的商业综合体体量一般维持在几万到十万平方米的范围。经济发达的城市，城市中心商业综合体体量一般维持在十几万到几十万平方米，体量特别巨大的能达到上百万平方米。例如上海青浦万达茂商业面积约为25万平方米，成都环球中心体量约为176万平方米，相对于其他城市建筑可以说是十分巨大的（见图8－15）。

图8－15 上海青浦万达茂

图片来源：万达官网。

（三）功能复合

多元综合是当今建筑空间发展的一大趋势，综合体内部多种功能间相互协调平衡、相互激发，使得建筑更加能动地发挥其职能和功效，因此能产生更大的经济效益。① 现代商业综合体已经从过去单一的功能向复合功能转变，已经不再仅仅局限于购物，而是与商业、办公、酒店、餐饮、娱乐等功能有机结合，形成一个和谐共生、互惠互利、功能复合的有机整体。复合的功能、多样的配置使得商业综合体能够全方位满足人们的消费需求，使之成为城市中心商业、办公等功能的重要载体（见图8－16）。

---

① 韩冬青，冯金龙．城市·建筑一体化设计．南京：东南大学出版社，1999.

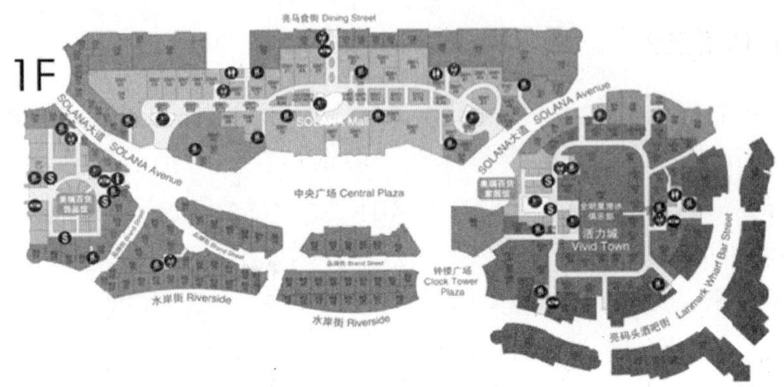

图 8 - 16　北京 SOLANA 蓝色港湾功能布局平面图

图片来源：商联论坛。

（四）集约发展

随着社会经济的不断发展以及城镇化的不断推进，土地成为社会需求的紧缺资源，这就要求城市对土地进行集约化利用，不断提高土地利用质量，减少土地利用浪费。商业综合体正是土地集约利用的典型，通过对各类商业要素的集结、协调和优化，平衡各种商业功能，实现了商业的集约化发展，使得在同等土地面积的情况下，商业综合体能大大提高土地、空间利用率，较其他商业能有更高的经济效益（见图 8 - 17）。

图 8 - 17　商业综合体剖面图

图片来源：筑龙学社。

（五）运营一体

城市商业中心区等传统城市商业空间一般是通过自然的集聚发展产生的，而现代商业综合体的业态类型和规模，则是通过市场调研和人为设计确定的，两者有本质的不同。具体来说，商业综合体是一种经过整合的商业设施，通过充分的市场分析，有计划地确定集聚的规模和构成，在其后规划、设计、开发、租赁及管理等一系列过程中，都进行着统一的运作（详细内容请看表8－4）。①

表8－4　城市商业中心、传统商业设施和商业综合体的比较②

对比维度	城市商业中心	传统商业设施	商业综合体
功能的复合度	自发形成，很高	低	根据市场有计划确定，高
集聚的过程	自发形成	统一规划	统一规划
集聚的规模	自发形成，很高	根据市场有计划确定，低	根据市场有计划确定，高
空间丰富度	很高	低	高
环境舒适度	低	一般	高
交通复杂度	高	低	低
空间活力	很高	低	高
项目的开发	分散开发	统一开发	统一开发
项目的产权	分散个体	独立拥有	独立拥有
项目的管理权	分散个体	统一管理	统一管理

六、商业综合体的发展趋势

（一）主题化发展

随着社会的不断发展，80后、90后、00后逐渐登上了历史舞台，他们的各种需求和“前辈”有着很大的不同。社会主力军80后主要追求品牌品质，追求有品位的生活；新兴消费群体90后追求个性化，喜爱社交娱乐，喜爱分享；未来消费主力00后则希望通过消费来表达自己的个性，追求IP的

①② 江泓．商业综合体与城市公共空间．现代城市研究，2009－11.

认同感。

传统的商业综合体已经难以满足当代消费者对生活的个性化需求，主题化、特色化、个性化的商业综合将会逐渐成为商业综合体的发展主流，全国已出现了一批以电影、航空、艺术等为主题的商业综合体。以北京侨福芳草地为例，它是一家艺术主题商业综合体，总建筑面积达 20 万平方米。芳草地共拥有 40 件达利雕塑、500 多件艺术作品，它们与 236 米的室内长桥、2000 平方米的公共艺廊一道，营造出浓厚的艺术氛围。另外，芳草地还有一个 4000 余平方米的私立非营利性展览馆，在购物的同时还可以到展览馆与艺术亲密接触。主题化的设计让消费者在这里可以体验到传统商业综合体难以体验到的艺术氛围感，给人一种全新的购物体验，满足了消费者的消费需求（见图 8 – 18）。

图 8 – 18　北京侨福芳草地

图片来源：搜狐网。

（二）体验化发展

随着电商的不断发展，传统商业遭受到了前所未有的冲击，在商品种类和价格等方面已不具备优势，商业综合体也面临着客流减少的巨大挑战，如何在激烈的竞争中生存下去变得尤为重要。尽管电商在商品种类和价格方面有着无可比拟的优势，但虚拟网络并不能给消费者触感等真切的感官感受，而此项功能正好是商业综合体的长处，扬长避短，不断优化切身体验优势，丰富体验业态将是商业综合体未来发展的重要趋势。

新兴的消费群体越来越注重商业综合体对人们“功能性 + 情感化 + 精神

化”需求的全方位满足，现在的商业综合体除了保持传统的餐饮、购物、娱乐、亲子等体验功能外，也在逐步发展新兴的体验业态，以满足新兴消费群体的各类需求。例如和电商平台融合，发挥自身线下体验优势，开设线上线下体验店，实现线下实际体验，线上下单购物，满足消费群体新兴购物方式；引进新兴宠物店、花艺等各类全新的体验业态，满足消费者情感上和精神上的需求。这些体验业态更加注重消费者的参与、体验和感受，为商业综合体提升了吸引力，带来了大量人流，增加了商业综合体的整体营业收入，促进了商业综合体的良性发展和竞争力的不断提高（见图8－19）。

图8－19　新兴宠物店

图片来源：CIPS官网。

（三）层次化发展

随着经济和城市的不断发展，城市的各项配套功能逐步完善，商业综合体逐渐呈现出层次化发展的趋势。

以往商业综合体往往出现在城市中央商务区（CBD），其他区域很少出现，但随着城市的发展，城市逐渐形成多核心，商业综合体也随着多核心的形成开始有序布局，形成了市级商业综合体和片区级商业综合体。而随着电子商务的快速发展，城市居民的消费需求和消费结构发生了深刻变化，对快捷、便利、综合服务设施的需求日益增加，众多城市纷纷打造15分钟社区生活圈，社区商业综合体逐步兴起。由此商业综合体逐渐形成规模大小不同、业态功能不同的三种类型，呈现出“市级商业综合体—区级商业综合体—社区商业综合体”的层次化发展趋势，三个层次的商业综合体在功能上相互补充，相辅相成，不断完善着商业发展体系。

（四）精细化发展

随着商业综合体层次化的发展，商业综合体逐步形成“市级商业综合—区级商业综合体—社区商业综合体”三个层次，商业综合体的功能也发生着悄然变化，逐渐由以往的大而全向着精细化的方向发展。

以往商业综合体基本上都追求面积大，功能全，做到面面俱到，这导致了很多商业综合体出现功能业态样样都有，样样不精的局面。随着商业综合体层次化发展，功能业态逐渐从大而全向精细化发展，一方面，商业综合体功能业态从原来的大而全向着购物、餐饮、娱乐等功能业态的某一方面精细化发展、特色化发展，提高消费者体验感受，形成某一功能业态为主导、其他功能业态辅助发展的模式；另一方面，各层次的商业综合体根据所处区位的不同，周围消费者需求的不同，业态也朝着精细化的方向发展。市级商业综合体处于城市核心区域，主要朝着体验式购物、主题餐饮、亲子娱乐等方向发展；区级商业综合体处于区县核心区域，主要朝着中端和普通购物、休闲餐饮等方向发展；社区商业综合体处于社区周边区域，主要朝着满足居民日常生活需求的业态方向发展。

七、商业综合体的规划与实践

本节将从商业综合体的规划原则、规划思路、布局选址、等级、业态、数量以及营业面积（体量测算）几个方面介绍商业综合体的规划与实践。

（一）商业综合体的规划原则

所谓规划原则是指规划的指导思想，规划过程中所依据的准则。商业综合体规划一般要遵循以下原则：

1. 符合上位规划

商业网点规划作为城市规划的一个专项规划，各类商业网点布局既要科学合理，又要符合城市总体规划、城市控制性详细规划等上位规划在用地条件等方面的要求。商业综合体作为商业网点规划的一部分，规划首先也要符合上位规划的相关要求。

2. 符合实际情况

任何规划都应建立在规划事物实际情况的基础之上，否则规划就像是在建造空中楼阁，毫无意义。商业综合体规划也不例外。商业综合体的规划是在规划区域的用地性质、经济发展情况、居民收入、人口、交通等一系列实际情况的基础之上，做出合理的选址布局、业态布局、数量布局、体量测算，确保规划能有较强的科学性和指导性。

3. 适度超前原则

商业是一个动态发展的过程，发展、变化速度较快，因此在做规划时要适度超前，留有余地。商业综合体的规划应充分结合规划区域的经济发展趋势、人口发展趋势以及商业综合体的发展趋势，在规划商业综合体体量、业态等方面适度超前，为以后的发展预留下足够的空间。

（二）商业综合体的规划思路

商业综合体基本属于和商业中心完全相关的商业网点形式，它很大程度上需要符合商业中心的定位、位置、体量等方面的需求，通过满足各商业中心的相关要求，确定商业综合体的等级、布局选址、业态、数量以及营业面积。

以市级商业中心为例，按照对应关系，其对应布局的一般是市级商业综合体，市级商业综合体选址也会选在市级商业中心范围内区位良好的商业用地上，其业态一般也紧跟市级商业中心的定位，设置能体现市级商业中心定位的商业业态，更好地彰显市级商业中心的定位。数量和营业面积方面一般根据市级商业中心现有商业综合体数量、其他大中型零售网点和市级商业中心规划商业体量综合确定。

（三）商业综合体的布局选址

商业综合体的布局选址在商业网点体系布局时就已确定，其选址布局基本是在城市用地的基础上依据商业中心的布局而布局，其中市级商业综合体、区级商业综合体在市级商业中心和区级商业中心辐射范围内的商业用地上进行布局选址，社区级商业综合体直接在社区商业中心选址的位置上进行布局。

（四）商业综合体的等级

商业综合体的等级也是在商业网点体系布局时就基本确定，对应商业中心分类，商业综合可分为市级商业综合体、区级商业综合体、社区商业综合体三个等级。

1. 市级商业综合体

市级商业综合体主要分布在商业高度集聚、经营服务功能完善、服务辐射范围广的城市商圈，其分布范围既包含城市规划的商业最集中区域，也包含历史自发形成的商业最集中区域。服务对象一般涵盖中心城区、周边乡镇乃至其他地区的消费者，服务半径一般在 3 千米以上。

市级商业综合体一般涵盖零售、餐饮、娱乐、游览、休憩、办公、住宿等业态，功能完善，并且商业品质、商品档次一般是所处城市最高的。

2. 区级商业综合体

区级商业综合体主要分布在城市城区内商业中度集聚、经营服务功能比较完善、服务范围较广的地区商业中心和集聚区。零售业、餐饮业、文化体育娱乐业具有一定的整体营业规模，客流主要是本区域内的居民、少量的本市其他地区及本市以外的居民，服务半径一般在 1 ~ 3 千米。

区级商业综合体一般涵盖零售、餐饮、娱乐、住宿等业态，功能相对完善，商业品质一般，商品档次主要集中在中档和普通档次。

3. 社区商业综合体

社区级商业综合体主要分布在服务于周边居民、满足居民日常生活必需的商业和生活服务设施的商业集聚区，是便民商业体系的核心构成部分，其服务对象主要为居住区居民，服务半径在 1 千米左右。

社区商业综合体一般涵盖零售、生鲜超市、餐饮、娱乐等业态，其功能主要是满足居民日常生活所需，商品、服务主要集中在衣食住行方面。

（五）商业综合体的业态

根据商业综合体所处位置区域定位、周边商业业态、周边消费人群等条件，结合商业综合体未来发展趋势，以符合实际，满足当下，适度超前为原则，对现状商业综合体业态进行调整完善，一般根据现状商业综合实际情况，适度增加商业业态，完善其作为商业综合体的功能。对于新规划的商业综合体，业态则根据实际情况和商业综合体发展趋势进行合理规划。详情请看专栏 8 – 2 商业综合体业态规划示例。

专栏8－2　商业综合体业态规划示例

这里以凯德广场为例，讲述商业综合体业态设置方法。

凯德广场为现状社区商业综合体，距离市级商圈1.5公里，定位为社区商业中心，主要功能为服务周边居民日常生活，和市级商业中心功能形成互补。其原有业态主要为餐饮和零售，规划业态为食品零售、医保零售、休闲餐饮、大众餐饮、家庭服务、美发美容、培训服务、保健服务、书店书吧、艺术展览、线上线下生鲜店（见表8－5、表8－6）。

规划为其引入了大量服务于居民日常生活的业态，大大丰富了其功能，业态设置的原因主要有以下几个方面：首先，社区商业综合体的主要功能是服务居民日常生活所需，规划在充分结合当地实际情况的前提下更多地考虑了便民业态；其次，随着居民生活水平的不断提高和技术的不断升级，社区商业综合体的业态也在不断发生着变化，社区商业综合体已经不再局限于零售、餐饮等传统业态了，满足居民精神文化需求、全新购物方式的业态正在布局到社区商业综合体当中，因此规划设置了书店书吧、艺术展览、线上线下生鲜店的业态；最后，为了践行《××市城市商业网点规划(2018—2030)》中以“市级商业综合体＋社区级商业综合体”两级商业综合体服务城市居民的理念，本次规划将普通消费和日常生活消费尽可能地复合于社区商业综合体当中去，市级商业综合体主要满足居民中高端消费，以更好地利用各类商业设施，提高其利用效率，社区商业综合体则更好地突出便民性。基于以上原因，对商业综合体业态进行综合考虑，做出合理调整。

表8－5　××市中心城区凯德广场社区商业综合体现状业态统计表

序号	项目名称	业态	类型	备注
1	凯德广场	餐饮、零售	社区商业综合体	—

表8－6　××市中心城区凯德广场社区商业综合体规划业态一览表

序号	项目名称	业态	类型	规划指引	建设时序
1	凯德广场	食品零售、医保零售、休闲餐饮、大众餐饮、家庭服务、美发美容、培训服务、保健服务、书店书吧、艺术展览、线上线下生鲜店	社区商业综合体	提档升级	已建

（六）商业综合体的数量

商业综合体的数量主要根据规划区域现状商业综合体数量、规划区域未来发展重点、规划区域用地、规划区域人口、规划区域区位交通条件等综合确定。

专栏 8-3　商业综合体数量确定示例

下面以××市中心城区城北片区为例。

一、分析现状商业综合体分布情况

根据现状商业综合体现状调研情况，整个城北区域现状只有万达广场一个市级商业综合体，没有其他类型商业综合体，商业综合体数量较少（见图 8-20）。

图 8-20　××市中心城区城北区域商业综合体现状情况图

二、区域未来发展情况

通过上位规划分析、人口分析、相关政策分析以及对各部门进行访谈，综合得出城北区域为××市未来发展的重点区域，现状商业综合体的数量将难以满足该区域未来发展需求，商业综合体数量应该有所增加。

三、综合确定商业综合体数量

首先，该区域商业用地充足，有着大量可以用于商业设施建设的商业用地，且该区域交通便利，公铁交通发达，拥有高铁站，是该市重点打造的城市窗口，未来 10 年，该片区人口将达到 13 万左右，本地居民和游客对商业的需求较大。

其次，根据实体店铺承载的城镇居民消费性支出、实体店铺承载的旅游人群消费支出、实体店铺单位面积营业额等相关数据，预测中心城区总的商业体量，并对中心城区各商业中心商业体量进行预测（具体预测方法详见本书第五章城市商业网点零售体量预测方法），得出城北区域市级商业中心商业面积（营业面积）为39.2万平方米，城北片区社区级商业中心商业面积（营业面积）为7.8万平方米（包含一个现代社区商业中心、一个时尚社区商业中心），具体商业面积控制商业中心权重、商业面积控制如表8－7至表8－9所示。

表8－7　　2030年中心城区市级商业中心和社区级商业中心商业面积控制一览表

商业中心	权重	商业面积（万平方米）
城北市级商业中心	0.1289	39.20
××市级商业中心	0.2215	60.89
××市级级商业中心	0.1426	35.43
城北区域社区级商业中心	0.0681	7.80
××社区级商业中心	0.086	9.85
××社区级商业中心	0.1053	12.06
××社区级商业中心	0.0872	9.99
××社区级商业中心	0.0709	8.12
××社区级商业中心	0.053	6.07
××社区级商业中心	0.0365	4.18

注：表中数据为预期参考值，因商业发展具有较强的市场调控特征，因此表中数值与实际情况可能会存在一定偏差，在规划实施过程中需根据实际情况进行优化调整。

表8－8　　2030年××市中心城区社区商业中心权重表

商业中心	权重
现代社区商业中心	0.3
时尚社区商业中心	0.5
文旅社区商业中心	0.1
工业社区商业中心	0.1

表 8-9　2030 年××市中心城区社区商业中心商业面积控制一览表

片区	商业中心	商业面积（万平方米）	单个面积（万平方米）
城北区域	现代社区商业中心	2.93	2.93
	时尚社区商业中心	4.88	4.88
××片区	现代社区商业中心	4.67	1.56
	时尚社区商业中心	5.19	2.60
××片区	现代社区商业中心	8.62	1.72
	时尚社区商业中心	2.87	2.87
	文旅社区商业中心	0.57	0.57
××片区	现代社区商业中心	2.61	1.30
	时尚社区商业中心	6.51	2.17
	工业社区商业中心	0.87	0.43
××片区	现代社区商业中心	5.80	1.16
	时尚社区商业中心	1.93	1.93
	工业社区商业中心	0.39	0.39
××片区	文旅社区商业中心	6.07	3.04
××片区	文旅社区商业中心	4.18	4.18

再次，结合城北区域所包含的高铁 TOD 新消费功能区（高铁 TOD 新消费功能区在 TOD 模式引导下将发展成为集旅游服务、餐饮美食、商务休闲、购物消费为一体的新消费示范区）和万达品质购物休闲功能区（万达品质购物休闲功能区将打造品质购物和运动休闲为一体的购物休闲示范区）两大功能区，考虑两个区域未来的游客消费和居民消费情况，在高铁 TOD 新消费功能区新建市级商业综合体 1、2 服务此区域，主要满足游客的消费；在万达品质购物休闲功能区新建市级商业综合体 3、4 服务此区域，主要满足本市市民的消费（见图 8-21）。

最后，再结合用地和人口布置新建社区商业综合体 1，服务于本区域社区人口，满足居民日常生活需求（见表 8-10）。

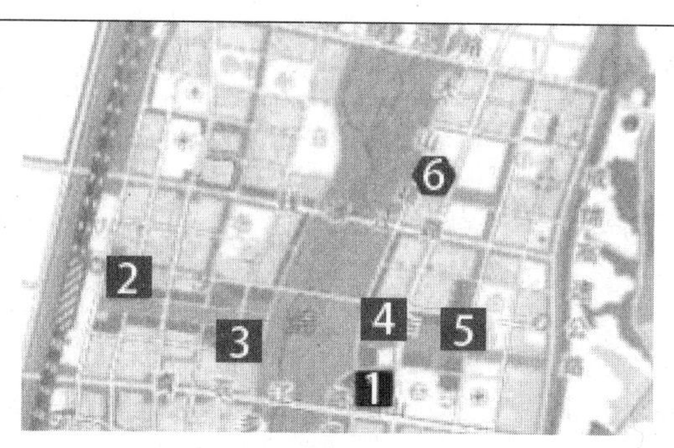

图 8－21　××市中心城区城北区域商业综合体规划布局图

表 8－10　××市中心城区城北区域商业综合体数量规划一览表

序号	项目名称	类型	规划指引	建设时序
1	万达广场	市级商业综合体	提档升级	已建
2	新建市级商业综合体 1	市级商业综合体	新建	远期
3	新建市级商业综合体 2	市级商业综合体	新建	远期
4	新建市级商业综合体 3	市级商业综合体	新建	远期
5	新建市级商业综合体 4	市级商业综合体	新建	远期
6	新建社区商业综合体 1	社区商业综合体	新建	远期

（七）商业综合体的营业面积

商业综合体的营业面积一般根据所处位置的区位、服务人口、服务半径、消费水平等条件综合确定。就一般城市而言，市级商业综合体的营业面积一般在 5 万～10 万平方米，零售商业面积占比控制在 30%～50%；区级商业综合体的营业面积一般在 1.5 万～5 万平方米，零售商业面积占比控制在 30%～40%；社区商业综合体营业面积一般在 1 万平方米以上，零售商业面积占比控制在 30% 左右（见表 8－11）。

表 8－11　商业综合体营业面积一览表①

类型	面积（万平方米）	零售商业比例（%）
市级商业综合体	5～10	30～50
区级商业综合体	1.5～5	30～40
社区商业综合体	1 以上	30 左右

① 商业综合体面积、类型往往会根据城市规模、经济发展情况、商业综合体区位等进行调整，表 8－11 中相关内容仅作为一般城市参考值。

专栏8－4　商业综合体营业面积计算示例

商业综合体营业面积计算主要通过商业体量预测后的数据进行计算，下面以××市中心城区城北区域为例。

首先根据商业体量预测得出城北区域商业中心商业体量，其次根据城北区域市级商业中心和社区商业中心商业体量，减去该区域的购物中心、大中型超市、专业店等大中型零售网点体量，得出城北区域需要新增的市级商业中心商业体量为27万平方米，社区商业中心的商业体量为4.9万平方米，最后再根据布置的商业综合体数量、商业综合体的类型以及商业综合体所处的位置综合考虑确定商业综合体规模（见表8－12）。

表8－12　××市中心城区商业综合体营业面积规划一览表

序号	项目名称	营业面积（平方米）	类型	规划指引	建设时序
1	万达广场	130000	市级商业综合体	提档升级	已建
2	新建市级商业综合体1	58000～62000	市级商业综合体	新建	远期
3	新建市级商业综合体2	78000～82000	市级商业综合体	新建	远期
4	新建市级商业综合体3	68000～72000	市级商业综合体	新建	远期
5	新建市级商业综合体4	58000～62000	市级商业综合体	新建	远期
6	新建社区商业综合体5	47000～51000①	社区商业综合体	新建	远期

八、商业综合体规划中存在一些的问题

尽管商业综合体滥觞于古代，历史悠久，功能业态丰富，大众熟悉程度高，规划体系相对完善，规划时也能从数量、体量、类型、业态、选址等多方面进行较为细致的规划，但规划中还是存在以下问题，需要引起注意。

① 将此处商业综合体设置为社区商业综合体及其面积较大的原因：一是因为此区域已经设置有5处市级商业综合体，能满足居民的中高端消费需求，较为缺乏满足居民日常需求的消费场所，故设置为社区商业综合体；二是根据人口等因素测算该处社区商业综合体的面积约为4.9万平方米，营业面积在此基础上进行上下浮动2000平方米。

（一）标准制定难以统一

现行标准商业网点分类（GB/T 34401－2017）中将商业综合体定义为：以零售、餐饮、娱乐等功能为主，集合游览、休憩、办公、住宿等综合服务功能于一体，商业营业面积占建筑总面积30%以上且商业营业面积达5万平方米以上的综合商业服务设施。

以上标准在沿海或东部等经济发达地区的城市很容易达到，但在西部地区的城市很难达到，除经济较为发达的几个城市外，很多地方经济基础较弱，城市发展缓慢，商业设施建设滞后，"商业综合体"大都不能达到"商业营业面积占建筑总面积30%以上且商业营业面积达5万平方米以上"的要求，这就要求在做规划时，要针对每一个城市的实际情况，给出市级商业综合体、区级商业综合体、社区商业综合体的相应标准，城市与城市之间商业综合体标准难以统一，给人莫衷一是的感觉。

（二）面积准确性仍需提高

面积准确性问题主要体现在以下两个方面：

一是现状商业综合体面积获取的准确性仍有待提高。在对商业综合体面积收集、调研时，不时会出现个别已建商业综合体面积无法获取的情况，面对这种情况，通常采取的措施是通过卫星图等方法获取该商业综合体建筑基底面积，然后乘以商业综合体层数，计算得出的面积作为该商业综合体的营业面积。此种方法计算出的商业综合体面积和其实际营业面积会有一定出入，准确性有待提高。

二是规划商综合体的营业面积计算准确性有待提高。现行商业网点规划，商业综合体营业面积的确定主要是根据各商业中心的零售商体量减去该区域购物中心、大中型超市、专业店等大中型零售网点的面积，再综合人口、区域定位等因素综合确定。虽然上述计算方法具有一定的科学性，但商业综合体面积不是根据人口数量、人口密度、服务半径、人均商业面积等与商业综合相关的指标直接计算得出的，人的主观因素对计算结果会有较大的影响，面积计算的准确性有待提高。

第三节　农贸市场规划

农贸市场是人们生活中较为常见的一种商业网点，在日常生活中发挥着极大作用。一方面农贸市场是城市经济中的重要组成部分，是城市商业中需求最为刚性、最“接地气”的商业形态，其发展状况在一定程度上反映了一个城市商业发展的整体水平；另一方面农贸市场作为我国农产品流通体系的零售终端载体，是城市与乡村农副产品、零售产品交换的重要场所，承担着满足居民农产品零售这一最基本需求的社会任务，具有一定的社会性质和公益性质，其服务能力在一定程度上体现了一个城市的公共服务水平。

近年来，随着城市对农贸市场的逐渐重视，针对农贸市场的规划已经越来越普遍，而在城市经济飞速发展、消费品质提升的当下，究竟如何对农贸市场进行规划，才能使其适应城市、经济、商业、消费的快速变化，使其功能作用得到充分发挥，从而达成科学合理的规划方案，成为规划者的疑惑。本章主要在农贸市场理论研究和规划经验的基础上，对其数量、体量、布局选址的方法进行讲解，阐述农贸市场规划的理论依据、规划思考和规划方法，为农贸市场规划的实践提供指导。

一、农贸市场概述

（一）农贸市场的概念

农贸市场又称之为菜市场，我国《农贸市场管理技术规范（GB/T 21720－2008)》《商业网点分类（GB/T 34401－2017)》等多项标准将其定义为：以食用农产品现货零售交易为主，为买卖双方提供经常性的公开的固定的交易场地、配套设施和服务的零售场所。

在商业网点规划中，我们通常规划的农贸市场是标准化菜市场，根据商务部印发的《标准化菜市场设置与管理规范》（商贸发〔2009〕290 号），菜市场是指由市场举办者提供固定商位（包括摊位、店铺、营业房等）和相应设施，提供物业服务，实施经营管理，有多个经营者进场独立从事蔬菜、蛋品、家禽、肉制品、水产品、豆制品、调味品、熟食卤品、腌腊制品、水果、粮油制品等各类农副产品的经营场所，是城市公益性的公共配套服务设施。

从上述定义中可以看出，不同于农产品综合市场和农产品专业市场显著的市场化特征，农贸市场一般由政府主导建设并监管，具有一定的公益属性，且以生产者与消费者双方直接进行买卖活动的零售形式为主。

（二）农贸市场的类型

由于农贸市场现状情况复杂，且部分类型的市场已经不符合农贸市场的发展要求，难以也无须对其进行分类，因此本书主要从规划的角度对农贸市场进行分类，所述分类是在经过规划后农贸市场存在的种类，故而不包括临时的露天农贸市场、沿街农贸市场等。根据农贸市场的经营场所和占地情况，可以将其分为独立式、附属式和无实体三种类型。

独立式农贸市场是指以独栋或多栋建筑的全部空间作为农贸市场业态经营场所的农贸市场，包括独立建设的室内和棚顶式农贸市场。此类市场虽然存在部分位于旧城区、建设年代久远、市场形象不佳、需要进行整改的市场；但新增的独立式农贸市场，总体上购物环境和消费体验更好、更加易于管理和环境空间的打造，同时对用地要求也相对较高。在规划时，除了对现状改造提升的独立式农贸市场外，新增独立式农贸市场一般设置在对市场形象及品质有要求或用地相对宽松的区域（见图 8－22）。

图 8－22　南昌市红谷滩沁园农贸市场

图片来源：https：//www. sohu. com/a/372080727_100299657。

附属式农贸市场是指和其他功能共同使用一栋建筑的农贸市场，其以一栋建筑的单层或多层作为农贸市场业态经营场所，包括社区综合体叠建的农贸市场、与居住建筑叠建的农贸市场等。此类市场功能大多与其叠建建筑的功能复合，更加多样化，同时对土地资源的利用率更高，一般设置在用地成本较高、用地紧张的区域（见图 8－23）。

图 8－23　鹿特丹市场（Markthal Rotterdam）——其上层为居住公寓

图片来源：http：//www. crntt. com/doc/1036/4/8/5/103648590. html? coluid = 7&kindid = 0&docid = 103648590&mdate = 0305110806。

无实体农贸市场是指仅有较小的实体建筑物（无人岗亭等）或没有实体建筑，以互联网平台作为农贸市场业态经营场所的农贸市场，如上海的智慧微菜场（见图 8－24）。不同于独立式和附属式农贸市场对实体建筑和用地具有一定要求，无实体农贸市场不再受制于环境因素，它更加灵活和快捷，但对技术、物流、成本的要求更高。

图 8－24　上海智慧微菜场

图片来源：https：//baijiahao. baidu. com/s? id = 1598321371785600363&wfr = spider&for = pc。

（三）农贸市场的性质

由于农贸市场关系到居民的食品供应保障，因而概念部分提到，农贸市场具有市场性和公益性的双重属性。这双重属性使得农贸市场的运营管理和形成不单是受到市场机制的影响，还应受到政府宏观调控规划的指导，因此农贸市场规划需要充分了解其性质产生的原因及对农贸市场规划造成的具体影响。

1. 市场性

农贸市场作为一种商品交易的载体，承载着农产品流通的商业活动，其运营和经营受到整个市场环境的调控，具有市场化的属性。市场性强调在供求机制、价格机制、竞争机制和风险机制综合作用下，通过自由竞争与自由交换来实现资源配置。在供求机制下，商品通过供应与需求形成市场价格，并在市场的调节下，最终实现供求之间的平衡；在价格机制下，商品价格的变动受到供求关系以及相关商品价格变动的影响，可以促进竞争和影响资源及收入分配；在竞争机制下，会按照优胜劣汰的法则来调节市场经济环境，促进各个经济行为主体之间为着自身的利益而相互展开竞争，使消费者获得更大的实惠；在风险机制下，市场经济主体的市场经济活动会产生盈利、亏损和破产等风险。

由于农贸市场作为一种交易场所，其经营及内部各个商户的经济活动都受到市场环境的影响，不能脱离市场供求关系而独立存在，并与其他农贸市场以及商业化的衍生形式存在竞争关系。因此在农贸市场规划中，其布局选址和体量设置要充分考虑农贸市场的市场性，达到供求均衡的同时需要注意规避同类业态恶性竞争等风险。在市场机制作用下，各个农贸市场之间存在一定的竞争关系，对农产品质量、市场环境品质提升有显著影响。但同时也会因为农贸市场相对较低的利润和土地使用效益，较之其他商业、居住等用地形式对用地的竞争力不强，难以取得用地，使得整体（尤其是用地紧张区域）供应失衡，因为需要政府对其公益性进行调控保障。

2. 公益性

农贸市场承担着居民食品供应保障、食品安全保障的重要职责，故而具有很强的公共物品属性。公共物品是指提供给社会公众所使用或消费的物品，其具有非竞争性和非排他性的特点；非竞争性是指一个使用者对公共物品的使用不会对其他使用者造成影响；非排他性是指一个使用者在使用公共产品的同时不能限制其他使用者对该公共产品的使用。[①] 作为公共物品，农贸市场在非竞争性的影响下，向一个额外的消费者提供该功能的边际成本为零，如果由市场机制自主提供，易出现“搭便车”的现象，导致其分配和供给资源不足，需要通过政府进行干预。

因此，在农贸市场规划中，需要充分考虑农贸市场的公益性，保障其为公众服务的能力。市场由政府进行主导建设使得农贸市场解决了完全市场化下供应失衡的问题，使得农贸市场的布局更加科学合理，但由于会加大管理和运营的成本，同时自我更新的速度较慢，对政府形成资金成本压力，很容易在城市建设中滞后或被忽略。

（四）农贸市场的衍生形式

在传统的农贸市场作为农产品零售主要角色的同时，随着品质、便捷等消费需求的进一步提高，在市场经济机制下衍生出了一批由企业或私人建设的市场化程度较高、商业属性远强于公益属性、受政府监管程度较小但具备部分农贸市场功能的“类农贸市场”形式，如农贸超市、生鲜区、新零售菜场等。

1. 农贸超市

不同于农贸市场以摊位为单位存在多个销售方，农贸超市是以单一企业或个人为经营和销售主体，采取自助购物统一结算销售模式的农产品销售场所。相较于农贸市场，其体量一般偏小、辐射能力偏弱、产品种类相对单一，却更加方便快捷，相对精致的购物环境也更能吸引消费者（见图 8－25）。

---

① 徐薛寒．张家港市农贸市场发展现状及提升策略研究．硕士学位论文，西北农林科技大学公共管理专业，2015：8－9.

图 8－25　农贸超市示意图

图片来源：https：//baijiahao. baidu. com/s？id = 1642479976278866416&wfr = spider&for = pc。

2. 生鲜区

生鲜区是指在市场需求或政府要求下，部分超市、购物中心、大型百货等网点配套设置的承担农产品销售的生鲜区域。这些区域通常以自营或承包给其他企业的方式进行农产品的统一销售。这类生鲜区虽然体量和农产品种类通常不如农贸市场，但受其载体的影响，其辐射范围往往大于同规模的农贸市场，也具有更佳的消费体验（见图 8－26）。

图 8－26　生鲜区示意图

图片来源：https：//www. sohu. com/a/233098984_155762。

3. 新零售菜场

新零售菜场主要是指通过新零售的模式对农产品零售及相关业态进行融合，衍生出的信息化、体验化、便捷化的农产品销售场所。其对农产品的销售方式类似于农贸超市，但抛开相对于农贸超市更具体验化的环境，其最大的特点是围绕农产品进行多功能的复合。如盒马鲜生的“超市、餐厅、电商、物流”的“四位一体”模式。其相比农贸市场，在综合信息化手段和物流后，产品种类更为丰富，服务更加高效快捷，消费吸引力更强，但对消费者消费水平的承载能力要求更高。类似此种形式的还有超级物种、便利蜂等（见图8－27）。

图8－27　盒马鲜生农贸市场与餐饮的结合

图片来源：https：//www. bilibili. com/read/cv2434917。

二、农贸市场的发展历程

（一）国外农贸市场发展历程

欧洲的农贸市场是在19世纪工业革命时期，通过生产效率提高以及殖民，致使欧洲市场达到空前繁荣的背景下，受到恶劣的环境因素以及现代城市规划思想的影响，专门出售农副产品的市场从市场中分离而产生，[①] 随后不断完善形成了今天的农贸市场。

美国的农贸市场最早是从欧洲复制过来的，随着欧洲人向美洲大陆迁徙并定居而逐渐普及。大致经历了起步与发展、大萧条、重生与复兴三个阶段。起步与发展阶段：农贸市场以露天开放为主要特征，这一阶段的农贸市场在美国各市州有不同的定义和开展形式，且不同市州提出了不同的管理规定，没有一个统一的标准，在建筑形式上以露天为主，棚顶和室内较少；大萧条阶段：到20世纪中叶，随着城市扩充与人口增长，农贸市场的用地不足、供需关系失衡、食品生产工业化、农批市场及连锁超市兴起等问题，使得农产品价格不断降低，许多小农最终无法抵挡萧条被排挤出局，农贸市场呈现低迷态势；重生与复兴阶段，随着食品工业化带来健康、环境等诸多问题，20世纪60年代，美国立法者开始通过帮助小型家庭农场、建立社区菜园等方式，为消费者提供更多的选择，农贸市场由此得到复兴。[②]

（二）中国农贸市场发展历程

从功能上讲，我国农贸市场的部分功能在古代由“集市”“市”等承担；从定义上来讲，我国明清时期的北京城便已经出现了专门针对农副产品贸易的特定场所，如“宣北坊”菜市大街（位置大约在今广安门内大街）、“正东

---

① 焦志炜．西安经开区农贸市场建设模式与布局条件研究．硕士学位论文，西安建筑科技大学城市规划专业，2018：21－22.

② 蔡柳青．食品本土化认同与实践的经济人类学研究——以美国印第安纳州布鲁明顿社区农贸市场为例．博士学位论文，中央民族大学民族学与社会学学院人类学专业，2016：26－30.

坊”菜市口（位置大约在今正阳门外以东），“金城坊”菜市口（位置大约在今阜成门内武定胡同东口与锦什坊街交界处）等，该时期的菜市依然沿用传统集市周期性举行的模式，直到鸦片战争之后，随着民族资本主义工商业发展以及通商口岸的出现，才逐步从周期性举行转变为固定坐商模式；① 从称呼上看，我国农贸市场叫法形成于新中国成立之后，总体上经历了自由发展阶段、抑制发展阶段、供需平衡阶段、安全发展阶段、标准化阶段以及探索升级阶段六个阶段。

自由发展阶段。该阶段主要是指新中国成立初期，政府未参与农贸市场管理，城市中生鲜零售形式多样，有国营商店、私营商店、合作社以及个体商贩等。此时农贸市场是农业产品自由市场多种形式中的主要形式之一，购销环节自由，价格机制主要通过市场调节实现的。②

抑制发展阶段。从20世纪50年代开始，在物资匮乏以及计划经济体制的背景下，国家商品实行统购统销的模式，不允许建设农贸市场，自由交易被禁止。这一时期主要由供销合作社和国营商业公司按照农产品来设立相应的专业公司从事鲜活农产品购销业务。③

供需平衡阶段。1985年粮食大丰收后，国家物资匮乏的现状有所改善，国家对开始现货农产品流通体制进行改革，以合同定购和市场收购取代农产品统派购制度。生鲜农产品的经营业态也开始向城乡农产品集贸市场（简称农贸市场）进行过渡④，1988年政府提出“菜篮子工程”，农贸市场承担着其中零售环节的流通任务⑤，1993年建立现代企业制度，农贸市场全面市场化⑥。该阶段农贸市场发展的重点和目的总体可以概括为平衡供需关系，经过该阶段的发展，我国农贸市场基本可以满足老百姓日常需求，但整体形象

---

① 李龙跃．邻里中心模式下农贸市场建筑设计研究——以徐州市为例．硕士学位论文，中国矿业大学建筑与设计学院建筑设计及其理论专业，2019：29－31.

② 张道宇．新时代背景下农贸市场布局规划研究——以焦作市为例，硕士学位论文，中原工学院建筑与土木工程专业，2019：34－35.

③ 张道宇．新时代背景下农贸市场布局规划研究——以焦作市为例，硕士学位论文，中原工学院建筑与土木工程专业，2019：34－35.

④ 张道宇．新时代背景下农贸市场布局规划研究——以焦作市为例．硕士学位论文，中原工学院建筑与土木工程专业，2019：34－35.

⑤ 王永亮，郑农．农产品统购派制度改革的问题与对策．农业经济，1985（04）.

⑥ https：//zhuanlan. zhihu. com/p/61469406？from_voters_page = true.

不佳、秩序混乱、监管缺位等问题也十分显著。

安全发展阶段。21 世纪初，随着食品工业化，农贸市场“商品安全事故”频发，政府对于农贸市场的发展侧重点由“供求”转向“安全”。2001 年启动“无公害食品行动计划”，并先后出台了无公害食品行业标准等一系列政策规范。在此阶段，农贸市场重点是通过市场准入等措施承担农产品消费无公害的任务，其形象并未得到根本性改变，“脏乱差”等现象依然被诟病。

标准化阶段。为了改善农贸市场环境，进一步加强管理，在“农改超”等探索的基础上，2009 年商务部、财政部联合下发《商务部、财政部关于实施标准化菜市场示范工程的通知》（商贸发〔2009〕290 号），并在北京、上海、重庆、四川、大连等 19 个省市开展了试点。农贸市场的运营、管理和环境得到了极大改善，基本形成了如今的农贸市场。

探索升级阶段。现阶段我国农贸市场处于一个探索升级的过渡时期，一方面标准化农贸市场改造尚未全面完成，部分大城市与中小城市还存在相当数量的老旧、临时市场；另一方面随着经济和各个领域的飞速发展，不少农贸市场已开始探索传统零售与新技术、新理念的融合，寻求农贸市场的转型升级，如“智慧农贸市场”、线上线下融合等。

三、农贸市场的发展趋势

（一）技术融合带动农贸市场智慧发展

随着科技的不断进步，新兴技术带动农贸市场向智慧化方向发展。一是通过互联网、物联网等技术，实现农产品生产到销售的全过程信息透明化，保障农产品健康安全，保护消费者权益；二是通过线上线下融合、移动支付等方式，实现消费的便捷化、高效化和智能化；三是利用大数据、云计算等针对性定制的功能模块，实现信息的实时化、具体化和可视化，实现对市场经营活动的动态监管和智能管控。

如上海宁波路智慧农贸市场，通过智能化的导视、溯源、检测设备设置，以及线上购物 App 打造等智慧化方式，提供了摊位摊主信息公示，产品产地溯源，食品安全检测，线下购物及配送上门等服务，在拓宽消费者购物渠道的同时，还进一步增强了农产品消费的安全性和便捷性（见图 8-28）。

图 8-28 上海宁波路智慧化农贸市场

图片来源：http：//blog. sina. com. cn/s/blog_14ecf27010102wgl6. html。

（二）消费需求引导农贸市场优质发展

随着社会经济发展和人们生活水平的不断提高，人们对农贸市场的消费需求已经从单一的农产品买卖向品质消费、体验消费、健康消费等需求转变，从而促使农贸市场向优质化方向发展。一是通过空间设计、环境美化、完善配套甚至是主题植入等方式，实现农贸市场的消费体验优质化；二是通过业态比重的契合性调整、农产品质量的把控，实现产品供应的优质化。

如杭州的美哉美城农贸市场，在空间环境和购物体验的营造上，融入中国传统风格，以映像江南和慢调生活为主题，引入马头墙、木窗格、红灯笼、乌篷船等具有较高辨识度的元素设计；在业态规划上，不仅设置了常规的生鲜食材售卖，还引入了高端品牌超市，满足了多层次消费的需求（见图 8-29）。

图8－29　杭州美哉美城农贸市场

图片来源：http：//k. sina. com. cn/article_6427588864_17f1d390000100ewen. html？ wm＝0。

（三）先进理念促进农贸市场复合发展

随着多元化、新颖化、个性化等新理念下的商、旅、文、体等各项领域的融合发展，以及各类商业网点跨界复合，多功能复合也成为农贸市场的重要发展方向。一是与公益性功能复合，农贸市场作为一种公共服务设施，与社区商业中心、邻里中心等联合设置，可以优化其公共服务效能；二是与餐饮、娱乐、旅游、文化等功能复合，使其组成一个有机的系统，形成“农贸市场＋”模式，为其赋予更强的生命力。

如香港本湾市场，一方面通过丰富的香港特色文化元素，对空间进行营造，通过场景化打造吸引游客和消费者，形成“农贸市场＋文化＋旅游”的模式；另一方面，以农贸市场为主体，设置果汁店、糕点店、餐厅等餐饮业态，以及超市、厨具店、杂志店等社区商业业态，形成集“菜市场＋餐厅＋超市＋社区商业”于一体的模式。将该农贸市场打造成了展示香港形象的一处地标（见图8－30）。

图8－30　香港本湾市场

图片来源：http：//www.linkshop.com.cn/web/archives/2016/356640.shtml。

四、农贸市场的规划与实践

通常在商业网点规划中对农贸市场的规划是从功能角度出发，对农贸市场农产品零售这一功能进行规划，即确定规划范围内哪些位置应该具有农贸市场的功能，该功能大致需要多大的体量，满足多少人的消费需求等，其具体建设形式一般默认为农贸市场，但也可根据实际情况调整为前文提到的衍生形式等具备该功能的其他载体，而当以其他载体进行建设时，其载体功能应和农贸市场规划的该点位农贸市场的能级保持一致。在商业网点规划这一规划层级，对农贸市场的规划主要是以农贸市场这一载体为基准，对区域农贸市场功能进行总体规划，为单个点位的具体建设提供指导。

（一）农贸市场的规划内容

农贸市场规划作为商业网点规划的一部分，起到承接、落实和支撑上位规划的作用，则必须明确规划范围内农贸市场的整体目标和总体布局；其次作为一个宏观层面的指导性规划，需要对其更深层次的规划和建设起到指导作用，其规划要落实到每一个载体的建设指导，需要对农贸市场单个网点的布局选址和建设规模提出指引。因此农贸市场规划的内容主要包括数量、体量以及布局选址。

通过对总体数量进行指引，可以明确规划范围内农贸市场网点的建设总目标，并以此为依据制订近远期建设计划，避免盲目建设造成资源浪费；通过对总体体量及单个市场体量的预测和指引，可以相对科学地衡量规划范围内农贸市场需要承载的服务总需求，以及各农贸市场所需要服务的范围和服务的人口规模，为用地的选取、资金的保障以及各农贸市场规划提供参考；通过对农贸市场布局选址的指引，可以保证用地的合法合规以及保障农贸市场功能在规划范围内的合理分布与最大化利用。

（二）农贸市场的规划思路

在商业网点规划中，农贸市场规划首先要在充分调研的基础上，通过对社会经济、居民消费以及现有市场数量、体量、品质等现状的分析，找出现状农贸市场存在的弊端，从而明确规划所要解决的问题和规划目标。随后通过相关理论，进行专题研究和分析论证，寻求问题突破点。最后根据国家及相应地区的规范标准，从布局、数量、体量、建筑形式等方面对规划目标进行落实。技术路线如图 8－31 所示。

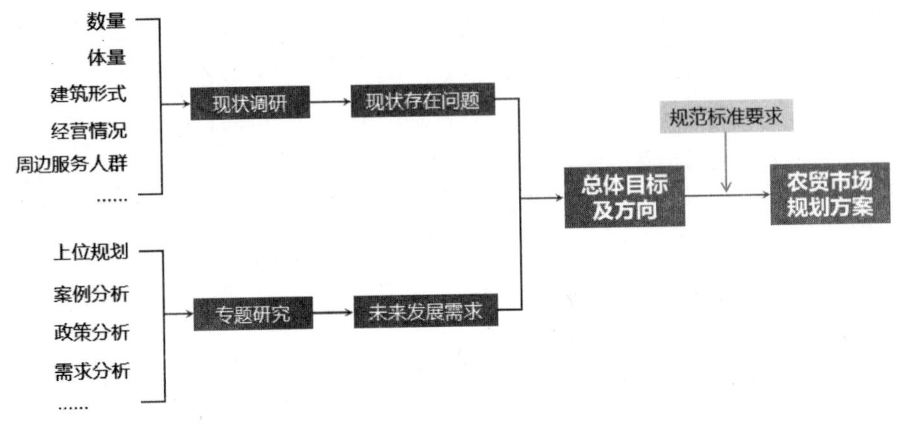

图 8－31　农贸市场规划技术路线图

（三）农贸市场规划的影响因素

农贸市场规划受到社会、产业、技术、环境等多方面的影响，主要考虑的因素有经济、人口以及交通。

1. 经济因素

经济因素在某种程度上决定了一个地方农贸市场的“上限”。首先，一个地方的社会经济发展程度，往往能体现其整体消费水平和商业承载能力，经济发展水平高的地区，对品质的要求也越高，消费层级也更为丰富；其次，经济发展越迅速的地区，未来农贸市场发展空间和潜力也相对较大；同时，从规划可实施角度，经济的发展较大程度上影响了农贸市场建设的资金保障能力。这些都会对农贸市场规划的目标、选址、体量、功能、建设时序等产生影响。

2. 人口因素

无论是基于农贸市场的商业属性还是公共服务属性，人口因素都是影响农贸市场规划的根本性因素。从商业角度来看，人口的年龄、教育、职业等都能对人的消费行为、消费方式、消费需求产生影响，在商业与需求的对应关系下，农贸市场要能充分发挥其承载的功能，就必须能满足大部分消费者的消费需求。从公共服务角度来看，农贸市场服务的对象既包括农产品零售的买方，也包括农产品零售的卖方，在买卖双方趋于饱和时，农贸市场服务双方的人口数量，直接决定了农贸市场的体量。

3. 交通因素

交通因素主要是对农贸市场的选址和服务范围产生影响。一方面，便捷的交通环境不仅能促使农贸市场与其他商业、服务业等的聚集，产生更强的辐射能力，还能减少消费者在交通中所花费的时间，提高效率，从而具备更大的辐射范围；另一方面，农贸市场本身作为一个人流密集和集聚的区域，会对城市交通产生巨大的压力，为避免城市堵塞和减少安全隐患，在选址过程中需要评估周围的交通条件。

（四）农贸市场的规划原则

规划原则是指在规划过程中，根据法律法规等相关要求、理论知识以及经验所总结出的，规划者应遵循的标准和准则。通过规划原则的制定，一方面可以为农贸市场的规划布局、用地选址、近远期建设等方案决策提供指导，另一方面，可以为正确处理农贸市场规划与其他规划的关系、农贸市场规划与城市建设的关系、农贸市场规划与生态环境的关系等提供依据。通常农贸市场的规划原则有：

1. 均衡性原则

基于农贸市场具有公共服务和商业服务的双重属性，在规划中首先要确保其均衡性。一是布局均衡，农贸市场的分布应满足规划范围城市和乡村绝大多数居民对农产品消费的需求；二是服务均衡，规划的农贸市场体量和功能，应与其服务人口数量和消费需求相适应，达到服务能力的均衡化。

2. 系统性原则

农贸市场作为商业网点规划的一部分，应与其他商业网点进行统筹考虑，避免功能重合与恶性竞争；同时，农贸市场作为农产品流通体系的重要环节，应与农产品流通体系建设要求相契合；再者，同一规划的农贸市场，应整体规划，统一布局，确保科学合理。

3. 协调性原则

一是与政策法规相协调，满足国家及相应省市地区的相关规范要求；二是与上位规划相协调，符合城市总体规划等上位规划对总体定位、城市用地性质、地块建设指标等要求；三是与经济、区位、用地、人口等现状相协调，做到规划目标与现状基础的合理对应。

4. 动态性原则

农贸市场的规划、建设和使用是一个动态性的过程，是随着消费需求、环境、用地等因素不断变化的。因此在农贸市场规划中，要以动态发展的视角，充分预估发展方向和变化强度，提前预留出适度的发展空间，并通过动态性调整，满足农贸市场变化的需要。

（五）农贸市场的数量

农贸市场的数量是在统筹考虑服务人口、服务半径、整体布局以及体量设置等多个方面后确定的。首先从需求端出发，通过对规划期内的目标人口预测，结合农贸市场服务的人口数量，可以粗略得出规划范围内农贸市场的总数量，经现状分析、案例分析、专题研究及规划经验的验证后，为规划布局提供参考。其次，依据设置农贸市场的服务人口和服务半径标准，结合农贸市场的布局选址原则，在现状用地条件、环境条件、资金条件等考虑下，对每一个农贸市场进行规划布局，最终得出规划农贸市场的规划方案，从而确定农贸市场的数量。

需要注意的是，在农贸市场规划中，数量不同于体量、分类、布局选址具有相对清晰的规划标准，并以此为出发点对规划方案的形成造成直接影响，其更多的是规划结果的一种体现，每一个点位的选址及体量的变更都可能导致农贸市场最终数量的不同。所以在大多数规划方案的形成过程中，数量方面的考虑仅仅是通过对预估值以及不同方案最终值的对比，来作为规划方案合理性评估的参考。

专栏8-5　案例——某市某区农贸市场数量设置

鉴于农贸市场最终数量确定影响因素的复杂性，案例主要农贸市场预估值的确定进行详细讲解。

根据该区城市总体规划的人口预测值，规划区域到规划期限的人口总量将达到××万人，并将城市各个分区的人口进行了预测，案例选取分区的预测人口值为7.1万人，而根据农贸市场平均服务人口1.5万~2.5万人的标准，初步估算出该分区农贸市场的数量大概为3~4个（见图8-32）。

图8－32　某市某区片区人口预测

在此基础上，通过对其上位控制性详细规划的对接，该片区控规对菜市场的布设点位一共有3个，且其服务半径基本满足布局选址的要求，可以验证该区域农贸市场的预估数量为3～4个（见图8－33）（如规划区域无控规或控规未对农贸市场点位进行指引，则可以通过布局选址的原则，对预估市场进行粗略布局，验证预估数量是否可具备实施性以达到对预估值的验证）。

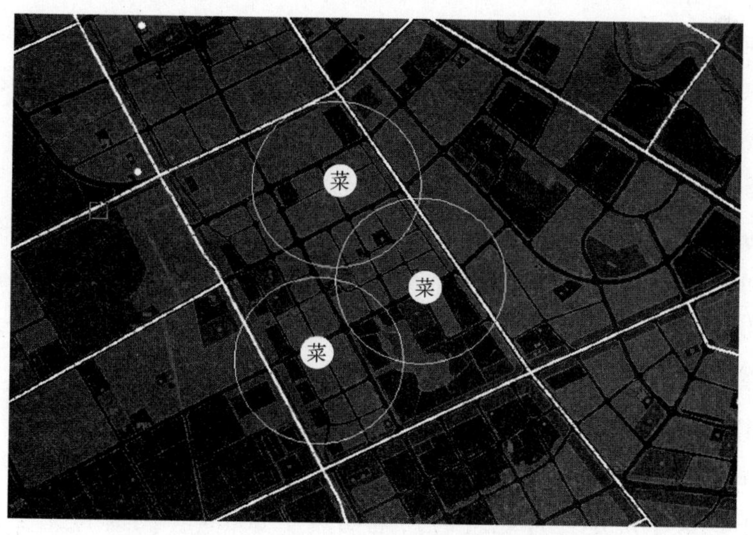

图8－33　某市某区控制性详细规划菜市场点位

（六）农贸市场的体量

《城市居住区规划设计标准》（GB 50180－2018）对“10 分钟生活圈居住区”配套设施指标中，菜市场和生鲜超市的体量设置在 750～1500m^2 或 2000～2500m^2（按照标准换算得出千人指标为 50～60m^2 或 100～133m^2）。根据该项标准和实际规划经验，通常将农贸市场体量控制在 120m^2/千人左右，且新建单体标准化农贸市场体量按照 750～1500m^2 进行设置。同时按照《城市居住区规划设计标准》（GB 50180－2018）要求，每 100m^2 营业面积，机动车和非机动车停车位数分别不低于 0.3 和 7.5。

当然不同城市具有不同的实际情况，在不同规划中可以根据现实情况对指标做相应的调整。如许多农贸市场（尤其是乡镇的农贸市场）在农产品零售之外还附属有服装、鞋帽、日用品等功能，对于此类市场的建筑体量，可适当增大指标（但最好不要超过农贸市场本身功能占据的体量），一方面可以满足规划期限内的市场服务需求，另一方面也为远景市场发展预留出空间。

专栏 8－6　案例——某市某区农贸市场体量设置

鉴于农贸市场的总体量更多的是在总体需求及目标层面对规划提出指引，且其是由每一个市场的体量而得出的，本书选取了该规划案例中的一个农贸市场来说明在农贸市场规划中单一农贸市场体量的设置方法。

该农贸市场体量是通过对规划期内市场服务半径所服务人口的估算以及人均指标而得出的。首先通过整体布局和选址，明确得知该市场的服务半径为 500 米，随后通过调研走访和卫星图得知在 500 米范围内，该市场主要服务的小区有 6 个，接着对这些小区的人口进行统计，并根据城市总体规划对该片区人口预测数值，以及片区农贸市场数量，估算得出其服务人口为 1.5 万人。由于该市场为规划新增市场，仅对承担农贸市场功能部分的体量进行明确，同时考虑到用地成本、消费需求等因素，将千人指标选取为 120m^2，初步将该市场的体量设置为 2000m^2。

为保证可实施性及用地指标的合规性，还需要对得出的体量数据进行验证。于是结合该处可用地块的用地面积 17800m^2，判断出完全能够承载该体量（在数据差别不明显的情况下，可根据选取用地的面积和规划体量测算容积率，再根据国家及相应地区对相应用地的容积率指标设置要求来进行判定），故而最终确定设定的体量（见图 8－34）。

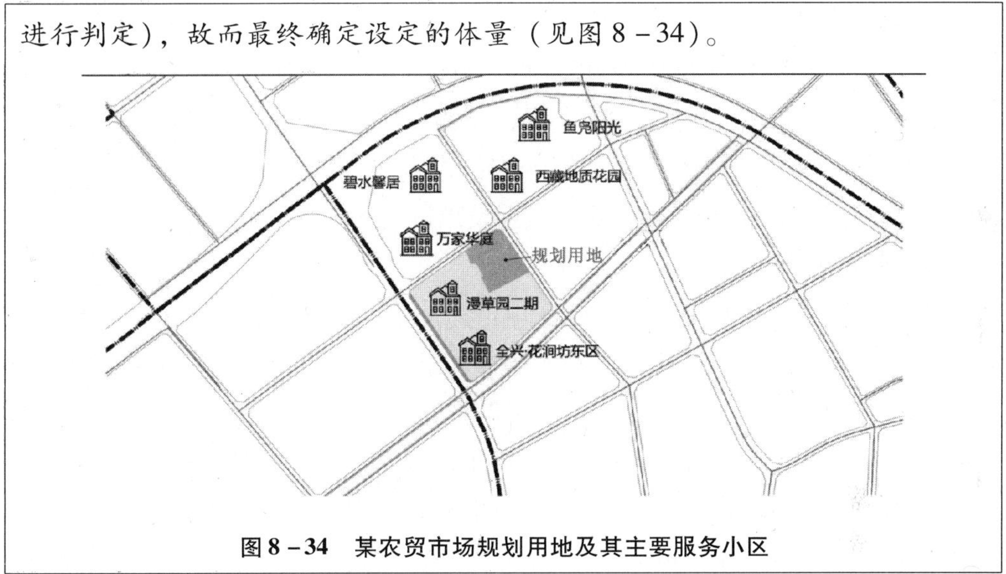

图 8－34　某农贸市场规划用地及其主要服务小区

（七）农贸市场的布局选址

为了更加科学合理地发挥农贸市场的作用，使其不仅能更加高效地发挥其功能，还能与城市整体规划相协调，根据农贸市场的均衡性、系统性、协调性规划原则，主要从用地性质、交通区位、辐射能力以及整体布局等方面对其布局选址进行考虑。

1. 用地性质

根据《城市居住区规划设计标准》（GB 50180－2018），农贸市场作为商业服务设施，一般设置在商业用地上，但由于居住用地具有一定的商业服务设施指标，故也可以在满足相应指标要求的情况下设置在居住用地上，再者与社区商业联合设置的农贸市场，也可以根据社区商业对用地性质的选取，设置在公共服务设施用地上。

2. 交通区位

根据农贸市场便民利民的公共服务要求，规划农贸市场选址应具有较高的可达性，故应尽量布置在居住区内部，或具有便捷的交通条件的地区；但考虑到城市交通负荷以及其城市整体形象，农贸市场不应布置在城市主干路沿线；同时为了整合公共资源，提高其利用效率，以及为居民提供更为集中、便捷和舒适的公共服务体验，农贸市场宜与小区配套公建相结合。

3. 辐射能力

参考《城市居住区规划设计标准》（GB 50180－2018），“10 分钟生活圈居住区”应独立或联合配建农贸市场，其服务半径不宜大于 500m。而在实际规划过程中，考虑到城市新区和部分人口密度较低的区域，农贸市场的服务半径应设置在 500～700m，服务人口应设置在 1.5 万～2.5 万人。

4. 整体布局

理论上来讲，农贸市场规划应该在上述选址的要求下，满足规划范围内所有人口对它的需求，达到整体均衡。但在实际规划过程中，受到用地条件、商业的不确定性等客观条件的影响，不可能完全达到均衡。因此在应布置农贸市场、但无用地条件的区域，或在农贸市场服务半径外、但人口规模不足以布置农贸市场的区域，应鼓励社会资本投资建设小型生鲜超市（或本章提及的其他农贸市场的衍生形式）作为补充。同理，在存有经营状况良好的大型私人或企业经营的农贸超市等衍生形式的区域，应考虑不再设置农贸市场或适当减少其体量。

在实际规划过程中，我们经常会发现规划范围的控制性规划对农贸市场的用地和布局选址已进行了明确。在这种情况下，对农贸市场的布局选址，首先是要对现状市场用地进行评估，确定现状市场是否符合控规用地，是否具备承载规划期内农贸市场功能的能力，是否有改造提升的空间，以判断其是否需要进行搬迁；其次是要对现状市场（包括临时农贸市场）的使用情况进行调研，分析现状农贸市场能否满足规划范围农贸市场的需求，以确定哪些区域需要增加农贸市场；随后在对现状的调研和分析的基础上，对照控规规划点位和现状点位，根据农贸市场布局选址的标准及思考，核准控规点位是否能满足农贸市场规划的需求，如果控规规划的点位和用地不足，则应根据规划标准选取用地增加点位并与规划部门协商对控规进行调整或通过农贸超市等衍生形式补充农贸市场的功能，如果控规布局过多，则应综合考虑服务人口、服务半径以及建设体量对控规点位进行取舍，从而得出农贸市场的最终布局方案。

专栏 8－7　案例——某市某区农贸市场布局选址

需要解决的问题： 该市的现状农贸市场主要集中于旧城中心区域，规划范围内除旧城外，部分已经形成了新区，部分还未开始开发建设。旧城现有的农贸市场亟须解决服务区域重合和覆盖不足的问题，新区需要完善农贸市场配套建设，而未开发区域则需要提前预留出用地。

解决问题的方式：一是在调研的基础上，对市场现状进行主观评估，取消旧城区部分现状服务半径重叠严重、经营状况不佳、市场品质和市场形象较差的市场；二是在旧城区市场功能缺乏的区域，从可实施性出发，结合用地性质以及现状用地条件，规划新增农贸市场；三是新区及待建设区域，根据城市人口预测，配套规划农贸市场。

布局标准的选取：旧城区和城市核心区人口密度较大，农贸市场以500米服务半径进行设置，城市新区及暂未开发的区域，考虑到人口密度较低，以及远期发展的不确定性，以500～700米服务半径进行布局。所有市场的辐射范围尽量不要重合，且能覆盖范围内所有居住人口，但基于旧城区旺盛的需求和紧张的用地条件以及农贸市场的体量难以扩大的现实，在对市场的经营状况和需求情况进行走访调研后，保留了旧城区部分服务半径重合（即小于500米）的农贸市场（见图8－35）。

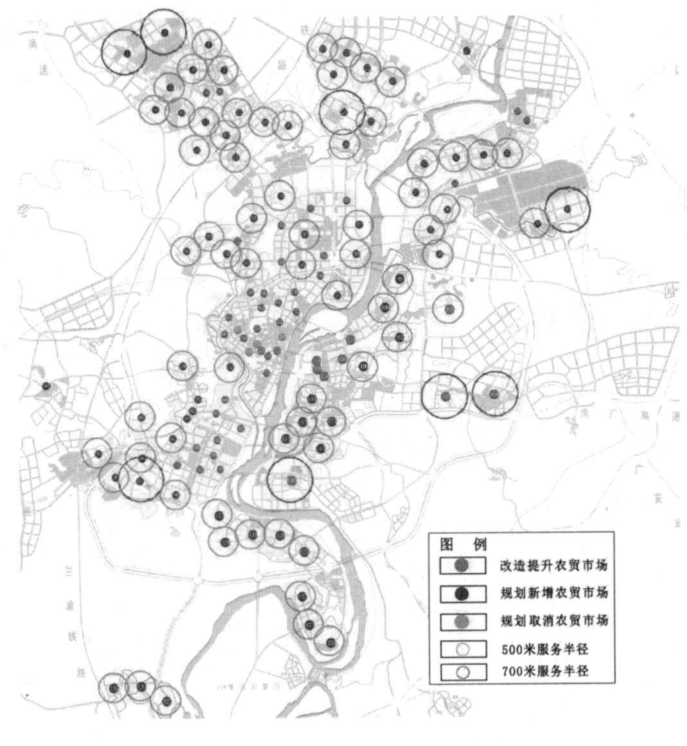

图8－35　某农贸市场规划用地及其主要服务小区

第九章　业态规划

商业网点规划中，网点决定销售位置和载体类型，业态决定销售方式和产品的类型。在商业网点规划中，规划定位或发展方向中就是对商业功能的描述，最终是通过各类业态有机组合而实现的。因此，各级商业中心、商业街、商业综合体或购物中心的发展定位或发展方向，实际就是对业态结构选择的引导。也正是因为业态是各类商业空间和网点的特色功能的实体形式，商业网点规划中业态的规划引导一般结合每一处商业空间或网点进行规划。这里，为了读者有更清晰的认识，我们从业态概念出发，结合业态规划实际案例，系统地阐述业态规划的影响因素、编制方法和设置标准。

一、商业业态概念

（一）概念

商业业态的概念是20世纪60年代从日本引入的[①]，按照日本零售协会的定义，业态是对应消费者购买习惯的营业形态，是根据消费者购物意向而划分的。[②] 同时引入的还有业种的概念，业种是指零售商业的行业种类。目前我国具有统一标准的只有零售业业态的分类，无法涵盖商业网点规划中的服

① 孙明贵. 业态管理学原理，北京：北京大学出版社，2004：58.

② 流通新世纪. 日本经济新闻社，1989：219.

务类网点和批发类网点所需业态。因此，在第一章中，我们融合“业种”的概念，对业态概念进行二次定义。业态是指以销售的产品或提供的服务的类型进行分类的经营类型。

业态分类标准

一直以来我国只有《零售业态分类》，而对商业网点规划涉及的各类服务类业态、批发类业态一直没有统一的规定，本书参考《国民经济行业分类》（GB/T 4754－2017）国家标准第1号修改单①，主要将2019年国家经济行业分类代码表中将F类批发零售业、H类餐饮类和O类居民服务、修理和其他服务业三大业态统归为商业业态，此外考虑到R类文化、体育和娱乐业中的娱乐业未来也是非常重要的业态组成部分，将其一并放入生活服务中考虑，同时结合商业发展趋势，对一些新兴的业态进行了补充。

（二）分类标准

在此基础上，我们将业态分为三级业态。第一级，分为零售类业态、服务类业态和批发类业态。第二级中，零售类二级业态按照经营方式和销售类型，分为食杂店、便利店等；服务类二级业态按照服务类型，分为餐饮服务店、居民生活服务店、休闲娱乐服务店等；批发类按照批发类型，分为综合批发类和专业批发类。第三级中，按照销售产品或提供服务的种类，再进行细化，形成零售类三级业态、服务类三级业态和批发类三级业态（见表9－1）。

表9－1　　商业业态分类

一级业态	二级业态	三级业态
批发业态	综合批发业态	生产资料综合批发、工业消费品综合批发、农贸综合批发、其他类
	专业批发业态	农林牧渔产品批发、食品饮料及烟草制品批发、纺织服装及家庭用品批发、文化体育用品及器材批发、医药及医疗器材批发、矿产品建材及化工产品批发、机械设备五金产品及电子产品批发等

① GB/T 4754－2017《国民经济行业分类》国家标准第1号修改单，经国家标准化管理委员会于2019年3月25日批准，自2019年3月29日起实施。

续表

一级业态	二级业态	三级业态
零售业态	食杂店	—
	便利店	—
	折扣店	服饰折扣、日用品折扣、食品折扣等
	超市	综合超市、生鲜超市、日用品超市等
	仓储会员店	综合类仓储会员店、生鲜类仓储会员店、日用品类仓储会员店、家居建材类仓储会员店
	百货店	所有专业店、专卖店业态
	专业店	食品饮料烟酒类、服饰类、纺织类、日用品类、文体用品类、医药类、医疗器械类、汽车、摩托车和配件类、家用电器及电子产品、五金家具及室内装饰材料类
	专卖店	食品饮料烟酒类、服饰类、纺织类、日用品类、文体用品类、医药类、医疗器械类、汽车、摩托车和配件类、家用电器及电子产品、五金家具及室内装饰材料类
	购物中心	所有三级业态
服务业态	餐饮服务类	中餐厅、西餐厅、快餐店、饮料及冷饮店、小吃店、早餐店和其他餐饮
	居住服务类	家庭服务、洗染服务、保健服务、洗浴服务、婚介服务、殡葬服务、彩扩服务、培训服务、社区服务、修理服务和其他服务
	休闲娱乐服务类	室内娱乐、室外娱乐、体育健身、文化娱乐

注：餐饮服务类和休闲娱乐服务类的三级业态根据需要还可以细化为更多业态形式。另外，现在不断出现零售业态和服务业态复合的新颖业态，如咖啡和书店的复合业态、服饰和咖啡的复合业态等，这类复合业态我们将其考虑为业态间的可兼容关系，在下文兼容表中体现。

二、商业业态布局结构理论

商业业态布局结构研究，即商业业态的群体研究，是指通过分析商业业态之间的关系，得出商业业态布局结构的规律性，揭示多种业态的结构变化规律。

商业业态的存在最根源是基于消费者需求，纵观世界零售业发展历史，没有一种业态是独立存在的，往往伴随着消费者的需求共生发展；同时，随着人民消费要求的日益提高，技术水平的不断进步，业态之间产生又存在相互竞争、相互替代的关系，因此，多业态并存是商业业态结构的常态。[①]

多业态并存不意味着各种业态在零售市场中平分秋色，而是以主辅关系、互补关系的形式存在着。商业业态并存的主辅形式，即在一个市场中，由一两种商业业态占主导地位，而其他的业态形式处于次要的地位，当一类商业业态处于成长或成熟阶段时处于主导的地位，另一类商业业态处于产生或衰落阶段时处于辅助地位，即使有若干商业业态同时产生，它们的发展轨迹也不会是同步的，因此多业态并存自然呈现出主辅并存的形式。商业业态并存的互补形式，一个新业态的产生，也并非是完全取代某种旧业态，而常常是对旧业态的一种补充或升级。生产和需求的多元化，使任何一类业态都不可能满足所有消费者的所有需求，这就给其他业态的生存和发展留下了空间，只有若干业态共同发挥作用，才能更好地满足社会的需要。

由于商业业态结构是主辅和互补关系形式的多业态并存，因此现实中不可能用某一类业态来取代所有的业态，也不可能固守某一类业态的主导地位，而要根据时空的转移和变化，构造零售业态的格局。

三、商业业态发展趋势

（一）设计感性化

随着大数据、人工智能等技术的广泛运用，技术进步必将替代很大一部分人类的理性分析劳动，人类将更加专注于情感情绪和人性等方面的内容，由于人类关注点变化，在未来的商业社会中，用户必将变得更加感性，希望消费能感受到更多人性、情感的产品或服务，未来能够适应社会的商业业态必定是产品设计、营销策划等方面都更加注重人类情感、关注人性等元素的。

（二）产品定制化

随着科技进步和消费升级，每个人的情感情绪都是不一样的，消费诉求有明显的差异和鲜明的个性，所以，消费者需要的产品满足方式也是不一样

① 周泽信．我国市场化进程中的零售业态及其结构．财贸经济，2000－1，71－74.

的，这就需要商家更加注重产品的定位和设计理念的进一步升级，用更加具有个性化的产品去适应市场的变化和消费升级。因此，能够满足未来消费需求的商业业态必定是更能适应消费者个性化需求，具有定制化产品的。

（三）消费场景化

随着电子商务的发展特别是近年来的各种新技术的应用，在未来的商业环境下渠道的作用将更多承担起场景支持的功能。无论是线上渠道、线下渠道，还是线上线下结合的渠道模式，都是为了实现聚集流量，同时能够引导用户的情绪和情感。场景实际包括两个方面，场就是时间和空间，景就是情景和互动。用户愿意投入时间来停留消费，主要就是因为商家能够触发他们的某种情绪和情感。所以未来商业社会中的商业业态必定是有较强的场景性，如果不重视搭建能引起消费者共鸣的消费场景，那么商家就会失去同用户互动和交易的机会，逐渐面临淘汰。

（四）体验科技化

大数据、云计算、人工智能及物联网技术的发展，使未来商业业态的体验更加科技化。大数据能够帮助商家进行客群分析与目标市场定位，能整合线上线下消费者数据，实现全方位用户画像，使商家能够提供个性化服务和精准营销；云计算能够为商家提供统一的数据管理平台，使线上线下数据互通，满足消费者一体化消费体验需求，增加客户黏性；人工智能能快速匹配用户偏好、个性化定制推荐，从而提升消费者的消费体验；物联网能够充分提高物流运行效率，解决企业线下获取消费者物流数据的难题。科技赋能的商业基础设施的进一步完善，势必推进未来商业业态体验科技化。

四、商业业态规划与实践

商业业态的规划往往是基于商业项目的载体而进行的，有较为宏观的基于城市商业的业态整体布局的规划，也有微观的如商业街、社区商业中心、购物中心、农贸市场等具体商业项目的业态规划，本小节首先对商业业态规划的核心内容及方法进行介绍，其次以城市商业业态规划和商业街业态规划为例阐述如何进行规划实操。

（一）商业业态规划技术路线及相关方法

1. 技术路线（见图9-1）

商业业态规划首先结合城市发展水平、城市（商圈）等级、商业格局竞争态势、基础资源、消费水平和交通条件等因素定量分析出商业发展定位；其次，明确商业业态分类标准、业态兼容性分析和业态设置标准技术；在有了商业定位和相关标准的基础上，结合空间规划、交通动线、商业载体等空间要素，明确商业功能分区；最后，在功能分区的基础上，结合商业业态的属性，对商业业态进行规划布局，明确商业业态的类型、设置标准、设置比例（数量）。

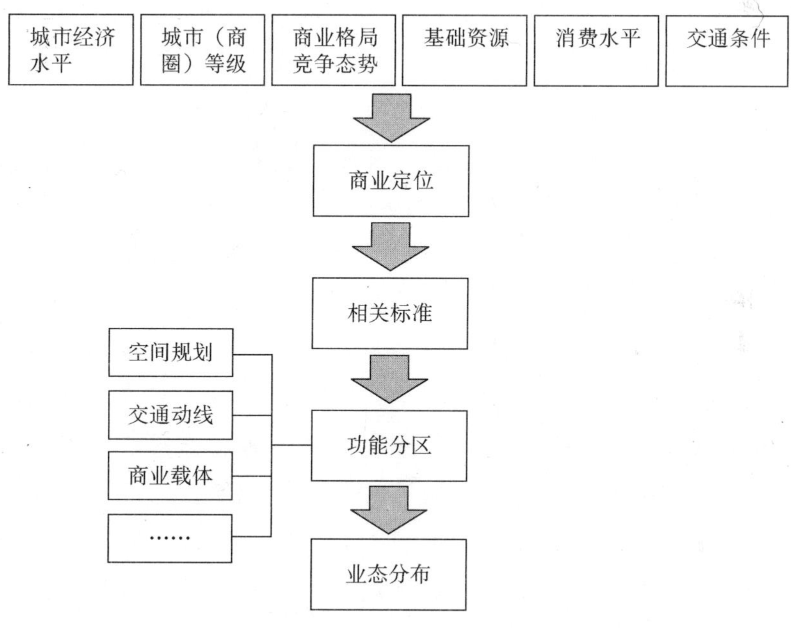

图9-1　商业业态规划技术路线图

2. 商业定位

商业定位是商业业态规划最核心和最重要的工作，是商业功能布局及业态布局的基础，商业定位的方法主要是定性分析，通过“城市经济水平、城市（商圈）等级、商业格局竞争态势、消费水平、基础资源、交通条件”六个方面的分析，综合给出商业定位。

（1）城市经济水平。衡量城市经济水平的指标较多，采用指标的主要依据是有准确的数据来源，同时具有可比性，能有助于定位分析。实践过程中，采用以下 8 个指标连续 5 年的数据进行分析，是商业定位过程中的重要数据。

①GDP。GDP 在国际上是考量城市经济发展的一个重要指标，一般在进行商业定位时，不单独用 GDP 总量而是换算成人均 GDP，因为将大城市的 GDP 与小城市的 GDP 进行比较毫无意义，人均 GDP 才具有对比性。

②三次产业结构。商业定位分析中，研究三次产业结构是以研究消费者的消费能力作为辅助，实践证明，消费能力与三次产业结构之间有一定的关系。一般而言，三次产业结构中服务业占比占绝对地位时，城市的经济发展水平较高，居民消费能力较强；第二产业占绝对地位时，城市经济发展水平处于发展过程中，居民消费能力随着整体经济的发展处于上升阶段。

③社会消费品零售总额。代表城市每年消费者用于批发和零售业、住宿和餐饮业以及其他行业消费品的总金额。它与 GDP 一样，换算成人均数据，更能说明实际情况，每年每人用于商品消费的总金额越高，证明消费能力越强。

④职工平均工资。人们收入多，消费越多；收入少，则消费少。人均工资收入水平同样反映城市经济发展程度。

⑤人均可支配收入。收入扣除向政府缴纳的各项直接税以及非商业性费用等以后的余额，是消费开支的最重要的决定性因素，因而常被用来衡量一个城市生活水平的现状。

⑥人口规模。人口越多，消费者基数越大，商业的潜在目标消费客群就越多。

⑦城市化率。城市化率代表城市在从农村变为城镇发展过程中的发展强度。城市化率越高，城镇人口占比越大，城市发展越发达，城镇人口在消费观念及消费能力上均较农业人口有一定优势。

⑧旅游人口、旅游总收入。旅游消费是外来人员给城市带来的商业消费，这部分消费也会对城市商业带来一定程度的影响。

通常，对以上指标进行研究后，一般会发现每个指标5年的数据是一条上升的斜线，表面上数据很乐观，但若将其放到同类城市间进行比较就会有所不同。因此，不能孤立地只看一个城市，一定要与周边相邻城市和同级别城市进行对比。

综上，以上8个指标在研究城市经济水平中较为重要，需考虑到。

（2）城市（商圈）能级。商业定位需要分析城市（商圈）所在区域以及能级①，分析城市（商圈）能级的主要方法是断裂点理论分析法（见第四章）。

（3）商业格局与竞争态势。分析城市现有商圈布局，明确已有商业项目在城市商业（商圈）中的地位和作用、城市商业缺什么样的商业业态；同时，分析城市商业与其他城市商业、商业项目与其他项目之间的竞合关系。

（4）消费水平。通过问卷调查、访谈等方式深度了解当地消费者的需求，调查内容包括消费场所、消费内容、消费金额、消费频次、消费特征、交通工具等，多角度挖掘消费者需求，为商业定位提供消费支撑。

（5）基础资源。分析城市文化、餐饮、娱乐、旅游资源等服务业已有基础和独有资源，同时分析城市第二产业的突出优势，找到城市与商业融合发展的优势资源和切入口，为商业差异化定位提供依据。

（6）交通条件。分析城市的区位情况以及交通条件，研究城市内外部道路的等级、与周边城市和内部商业串联的通达性，公共交通的便捷性，如公交的地位、线路数量、是否有地铁等。

3. 设置标准

本节从兼容关系和设置标准两个维度对商业业态的规划标准进行界定。

（1）业态兼容关系。业态之间存在着一定的共竞并存的关系，业态之间关联度越高，越容易整合，形成互惠互利关系；业态关联度越低，就会出现相互排斥和副作用，导致商品品质、消费吸引力下降等问题。表9－2就是相关业态兼容适应性分析情况表。

① 城市（商圈）能级是城市（商圈）的综合实力及其对该城市以外地区的辐射影响程度。

表9-2　　　　业态兼容适应性分析一览表

业态组合		批发	零售							居民服务												餐饮服务				休闲娱乐				
			食品类	服饰类	文体类	家居家电	汽摩类	医保类	其他类	家庭服务	洗染服务	保健服务	美容美发	洗浴服务	婚介服务	殡葬服务	彩扩服务	车辆服务	培训服务	社区服务	其他服务	商务餐饮	大众餐饮	休闲餐饮	快餐餐饮	室内娱乐	主题乐园	体育健身	文化娱乐	其他娱乐
批发			◎	○	○	●	●	○	○	○	○	○	○	○	○	○	○	○	○	○	○	○	◎	○	○	○	○	○	○	○
零售	食品类	◎		◎	◎	○	○	○	○	○	○	○	○	◎	○	○	○	○	○	○	○	●	◎	●	◎	●	◎	◎	◎	◎
	服饰类	○	◎		○	○	×	○	○	○	◎	○	◎	○	●	○	○	○	○	○	○	◎	◎	●	◎	○	○	●	○	○
	文体类	○	◎	○		○	×	◎	○	◎	○	○	○	○	◎	○	◎	○	◎	◎	◎	○	◎	◎	◎	○	○	●	○	○
	家居家电	●	○	○	○		◎	○	○	○	○	○	○	○	○	○	◎	○	○	○	○	○	◎	◎	◎	○	○	○	◎	○
	汽摩类	●	○	×	×	◎		○	○	○	○	○	○	○	○	○	○	●	○	◎	○	○	◎	○	◎	○	○	○	○	○
	医保类	○	○	○	◎	○	○		◎	◎	○	●	○	○	○	×	○	○	○	◎	◎	○	◎	○	◎	○	○	◎	○	○
	其他类	○	○	○	○	○	○	◎		◎	○	◎	○	○	◎	○	◎	○	○	◎	◎	○	◎	◎	◎	○	◎	◎	◎	○
居民服务	家庭服务	○	○	○	◎	○	○	◎	◎		●	◎	◎	◎	◎	○	●	○	●	●	◎	◎	●	●	●	○	○	◎	◎	○
	洗染服务	○	○	◎	○	○	○	○	○	●		◎	◎	◎	●	○	◎	○	○	◎	◎	○	○	○	○	○	○	○	○	○
	保健服务	○	○	○	○	○	○	●	◎	◎	◎		◎	●	●	×	○	○	○	◎	◎	◎	◎	◎	◎	○	○	◎	○	○
	美容美发	○	○	◎	○	○	○	○	○	◎	◎	◎		◎	◎	○	◎	○	◎	◎	◎	◎	◎	◎	◎	◎	○	◎	◎	◎
	洗浴服务	○	◎	○	○	○	○	○	○	◎	◎	●	◎		◎	○	◎	○	○	◎	◎	◎	◎	◎	◎	◎	◎	◎	◎	◎
	婚介服务	○	○	●	◎	○	○	○	◎	◎	●	●	◎	◎		×	●	◎	○	◎	◎	◎	◎	◎	◎	◎	◎	◎	◎	◎
	殡葬服务	○	○	○	○	○	○	×	○	○	○	×	○	○	×		◎	○	○	○	○	◎	◎	○	○	×	×	×	×	×
	彩扩服务	○	○	○	◎	◎	○	○	◎	●	◎	○	◎	◎	●	◎		○	●	●	◎	◎	◎	◎	◎	◎	◎	◎	◎	◎
	车辆服务	○	○	○	○	○	●	○	○	○	○	○	○	○	◎	○	○		○	◎	○	○	◎	○	◎	○	○	◎	○	○
	培训服务	○	○	○	◎	○	○	○	○	●	○	○	◎	○	○	○	●	○		◎	◎	◎	◎	◎	◎	○	○	◎	○	○
	社区服务	○	○	○	◎	○	◎	◎	◎	●	◎	◎	◎	◎	◎	○	●	◎	◎		◎	◎	◎	◎	◎	○	○	○	○	○
	其他服务	○	○	○	◎	○	○	◎	◎	◎	◎	◎	◎	◎	◎	○	◎	○	◎	◎		○	◎	◎	◎	○	○	◎	○	○
餐饮服务	商务餐饮	○	●	◎	○	○	○	○	○	◎	○	◎	◎	◎	◎	◎	◎	○	◎	◎	○		●	●	●	●	●	●	●	●
	大众餐饮	◎	◎	◎	◎	◎	◎	◎	◎	●	○	◎	◎	◎	◎	◎	◎	◎	◎	◎	◎	●		●	●	●	●	●	●	●
	休闲餐饮	○	●	●	◎	◎	○	○	◎	●	○	◎	◎	◎	◎	○	◎	○	◎	◎	◎	●	●		●	●	●	●	●	●
	快餐餐饮	○	◎	◎	◎	◎	◎	◎	◎	●	○	◎	◎	◎	◎	○	◎	◎	◎	◎	◎	●	●	●		●	●	●	●	●
休闲娱乐	室内娱乐	○	●	○	○	○	○	○	○	○	○	○	◎	◎	◎	×	◎	○	○	○	○	●	●	●	●		●	●	●	●
	主题乐园	○	◎	○	○	○	○	○	◎	○	○	○	○	◎	◎	×	◎	○	○	○	○	●	●	●	●	●		●	●	●
	体育健身	○	◎	●	●	○	○	◎	◎	◎	○	◎	◎	◎	◎	×	◎	◎	◎	○	◎	●	●	●	●	●	●		●	●
	文化娱乐	○	◎	○	○	◎	○	○	◎	◎	○	○	◎	◎	◎	×	◎	○	○	○	○	●	●	●	●	●	●	●		●
	其他娱乐	○	◎	○	○	○	○	○	○	○	○	○	◎	◎	◎	×	◎	○	○	○	○	●	●	●	●	●	●	●	●	

备注：●关系密切，适应性良好　◎关系不大，适应性一般　○基本无关系，适应性弱

×存在潜在矛盾

（2）业态设置标准。为方便实施和管理，将业态分为鼓励设置、适度设置、限制设置和禁止设置四种设置标准。

①鼓励设置。是指有助于形成商业集聚和带动效应，能改善城市商业品质的业态，如：符合商业定位的主导业态，与主导业态密切相关的，或现状缺少的、能增强商业定位特色的业态，应优先考虑设置，且设置比例不低于60%。

②适度设置。对能为商业定位给予一定支撑，且不相冲突的业态，在市场调节下，适度设置，设置比例一般不高于35%。

③限制设置。对商业定位有一定负面影响，在政府引导下，需要控制设置在一定数量内，或现状存在考虑在未来逐步减少或清退的业态，设置比例一般不高于5%。

④禁止设置。是指易产生粉尘、异味、噪声等对市容市貌、商业环境影响较大的商业业态，需严格禁止出现，禁止设置的业态见表9－3。

表9－3　　禁止设置业态

控制要求	业态类型
禁止设置	宵夜、夜市等会妨碍交通、油烟污染、噪声扰民等影响市民与城市环境的大众餐饮
	五金建材、汽修汽配、汽车美容、再生资源回收等会破坏市政环境、影响市容市貌，但居民对其有一定需求且服务距离较近的业态
	机械机电、农资农机、报废汽车拆解、金属塑料制品加工等易产生噪声、粉尘、异味等破坏市政环境、影响市容市貌的业态

4. 功能分区

对于商业业态功能分区主要考虑上位规划及商业定位、交通动线和商业载体三个因素。

（1）上位规划及商业定位。商业业态的空间布局必须与城市总体规划、商业网点规划或区域商业规划等上位规划相衔接，因此在明确上位规划的要求和商业定位的情况下，可以初步筛选出商业业态的大类，即明确项目的主要商业业态是零售类、餐饮服务、居民服务修理和其他服务、休闲娱乐服务中的那些大类，或大类的结合。

（2）交通动线。结合项目周边及内部的交通动线分析人流动线，明确项目主次通道，根据消费者的消费偏好、行为特征以及业态自身经营属性，合理规划分区，考虑主次入口与各类业态相对平衡等因素，最大限度地让人流接触尽量多的、能体现项目定位的商业业态，又不把步行距离拉长，在空间上以环形模式与网状模式为主引导人流运动。

（3）商业载体。结合商业载体的物理属性进一步明确能够承载的商业业态，主要通过烟道、排污、消防、空间等方面进行筛选。如商业载体不具有烟道和排污管道，相关区域应严禁设置餐饮类业态；如商业载体的消防功能无法满足酒店消防验收，则相关区域不应设置酒店等业态；如商业载体空间上无法满足像电影院、大型超市类单层面积需求较大时，则相关区域不应设置电影院、大型超市等业态。

5. 业态规划

业态规划主要涉及三个方面：业态选择、业态配比、业态衔接。

（1）业态选择。业态选择必须符合规划的整体定位，同时结合各个区域的自身条件（建筑体量、空间结构）及消费者的消费习惯来展开。不同区域承载的基本功能有着较大差异，业态组合的区别也十分明显。商品级次的定位不同，目标人群的消费特征就不同，这必然也会影响到规划区域的业态选择。

（2）业态配比。为了能将建筑的面积合理利用，必须对各业态进行合理配比。合理的业态配比能够完善品类结构功能，更好地满足消费需求。

业态配比应遵循以下原则：

适用性。根据不同业态的要求，提供适用的面积。

高平效。在满足适用性的基础上，在区间内尽可能适度地压缩，以提高销售平效。

互补性。业态要实现差异化，避免重复，注重业态间的关联消费，业态组合要符合目标消费群的需求。

（3）业态衔接。业态布局和衔接要研究区域客流动线，明确主次通道。根据业态经营特性，并结合商业自身的经营需求，合理规划。

各个业态之间衔接是否顺畅、合理，关系到消费的舒适感及流畅性，也在某种程度上决定了顾客逗留的时间长短以及交易量的大小。

业态衔接需遵循以下原则：零售业态放于人流集中区，品牌级次和单价高的品牌店应放置在人流集中区主入口、主通道。娱乐业态因属于目的性消费，应放置于人流较少区。通过自身功能带动客流。餐饮业态与专卖店等业态宜集中布局，以便形成规模化。

（二）基于城市的商业业态规划布局

FS 县地处四川盆地南部，面积 1342 平方千米，常住人口 79.5 万人（户籍人口 108.58 万人），是第三批国家新型城镇化综合试点地区。

随着成渝经济带的不断推进、川南城市群的发展、高铁经济的带动，FS 县经济发展面临良好的机遇。同时，随着 FS 县经济结构进一步调整、城市化水平不断提升、居民消费需求的变化，以及城市总体规划和商业网点规划的编制完成，对其商业业态的布局与管理提出了新的要求。此外，由于 FS 县城市商业业态长期以市场自发性分布为主，布局较为杂乱，商业现状已不能适应其经济和社会发展需求。为了提升城市魅力、改善商业环境、优化商业业态布局、满足民生需求，2016 年年初根据 FS 县城市总体规划及商业网点规划，对其商业业态进行了规划布局。

1. 商业定位

城市商业网点规划是商业业态规划的上位规划，由于 FS 县已编制完成城市商业网点规划，因此沿用上位规划的商业定位①："辐射 × × 地区的纺织服装、农产品交易中心；× × 地区的旅游、教育和商业融合发展示范县"。

2. 商业业态规划布局

（1）规划思路。规划以"便民利民不扰民"为宗旨，按照"远批近零"的布局原则，从"吃、住、行、游、购、娱"六大要素出发，结合 FS 县城市总体规划和商业网点规划对其中心城区五大片区的商业定位、商业功能分区以及路网情况进行统筹布局规划。

---

① 若城市总规进行了较大调整或上位规划编制时间较长，需重新分析商业定位。

满足当地居民与外来游客“游购娱”消费需求的旅游、餐饮、娱乐等休闲类业态，结合当地的历史文化旅游资源与自然环境资源布局，主要设置在文化旅游集中区和娱乐休闲集中区。

满足本地居民时尚购物、娱乐休闲、商务办公等综合性消费需求的业态，按照“便民利民”的原则集中布局在综合零售集中区。

为区域产业发展提供商业配套，以及满足多样化、个性化、商务性消费需求的商业业态，主要设置在高端商务配套集中区、工业配套集中区。

与居民日常生活息息相关的便利性商业业态（如菜市场、美容美发、干洗店等），主要结合居住社区进行布局，一般设置在社区商业中心或社区间主次交通干路。

批发类的业态主要设置在城市外围交通便利的区域，结合工业园区与物流中心进行布局。

对汽修汽配、废旧物品回收、金属制品加工、夜宵夜市等易产生粉尘、异味、噪声等污染环境扰民的业态应进行严格管控，引导至城市外围集中布局，既有利于政府统一管理，也能发挥规模化效应。

（2）空间布局。根据规划思路，结合城市总体规划和商业网点规划，形成商业业态“五区”的空间发展格局。

①文化旅游集中区。以才子文化、儒学文化、豆花文化为依托，打造非物质文化体验为主的文化旅游集中区。

②综合零售集中区。以时尚化、新颖化、标准化为特色，打造以时尚购物、特色体验为主的综合零售集中区。

③高端商务配套集中区。匹配区域的高端商务功能和物流集散功能，打造以商务服务、物流服务等业态为主，餐饮娱乐业态为辅的商务配套集中区。

④娱乐休闲集中区。依托城市会客厅、城市绿地和火车站，打造集文化娱乐、餐饮休闲和日常购物于一体的娱乐休闲集中区。

⑤工业配套集中区。以批发、物流和商务服务等工业配套类商业业态为主，兼顾生活配套类商业业态（见图 9 – 2）。

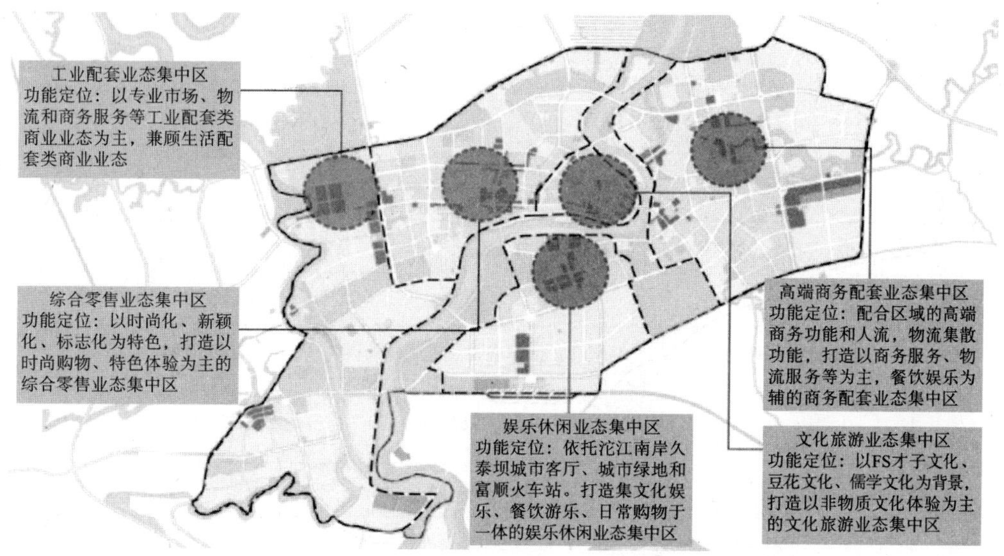

图 9－2　中心城区商业业态规划总体空间布局示意图

（3）业态规划示例。以文化旅游集中区为例，展示“五区”业态规划布局。首先，在“文化旅游集中区”规划范围和功能定位确定的基础上明确集中区总体业态导向；其次，根据商业业态现状及商业网点规划，选取集中区内具有一定基础或未来拟规划的商业街区作为重点对象，由“线”带“面”来塑造集中区的商业形象；最后，要明确每条重点商业街区的定位及特色，消费人群，消费层次，鼓励设置、适度设置、限制设置和禁止设置的业态类型以及建设时序和建设指引。

示例：文化旅游集中区

规划范围：城北片区旧城区

功能定位：以才子文化、豆花文化、儒学文化为依托，打造以非物质文化体验为主的文化旅游集中区。

业态导向：鼓励设置文化娱乐、餐饮服务、零售服务等业态，通过政府调控与引导手段，重点对文庙街区、西湖街区进行业态引导与调整，对不符合街区业态规划与形象的业态进行迁移，统一整改沿街底商店铺、店招风格，建议有条件区域以独栋商业建筑形式为主，规划区域主要服务于成渝地区游客与本地居民。

重点街道：规划期限内，打造4条重点商业街（区），其中2条为特色商业街（区），包括文庙—西湖文化体验旅游商业步行街区、黄桷树地下商业街，详见表9－4、图9－3、表9－5。

表9－4　　　　文化旅游集中区重点街道一览表

文化旅游业态集中区				
序号	重要街道（区）	特色描述	道路等级	建设指引
1	文庙—西湖街区	文化体验旅游商业步行街	重要支路	新建
2	釜江大道（黄桷树—通江广场地下商业街）	潮流服饰商业街	交通性主干路	新建
3	滨江路（富州大桥以东）	茶文化休闲商业街	重要支路	改造提升
4	林达路	精品服饰街	重要支路	改造提升

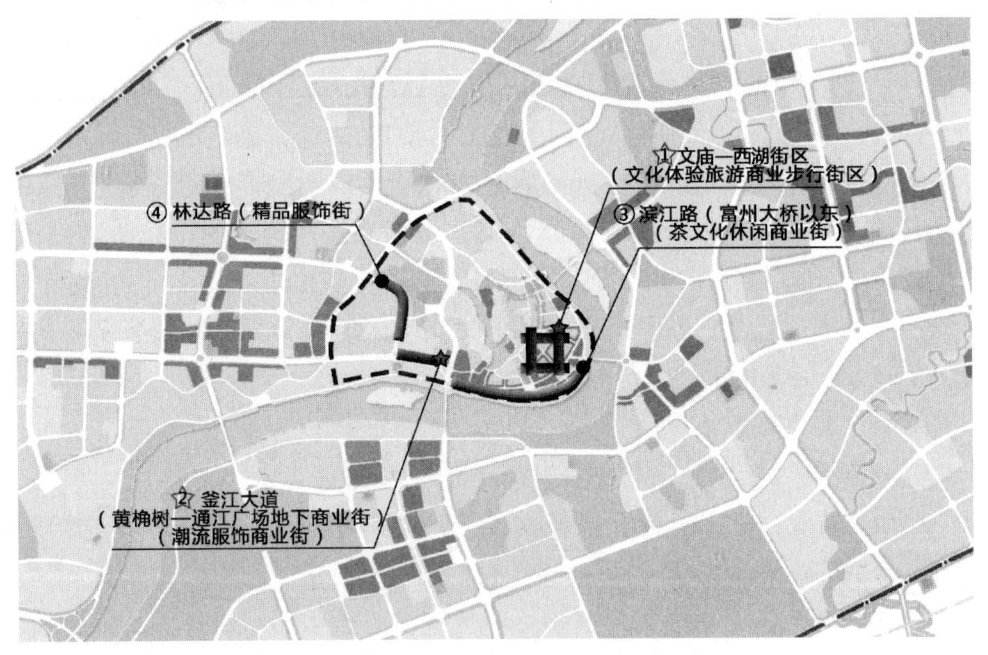

图9－3　文化旅游集中区重点街道规划图

表 9－5　　　　文化旅游集中区重点街道业态规划一览表

<table>
<tr><th>1</th><th colspan="3">文庙—西湖街区</th></tr>
<tr><td>街道区位</td><td colspan="2">城北片区旧城区</td><td>街道特色</td><td>文化体验旅游商业步行街区</td></tr>
<tr><td>消费定位</td><td colspan="2">中高端</td><td>道路等级</td><td>重要支路</td></tr>
<tr><td>建设时序</td><td colspan="2">近期</td><td>建设指引</td><td>改造提升</td></tr>
<tr><td>街道现状</td><td colspan="4">以茶馆、地摊、服装店、鞋帽店、日用品店为主，包含少量超市、药店、化妆品店等</td></tr>
<tr><td>业态类型</td><td colspan="4">1. 休闲娱乐类：独立用地餐饮、独立用地娱乐服务、独立住宿服务
2. 文化体验类：独立用地娱乐服务、独立用地餐饮</td></tr>
<tr><td rowspan="2">鼓励设置</td><td>业态类型</td><td colspan="3">餐饮服务类、其他生活服务类、其他零售类、文化娱乐服务类，服饰零售类、文体零售类</td></tr>
<tr><td>具体业态</td><td colspan="3">1. 休闲娱乐类：文化特色餐厅、特色小吃店、茶社、茶馆、茶楼、咖啡厅、水吧、特色客栈、主题酒店、特色产品店（网购店）
2. 文化体验类：话剧院、戏院、文史馆、图书馆、博物馆、豆花文化展览馆、豆花餐馆、古代传统服饰店、工艺美术品店、古董收藏品店</td></tr>
<tr><td rowspan="2">适度设置</td><td>业态类型</td><td colspan="3">商务餐饮服务类、服饰零售类、彩扩服务类、文体零售类、医保零售类</td></tr>
<tr><td>具体业态</td><td colspan="3">酒楼、酒店、饭店、各类小吃店、服装店、鞋帽店、工艺美术品店、药店</td></tr>
<tr><td rowspan="2">限制设置</td><td>业态类型</td><td colspan="3">汽摩零售类、家居家电类、车辆服务类</td></tr>
<tr><td>具体业态</td><td colspan="3">汽车配件零售店、五金店、日杂店、加工作业、车辆维修</td></tr>
<tr><td>备注</td><td colspan="4">统一建筑风格，与文庙和西湖景区相呼应，可设置表演平台供茶艺表演等</td></tr>
<tr><th>2</th><th colspan="4">釜江大道（黄桷树—通江广场地下商业街）</th></tr>
<tr><td>街道区位</td><td colspan="2">城北片区旧城区</td><td>街道特色</td><td>潮流服饰商业街</td></tr>
<tr><td>消费定位</td><td colspan="2">中高端</td><td>道路等级</td><td>交通性主干路</td></tr>
<tr><td>建设时序</td><td colspan="2">近期</td><td>建设指引</td><td>新建</td></tr>
<tr><td>街道现状</td><td colspan="4">在建</td></tr>
<tr><td>网点类型</td><td colspan="4">专卖店、专业店</td></tr>
<tr><td rowspan="2">鼓励设置</td><td>业态类型</td><td colspan="3">服饰零售类、大众餐饮类</td></tr>
<tr><td>具体业态</td><td colspan="3">潮流服装店、鞋帽店、眼镜店、钟表店、小饰品店、小吃店</td></tr>
<tr><td rowspan="2">适度设置</td><td>业态类型</td><td colspan="3">文体零售类、美容美发类、彩扩服务类</td></tr>
<tr><td>具体业态</td><td colspan="3">文具店、工艺美术品店、专业理发店、音像制品及电子出版物零售店、艺术摄影店、照相馆、图片社、彩扩店、数码摄影店</td></tr>
<tr><td rowspan="2">限制设置</td><td>业态类型</td><td colspan="3">汽摩零售类、家居家电类</td></tr>
<tr><td>具体业态</td><td colspan="3">汽车配件零售店、五金店、日杂店、加工作业</td></tr>
<tr><td>备注</td><td colspan="4">以年轻人消费设置为主</td></tr>
</table>

续表

<table>
<tr><td>3</td><td colspan="4">滨江路（富州大桥以东）</td></tr>
<tr><td>街道区位</td><td colspan="2">城北片区旧城区</td><td>街道特色</td><td>茶文化休闲商业街</td></tr>
<tr><td>消费定位</td><td colspan="2">中端</td><td>道路等级</td><td>重要支路</td></tr>
<tr><td>建设时序</td><td colspan="2">近期</td><td>建设指引</td><td>改造提升</td></tr>
<tr><td>街道现状</td><td colspan="4">茶楼、茶馆为主，包含少量饭店、餐馆</td></tr>
<tr><td>网点类型</td><td colspan="4">居住区底层商业、专卖店、专业店</td></tr>
<tr><td rowspan="2">鼓励设置</td><td>业态类型</td><td colspan="3">休闲餐饮服务</td></tr>
<tr><td>具体业态</td><td colspan="3">茶楼、茶社、茶馆、咖啡厅、水吧</td></tr>
<tr><td rowspan="2">适度设置</td><td>业态类型</td><td colspan="3">大众餐饮服务、食品零售类</td></tr>
<tr><td>具体业态</td><td colspan="3">小吃店、送餐店、面馆、包子店、饺子馆、茶叶店、烟酒店</td></tr>
<tr><td rowspan="2">限制设置</td><td>业态类型</td><td colspan="3">家居家电零售类、汽摩零售类、车辆服务类</td></tr>
<tr><td>具体业态</td><td colspan="3">汽车配件零售店、五金店、家居建材店、加工作业、车辆维修、车辆美容服务</td></tr>
<tr><td>备注</td><td colspan="4">统一店铺建筑立面风格，设置适当停车配套设施</td></tr>
<tr><td>4</td><td colspan="4">林达路</td></tr>
<tr><td>街道区位</td><td colspan="2">城北片区旧城区</td><td>街道特色</td><td>精品服饰街</td></tr>
<tr><td>消费定位</td><td colspan="2">中高端</td><td>道路等级</td><td>重要支路</td></tr>
<tr><td>建设时序</td><td colspan="2">近期</td><td>建设指引</td><td>改造提升</td></tr>
<tr><td>街道现状</td><td colspan="4">以服装店为主，包含少量茶艺馆、餐厅、药店等</td></tr>
<tr><td>网点类型</td><td colspan="4">专卖店、居住区底层商业、专业店</td></tr>
<tr><td rowspan="2">鼓励设置</td><td>业态类型</td><td colspan="3">服饰零售类</td></tr>
<tr><td>具体业态</td><td colspan="3">中高端品牌服饰店、鞋帽店、钟表店、眼镜店</td></tr>
<tr><td rowspan="2">适度设置</td><td>业态类型</td><td colspan="3">休闲餐饮服务类、文体零售类、医药零售类、大众餐饮服务类</td></tr>
<tr><td>具体业态</td><td colspan="3">茶楼、水吧、咖啡厅、珠宝首饰店、药店、小吃店、面馆、包子店</td></tr>
<tr><td rowspan="2">限制设置</td><td>业态类型</td><td colspan="3">家居家电类、车辆服务类</td></tr>
<tr><td>具体业态</td><td colspan="3">涂料店、五金店、车辆维修、车辆美容服务</td></tr>
<tr><td>备注</td><td colspan="4"></td></tr>
</table>

3. 特殊类商业业态规划

以上示例仅对有助于城市商业形象的业态进行了举例，对于有市场需求，但会对区域内环境造成一定影响的业态，如家装建材、五金机电、汽修汽配、金属制品加工、再生资源回收、夜宵夜市等未进行说明。为控制特殊类商业业态对城市环境及其他商业的干扰，建议在规划时尽量将特殊类商业业态集中布置到城郊区域或经营时间可管控区域，集中布置既有利于政府统一管理，也能发挥规模化效益。

家装建材、五金机电类业态与大多数业态的相互适应性较弱，不利于提升城市商业形象，同时居民购买频率相对较小。该类业态宜集中布局到家居建材市场、五金机电市场或城市外环路等交通便利又不影响城区市容市貌的地区。

汽修汽配类业态的布局既要考虑服务的便利性，又要考虑其不能对市容秩序及居民生活造成干扰。该类业态应集中设置在部分居住小区边缘的背街区域，或汽车销售专业街、汽车交易市场中的某个区域。

金属制品加工类业态主要是指门窗焊接、防护栏制作等日用金属制品制造，这类业态极易产生噪声、异味以及光污染等，需进行严格管控。建议在城市边缘的工业园区设置金属制品加工作业集中区。城区范围内严格限制加工作业类业态进入，鼓励商家将加工制作功能向工业园区转移，城市内只保留产品宣传展示和业务承接功能。

夜宵夜市和 KTV 类业态虽然是满足本地居民与外来游客休闲娱乐消费的民生需求，但存在妨碍交通、油烟污染、噪声扰民等影响市民与城市环境形象的问题，需在经营时间、安全卫生等方面进行严格管控。该类业态建议集中设置在与居住集中区隔离，且距离不远、交通便利的区域。

（三）基于商业街的商业业态规划布局

商业街位于 DY 镇高速公路出口附近，DY 镇面积 28.7 平方千米，城镇规划区面积 1.84 平方千米，辖 6 个行政村、37 个村民小组，3508 户、8420 人。为进一步优化灾后重建项目落地运营，依托 DY 镇区位、特色资源等优势，挖掘商业发展潜力，需建设运营特色商业街，助力将 DY 镇打造成为 YA 市过境旅游商业集散地。

1. 商业街定位分析

（1）环境分析。

①交通区位分析。两条旅游路线必经之地，具有便利交通条件。DY 镇位于 YA 市城区西 2 千米处，国道穿境而过，是前往附近旅游景区的必经之地，

过境车流与客流较多；能够快速连接其他区县，距最近区县 17 公里，最远 102 公里，四通八达的交通基础条件有效连接了 YA 市各区县，为在 YA 境内旅游的游客提供便利。

②商业发展环境分析。

• YA 市旅游业基础良好

YA 市旅游资源丰富，已经形成三条旅游带，而三条旅游带的交汇处正是紧邻 DY 镇。YA 市历来有“民族走廊”之称，川滇藏地区民俗文化节庆、活动多。同时，YA 市旅游人数多，2015 年春节期间游客人数达 123. 34 万人，国庆节期间达 193. 65 万人；多营镇过境客流量巨大，每年至少带来 500 万人次过境人流量。YA 市特色产品资源丰富，猕猴桃、绿茶、金丝楠、贡砚、贡米、贡椒、枇杷等特产能吸引过境游客旅游购物。

• 有成为过境旅游商业集散地的可能

区位条件好，商业街位于 DY 镇高速公路出口附近，是川藏旅游路线的必经之地，地理区位优势明显。本地资源好，“中国藏茶村”是集藏茶展销、藏茶文化、藏茶旅游、藏茶产品展示为一体的藏茶文化旅游集散地和茶马古道旅游目的地，已于 2016 年 1 月开始营业，通过藏茶村项目的打造和“藏茶文化”的宣传，势必能吸引更多的过境游客驻足，商业街位于藏茶村对面。

• 商业街现状不足以吸引过境游客停留

商业街现为农民集中住宿区，建筑形态以 3 层独栋房屋为主，一共有 7 排住宅，住宅一层可以用于商业经营。

（2）需求分析。满足过境游客休憩娱乐购物需求。由于商业街地处川藏公路国道、DY 镇高速公路沿线，过境车辆及游客较多。“藏茶村”景区，作为藏茶文化旅游集散地和茶马古道旅游目的地能吸引一定客流。商业街有集聚游客的天然区位优势，商业街的定位势必以满足过境游客休憩娱乐、特色产品购物的需求为主。

综上，商业街定位为满足过境游客购买特色产品、休憩娱乐需求的特色旅游休闲商业街。

2. 商业业态的布局

范　　围：WCJ 东段。

发展定位：满足过境游客购买特色产品、休憩娱乐需求的特色旅游休闲商业街。

业态规划：旅游休闲商业街分为特色美食区、特色工艺品区、藏茶特色文化区和棋牌保健区。1、2 号地块组成特色美食区，主要设置餐饮类业态，以本地特色美食为主，如燕子烧烤、夫妻粉、干烧雅鱼、砂锅雅鱼、彝族砣砣肉、宝兴香猪腿、荥经酸辣汤、芦山腊肉、汉源坛子肉等；3、4 号地块组成特色工艺品区，主要设置特色手工艺品展销、制作体验等业态，以 YA 本地手工艺品售卖为主，如金丝楠手串、土砂锅、藏茶车挂、黑砂茶具、小型汉白玉摆件等；5、6 号地块组成藏茶特色文化区，主要设置多营镇当地藏茶零售、藏茶制作工艺与藏茶文化主题茶馆等业态；7 号地块为棋牌保健区，主要设置棋牌、足浴、按摩等供游客休息娱乐的商业业态。沿着 WCJ 一侧，鼓励设置根雕艺术品、陶艺制作展示等对商业街形象影响较小的业态，详见图 9－4。

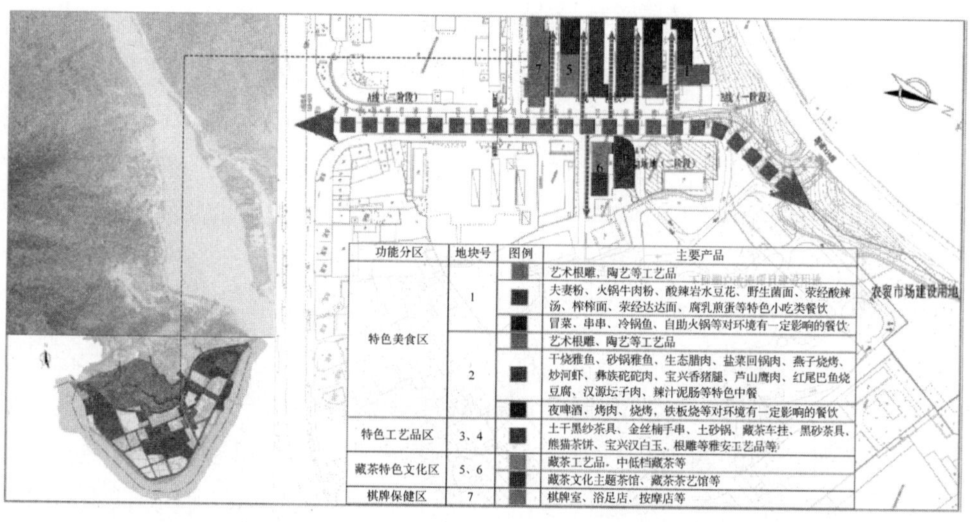

功能分区	地块号	图例	主要产品
特色美食区	1		艺术根雕，陶艺等工艺品
			夫妻粉、火锅牛肉粉、酸辣岩水豆花、野生菌面、荥经酸辣汤、榨榨面、荥经达达面、腐乳煎蛋等特色小吃类餐饮
			冒菜、串串、冷锅鱼、自助火锅等对环境有一定影响的餐饮
	2		艺术根雕、陶艺等工艺品
			干烧雅鱼、砂锅雅鱼、生态腊肉、盐菜回锅肉、燕子烧烤、炒河虾、彝族砣砣肉、宝兴香猪腿、芦山腊肉、红尾巴鱼烧豆腐、汉源坛子肉、辣汁泥肠等特色中餐
			夜啤酒、烤肉、烧烤，铁板烧等对环境有一定影响的餐饮
特色工艺品区	3、4		土干黑纱茶具、金丝楠手串、土砂锅、藏茶车挂、黑砂茶具、熊猫茶饼、宝兴汉白玉、根雕等雅安工艺品等
藏茶特色文化区	5、6		藏茶工艺品，中低档藏茶等
			藏茶文化主题茶馆、藏茶茶艺馆等
棋牌保健区	7		棋牌室、浴足店、按摩店等

图 9－4　商业街业态布局示意图

限制设置：五金机电类、家居建材类和汽车维修、废品回收等污染环境的商业业态；商业街沿主街一侧限制设置餐饮等影响街道整体风貌的业态。

第十章　商品交易市场和农产品批发市场规划

商品交易市场是市场经济运行过程中进行商品交易的重要平台或载体，是城市商业网点的重要组成部分，市场经济发展到一定阶段的必然产物，是城市不断发展的重要因素与驱动力，对促进经济增长、拉动投资与消费、引导生产有着十分重要的作用。在现代城市经济社会发展过程中，商品交易市场对城市要素流动与商品集散具有十分重要的意义。近年来，商品交易市场的发展越来越受到重视。为了更好地了解商品交易市场，在城市发展中科学指导商品交易市场发展，本章将从商品交易市场的概念、分类、发展历程、发展现状、发展趋势、相关理论进行简要的介绍，并重点对城市商品交易市场的规划原则、类型选择、用地规模预测及空间布局进行介绍，以期对城市商品交易市场发展有所帮助。

另外，农产品批发市场作为商品交易市场的一个类型，也是农产品流通体系中重要的商业网点，其发展状况能够部分反映出农产品流通体系发展的整体水平；另一方面农产品批发市场作为农产品销售的重要场所，在推进农产品和农村市场体系建设、居民生活保障、食品安全保障、脱贫扶贫攻坚上都发挥着较大作用，具有一定的社会性质和公益性质，历来受到政府和有关部门的密切关注。因此，在上章商品交易市场的基础上，我们将农产品批发市场单列讲解。近年来，随着城市发展对农产品流通体系建设逐渐重视，关于农产品批发市场的规划将会越来越完善，而在经济、科技快速发展、农产品流通体系不断创新、消费者消费观念不断改变的发展阶段，农产品批发市场的作用和功能会受到多种因素影响，如何对农产品批发市场进行规划，才能使其适应城市、商业、消费的快速变化，使其功能作用得到充分发挥，从而达成科学合理的规划方案，是规划过程中的常见问题。本章主要在农产品批发市场理论研究和规划经验的基础上，对其类型、规模、布局选址的方法进行介绍，阐述农产品批发市场规划的理论依据、规划思考和规划方法，为农产品批发市场规划的实践提供指导。

第一节 商品交易市场

一、商品交易市场概念与分类

（一）商品交易市场的概念①

商品交易市场是经有关部门和组织批准设立，有固定交易场所、设施，并设有专职管理人员的、以现货商品交易和提供相关服务的交易场所。

（二）商品交易市场的分类

根据《中国商品交易市场统计年鉴》中分类方式，按经营商品类别分类可分为综合市场和专业市场。

综合市场是指经营生产资料、工业消费品、农产品等多种商品的综合性现货商品交易市场。包括生产资料综合市场、工业消费品综合市场、农产品综合市场和其他综合市场。

专业市场是指进行某一产业商品的交易活动的现货市场。专业市场类别根据摊位交易情况确定，即经营某类商品的摊位成交额超过总成交额的60%，市场则确定为相应的专业市场。包括生产资料市场，农产品市场，食品、饮料及烟酒市场，纺织、服装、鞋帽市场，日用品及文化用品市场，黄金、珠宝、玉器等首饰市场，电器、通信器材、电子设备市场，医药、医疗用品及器材市场，家具、五金及装饰材料市场，汽车、摩托车及零配件市场，

① 参考《商业网点分类（GB/T 34401－2017）》和《中国商品交易市场统计年鉴》。

花、鸟、鱼、虫市场，旧货市场和其他专业市场。

二、商品交易市场发展历程

中国商品交易市场起源于集贸市场，新中国成立以来，随着中国经济体制的改革与调整，依据市场存在的形态和组织形式，中国商品交易市场的发展经历七个阶段，分别是集贸市场恢复期、起步期、体系初成期、体系规范期、结构调整期、分化提升期和创新引领期，具体如下：

（一）集贸市场恢复期（1979—1983年）

1978年以来，伴随着思想认识和国家政策的调整，在政策放松和允许的条件下，中国集贸市场开始恢复。1978年年底，北京海淀区北太平庄、朝阳区水碓子两处集贸市场恢复，打破了大中城市中心区不准开集贸市场的规定。1979年，上海恢复城乡集贸市场328处，并正式设立生产资料交易市场。1981年批准开放了小商品集市。同期，汉正街（1979年）、义乌小商品市场（1982年）、五爱市场（1983年）等市场也孕育诞生。在这一阶段，集贸市场的“调节余缺”功能和“社会主义统一市场的组成部分”地位得到明确认可，为中国集贸市场的恢复奠定了理论和政策基础。这一时期，无论是恢复的集贸市场还是新生集贸、小商品和生产资料市场，大多处于组织管理松散、露天经营状态，市场主体也多事小商小贩，交易商品品类比较简单，市场整体处于恢复、孕育和萌芽阶段。

（二）商品交易市场起步期（1984—1991年）

在《城乡集市贸易管理办法》（1983年）颁布实施、农产品“统购统销”政策的取消以及“搞活农村经济”等一系列政策推动下，全国范围内小商品市场、生产资料市场等各类市场快速涌现。1984年，中国第一家产区蔬菜商品交易市场——山东寿光蔬菜商品交易市场成立；上海市区农副产品集贸市场从零售向批发提升，突破了国营商业按计划批发供应的限制；同年，启动了批发体制改革。1990年，郑州粮食商品交易市场成立，被视为我国继续推进改革开放和市场经济发展的里程碑。截至1990年年末，全国城乡消费品市场达到7.2万个，成交额达到2168亿元。在这一阶段，各类市场主要以露天市场、简易大棚市场、水泥台市场等市场形式存在，组织管理相对松散，市场经营主体也多是小商贩或个体，市场内商品品类逐渐丰富。整体上，集贸市场开始分化，商品交易市场和贸易中心产生，商品交易市场由自发组织向有组织升级转变。

（三）商品交易市场体系初成期（1992—1996年）

随着发展社会主义市场经济方针的确立，商品交易市场建设成为中国市场经济体制构建的重要任务。在“改革现有的商品流通体系，发展商品交易市场”政策推动下，全国各地都非常重视区域商品交易市场建设，掀起了多元化投资建市场的热潮，市场数量迅猛增加，如湖北省在1995年年末已有各类市场4274家，成交额达到了423.65亿元；江苏省在1996年年末已有各类市场5479家，成交额达到了2869亿元。在这一阶段，市场投资主体开始多元化，国营、集体、个体、私营、外资等多种成分并存；经营环境开始差异化，马路露天市场、大棚市场、室内封闭市场等多种市场形态并存；经营方式开始分层，批发市场、批零兼营市场和零售市场开始分化，国内很多知名的商品交易市场都在这个时期奠定的基础。经过建设和改造，整体上处于投资主体多元化，市场数量增加，经营环境分化，经营方式分化，市场体系开始形成的阶段。

（四）商品交易市场体系规范期（1997—2003年）

1998年年底，中国商品交易市场数量达到89177个，其中大多数都是集贸市场形式的马路市场、街边市场，存在规模小、布局差、卫生脏乱、阻碍交通、经营扰民等问题。同时，部分市场出现了假冒伪劣、欺诈、强买强卖的市场失序问题。为了控制总量、优化结构、突出重点、维护市场秩序，规范提升成为这一阶段中国政府发展的主导政策。在这期间，国家加大了对商品交易市场“假冒伪劣、偷税漏税和藏污纳垢”问题的治理和市场“过多过乱”的清理与规范。同时，政府监管部门明确了职责，针对商品交易市场数量快速增加后，市场发展存在良莠不齐、假冒伪劣、过多过乱和流通无序问题，加强了行政监管，推动了市场规范提升和有序发展。这一阶段是中国商品交易市场的组织形式、组织治理、运营主体及商户行为由不规范向规范转变提升的阶段。

（五）商品交易市场结构调整期（2004—2007 年）

经过前一阶段的清理、整顿和规范提升，中国商品交易市场逐步由数量增加、规范提升进入结构调整阶段。按照中国加入 WTO 的协议要求，2003 年年末开放商品交易市场经营，2004 年 12 月 11 日后，中国商品交易市场全面开放。2004 年，中国批准设立了 11 家外资批发企业。2005 年，商务部批准的外资批发企业多达 571 家。在外资商业冲击和内部市场间激烈的竞争下，中国商品交易市场在数量上开始减少，一批缺乏竞争力的市场及农村市场逐步淘汰，一批有竞争实力的市场开始向规模化、专业化转型，形成了一批区域龙头市场，如义乌小商品市场、杭州四季青服装批发市场、武汉汉正街市场、石家庄南三条市场、沈阳五爱市场、叠石桥家纺市场等。

（六）商品交易市场分化提升期（2008—2012 年）

经过 30 多年的发展，中国已经形成较为完善的商品交易市场体系，各类商品交易市场竞相发展，部分进入品牌经营和提升阶段。特别是信息应用技术的成熟和互联网的快速普及，迅猛发展的网络市场对传统市场的冲击效应逐步显现，在此背景下，中国商品交易市场也开始进入利用信息技术改造、提升市场综合服务功能的转型发展阶段，如北京新发地的商品交易市场与社区商业对接模式；海宁皮革城借优势相继在辽宁佟二堡、江苏沭阳、河南新乡、四川成都、黑龙江哈尔滨、天津等地开办或在建了海宁皮革，开启商品交易市场的连锁经营模式；深圳华南城和万达广场的城市综合体模式；临沂市场的物流园模式；义乌商城的义乌购上线，启动的线上线下融合模式；各中心城市出现的商品交易市场外迁模式等都是对市场转型升级的主动或被动探索。这一时期，我国商品交易市场在企业化、多元化、层次化、规模化、专业化和信息化的基础上，进入品牌化、连锁化、综合化、物流化、中心化和融合化的转型提升阶段。

（七）商品交易市场创新引领期（2013 年至今）

2012 年以来，创新成为我国经济转型和动能转换的重要支撑。在“创新发展战略”的引领下，各行各业都在努力寻求和探索创新方向和路径。商品交易市场作为经济运行的晴雨表和风向标，对经济运行的感受自然非常敏感，是经济下行压力的最先感受者。大型龙头市场在品牌化、连锁化、综合化、区域中心化、物流化等方面进行积极探索，但商户生意难做，摊位空置率增加，摊位租金减少依然是当前市场面临的困境。市场下一步创新提升的方向在哪里？目前还没有找到，市场管理人员对市场发展方向的把握有些茫然，这种茫然，一方面表明传统的提升模式已经遇到瓶颈，另一方面也表明全新的市场运营模式正在孕育。目前，商品交易市场处于创新提升的孕育期和探索期，需要政府、学界和市场管理等多领域人士共同努力破解。

三、商品交易市场发展现状

本节所涉及数据均是通过对《中商品交易市场统计年鉴》和《中国商品交易市场转型升级发展报告（2017）》两份资料整理所得。

（一）亿元以上市场数量逐年减少

在经济结构调整、供给侧结构改革大力推进和网络信息技术逐步普及的背景下，中国商品交易市场数量近几年呈减少态势。截至 2017 年年末，全国共有各类商品交易市场 51001 个，相对 2011 年减少了 13140 个，降幅为 20. 49%；相对 2015 年减少了 4025 个，降幅为 7. 31%。在市场数量整体大幅减少的趋势下，亿元以上市场数量也逐年减少，2017 年年末，亿元以上市场数量只有 4617 个，相对 2012 年高点减少了 577 个，减少比例为 11. 11%；相对 2015 年减少了 345 个，减少比例为 6. 97%。亿元以上市场数量减少说明市场规模结构调整已经由中小市场向亿元市场扩散（见表 10 – 1）。

表 10 – 1　　2011—2017 年全国亿元以上市场统计一览表

年份	亿元以上市场数量（个）
2011	5075
2012	5194

续表

年份	亿元以上市场数量（个）
2013	5089
2014	5023
2015	4952
2016	4861
2017	4617

（二）亿元以上市场平均营业面积呈现增长态势

2015 年以前，伴随着中国经济的快速发展，中国亿元以上商品交易市场营业面积持续增加，2015 年年末，亿元以上市场营业面积达到了 30066 万平方米的高点后开始逐年下降，到 2017 年年末减少到了 29692 万平方米，且呈延续下降态势。尽管亿元市场总营业面积在减少，但市场数量减少的速度更快。根据统计数据计算，2017 年年末，亿元以上市场平均营业面积 6.43 万平方米，较 2015 年年末的 6.07 万平方米增加 0.36 万平方米，亿元以上市场平均营业面积呈现增长态势（见表 10－2）。

表 10－2　2011—2017 年亿元以上市场营业面积数据一览表

年份	亿元以上市场数量（个）	营业面积（万平方米）	平均单个市场营业面积（万平方米）
2011	5075	26235	5.17
2012	5194	27899	5.37
2013	5089	28868	5.67
2014	5023	29568	5.89
2015	4952	30066	6.07
2016	4861	30023	6.18
2017	4617	29692	6.43

（三）亿元以上市场成交额呈现增长态势

2012 年以前，亿元以上商品交易市场成交额一直保持 10% 以上的增速增长，2012 年全年达到 93024 亿元，此后增速放缓，2015 年出现小幅下降然后回升，到 2017 年年末成交额达到 108248 亿元。单位面积成交额在 2015 年出现首次减少，随后再次呈现增长态势，到 2017 年达到 3.65 亿元/万平方米。市场平均成交额一直保持增长，但 2013—2016 年增速处于低位，增速均低于 10%，2017 年增速突破 10%，市场平均交易额达到 23.45 亿元。在成交额方面，亿元以上市场总成交额、单位面积成交额和市场平均成交额均呈现稳步增长态势（见表 10－3）。

表 10－3　　2011—2017 年亿元以上市场成交额数据一览表

年份	成交额（亿元）	单位面积成交额（亿元/万平方米）	市场平均成交额（亿元）
2011	82017	3.13	16.16
2012	93024	3.33	17.91
2013	98365	3.41	19.33
2014	100310	3.39	19.97
2015	100134	3.33	20.22
2016	102140	3.40	21.01
2017	108248	3.65	23.45

（四）亿元以上市场类型呈现多样化

截至 2017 年年末，中国（不包括港澳台）共有 4617 个亿元以上商品交易市场，其中，综合市场有 1309 个，专业市场 3308 个。综合市场进一步细分，生产资料综合市场 47 个，工业消费品综合市场 267 个，农产品综合市场 661 个，其他综合市场 334 个。专业市场进一步细分，生产资料专业市场 607 个，农产品市场 937 个，食品、饮料及烟酒专业市场 117 个，纺织、服装、鞋帽专业市场 511 个，电器、通讯器材、电子设备专业市场 121 个，家具、五金及装饰材料专业市场 555 个，汽车、摩托车及零配件市场 250 个，其他专业市场 210 个。亿元以上市场类型呈现多样化发展，其中专业市场数量多于综合市场数量（见表 10－4）。

表 10－4　　中国亿元以上商品交易市场分类统计表

中国亿元以上商品交易市场分类统计（截至 2017 年年末）			
市场类型	数量（个）	市场类型	数量（个）
综合市场	1309	专业市场	3308
生产资料市场	47	生产资料专业市场	607
工业消费品综合市场	267	农产品市场	937
农产品综合市场	661	食品、饮料及烟酒市场	117
其他综合市场	334	纺织、服装、鞋帽专业市场	511
—		电器、通讯器材、电子设备市场	121
		家具、五金及装饰材料市场	555
		汽车、摩托车及零配件市场	250
		其他专业市场	210
总计（个）		4617	

资料来源：《中国商品交易市场统计年鉴》（2018）。

（五）亿元以上市场地区分布差距明显

中国（不包括港澳台）亿元以上商品交易市场的地域分布：其中北京市 114 家、天津市 44 个、河北省 217 个、山西省 32 个、内蒙古自治区 69 个、辽宁省 200 个、吉林省 53 个、黑龙江省 78 个、上海市 134 个、江苏省 487 个、浙江省 725 个、安徽省 129 个、福建省 118 个、江西省 97 个、山东省 498 个、河南省 154 个、湖北省 143 个、湖南省 326 个、广东省 317 个、广西壮族自治区 86 个、海南省 5 个、重庆市 146 个、四川省 127 个、贵州省 54 个、云南省 37 个、西藏自治区 3 个、陕西省 51 个、甘肃省 27 个、青海省 9 个、宁夏回族自治区 37 个、新疆维吾尔自治区 100 个。从区域分布看，华东地区亿元以上市场数量最多，华中地区次之，西北地区最少，地区间亿元以市场分布差距明显（见表 10－5）。

表 10－5　中国亿元以上商品交易市场省市分布统计表（截至 2017 年年末）

区域	包含省市	亿元以上市场数（个）	合计（个）	区域	包含省市	亿元以上市场数（个）	合计（个）
华东地区	上海市	134	2091	西北地区	宁夏回族自治区	37	224
	江苏省	487			新疆维吾尔自治区	100	
	浙江省	725			青海省	9	
	安徽省	129			陕西省	51	
	福建省	118			甘肃省	27	
	山东省	498		西南地区	四川省	127	367
华南地区	广东省	317	408		重庆市	146	
	广西壮族自治区	86			贵州省	54	
	海南省	5			西藏自治区	3	
华中地区	湖北省	143	720		云南省	37	
	湖南省	326		东北地区	辽宁省	200	331
	河南省	154			吉林省	53	
	江西省	97			黑龙江省	78	
华北地区	北京市	114	476	—			
	天津市	44					
	河北省	217					
	山西省	32					
	内蒙古	69					

四、商品交易市场发展趋势

（一）开展线上服务，探索融合发展模式

随着电子商务的逐步完善，电子商务对传统商品交易市场的冲击越来越大，越来越多的商品交易市场开始开展线上服务，探索线上线下融合发展模式。其开展方式主要有以下几种：一是通过高薪挖掘信息技术和电子商务人

才，组建电子商务团队或网络市场拓展团队，开拓网络市场，基于已有的实体市场优势，打造一个全新的网上市场，并通过将二者紧密结合带动本市场的全新蜕变；二是通过与新兴电商平台合作（如阿里巴巴、京东），通过双方合作寻求传统市场变革路径；三是采取自建自推的保守模式，在实体市场可承受或可接受的范围内对信息技术和网络平台进行部分投资，通过小步快走、自力更生的模式实现自我革新；四是一些小型市场，在电子商务和市场竞争激化的环境中生存和发展比较艰难，采用与传统市场或电商平台结盟或者加入第三方搭建网络平台的融合模式。

（二）转型智能商城，赋能展示新体验

商品交易市场经过多年的发展，传统的规模扩张和硬件环境改善空间较小，信息技术应用驱动的软服务智能化正逐渐成为商品交易市场发展的新方向。智能导航、精准定位、采购需求推荐、消费需求分析等服务，为市场采购和消费者提供更便捷到位、优质精确的服务，提升了采购交易效率，增强了市场消费愉悦体验。义乌、华南城、四季青等知名商城均把智能商城作为商城未来发展的主要方向，基于数字化、智能化转型的智联商城已经成为趋势。随着网络市场的快速发展，实体市场功能分化，鉴于实体市场与网络市场各自满足采购和消费需求的优势，二者分工合作的局面正在成为未来市场的发展趋势，越来越多实体市场积极寻求与阿里、京东等互联网平台合作，整合各自优势。与此同时，实体市场利用贴近消费者、体验性强的优势，正在通过信息化为智能服务赋能，提升展示新体验。

（三）聚焦平台经济，建设现代市场体系

2019 年 2 月 27 日，商务部、科技部、工信部、财政部等 12 部门联合发布《关于推进商品交易市场发展平台经济的指导意见》（以下简称《意见》）。平台经济是利用互联网、物联网、大数据、人工智能等现代信息技术，围绕集聚资源、便利交易、提升效率，构建平台产业生态，推动商品生产、流通及配套服务高效融合、创新发展的新型经济形态。《意见》指出，按照国家战略布局要求，结合区位优势、资源、禀赋和产业特色，力争到 2020 年，培育一批发展平台经济成效较好的千亿级商品交易市场，推动上下游产业和内

外贸融合。发展平台经济已成为推动中国流通体系升级的重要举措，将发展平台经济作为流通高质量发展的重要载体，能带动产业升级和消费升级，推动形成生产、流通、分配和消费顺畅循环，服务供给侧结构性改革，促进形成强大的国内市场。因此，大力推进商品交易市场平台化发展将是我国商品交易市场发展新趋势。

五、商品交易市场规划与实践

商品交易市场规划与实践涉及多方面内容，本节将在规划与实践中四个主要内容进行介绍，分别是商品交易市场规划原则、市场的类型选择、市场用地规模预测和空间布局影响因素，并在规模预测和空间布局部分以实际案例进行介绍。

（一）商品交易市场规划原则

1. 统筹兼顾原则

从系统性、整体性、协调性出发进行高起点、高标准规划。以适应本地产业布局和满足市场需求为前提，在保住成熟的大型市场的拓展和迁移的同时，兼顾中小型市场的整合和发展空间。市场布局要服从城市国土空间规划和商业网点布局规划，既要综合考察本地传统商业基础、所处地理位置、人流量和消费水平，也要考虑到本地和周边地区的产业结构、已有市场布局和环境特点，与今后一个时期本地经济发展、交通条件改善和商贸流通业结构调整变化相适应，从总体上做到适度调整现有市场布局，科学规划新建市场布局，有效整合市场结构布局。

2. 因地制宜原则

对本地城市中心区以低附加值产品为主的市场，要结合城市国土空间规划调整迁出城市中心区，规划在城市中心区的边缘和城乡一体化地区的村镇，实现市场郊区化、园区化；农贸市场要根据市场周边服务人口和服务半径调整布局，实现农贸市场社区化；零售市场要根据城市人口集聚情况，以方便消费者购物为前提，实现零售市场中心化；批发市场应充分利用高速公路、铁路、水路等交通条件，促进市场与本地产业融合发展。

3. 集聚发展原则

同类型或相互补充配套的市场要集聚发展，以促使其形成经济规模，增加市场影响力。在市场管理中，对现有分布较为散乱的市场，可以通过一定的政策手段引导市场集中发展，在同一区域内严禁同类型市场重复建设，控制无规模的市场盲目发展，避免市场资源浪费；对原有盲目发展、不景气的市场，要通过功能转换进行调整改造；对已经走向衰退、浪费社会资源、污染生态环境、与社会经济发展不协调的市场，要限制淘汰；在规划建设新的市场时，可将同类型或有相互补充配套的市场统一布局，实现市场资源的集中整合，促进市场集聚发展。

（二）商品交易市场类型选择

商品交易市场类型与地方产业发展需求、市场消费需求等多个因素有关。本节将重点介绍产业发展需求和市场消费需求两个因素如何影响商品交易市场类型选择。

1. 产业发展需求

商品交易市场类型与产业发展密切相关。产业是商品交易市场发展的基础，是区域竞争力的源泉。在对城市商品交易市场类型进行选择时，需要对城市的产业发展现状进行分析，通过区位熵对比，找出具有优势的产业类型，结合地方产业发展规划和其他上位规划，得到有可能形成商品交易市场的产业类型。再结合市场消费需求进一步判断符合城市发展方向的商品交易市场类型。下面以四川省德阳市为例，来介绍通过区位熵计算来判断商品交易市场类型的方法。

专栏 10－1　案例——根据产业发展需求确定德阳市商品交易市场类型选择①
根据 2011 年和 2015 年德阳市规模以上工业企业分行业总产值与四川省规模以上工业企业分行业总产值数据进行区位熵计算，得到表 10－6。

① 参考《德阳市城市商业网点规划（2018—2030）》，中商商业发展规划院四川分院。

表 10－6　　　DY 市规模以上企业分行业区位熵值统计表

行业	2011 年总产值（亿元）		2015 年总产值（亿元）		区位熵	
	德阳市	四川省	德阳市	四川省	2011 年	2015 年
煤炭开采和洗选业	0.58	1349.26	0	836.49	0.01	0
石油和天然气开采业	19.56	405.61	28.04	541.43	0.7	0.67
黑色金属矿采选业	0	403.79	0	536.37	0	0
有色金属矿采选业	0.73	286.68	0.92	262.12	0.04	0.05
非金属矿采选业	8.78	337.9	16.48	379.43	0.38	0.56
开采辅助活动	0	209.44	0	217.27	0	0
其他采矿业	0	0	0	0.42	0	0
农副食品加工业	145.57	2429.49	244.81	2768.78	0.87	1.14
食品制造业	19.16	563.88	43.39	987.99	0.49	0.56
酒、饮料和精制茶制造业	98.83	1881.56	197.67	2850.42	0.76	0.89
烟草制品业	71.32	203.66	102.6	269.02	5.06	4.9
纺织业	31.96	798.71	38.04	910.11	0.58	0.54
纺织服装、服饰业	15.66	162.96	13	223.69	1.39	0.75
皮革、毛皮、羽毛及其制品和制鞋业	11.89	326.31	26.81	292.37	0.53	1.18
木材加工和木、竹、藤、棕、草制品业	7.64	275.26	15.92	370.05	0.4	0.55
家具制造业	9.97	383	46.79	511.47	0.38	1.18
造纸和纸制品业	28.77	494.96	36.9	448.22	0.84	1.06
印刷和记录媒介复制业	13.71	184.29	36.69	380.8	1.08	1.24
文教、工美、体育和娱乐用品制造业	0	79.62	4.68	116.99	0	0.51
石油加工、炼焦和核燃料加工业	1.69	497.65	8.39	814.82	0.05	0.13
化学原料和化学制品制造业	318.61	2115.65	391.69	2618.97	2.18	1.92
医药制造业	67.38	897.08	125.75	1264.69	1.09	1.28
化学纤维制造业	7.37	161.01	15.86	202.02	0.66	1.01
橡胶和塑料制品业	53.61	656.4	108.96	918.59	1.18	1.52

续表

行业	2011 年总产值（亿元）		2015 年总产值（亿元）		区位熵	
	德阳市	四川省	德阳市	四川省	2011 年	2015 年
非金属矿物制品业	133.35	2202.26	252.08	2838.23	0.88	1.14
黑色金属冶炼和压延加工业	58.42	2359.93	90.09	2173.91	0.36	0.53
有色金属冶炼和压延加工业	93.29	822.35	97.45	676.95	1.64	1.85
金属制品业	42.37	757.26	117.93	1075.93	0.81	1.41
通用设备制造业	382.81	1544.82	341.05	1987.12	3.58	2.21
专用设备制造业	218.09	1049.85	316.42	1271.48	3	3.2
交通运输设备制造业	32.14	1509.06	69.22	3050.04	0.31	0.29
电气机械和器材制造业	142.48	958.35	248.76	1338.86	2.15	2.39
计算机、通信和其他电子设备制造业	27.54	2043.86	63.72	4142.51	0.19	0.2
仪器仪表制造业	18.06	77.31	17.43	79.58	3.38	2.81
其他制造业	1.31	81.93	7.91	166.85	0.23	0.61
废弃资源综合利用业	0	38.49	1.01	184.03	0	0.07
金属制品、机械和设备修理业	0	48.16	0	27.53	0	0
电力、热力生产和供应业	11.37	1645.58	12.87	2194.57	0.1	0.08
燃气生产和供应业	14.26	165.56	20.77	575.21	1.25	0.46
水的生产和供应业	0.65	76.15	1.25	111.12	0.12	0.14

注：区位熵（Location Quotient）也称为生产的地区集中度指标或专门化率，是比率的比率。在产业结构研究中，通常用于分析区域主导专业化部门的状况。

计算公式：德阳市在全省的工业区位熵 = 德阳市分行业工业产业产值占当年本地工业总产值比重/四川省分行业产业产值占全省当年工业总产值比重。

一般来说，区位熵值越高，地区产业集聚水平越高。当 $LQ^{ij}>1$ 时，德阳市工业产业发展具有优势；当 $LQ^{ij}<1$ 时，则德阳市工业产业发展具有劣势。

通过以上区位熵计算结果可以看出，在39个细分行业中有13个出现区位熵增大，即德阳市13个行业在5年中专业化程度不断加强。然后再结合德阳市产业发展重点，得到这13个行业中，烟草制品业、通用设备制造业、仪器仪表制造业、专用设备制造业、化学原料和化学制品制造业、电气机械和器材制造业6个产业是德阳市优势工业产业，形成商品交易市场的可能性和需求较大，即初步从产业发展方向确定德阳市需要的商品交易市场类型，分别为以上6个产业所对应的商品交易市场类型。

2. 市场消费需求

商品交易市场作为我国商品流通的一种重要业态形式，已成为市场经济体系的重要组成部分，作为市场经济的产物，市场消费需求将直接影响市场的兴衰，为了确保市场能够长期良好地发展，在搞活流通、促进消费、形成价格、引导生产等方面发挥积极的作用，在进行商品交易市场类型选择时，要充分研究区域大环境下商品交易市场发展的趋势、区域各类市场近年发展状况、市场消费需求等内容，一方面确保商品交易市场类型符合区域发展方向，市场助力区域经济发展；另一方面确保市场自身能够健康有序发展。进行市场消费需求调查的方法有许多种，其中较为常用的方法有抽样调查、典型调查和家计调查三种。通过进行市场消费需求调查了解消费需求，根据调查结果初步确定市场类型，最后再结合城市发展方向、经济发展现状、产业发展等因素综合确定商品交易市场类型。

专栏10－2　根据市场消费需求确定商品交易市场类型

根据市场消费需求确定商品交易市场类型，将市场消费需求分为两大类进行分析，一类是为生产服务的市场需求，另一类是为生活服务的市场需求。

为生产服务的市场类型确定办法参照上一节产业发展需求介绍的方法，采用区位熵进行确定，得到需要发展的为生产服务的市场类型。如专栏10－1中通过区位熵计算比较，得到德阳市适合发展与烟草制品业、通用设备制造业、仪器仪表制造业、专用设备制造业、化学原料和化学制品制造业、电气机械和器材制造业六个行业相配套的商品交易市场类型。

为生活服务的市场通过采用家计调查的方法了解当地居民的消费需求，并根据消费需求程度进行确定，为生活服务的市场类型通常有农产品综合市场，某类农产品专业市场，服装、鞋帽市场，食品、饮料及烟酒市场，日用品及文化用品市场，黄金、珠宝及玉器市场，电器、通讯器材及电子设备市场，家具、五金及装饰材料市场，汽车、摩托车及零配件市场，花、鸟、鱼、虫市场，旧货市场，古玩市场。

（三）商品交易市场用地规模预测①

在城市商品交易市场规划布局中，科学预测商品交易市场的用地规模能够为城市管理者和市场投资方在对新建市场做决策时提供参考。本节就商品交易市场用地规模预测常用方法进行介绍。

商品交易市场用地规模预测是指通过营业额与用地之间的关系，对未来市场用地需求进行预测。由于近年电子商务等新型交易技术的出现对市场用地需求产生了较大影响，在用地预测时应给予考虑，通过设置参数 λ 来反映新型交易技术对用地需求的影响（见图 10－1）。

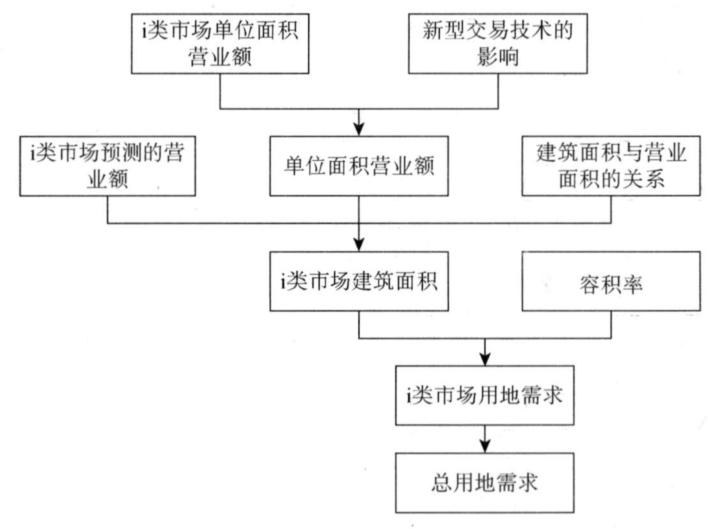

图 10－1　总用地需求预测流程图

① 靳来勇．商品市场空间布局规划相关问题探讨．城市规划与科学发展，2009.

具体的预测方法如下：

$$F_{用地面积i}=T_{营业面积i}/\alpha_i$$

$$T_{营业面积i}=V_{营业额i}/M_{单位面积营业额i}$$

$$M_{单位面积营业额i}=\lambda N_{现状单位营业面积营业额i}$$

即 $F_{用地面积i}=V_{营业额i}/(\alpha_i\lambda_i)N_{现状单位营业面积营业额i}$

式中：$F_{用地面积i}$为 i 类市场所需用地；$T_{营业面积i}$为 i 类市场所需的营业面积；α_i为 i 类市场容积率平均取值；$V_{营业额i}$为 i 类市场预测的营业额；$M_{单位面积营业额i}$为 i 类市场预测的单位面积营业额；$N_{现状单位面积营业额i}$为 i 类市场现状单位面积营业额；λ_i为新型交易技术对 i 类市场用地的影响系数。

由于商品交易市场类型较多，该种方法可以体现出各类商品交易市场对用地需求的差异性，通过 α_i系数可以较好地体现各类市场营业面积与占地面积之间的关系；通过 λ_i系数可以将电子商务等新型交易技术对 i 类市场用地需求的影响进行反映，λ 一般取值在 1.5～2.5。①

专栏 10－3 案例——M 市农产品专业市场 2025 年用地规模预测

在进行农产品专业市场用地面积预测前，首先需要预测该市农产品专业市场在 2025 年营业额（见表 10－7）。

表 10－7 M 市 2015—2019 年农产品专业市场营业额统计表

年份	2015	2016	2017	2018	2019
交易额（亿元）	54.86	60.97	66.30	78.00	88.79

根据 2015—2019 年农产品专业市场营业额数据，采用时间序列预测模型对 2025 年营业额进行预测。

拟合模型如下：

线性预测公式：$y=8.484x+44.317$，$R^2=0.9721$

多项式预测公式：$y=1.1236x^2+13.7476x+52.182$，$R^2=0.996$

根据线性预测公式计算出 2025 年该市农产品专业市场营业额为 137.64 亿元；根据多项式预测公式计算出 2025 年该市农产品专业市场交易额为

① 靳来勇．商品市场空间布局规划相关问题探讨．中国城市规划年会，2009.

207.36亿元，将二者数据取得平均值172.50亿元，即得到2025年M市农产品专业市场营业额为172.50亿元。

通过以上预测得到2025年该市农产品专业市场营业额为172.50亿元，即$V_{营业额}$为172.50亿元。

根据实地调研，获取该市现状农产品专业市场年营业额88.79亿元，现状营业面积约为13.45万平方米，计算得出现状单位面积营业额为6.6万元/平方米，即$N_{现状单位营业面积营业额}$为6.6万元/平方米。

容积率α参数参考《农产品批发市场建设标准（2015年）》，将M市农产品市场容积率确定为0.8。

由于农产品专业市场受新型交易技术影响非常小，故将λ取值1.5。

故根据上述公式计算得出M市农产品市场2025年用地规模$F_{农产品市场用地面积}$=21.78万平方米，至2025年M市还能增加8.33万平方米农产品专业市场。

（四）商品交易市场个数确定

在已知商品交易市场新增用地规模基础上，进一步确定新增商品交易市场个数。本节就如何确定新增商品交易市场个数方法进行介绍，具体公式如下：

$$G_{市场个数i} = M_{用地规模i} / D_{用地规模i}$$

式中：$G_{市场个数i}$为i类商品交易市场新增个数；$M_{用地规模i}$为i类商品交易市场新增用地规模；$D_{用地规模i}$为i类商品交易市场单个市场用地规模。

在以上式中，$M_{用地规模i}$通过上一节介绍方法可求得，无须再计算。$D_{用地规模i}$是未知，可以通过两种常用方法来得到，一种是实地调研目标城市现有i类市场的占地总面积与个数，求得$D_{用地规模i}$；另一种方法是参考全国亿元以上市场数据，求得i类市场单个市场营业面积，再结合i类市场容积率标准，求得$D_{用地规模i}$（见表10-8）。

表 10－8　　2017 年亿元以上市场分类型数据指标统计一览表

市场类型	市场数量（个）	营业面积（万平方米）	单个市场营业面积（万平方米）
生产资料综合市场	47	788	16.77
工业消费品综合市场	267	2700	10.11
农产品综合市场	661	2449	3.70
生产资料专业市场	607	6094	10.04
农产品专业市场	937	4208	4.49
食品、饮料及烟酒专业市场	117	386	3.30
纺织、服装、鞋帽专业市场	511	3458	6.77
日用品及文化用品专业市场	79	293	3.71
电器、通讯器材、电子设备专业市场	121	319	2.64
家具、五金及装饰材料专业市场	555	4316	7.78
汽车、摩托车及零配件专业市场	250	1453	5.81
医药、医疗用品及器材专业市场	22	263	11.95
花、鸟、鱼、虫专业市场	28	147	5.25
旧货专业市场	12	24	2.00

专栏 10－4　案例——M 市至 2025 年农产品专业市场新增个数

此案例延续使用专栏 10－2 中数据进行计算。通过已知 M 市农产品市场至 2025 年还能新增 8.33 万平方米。根据表 10－8 可知，全国亿元以上农产品专业市场单个市场平均营业面积为 4.49 万平方米，根据专栏 10－2 可知，农产品专业市场容积率取值为 0.8，则单个农产品专业市场用地面积 5.61 万平方米。则 8.33/5.61＝1.5，即 M 市农产品专业市场至 2025 年新增个数为 2 个。

（五）商品交易市场空间布局

在商品交易市场空间布局中，影响空间布局的因素有很多，本节就交通条件、城市空间、土地价格等几个重要因素进行介绍。

1. 交通条件

交通是各地之间物资来往的基础，是联系地理空间中社会经济活动的纽带。商品交易市场一般采用外向型经济为主的贸易方式，其辐射范围往往跨越所在省市，覆盖整个大区域乃至全国，因此，交通条件是影响商品交易市场选址布局的关键因素。

在进行商品交易市场空间布局时，首先，应考虑现有的商品交易市场基本是以“现时、现场、现货”为主，在交易和货物流通中会带来巨大的人流、物流和商流，因此商品交易市场必须选址交通条件好的地点布局，否则会影响市场的正常运行，甚至导致城市拥堵问题出现。其次，商品交易市场的服务对象大多为生产商和批发商，接近交通枢纽和节点，便于商品集散，节约运输成本。随着近年城市对外交通的改善，高速公路、高速铁路以及快速公共交通等交通出行方式的发展，大大延长了消费者的出行距离，使得城市边缘地区交通可达性明显提高，这也就导致近年来商品交易市场逐步往城市边缘进行布局。

2. 城市空间

城市空间是指城市内各种要素在一定空间范围内的空间组织和空间形态，是城市经济社会产生、发展的空间形式，主要包括先天的自然地理条件和后期城市不断发展过程中所形成的结构。自然地理条件是城市发展的基础，总体上决定了市场大致可以布局的位置；后期的城市空间结构受经济社会、政府、历史文化等综合影响，决定了城市的土地利用分布格局、未来的发展方向以及功能，不同时期城市土地利用不同，尤其是居住、工业、物流等用地的变化对商品交易市场布局影响较大。

在进行商品交易市场布局时，要充分考虑城市空间因素，考虑到城市中心区开发强度大，限制条件多，储量小，成本高，因此选择在城市中心布局的商品交易市场需要经营的商品附加值高、重量轻、体积小，并且不会导致或加剧城市交通拥堵、噪声污染等问题；如果商品交易市场经营的商品附加值低、重量大、体积大，选址布局应考虑在城市边缘地区，既可以避免地租和用地条件限制，又可以取得交通上的便利。近年来，物流园区、工业园区以及铁路枢纽、水港等区域交通枢纽不断在城市边缘设置，促进了市场向边缘区布局。

3. 土地价格

一个地区的地价取决于土地区位和土地市场的供求关系，其中土地区位的价值可以通过地租来体现，而土地供给量是市场选址的基本因素，只有在土地供给充足的前提下才能做出区位决策，土地供求情况决定了土地价格和成本，进而影响市场区位的选择。城市土地按区位条件可以分为建成区、近郊区和远郊区，3 种不同的用地地价差距明显。其中建成区公共基础设施齐全，服务业发达，区位优势显著，地价最高，同时开发强度高、人口密度大，导致交通拥堵，用地限制条件较多；城市近郊紧邻城市建成区，公共设施和基础条件较好，地价低于建成区，但在城镇化高速推进下，近郊区内各类服务设施条件不断改善，加上用地限制条件少的优势，已成为城市发展的先导区，地价上升较快；远郊区离城市建成区最远，虽然地价很低，但公共基础设施条件较差，并且短期内难以改善。

在进行商品交易市场空间布局时，考虑到土地价格因素，在建成区内适宜布局需要接近消费人群，占地面积少，交易量不大但投资回报率高的批零兼营模式的市场；近郊区适合布局占地面积相对较大、交易量适中、投资回报率较高的批零兼营模式的市场；远郊区适合布局占地面积大、投资回报率低、但交易量巨大的仓储结合较为紧密的仓储模式批发市场。

专栏 10－5　案例——M 市商品交易市场空间布局

M 市概况：通过研究分析，M 市决定规划新 8 处商品交易市场，包括 1 处汽车、摩托车及零配件市场，1 处旧货与收藏品市场，1 处花鸟虫鱼市场，1 处食品、饮料及烟酒市场，1 处生产资料综合市场，1 处再生资源市场，1 处纺织服装市场和 1 处医疗器械市场，需要对这 8 处市场进行布局。

空间布局思考：以上 8 处市场中，汽车、摩托车及零配件市场、旧货与收藏品市场、花鸟虫鱼市场 3 处市场在 M 市已经有一定的基础，已有部分商家在一定范围内集聚经营，布局时优先考虑在现状基础上进行布局。食品、饮料及烟酒市场，生产资料综合市场，纺织服装市场，医疗器械市场这4处市场，考虑到均为占地面积较大，人流、车流较高的市场类型，优先考虑布局在城郊区，并且遵循集聚发展原则。对于再生资源市场，考虑这类市场对城市环境的影响，适合布局在城市下风下水处，远离人群密集区。

通过以上的布局思考，结合M市城市用地条件，按照集聚发展原则，最终确定8处商品交易市场空间布局，如图10－2所示。

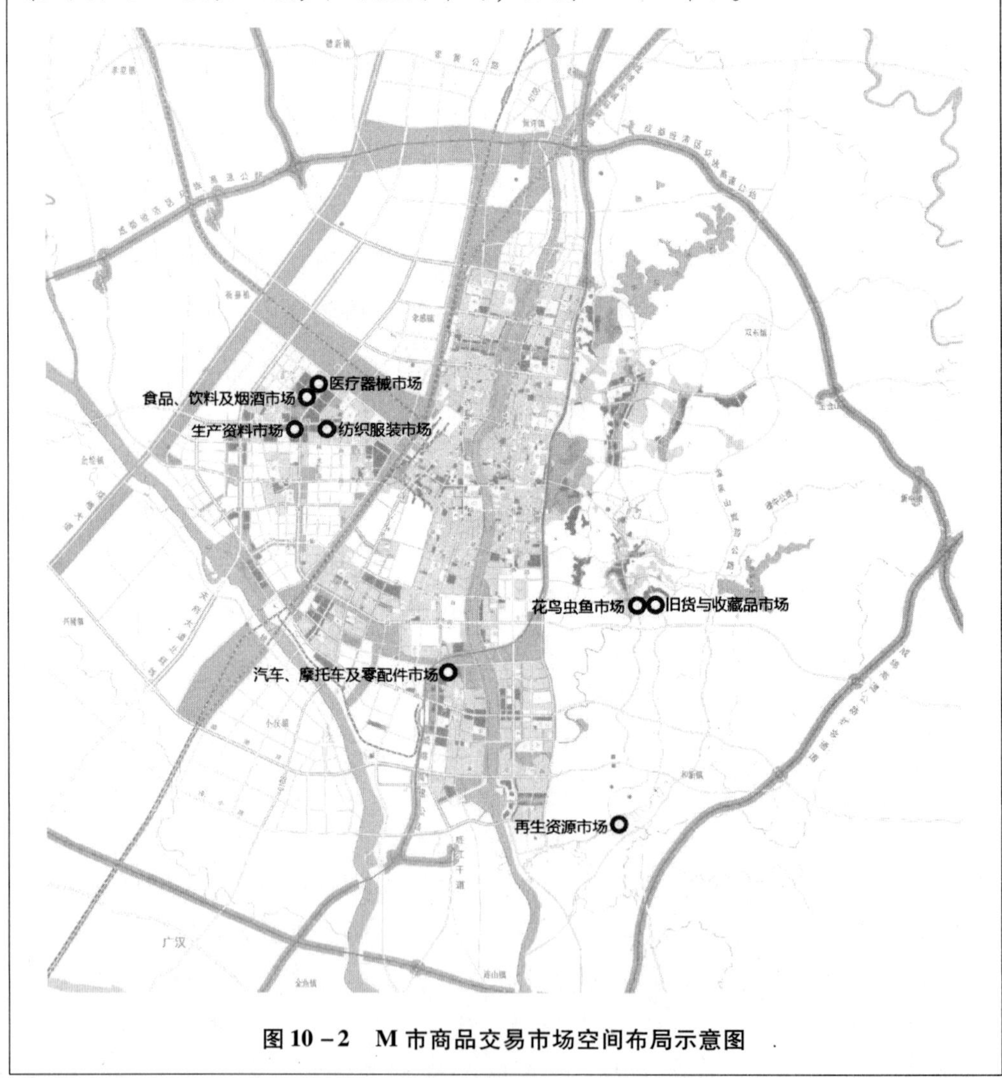

图10－2　M市商品交易市场空间布局示意图

第二节 农产品批发市场

一、农产品批发市场发展背景

（一）农产品批发市场的概念

农产品批发市场是我国改革开放以后所形成的区别于自产自销传统集贸市场的新型市场模式，其定义根据不同政策有所差异，其中《农产品批发市场管理技术规范（GB/T 19575－2004）》对农产品批发市场定义是“为买卖双方提供包括粮油、畜禽、蛋、水产、蔬菜、水果、花卉等农产品及其初加工品批发交易的场所，具备商品集散、信息公示、结算、价格形成等综合配套服务功能。”而《农产品批发市场建设与管理指南》[①] 对农产品批发市场定义是指“经政府主管部门批准，主要进行粮油、蔬菜、瓜果、畜产品、水产品、调味品、花卉、茶叶、种子、饲料等农、牧、渔业产品及其加工品现货集中批量交易的场所。”

综上，农产品批发市场的概念可以表述为：经政府批准设立的集中批量交易农、牧、渔业产品及其初级加工品的规范场所，且具备商品集散、信息公示、线上线下交易结算等综合配套服务功能。

（二）农产品批发市场发展历程

新中国成立70多年以来，作为改革开放的重要成果，我国农产品市场流通体制改革经历了艰苦探索和曲折发展的过程，农产品批发市场从农贸市场与集贸市场起步，经历了20世纪70年代末至1984年的自发形成阶段、1985年至20世纪80年代末的快速发展阶段、20世纪90年代初至90年代中期的超高速增长阶段、20世纪90年代中后期的整改规范发展阶段和进入21世纪

① 农业部．农产品批发市场建设与管理指南．2004：1.

以来的由数量扩张转为以质量提升为主的阶段，经历了数量上从无到有、规模上从小到大、市场功能上逐步提升的持续快速发展历程。①

（1）新中国成立至1978年以前，农产品批发市场缺乏赖以孕育、生存的体制环境和物质基础。②

1978年以前，我国农业长期实行以统购统销为特征的高度集中的计划经济体制，其主要表现为：在农业生产方式上实行集体统一经营、集中劳动与按工分统一分配的人民公社制度；在农产品购销方式上实行统购派购、统一包销与分配供应的统购统销制度。这一系列僵化的制度安排严重抑制了农民的生产积极性，不可避免地造成农产品的生产与供给“越统越少、越少越统”的恶性循环，导致农产品供给长期短缺和市场凋敝，农产品批发市场缺乏赖以孕育、生存的体制条件和物质基础。

（2）1978—1984年，开放集市贸易以及“菜篮子”产品的产销体制改革率先取得突破，农产品批发市场开始萌芽。

1982年党中央国务院发布了改革开放初期的“中央1号文件”，即《全国农村工作会议纪要》，确认农村可以实行包产到户、包干到户等多种形式的生产责任制。农村推行家庭承包经营制即“大包干”以后，广大农民在发展粮食生产、吃饱肚子和完成国家下达的粮棉油交售任务的基础上，积极调整农业结构，通过发展蔬菜、水果种植业和畜牧、水产养殖业等多种经营以增加收入。从1983年、1984年开始，广州、西安、武汉等城市着手改革“菜篮子”产品延续几十年的统购派购、统一包销和低价分配供应体制，率先放开了水产品和蔬菜的价格与经营，这项改革很快引起广泛的社会反响与认同，此后其余大中城市相继跟进，并扩展到肉类、禽蛋等所有“菜篮子”产品。农村实行“大包干”与“菜篮子”产品产销体制改革相结合，从而促进城乡集贸市场的迅速恢复与发展繁荣，促进农产品商品总量、品种大幅度增长，促进各类农产品生产专业户、运销专业户大量涌现和流通范围扩大，促进部分农产品交易方式从传统集贸市场的自产自销为主向长途贩运、批量经营转变。因此，适应农产品集散和大宗交易的批发市场在一些集贸市场基础上孕育产生。

---

① 《中国农产品批发市场发展研究报告》，农业部市场与经济信息司，2014，第1页。

② 《中国农产品批发市场发展总报告》，农业部市场与经济信息司，2011，第1页。

到1984年年末全国已建立起城市贸易中心2248个，其中，农产品贸易中心753个，综合贸易中心241个。[①] 此时的农产品批发市场仅具备商品集散、价格形成等简单、基本的服务功能。

（3）1985—1991年，国家全面改革农产品统购统销制度，农产品批发市场蓬勃兴起与发展。

1985年党和政府审时度势于“中央1号文件”中提出全面改革农产品统购派购制度，区别不同情况，实行合同订购或市场收购。决定对粮食、油料实行合同订购，棉花仍由国家统一定价。完成订购任务以外的粮食、油料以及其余各类农产品，放开价格与经营，实行市场自由购销。

与此同时，国家按照1984年10月党的十二届三中全会通过的《中共中央关于经济体制改革的决定》的部署和要求，全面推进城市经济体制改革，重视发挥计划与市场对国民经济的调节作用。

城乡经济改革联动与市场开放，不仅促进了乡镇企业异军突起和城乡集贸市场的活跃繁荣，而且带动了农产品批发市场蓬勃兴起与发展。特别是1988年经国务院批准、农业部牵头在全国组织实施以稳定保障城市农副产品供应、引导农民调整种养结构，实现增收致富为目标的“菜篮子工程”，明确要求各地大力加强农产品批发市场建设。

据国家工商部门统计，1986—1991年6年间，全国农产品批发市场由892个增加到1509个，增长69.2%；全国农产品批发市场年成交总额由28.35亿元增加到153.09亿元，增长4.4倍；平均每个批发市场年成交额由317.8万元增加到1014.5万元，增长2.19倍。

（4）1992—2000年，农产品批发市场快速发展，以批发市场为中枢的农产品市场体系基本形成。

从1992年起，在理论政策的引导和经济发展需求的拉动下，农产品批发市场得到了快速发展。

在理论政策及立法方面，国家明确提出要建立社会主义市场经济体制，为我国农产品批发市场的创造了良好的体制与政策环境。1997年9月党的十五大明确提出：“要坚持社会主义市场经济的改革方向”，“要加快国民经济

① 中国农产品批发市场行业通鉴（1984—2014）. 北京：中国农业科学技术出版社，2015.

市场化进程”，“健全市场规则，加强市场管理，清除市场障碍，打破地区封锁、部门垄断，尽快建成统一开放、竞争有序的市场体系”。同时强调“坚持把农业放在经济工作的首位，……建立健全农业社会化服务体系、农产品市场体系、国家对农业的支持保护体系。”1998 年党的十五届三中全会通过的《中共中央关于农业和农村工作若干重大问题的决定》提出：“进一步搞活农产品流通，尽快形成开放、统一、竞争、有序的农产品市场体系，为农民提供良好的市场环境。”“继续发展多种形式的初级市场，重点在集散地发展区域性或全国性批发市场。”

上述文件可以看出，把建设和发展农产品市场包括批发市场作为加强农业建设、加快农业发展的一项重要保障措施，既是农业市场化改革与发展的重要成果，也是我国农业农村改革发展理论政策体系的重大创新。

在发展实践方面，国民经济的持续较快发展为我国农产品批发市场发展创造了良好的经济环境。

1992 年以后，国民经济进入高速增长阶段，带动城镇居民收入和消费水平明显提高，人们对肉、禽、蛋、水产品、蔬菜、水果等“菜篮子”产品的消费需求大幅度增长，稳定居民“菜篮子”市场供应的压力加大。另一方面，随着农业结构调整不断深入，一大批规模化、专业化、区域化的农区“菜篮子”生产基地迅速崛起。这样，就从消费需求和产品供给两个方面，直接拉动了城市销地批发市场和农村产地批发市场的快速发展，逐步形成了跨区域、大范围、多品种的农产品批发市场网络，承担起农产品大市场、大流通的主要任务。自此农产品批发市场已成为我国农产品大流通的枢纽，其在农产品市场体系中的中心地位基本确立。

据国家工商部门统计，2000 年全国农产品批发市场增加到 4387 个，比 1991 年增长 1.9 倍，年均增长 14.2%；全国农产品批发市场年成交总额 3350.9 亿元，比 1991 年增长 20.9 倍，年均增长 47.1%；平均每个农产品批发市场的年成交额增加到 7638.0 万元，比 1991 年增长 6.5 倍，年均增长 28.7%。

（5）2001 年至今，农产品批发市场由数量扩张转向质量提升，在抓好基础设施升级改造同时，重点完善市场信息化、质量安全监管等现代物流功能。

进入新世纪加入 WTO 以来，我国农业转入战略性结构调整的新阶段，这是实现农业增效、农民增收、农产品市场竞争力增强重大目标的关键时期。与此同时，随着城乡居民生活水平日益提高，人们更加关注农产品和食品消费的质量安全问题。在这样的农产品供给与需求背景下，我国农产品批发市场经过10多年的快速发展，基本构建起以批发市场为中心的市场体系，批发市场建设发展由数量扩张为主转入以稳定数量、优化布局结构、提升质量档次为重点的新阶段。

2002年12月，国家发展计划委员会等六部门印发《关于印发进一步加快农产品流通设施建设若干意见》的通知，把农产品流通设施明确为社会基础设施的一个重要组成部分。2004年“中央1号文件”《中共中央国务院关于促进农民增加收入的若干意见》发布，其内容分为九大部分，其中第五部分为“发挥市场机制作用，搞活农产品流通”。文件提出：“进一步加强产地和销地批发市场建设，创造条件发展现代物流业。”“加快发展农产品连锁超市、配送经营。”2009年中央“1号文件”《中共中央国务院关于2009年促进农业稳定发展农民持续增收的若干意见》提出：“加强农产品市场体系建设。加大力度支持重点产区和集散地农产品批发市场、集贸市场等流通基础设施建设。推进大型粮食物流节点、农产品冷链系统和生鲜农产品配送中心建设。落实停止收取个体工商户管理费和集贸市场管理费政策。支持大型超市和农产品流通企业开展农超对接，建设农产品直接采购基地。”

综上所述，进入新世纪以来，根据发展现代农业和建设社会主义新农村的需要，适应保农产品市场供应、保农民持续增收、保社会稳定的新形势、新要求，加快推进农产品批发市场升级改造、建设现代农产品市场体系，已成为我国农产品市场流通领域改革发展的主线。

（三）农产品批发市场国外发展模式

在世界范围内，各国农产品批发市场体系既有普遍性，又有特殊性。普遍性反映了农产品批发市场流通的共同特点，特殊性反映了不同国家和地区的农业结构与农业生产经营方式等方面的差异，从而决定了农产品批发市场在不同国家和地区农产品流通中的地位和作用存在明显差别。以下列举东亚、美国以及欧盟等几种农产品批发市场发展模式。

（1）东亚模式。以小规模农户经营和农民合作组织为基础，以批发市场批发交易为主导。

东亚地区国家的特点是人多地少，在农业生产中以家庭为单位的小规模农业生产方式占据主导。随着国际市场开放和农产品进出口贸易自由化，它们的农产品流通形成了以农产品批发市场为枢纽，以专业门店、连锁超市、社区集贸市场等为零售终端，并与电子商务、物流配送相结合的市场体系。

在农产品流通中，农民合作组织是联结农民与农产品批发市场的重要桥梁和纽带。以农协、农民产销社为代表的农民合作组织在产地整合农民所生产的农产品，对其进行筛选、检测、包装等流程，将大部分农产品运至农产品批发市场进行批发销售，一部分由农民合作组织自行统一加工、冷藏保鲜和销售。

（2）欧盟模式。以中等规模农场和合作社为基础，批发市场拍卖交易和产销直挂方式并行。

部分欧盟国家的农产品批发市场都采用拍卖交易方式。农场主们通过农业合作组织把产品集中起来，送到批发市场以拍卖方式进行销售。例如，荷兰有 25 家大型拍卖公司和与之相配套的大型拍卖市场，全国 80% 的蔬菜、82% 的水果和 90% 的鲜花都是通过批发市场拍卖交易，销往欧盟各国和世界各地。

欧盟国家现已形成以批发市场、销售合作社、销售公司为主体的农产品集散网络，分为全国性、区域性或行业性几个层次类型。这些农业合作组织都在不同程度上为农场提供与农业生产过程相关联的农产品仓储、运输和销售等服务，成为农场联结批发市场和大型超市的重要渠道。

（3）美国模式。以大农场生产经营为基础，农产品流通以农场与大型连锁超市直接销售为主。

美国的家庭农场面积规模大，机械化作业完善度高，并且实行社会化服务和企业化经营，其农产品产量规模与我国同级农业企业生产基地相比占据优势；另一方面，批发商和零售商之间的零售业连锁经营网络和大型连锁超市的营销规模日趋扩大，要求农产品供应货源稳定、供货及时、质量有保障，美国发达的交通运输业为农产品快速运达城市提供了便利条件，由农场主直接供货或零售商到产地直接采购的流通方式成为农产品流通的重要渠道。

二、农产品批发市场的分类

（一）按交易商品的种类范围分类

农产品批发市场分为综合型批发市场和专业型批发市场两种。综合型批发市场，日常交易的农产品在三大类以上，如蔬菜、水果、肉类、水产品、调味品等，如北京新发地农产品批发市场、苏州南环桥农副产品批发市场。专业型批发市场，日常交易的农产品在两类以下（含两类），如粮油批发市场、果菜批发市场、副食品批发市场等，还有只交易一个品类的如蔬菜批发市场、水产批发市场、水果批发市场、花卉批发市场、调味品批发市场、食用菌批发市场、山草药材批发市场、活禽批发市场、活畜批发市场、观赏鱼批发市场、禽蛋批发市场、种子批发市场等，如山东寿光农产品物流园、舟山国际水产城、昆明国际花卉拍卖交易中心有限公司。

（二）按农产品批发市场区位性质分类

《全国农产品市场体系发展规划》中根据市场性质将农产品批发市场分成产地批发市场、集散地批发市场和销地批发市场三种类型。

1. 产地批发市场

产地批发市场是指具有较高商品率的农产品产地为了快速、大批量集散当地农产品，稳定农产品供应而兴建的市场，其基本功能包括：（1）集散功能。面向产地汇集农产品完成快速交易，通过物流发往需求地，将我国农产品小规模生产与大市场需求相对接，进一步增强农产品流通效率，降低交易成本。（2）价格形成功能。产地批发市场农产品价格在一定程度上反映当地生产力水平和供需关系，结合销地批发市场形成价格，能够为农产品生产者提供生产和销售决策。（3）供需调节功能。产地批发市场相比其他类型批发市场具有较高的稳定性，体现在流通产品、流通价格、流通信息中具有相对稳定的性质。

2. 集散地批发市场

集散地批发市场是联结产地和销地的重要环节，是农产品流通体系的中枢，其主要功能为价格形成、信息发布和中转集散等，集散地批发市场的建设有利于畅通农产品流通渠道，促进农产品跨区域调运和区域平衡，对构建全国农产品现代流通体系具有重要作用，如北京新发地农产品批发市场、苏州南环桥农副产品批发市场。

3. 销地批发市场

销地批发市场是指依托销地人口数量和市场容量，以满足销地农产品消费需求为目标，符合销地市政规划、区位交通等条件，销售区域外来商品为主的批发市场。

（三）按农产品批发环节关系分类

农产品批发市场按照批发环节，可分为一级批发市场、二级批发市场和三级批发市场。一级批发市场，是直接从产地收购农产品、向中间批发商或代理商销售的批发市场。二级批发市场，其批发商从一级批发市场采购农产品，再销给中间商或零售商。三级批发市场，其批发商从二级批发市场采购农产品，再销给零售商。

三、农产品批发市场发展趋势

（一）主流化

自20世纪90年代以来，农产品批发市场一直是我国农产品流通的主要渠道。发展到目前为止，尽管有其他的多种流通形式开始发展，但是城市农产品消费的70%~80%仍是通过批发市场流通的。未来市场的发展中，批发市场所拥有的“集货”功能和“散货”功能仍处于不可替代的地位。因此，在我国国情仍处于小生产、大市场的情况下农产品批发市场依然是未来一段时间内农产品流通的主要渠道。

（二）公益化

公益性农产品批发市场是提供平价或微利公共服务，满足社会公共利益，具有保障市场供应、稳定市场价格、促进食品安全、推动绿色环保等公益功能的农产品批发市场。推进公益性农产品批发市场建设，是推动农产品供给侧结构性改革、提高农产品供给质量和效率的内在要求；是补齐农产品流通短板，解决农产品“卖难”“买贵”问题，保障和改善民生的迫切需要。随着商务部加强公益性农产品市场体系建设政策的出台，公益性农产品批发市场试点不断推行，农产品批发市场公益性实践不断深入，未来农产品批发市场的公益性特征会更加清晰起来。

（三）现代化

现代化农产品批发市场是在现有批发市场价格形成、批发、集散等基础功能上采取功能完善、功能优化等方法，利用现代化管理信息系统、现代物流、电子商务等现代化商务与市场设施，以提高农产品质量、促进农产品流通贸易、资源循环利用为目标的农产品批发市场。推进传统批发市场向现代化批发市场的方向发展，有利于提高我国批发市场管理水平，构建与国际市场接轨的现代流通平台，提升农产品批发企业的国际竞争力和影响力，促进我国农产品对外贸易的发展，使更多优势农产品走入国际市场。

四、农产品批发市场规划与实践

（一）农产品批发市场规划内容

农产品批发市场规划是城市商业网点规划的一部分，包含承接、落实上位规划与城市发展目标的功能，同时农产品批发市场规划自身也是宏观性的指导规划，要落实到具体农产品批发市场的规划层面需要对具体农产品市场发展定位、规划选址、市场规模提出明确指引。

通过对农产品批发市场发展定位进行指引，可以明确规划范围内农产品批发市场发展类型与发展方向，以此为依据可制订农产品批发市场发展目标与建设计划，形成科学合理的建设方案；通过对农产品批发市场规划选址进行指引，可以将不同类型农产品批发市场在规划范围内相对合理分布，形成最大化利用优势；通过对农产品批发市场规模进行指引，可以相对科学地测算出规划范围内的市场消费需求，以及农产品批发市场服务范围和服务人口，为农产品批发市场用地选址提供参考。

（二）农产品批发市场定位与规划原则

1. 农产品批发市场的定位

农产品批发市场规划中，首先需要考虑城市发展上位规划和农业产业化发展需求等内容，明确城市农业发展情况，进一步确定农产品批发市场的发展类型，其影响因素包括城市农产品区位发展条件、农产品生产交易种类、农产品产量、农产品辐射范围等。其次需要分析实地走访调研所得资料数据，结合城市农产品批发市场发展现状考虑农产品批发市场发展应具备的主要功能，其影响因素包括区位、交通、消费需求等。最后需要结合农产品批发市场发展类型和农产品批发市场主要功能，根据城市消费需求进行农产品批发市场项目选址和布局。

（1）区位因素。区位环境是影响农产品批发市场定位的重要因素，主要体现在：一是农产品批发市场受到区位环境的影响，应布置在便于保障城市农产品供应、积极引导农产品生产的区位环境。例如，在农产品生产优势区布置产地型农产品批发市场有助于集散市场辐射范围内优势农产品，降低运输成本，提高生产者生产积极性。二是农产品批发市场为了促进农产品流通便捷高效，应布置在便于整合农产品生产、加工、销售过程中分散信息与资源的区位环境。例如，在物流基础较为完善的地区布置集散地批发市场，通过与农产品产销地间的紧密联系，不仅能得到大量的农产品供需信息，更能将农产品流通过程中分散的信息与资源整合起来，从而形成高效的农产品信息流通网络。

（2）交通因素。交通因素不仅是影响农产品批发市场定位的重要因素，同时也是影响农产品批发市场布局的重要因素。农产品批发市场发展受到区域内交通条件的约束，同等级的农产品批发市场，交通条件越发达、道路等级越高的农产品批发市场交易量、交易额会更高。因此农产品批发市场在规划布局中会呈现沿交通干道分布的态势，尤其是对大型农产品批发市场布局选址，大都布置在重要对外交通干线周边区位。

（3）消费需求因素。一方面，农产品的保障供应，反映了消费者对农产品的消费需求，从消费需求上影响农产品批发市场定位；另一方面，通过农产品批发市场所反映出的消费需求能够促进农产品生产、加工的供给增长，在需求和供给两侧的各种因素下，最终作用于农产品批发市场定位。

（4）市场功能因素。受农产品批发市场区位因素影响，农产品批发市场功能有所差异，从区位性质看，产地型农产品批发市场功能包括农产品生产区农产品集散、农产品初加工、农产品生产信息反馈等。销地型农产品批发市场功能包括农产品销地区农产品包装、农产品深加工、农产品销售信息反馈等。集散地农产品批发市场功能包括农产品产销地之间的农产品集散、农产品包装、农产品储藏、农产品供需信息反馈等。

2. 农产品批发市场的规划原则

（1）合规性原则。农产品批发市场作为商业网点规划的一部分，首先要符合规划行业国家及地方标准、政策法规的要求，在规划用地、用地指标等方面不能违背相应标准的要求；其次要满足如环境、生态等其他方面的政策要求，确保规划的合法性。

（2）系统性原则。农产品批发市场是农产品流通过程中的重要环节，农产品批发市场规划应系统考虑，统一规划，合理布局，建立完善的农产品市场流通体系。同时，应切合实际，着眼未来，坚持分步实施原则，有计划、有步骤地稳步推进。

（3）便捷性原则。农产品批发市场的布局应依托物流体系的发展和建设情况，充分利用便利的物流设施和物流通道，扩大农产品区域流通。不同类型和功能的农产品批发市场，应与物流设施建设紧密结合，协调发展，尽可能地提高农产品流通效率。

（4）合理性原则。农产品批发市场规划必须考虑农产品生产、流通、消费的格局和要求，形成布局合理、协调发展的农产品批发市场体系。在布局的同时，应结合农业区划，与农产品的生产紧密联系，科学布置农产品批发市场，充分发挥农产品批发市场的群体效能。

（三）农产品批发市场布局选址

在商业网点规划中，为了科学合理地发挥农产品批发市场的作用，使其与城市发展整体规划和谐发展，根据农产品批发市场合规性、系统性、便捷性、合理性规划原则，主要从用地性质、交通条件、消费需求、整体布局等多方面进行考虑。

（1）用地性质。通常情况下，农产品批发市场作为商业的一种形态，应布局在商业用地上，但根据国家用地兼容规范，部分用地兼容有商业设施指标，故也可以在指标允许的范围内，设置在其他用地上，同时，农产品批发市场中所包含的用于批发交易、仓储展示、物流交通等设施用地具有工业性质，这部分农产品批发市场设施也可以设置在工业用地上。

（2）整体布局。依据农产品批发市场便捷性原则，规划农产品批发市场不仅应满足农产品快速集散的功能，还应设置有服务于农产品流通的公共服务功能，通常布局结合会展会议中心、物流服务区、酒店餐饮区等公共设施联合设置；其次为了满足交通区位，农产品批发市场需要具有较高的可达性，考虑到城市交通负载和土地规模，农产品批发市场一般布局在城市区域交通干线沿线。

专栏 10－6　案例——某市农产品批发市场规划布局选址

需要解决的问题：该市现状农产品批发市场布局较为集中在城市西部片区，城市南部和东部大部分地区均未布置农产品批发市场。现状存在农产品批发市场规模较大，市场服务功能覆盖范围存在局限性，中心城区需要进一步加强中小型农产品批发建设，提升农产品批发市场整体档次和水平。

解决问题的方式：一是结合农业区划，在现状农产品批发市场基础上考虑农产品生产、流通、消费需求，综合现状用地条件规划新增农产品批发市场集聚区和中小型农产品批发市场。二是整合现状农产品批发市场优势资源，结合物流体系建设和用地条件对农产品批发市场进行优化提升。

（四）农产品批发市场规模

农产品批发市场作为农产品流通体系的重要环节，其规模的影响因素涉及的范围极广，无法单纯地通过一种或几种模型来测算出确切的规模，故一般情况下，商业网点规划中农产品批发市场的规模，仅仅是一种预测值和参考值。一般采用的预测方式有：构建农产品批发市场交易量预测模型、类比国内外典型农产品批发市场情况。

（1）构建交易量预测模型。影响农产品批发市场规模的因素多种多样，在规划中可以采取对主要影响因素的量化，构建预测的模型的方法，预估出农产品批发市场的交易量。如城市农产品需求总量可以通过人均消费趋势法对人均农产品年需求量和城市人口预测得出，进而根据国内大中型城市农产品供需与交易相关性，预测农产品批发市场的交易量。通过多个因素的综合考虑，并将这些因素对农产品批发市场规模的影响用模型表达出来，从而得到农产品批发市场的规模。

（2）类比国内外典型农产品批发市场。通过选取国外成熟农产品批发市场和国内极具代表性的农产品批发市场发展经验及发展模式进行分析比较，同时根据规划农产品批发市场所处区位及服务范围市场饱和度，来估算规划农产品批发市场的规模。

专栏 10－7　案例——某市农产品批发市场规划规模设置

首先，通过对该市农产品批发市场交易量进行预测，采用基于人均农产品年需求量和城市中心城区人口预测数据的人均消费趋势法测算出该市中心城区 2030 年的农产品需求总量为 200 万吨，再根据国内大中型城市农产品供需与交易相关性测算 2030 年该市中心城区农产品交易量约为 450 万吨，结合国内外典型农产品批发市场建设情况和规模分析初步得到农产品批发市场按规模大小的三种类型，其中中型农产品批发市场规模标准为占地面积在 3～10 公顷、交易量介于 30 万～100 万吨/年；小型农产品批发市场规模标准为占地面积在 2～3 公顷、交易量介于 10 万～30 万吨/年。同时结合该市农产品流通量大、产地区域特征明显等，参考了《上海市食用农产品批发市场规划》中依据交易量比例划分农产品批发市场等级的分类标准，将农产品批发市场分为三类，分别是中心农产品批发市场、区域性销地批发市场和郊区产地专业批发市场，其中各类市场交易量占总交易量的比重分别为 50%、30% 和 20%。

参考以上数据，综合考虑该市中心城区农产品批发市场主要服务范围以本地和部分西南地区市场为主，按规模大小规划农产品批发市场主要有中型和小型两类。规划中型农产品批发市场以满足中心城区及其周边地区城镇居民生活需求为主要功能，市场用地规模为 3～10 公顷，交易量为 30 万～100 万吨。规划小型农产品批发市场用地规模在 2 公顷左右，交易量为 10 万～30 万吨。

第十一章　其他商业网点类型和商贸设施规划

本章内容包含部分规划项目中可能需要编制的非常规商业网点体系下的其他网点类型或配套设施，包括商业配套设施、商贸物流设施、汽车4S店和再生资源回收体系四个部分。

第一节　商业配套设施规划

商业配套设施是保障商业网点正常运行以及提升商业品质、改善消费环境的重要环节，对商业发展和城市发展都有重要的作用。一方面商业配套设施的完善，能够有效地提高商业网点的品质和对消费人群的适应能力，促使多层级消费需求的满足，从而提升能级，打造品牌商业；另一方面商业配套设施（如停车场）承担了部分公共服务设施的功能，减轻了城市公共服务设施压力的同时提升了城市形象和居民生活品质。

虽然许多现有商业网点的商业配套设施建设出于对成本的考虑，在商业的逐利性下被忽略，但随着经济发展，商业网点经营者为维持和扩大现有利益，在市场竞争的驱使下开始注重消费吸引力、商业品质的提升；同时在整体经济和消费水平的快速提升中，消费者追求更加快捷、高效、优质的商业，产生了新的消费理念和消费需求，从而使得商业配套设施的重要性和关注度得到极大提高，出现了越来越多的商业配套设施规划。

商业配套设施种类多样，具备各自独特的功能和作用，设置要求和方式也有所不同，在对其规划时具体应该包括哪些内容，如何对其规划才能充分发挥各个配套设施的优势，如何才能保障其规模数量的适度。本章通过相关理论研究、相应规范标准的梳理以及规划经验的总结，对商业配套设施的规划内容、规划标准、规划方法以及各类商业网点重点商业配套设施的规划进行讲解，为其规划实践提供参考。

一、商业配套设施的概念

要弄清楚商业配套设施的概念，首先要了解配套设施的概念。配套设施是指在一件事物中与之相配备的机构、组织、建筑等。[①] 由其概念可以看出，配套设施是相对于配套的主体而言的，配套主体及配套方向的不同，配套设施类型也会不同，如城市配套设施就包括基础配套设施、公共配套设施、产业配套设施等。

目前商业配套设施并没有一个通用的标准定义。考虑到商业网点的规划性质和规划职能，商业配套设施规划不仅要尽量包含所有配套设施，使其指导作用得到充分发挥，还得兼顾规划的深度及可实施性，因此本书将商业配套设施定义为围绕商业网点建设，为消费者提供公共服务，不承担商业职能但对商业网点的商业具有影响的附属设施。[②]

需要注意的是，商业配套设施与商业设施并不是一个概念，两者之间具有本质上的不同。商业设施是指在人们聚居地内从事各种商业活动的物质空间的总和[③]，如商场、超市、综合体等，其包含了商业网点（为生产经营和居民生活提供商品和服务的经营场所[④]）；而商业配套设施作为附属设施，只是为商业网点配套的一部分。通常如配套商业设施、商业服务设施等概念，虽然在表述方式上有所不同，但其表达的内涵依旧是商业设施。

---

① 石芳菲．苏州市环古城河健身步道现状的调查与分析．硕士学位论文，苏州大学体育学院体育专业，2018：5.

② 编者注：本书中商业配套设施强调为消费者提供公共服务的功能，因此不包括为商品交易市场经营而配套的公共物流、公共仓储等设施。

③ 吕小勇，李红芳．城市街道空间微商业设施布局探讨．规划师，2019－17.

④ 《商业网点规划术语 GB/T 34433－2017》。

二、商业配套设施的类型

根据商业配套设施的概念，本书在结合实际规划经验后将商业配套设施分为交通设施、导视设施、无障碍设施、环卫设施、文化景观设施以及其他设施六大类型。

（一）交通设施

通常所说的交通设施指的是交通运输中，必要的工具（包括车辆、船舶、飞机）、机械设备、场地、线路、通信设备、信号标志、房屋（包括车站、仓库、候车场地、售票场地）等。而本书所指的交通设施主要是距离商业网点较近或设置在商业网点内部为其服务的公共交通及停车配套设施，包括交通节点（枢纽）、公交站点、停车场等。

交通设施对商业网点的影响主要包括两个方面：一是交通的便捷高效增强了零售类商业网点的可达性，扩大了其辐射范围，同时也为消费者消费提供便利，刺激产生更多的消费需求；二是交通设施有利于批发类商业网点降低成本，促使资源集聚，扩大对内和对外的商业影响力，从而促进城市整体商业和经济发展。

（二）导视设施

商业导视设施是根据导视系统的概念而提出的。导视系统来自英文 sign，它有信号、标志、说明、指示、预示等多种含义。城市导视系统是指在城市中能明确表示内容、位置、方向、原则等功能的，以文字、图形、符号的形式构成的视觉图像系统。[①] 本书的导视设施，则是指在商业网点中设置的、为公共消费者提供导视服务的设施，包括地图导引标识、导购标识、交通指示设施等。

导视设施对商业网点的影响主要有：一是直观地节省了消费者在消费过程中所花的时间，使消费者能够快速达成消费目的，进而通过减少的时间刺

---

① 资料来源：http：//www. dszx. gov. cn/news1. asp？ id =3854.

激更多的消费；二是导视设施明确了商业网点内部各区域的职能，可以更加合理地利用有限资源，创造更大价值，减少了资源的浪费；三是导视设施与商业网点的空间环境打造相结合，通过精心设计，可从视觉上冲散消费者的视觉疲劳，增加消费品质，提升消费者的满意度。

（三）无障碍设施

我国《民用建筑设计通则（GB 50352－2005）》将无障碍设施定义为方便残疾人、老年人等行动不便或有视力障碍者使用的安全设施。并在最新的《民用建筑设计统一标准（GB 50352－2019）》中，对其定义进行了修正，是指保障人员通行安全和使用便利，与民用建筑工程配套建设的服务设施。本书的无障碍设施主要从商业角度出发，是指商业网点建设的、为行动不便或视力障碍的消费者服务的便利安全设施，包括无障碍通道、无障碍楼梯、无障碍厕所等。

通过无障碍设施的设置，一方面为特殊群体消费者提供消费便利，进一步拓宽消费市场，保持了更大的商业活力；另一方面，无障碍设施的完善与否，充分体现了一个商业网点的包容性和对社会责任的担当，完善的无障碍设施能够使消费者从细微之处感受到其商业的服务态度，提升消费者的归属感和认同感，从而助力其商业的繁荣和可持续发展。

（四）环卫设施

根据《城市基础设施管理（GB/T 32555－2016）》，环卫设施属于环境卫生设施，是指城市垃圾收集和处理场所、公共卫生场所以及公共场所保洁等设施。[①] 本书的环卫设施是指配套商业网点建设，为其经营者和消费者提供环卫服务、保持卫生环境的建筑或设备，包括公共厕所、垃圾回收箱等。[②]

环卫设施的打造是商业网点商业环境打造的基础，科学的环卫设施配套，不但能减轻经营者的管理压力，维持商业环境的高品质常态化，更能使整个商业环境具有更强的承载能力，为品质的进一步提升提供保障。

---

① 《城市基础设施管理 GB/T 32555－2016》。

② 定义参考：《商业网点规划术语 GB/T 34433－2017》。

（五）文化景观设施

通常所指的公共文化设施是指用于提供公共文化服务的建筑物、场地和设备，如图书馆、博物馆、文化馆（站）、美术馆、科技馆、纪念馆等①；景观是指可引起良好视觉感受的景象②，景观设施则是指承担景观的构筑物、建筑物以及场地。本书所述的文化景观设施是指围绕商业网点为商业环境打造而融入文化元素，具有文化展示、主题营造等功能的构筑物、建筑物以及场地，包括景观小品、文化雕塑、文化墙等。

文化景观设施是商业网点品质提升的重要手段之一。一方面文化景观设施本身就具有集聚人气，引导人流的作用，能有效调控商业的空间组织及人流动线，达到空间使用的集约高效；另一方面，文化景观设施能进一步放大商业网点的特色，提高商业的辨识度，使消费者具有更佳的消费体验的同时，为商业的品牌化和特色化打造提供支撑。

（六）其他设施

其他设施是指除交通设施、导视设施、无障碍设施、环卫设施以及文化景观设施之外的商业配套设施，包括休憩设施、儿童活动设施、为吸烟者配置的吸烟区、休息室、物品存放箱等。

虽然单一的设施对于商业网点的影响微乎其微，但整体上来说，其他设施对商业网点无论是在人流的集聚还是在商业的归属感上都有极为重要的影响。其他设施的完善不仅使得消费者有更好的消费体验，带动人流集聚，还能让消费者从各种细微之处体验到商业网点对消费者的重视度，更容易得到消费者的认同感，从而留住“回头客”。

三、商业配套设施的发展历程

我国商业配套设施的发展与现代商业及商业网点的发展有着密切的关系，受到整体商业环境的影响，在不同时期呈现出不同的发展特点。而根据这些

---

① 《中华人民共和国公共文化服务保障法》，第二章第十四条。

② 《风景园林基本术语标准 CJJ/T91－2017》。

发展特点以及发展侧重点，本书认为我国商业配套设施大致经历了产生萌芽、便捷化、完善化、品质化这样一个从无到有，从不足到完善，从低质到高质的过程。

（一）产生萌芽阶段

这一阶段主要是指我国现代商业发展的初期，由于人们消费水平和购买力整体不高，商业主要满足衣、食、住、行等基本消费以及资源分配的目的，商业网点也以街铺小店、国营商业零售网点、供销社等为主，大型零售网点较少，虽然出现了部分为商业网点服务的如公交站点等设施，但主要是基于公共服务而非商业角度出发对其形成配套关系。在这一阶段，商业配套设施在当时商品匮乏、商业消费需求和市场低迷的大环境下，对商业的影响并不显著。

（二）便捷化阶段

随着改革开放带动的经济飞速发展，商业消费需求也迎来了迅猛的增长，出现了大量的大型零售百货、商场以及批发市场等。这一阶段由于充足的消费市场和消费需求，以及消费者对整体商业的品质要求较低，商业配套设施的发展主要基于商业的便利化需求出发，设置了简单的标识标牌、垃圾箱、停车设施等，初步具备了对商业网点发展的影响能力，但其更多的是从商业经营的角度出发，缺乏从消费者角度的思考，未能形成完善的配套系统。

（三）完善化阶段

随着城市的发展，到 21 世纪初国家逐步开始注重对城市基础设施、公共设施及商业配套设施的规范化打造，出台了一系列的政策标准，新的规划理念和思想也得以形成和引入。这一阶段，高端消费占比逐步增长，整体消费水平已有了显著提升，消费者开始对商业品质提出要求。商业配套设施也逐步开始从消费者的角度切入，强调“以人为本”的理念，从交通、环境、文化、景观等各方面完善商业网点的配套设施，构建商业配套系统，基本形成了如今的商业配套设施。

（四）品质化阶段

在商业不断发展、竞争日渐激烈的商业环境下，如今商业网点为寻求更高的商业竞争力，开始向更高品质转型，配套设施也进入品质化发展阶段。主要体现在一是系统化，各类商业配套设施不仅仅是作为其中的一个方面单独发展，而是统筹整合形成一个有机的系统，与整体商业网点打造相协调；二是信息化，结合信息技术形成更为高效优质的配套设施，如智慧停车场、智能全景导视系统等；三是国际化，与商业网点的品牌化打造相结合，融入文化、地域等元素，并通过创新模式以及先进模式的特色化改造，使得商业配套设施无论是在理念、模式、标准还是在品牌、特色方面，能够适应国际主流需求，甚至在某些方面具有引领和借鉴作用。

四、商业配套设施的相关理论

（一）导视设施——格式塔理论

格式塔（Gestalt）本意是指完形，格式塔心理学又称完形心理学，研究直接经验与行为，并且强调经验与行为的整体性。① 格式塔理论认为，人们在感知事物时，不是简单地将事物的外形、线条、颜色或某些个别的特征进行整合，而是把事物看作整体的“形”去了解的。②

导视系统作为空间中的平面图形，既作为一个系统整体存在，也作为许多单体被知觉整体理解、组合后识别。如果一个空间中存在过多的不相关的视觉单体，知觉就会对其加以处理、简化。一旦不相关的信息过多，无法形成格式塔的“形”，那么知觉处理也更困难和混乱。③ 因此在商业配套设施的导视系统规划中，导视系统首先要便于感知，要符合人的认知规律对标识、标牌、地图等进行设置，降低导视信息的获取难度；其次要注意把握导视设施空间组织及规模的适度，以提高信息获取的有效性，减轻使用者信息处理的压力。

① 刘雨蒙．基于格式塔理论的医院导视系统设计研究．规划与设计，2019－12.

② 阚蔚．格式塔理论视角下的浙江古镇空间形态研究．大众文艺——美术与设计，69－70.

③ 刘雨蒙．基于格式塔理论的医院导视系统设计研究．规划与设计，2019－12.

（二）无障碍设施——需求层次理论

需求层次理论是由美国心理学家亚伯拉罕·马洛斯在其《人类激励理论》论文中提出的。① 他将人类需求从低到高分为五个层次，分别是：生理需求、安全需求、社交需求、尊重需求和自我实现需求。并认为这些需求是按照先后顺序出现的，当一个人满足了较低的需求之后，才能出现较高级的需求，即需求层次。

根据该理论，商业配套设施规划中，无障碍设施的规划主要满足弱势群体的生理需求、安全需求以及社交需求，而弱势群体对这些需求的产生是一个循序渐进的递增式过程。而无障碍设施的配套是一个整体的系统，这就要求其在对这些需求进行规划考虑时，不能从单一的需求出发，而是要准确定位商业网点在各阶段对消费者及弱势群体的服务需求满足目标，统筹规划设置。

（三）文化景观设施——三元论

三元论是我国著名风景园林学者刘滨谊 2005 年在其《现代景观规划设计》一书中首次提出的，他将园林景观设计内涵概括为三元素：景观环境形象、环境生态绿化和大众行为心理。② 三元论提出现代景观规划设计蕴含三个不同层面的追求：第一层面是景观感受层面，第二层面是环境、生态、资源层面，第三层面是人类行为及与之相关的文化历史与艺术层面，并引申为景观环境形象、环境生态绿化、大众行为心理三方面。③

根据该理论，文化景观设施的规划主要从三个方面进行考虑，一是从景观本身的打造方面进行考虑，注重景观设计本身的美感；二是对周围环境和生态的影响，由于商业网点的文化景观设施相对整个生态环境影响较小，所以应当从整个城市绿化景观系统以及商业网点的文化环境营造层面进行考虑，并与之相适配；三是文化景观设施要从服务大众为基点进行考虑，其对空间

---

① 周瑜婕．基于需求层次理论的无障碍环境建设规划探索——以贵港市中心城区为例．

② 杨运兴，刘权富．基于三元论的高速公路景观设计．交通科技与经济，2013－15：（6）．

③ 郭婷婷．基于“景观三元论”的韩国首尔市城市公园景观调查分析．硕士学位论文，广西大学风景园林学，2017－14.

环境的营造要符合消费者心理及行为。

五、商业配套设施的规划与实践

（一）商业配套设施的规划内容

首先商业配套设施在规划层面上属于指导性规划，更多是对目标和方向的指引，不需要对每一个配套设施的位置、样式、大小等进行详细规划，即仅需要明确部分商业配套设施的建设指标和建设方向；其次由于配套主体不同，配套设施的选择、指标和发展方向也有所不同，而商业配套设施规划仅仅是商业网点规划中的一小部分，在整个规划的制定层面一般不对每一个网点的配套设施进行详细规划。因此在商业网点规划中，商业配套设施的规划主要是对整体或各类商业网点或某类某个区域网点配套设施的建设内容、建设指标和建设方向提出规划指引，而当部分设施无法明确其建设指标时（如导视设施就很难通过某个指标对其规模进行限定），只需对其建设方向提出规划指引。

通过对建设内容的指引，可以明确各类商业网点商业配套设施的建设重点，厘清各类配套设施的优先级，以便于合理分配资源。对建设指标的整体指引，一方面可以保障商业配套设施的数量和规模能满足规划期内商业网点的发展和消费需求，同时为更远期的规划发展提供基础；另一方面，可以为各个商业网点的具体规划建设，在用地布局、建筑设计以及空间打造等方面提供指导依据。通过对建设方向的指引，能够更有效地衔接城市及总体规划发展目标，使商业网点规划整体目标和定位在商业配套设施规划中找到支撑点，同时也能将高契合度的新理念、新技术、新模式等带到商业配套设施的建设中来，使得其公共服务功能及对商业网点发展的促进作用得到最大化凸显。

（二）商业配套设施的规划思路

商业配套设施是在商业网点规划的基础上进行的，其规划的一般思路是在商业网点规划的目标定位、类型及布局选址等确定后，综合城市宏观经济、城市发展目标、居民消费水平、现状配套设施等情况，结合国家的政策标准以及相关基础理论，制定出规划范围内商业配套设施的规划标准，再依据该标准对整体、某类或某个商业网点的商业配套设施进行规划。技术路线图如图 11－1 所示。

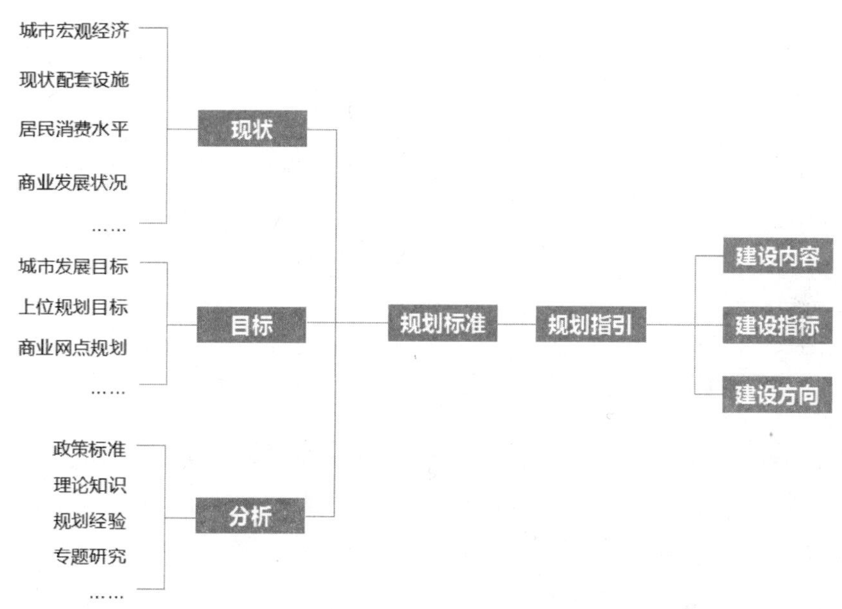

图 11－1　商业配套设施技术路线图

从图 11－1 可以看出，商业配套设施规划标准的形成存在很大程度的主观性，其规划结果（尤其是建设方向的指引）更多的还是一个规划者对规划范围内各种因素的思考和相关规划知识和经验的集合。而当在具体规划过程中无法形成一套相对契合和统一标准的时候，就需要通过主观判断来把握商业配套设施规划的标准。通常进行主观判断时会从整体发展需求、消费者需求以及经营者的需求入手，评估规划范围内商业配套设施在规划范围内应该达到的目标，从而确定其建设指标和建设方向规划。

1. 整体发展需求

在城市发展的宏观层面，通过城市总体规划等上位规划以及相关政策，对商业以及商业网点的发展提出了要求，而商业配套设施对商业网点的品质具有较大影响，其配套标准、配套品质等需要与城市及商业网点的整体发展保持一致，并为未来发展奠定基础和提供支撑。

2. 消费者需求

对消费需求的思考，一是消费人口的数量、年龄、教育等的变化，会对商业配套设施产生动态化更新的需求；二是消费者消费水平的变化，会对消费品质的承载能力造成影响，同时影响商业配套设施的整体水平；三是消费者消费理念的变化，会产生一些新的配套设施需求，对配套设施整个和局部系统的打造造成影响。

3. 经营者需求

一方面部分商业网点本身的正常运作对商业配套设施就具有一定的需求，如商品交易市场对交通设施的依赖性；另一方面，经营者对商业网点的管理模式、空间营造、主题定位等的变化，会从商业网点的发展目标层面对商业配套设施提出需求。

（三）商业配套设施的规划原则

为了使规划者在商业配套设施规划中正确处理好商业配套设施规划与上位规划、标准政策、周边环境、现状条件等方面的关系，同时为商业配套设施的类型及规模设置、发展方向等规划提供决策依据，以保证商业配套设施规划科学合理、具有可实施性以及合法合规，需要对其制定规划原则。通常商业配套设施的规划原则有：

1. 需求性原则

由于商业配套设施从本质上不承担商业网点的商业活动，其打造势必会对经营者造成成本上的压力，因此商业配套设施规划应遵循需求性原则。根据商业网点的类型以及前文提到的整体发展、消费者以及经营者的需求，充分评估商业网点所需要的配套设施类型及能承载的配套设施规模，发挥各类商业配套设施的优点，避免盲目建设并使其资源得到有效整合，减少资源的浪费。

2. 可行性原则

由于大多数商业配套设施对商业网点的经营活动并不是必须具备的设施，极易受到环境、交通、用地、资金等客观因素的影响，因此商业配套设施规划需要考虑其可行性。一方面是考虑商业网点所处的交通区位、用地条件、资金条件等是否适合配置相关的设施或设备；另一方面要符合国家及相关地区的规范标准及政策，确保规范性。

3. 适配性原则

商业网点类型多样，且各个商业网点的现实情况各不相同，不同的商业网点具有不同的设施配套需求，因此，商业配套设施的规划需要考虑适配性。一是配套设施的风格要与其配套的商业网点整体风格保持一致，以通过空间环境的营造，强化商业网点的主题打造；二是商业配套设施的空间组织要与商业网点的功能相适配，为消费者和经营者提供更高的便捷性；三是其规模需要与实际需要相适配，以减少成本、节约资源、提高效益。

4. 前瞻性原则

由于商业和消费的快速发展，商业网点也处于不断变化和更新的状态，商业配套设施规划需要遵循前瞻性原则。一是商业配套设施的规模、模式、品质等应在规划期内的需求上适度超前设置，为可能遇到的需求变化留出缓冲空间；二是根据城市及区域发展目标及商业网点发展趋势，预估判断规划范围商业配套设施在规划期限外的远景发展方向，从而提前预留出发展空间并铺垫其发展基础。

（四）商业配套设施的规划标准

前文提到商业配套设施规划受到多种因素的影响，在不同地域、不同现状条件下，其规划指标与建设方向会有一定的出入，从而难以用唯一的标准进行具体规划。然而在对每一个商业网点进行配套设施规划时，其思考的因素是具有共通点且相同因素对商业配套设施的影响是具有一般规律的，因此对整体商业配套设施规划而制定的规划标准依然具有一定的参考价值。本节主要参考国家和地方的相关规范标准、政策要求以及规划经验和理论对各类商业配套设施的建设方向、布局选址、规模设置等一般标准进行梳理总结，为商业配套设施规划及其更深层次的规划提供参照依据。

1. 交通设施

通常对一般商业网点交通设施的建设一是要保证其方便快捷，通过交通设施规划可将城市公共交通与商业网点的内部交通进行有效衔接，形成“互连互通”的交通系统；二是要保证规模充足，避免因数量不足造成的交通拥堵，以及数量过剩造成的资源浪费。而在城市核心区域、展示城市形象以及有条件的商业网点，宜通过与文化、主题等元素结合的主题停车场、与现代信息技术融合的智慧停车系统等方式，追求其服务品质和质量的提升。

（1）停车位。机动车停车位一般设置在停车场内，若因客观原因无法设置停车场，不得已采用沿街临时停放的方式，则其停车位的设置不得影响道路交通安全及正常通行，不得在救灾疏散、应急保障等道路以及人行道上设置；非机动车停车位可通过地面集中设置或布设在路侧带内（但以不妨碍行人通行为宜）。①

根据《城市居住区规划设计标准（GB50180－2018）》，为商场（是指居住区配建的商场）配建停车场的停车位控制指标应满足非机动车≥7.5 车位/100m^2，非机动车≥0.45 车位/100m^2 建筑面积的标准，为菜市场配建停车场的停车位控制指标应满足非机动车≥7.5 车位/100m^2，非机动车≥0.3 车位/100m^2 建筑面积的标准。而在商业网点规划中，由于规划的商业网点大多数的服务范围已经远远超过了居住小区，其人口的集聚程度以及对机动车停车位的需求大大超过了居住区的配建商业，因此通常结合实际经验将零售商业网点机动车停车位的指标设置为 1.0 车位/100m^2 建筑面积，批发类（主要指商品交易市场）的机动车停车位则根据不同的市场类型、市场规模以及周边公共配建停车场情况酌情设置。

（2）停车场。为商业网点配建的机动车停车场（库）宜采用地下停车、停车楼或机械式停车方式，非机动车停车场（库）一般采用地面停车的方式。

机动车停车场的面积根据其停放车辆数量一般按照 15～40m^2/标准停车位计算，地面机动车停车场用地面积，宜按每个停车位 25～30m^{2}计，停车楼（库）的建筑面积，宜按每个停车位 30～40m^{2}计，非机动车停车场按 1.5～1.8m^2/辆计，非机动车停车面积按不小于 30m^2 计；机动车停车场应规划电动汽车充电设施，设置不少于总停车位 10% 的充电停车位。②

（3）公交站点。公交站点一般采用港湾式车站，沿街布置，站址选在能按要求完成运营车辆安全停靠、便捷通行、方便乘车三项主要功能的地方，

① 参考标准：《城市综合交通体系规划标（GB/T 51328－2018）》。

② 参考标准：《城市居住区规划设计标准（GB 50180－2018）》《城市综合交通体系规划标准（GB/T 51328－2018）》。

并与人行过街设施、其他交通方式衔接；应设置在交叉口的出口道，改建交叉口在布设公交停靠站确有困难时，可将直行或右转公交线路的停靠站设在进口道。公交站点的站距宜为 500～800m。市中心区站距宜选择下限值，城市边缘地区和郊区的站距宜选择上限值。同向换乘距离不应大于 50m，异向换乘距离不应大于 100m；对置设站，应在车辆前进方向迎面错开 30m。在道路平面交叉口和立体交叉口上设置的车站，换乘距离不宜大于 150m，并不得大于 200m。①

当公交站台停靠站设置在进口道，且进口道右侧有展宽增加的车道时，停靠站应设在该车道展宽段之后不少于 20m 处，并将公交站台与展宽车道一体化设计；当进口道右侧无展宽增加的车道时，停靠站应在右侧车道最大排队长度再加 20m 处布设。当公交停靠站设置在出口道，且出口道右侧展宽增加车道时，停靠站应设在展宽段向前不少于 20m 处；当出口道右侧无展宽时，停靠站在干路上距对向进口车道停止线不应小于 50m，在支路上不应小于 30m。②

几条公交线路重复经过同一路段时，其公交站点应合并设置。站点的通行能力应与各条线路最大发车频率的总和相适应。中途站共用站线路条数不宜超过 6 条或高峰小时最大通过车数不宜超过 80 辆，超过该规模时，宜分设车站。分设车站的距离不宜超过 50m。当电、汽车并站时，应分设车站，其最小间距不应小于 25m。具备条件的车站应增加车辆停靠通道。③

2. 导视设施

为商业网点配套的导视设施按照其功能大致可分为标识所在位置与整个空间环境关系的导览设施（如电子地图、总平面图等）、以导视通行方向为目的的导向设施（如路标、看板、箭头等）、表示功能和用途的识别设施（如停车场、卫生间、应急通道等）以及提示秩序、文明、安全等规则及注意事项的警示设施（如公共安全警示牌、温馨提示标语等）。导览设施一般设置在主要出入口及各个楼层与其他楼层的进出口，对楼层的具体信息和消

---

① 参考标准：《城市道路公共交通站、场、厂工程设计规范（CJJ/T15－2011）》《城市道路交叉口设计规程（CJJ152－2010）》。

② 参考标准：《城市道路交叉口设计规程（CJJ152－2010）》。

③ 参考标准：《城市道路公共交通站、场、厂工程设计规范（CJJ/T15－2011）》。

费者的方向位置进行详细说明，方便消费者对整体空间布局进行认知，一目了然地找到目标区域；导向设施一般设置在出入口、交叉口以及楼层转弯走道处，应急通道、逃生通道等的导向设施应遍布整个商业网点建筑且标识间的间隔距离不超过 20m；识别设施则是设置在所识别的载体所在位置，警示设施则是根据警示的内容进行灵活设置。

目前导视设施并没有一个统一的行业和国家标准，在规划设计时，大体遵循如下标准：一是容易理解，要求设施对信息表达完整、通俗易懂，标识符号要简单明了，标识信息要准确；二是要规范统一，对具有规范标准的，如无障碍设施、消防设施等标志，按照规范标准的样式及大小进行设置，对没有统一标准的导视设施，应在同一商业网点中，采用同一种颜色、字体、规格等，便于使用者进行识别；三是符合人们的视觉规律和习惯，充分考虑图形、字体和色彩的关系以及指示牌的高低位置、材质、尺寸等方面的问题，便于使用者对信息的接收；四是具有艺术性、美观性，在色彩、字体、版式构成上体现出专业的审美特点，并具有商业网点独特的文化特点；五是数量适度，对于使用频率较高的导视设施（如洗手间方位、停车场方位）以及具有较高重要度的导视设施（如安全出口方位）应重复设置，反之对使用频率较低的设施则应控制其数量。①

除了以标识标牌、电子屏幕为信息承载载体的常规导视系统外，在有条件的商业网点，可结合 VR、全息投影等技术打造智能化导视系统、交互式导视系统等。

3. 无障碍设施

通常对无障碍设施的建设方向指引主要是从人性化层面、完善障碍人群通行以及信息的无障碍，消除商业网点与障碍人群之间的隔阂。而在人流密集的大型商业网点，宜结合信息化的网络设备，打造智能无障碍系统，使得无障碍群体能够更加简单、舒适、安全地使用无障碍系统；在对品质要求较高的商业网点，宜结合景观打造，将无障碍设施纳入景观设计的一部分，同时融入特色文化、主题等元素，使无障碍设施具有美观度和地域人文风采。

---

① 参考资料：蒋媛．城市大型商业中心导视系统设计研究．美术教育研究．

商业网点无障碍设施的配套设置应至少有1处出入口为无障碍出入口，且宜布置于主要出入口处，主要通行的室内外走道应为无障碍通道，供公众使用的男、女公共厕所每层至少有1处或在男、女公共厕所附近设置1个无障碍厕所，供公众使用的主要楼梯应为无障碍楼梯，商业网点层数较高时，应设置无障碍电梯或升降平台。应将通行方便、行走距离路线最短的停车位设为无障碍机动车停车位，此外还应设置低位服务设施及无障碍标识系统。以下论述来自出入口参考标准：《无障碍设计规范》（GB50763－2012）。

（1）无障碍出入口。可设置为平坡出口、同时设置台阶和轮椅坡道的出入口以及同时设置台阶和升降平台的出入口。除平坡出入口外，在门完全开启的状态下，建筑物无障碍出入口的平台净深度不应小于1.50m；建筑物无障碍出入口的门厅、过厅如设置两道门，门扇同时开启时两道门的间距不应小于1.50m；无障碍出入口的上方应设置雨棚。

轮椅坡道应设置成直线形、直角形和折返形，轮椅坡道的净宽度不应小于1.00m，无障碍出入口的轮椅坡道净宽度不应小于1.20m。轮椅坡道的高度超过300mm且坡度大于1:20时，应在两侧设置扶手，坡道与休息平台的扶手应保持连贯。无障碍出入口的轮椅坡道及平坡出入口的地面坡度不应大于1:20（见表11－1），当场地条件比较好时，不宜大于1:30。

表11－1　　轮椅坡道的最大高度和水平长度

坡度	1:20	1:16	1:12	1:10	1:8
最大高度（m）	1.20	0.90	0.75	0.60	0.30
水平长度（m）	24.00	14.40	9.00	6.0	2.40

注：其他坡度可用插入法进行计算［表格数据来源：《无障碍设计规范》（GB50763－2012）］。

（2）无障碍通道。无障碍通道的宽度室内走道不应小于1.20m，人流较多或较集中的大型公共建筑的室内走道宽度不宜小于1.80m；室外通道不宜小于1.50m；检票口、结算口轮椅通道不应小于900mm。

（3）无障碍电梯、升降平台。无障碍电梯的候梯厅深度不宜小于1.50m，呼叫按钮高度为0.90～1.10m；电梯门洞的净宽度不宜小于900mm；电梯出入口处宜设提示盲道；候梯厅应设电梯运行显示装置和抵达音响。

（4）无障碍厕所。女厕所的无障碍设施包括至少1个无障碍厕位和1个无障碍洗手盆；男厕所的无障碍设施包括至少 1 个无障碍厕位、1 个无障碍小便器和 1 个无障碍洗手盆；厕所的人口和通道应方便乘轮椅者进入和进行回转，回转直径不小于 1.50m；门应方便开启，出入口通行净宽度不应小于 800mm；地面应防滑、不积水；无障碍厕所出入口位应设置无障碍标志。

（5）无障碍机动车停车位。出入口车位的地面应涂有停车线、轮椅通道线和无障碍标志。出入口一侧，应设宽度不小于 20m 的通道，供乘轮椅者从轮椅通道直接进入人行道和到达无障碍出入口。无障碍出入口机动车停车位的地面应涂有停车线、轮椅通道线和无障碍标志。商业网点的公共停车场（库）应按照Ⅰ类公共停车场（库）的标准进行设置，即设置不少于停车数量 2% 的无障碍机动车停车位，当商业网点的体量偏小、人流承载不高时，可参考Ⅱ类及Ⅲ类公共停车场（库）的设施标准，即设置不少于停车数量 2%，且不少于 2 个无障碍机动车停车位。

（6）低位服务设施。低位服务设施表面距地面高度宜为 700～850mm，其下部宜至少留出宽 750mm、高 650mm、深 450mm 供乘轮椅者膝部和足尖部的移动空间。应有轮椅回转空间，且回转直径不小于 1.50m。

（7）无障碍标识系统。通用的无障碍标志是选用现行国家标准《标志用公共信息图形符号第 9 部分：无障碍设施符号（GB/T 10001.9－2008）》中的无障碍设施标志。其要求通用的无障碍标志和图形的大小应与其观看的距离相匹配，规格为 100mm×100mm～400mm×400mm。为了清晰醒目，规定了采用两种对比强烈的颜色，当标志牌为白色衬底时，边框和轮椅为黑色；标志牌为黑色衬底时，边框和轮椅为白色。轮椅的朝向应与指引通行的走向保持一致。

应在广场、建筑、扶梯等位置设置盲文铭牌、语音提示导盲系统、便携导盲定位系统、无障碍网站和终端设备、读屏软件、助视器等为实力障碍者服务的设施设备。同时设置包括电子显示屏、同步传声助听设备、提示报警灯（音响频闪显示灯）等为听觉障碍者服务的设施设备。

4. 环卫设施

通常基于普遍性的商业网点对环卫的建设方向一是应配套完善、规模适度，保障基本功能和需求；二是应能符合最新提出的新标准和新要求（如新的垃圾分类方式对其设施设置的要求）。而在考虑品质即未来发展时，其宜与整个网点风格、文化主题等相协调，保障整个商业网点的协调性，宜通过电子化设备与广告、导视系统相结合，营造更为多样化的空间环境。

垃圾回收箱室外每50～100m设置一处，室内则根据建筑面积、人流量等实际情况酌情进行设置，确保每层至少在出入通道设置有1～2个垃圾回收箱，回收箱之间的间距设置不应大于室外的设置标准，即小于100m。公共厕所建筑形式应以固定式公共厕所为主、活动式公共厕所为辅，建设形式应以附属式公共厕所为主、独立式公共厕所为辅。公共厕所宜置于人流集中处，设置标准可按照步行（5km/h）2～3min内进入厕所进行设置，商业服务业设施用地，公共厕所设置密度4～11座/km^2，每厕位建筑面积指标为5～7m^2，零售类商业网点的厕位数可按照表11－2进行设置。①

表11－2　　零售类商业网点的厕位数

购物面积（m^2）	男厕位（个）	女厕位（个）
500以下	1	2
501～1000	2	4
1001～2000	3	6
2001～4000	5	10
≥4000	每增加2000m^2男厕位增加2个，女厕位增加4个	

注：表格数据来源于《环境卫生设施设置标准（CJJ27－2012）》。

5. 文化景观设施

文化景观设施相对于其他设施对商业网点更多的是在品质上的影响，对其规模、数量的设置，并没有一个定量的标准，在对其规划时主要遵循以下标准：一是容易被大众所接受，文化景观设施的塑造形式应符合大众审美和认知，尽量以人们熟知或具有较高接受度的元素，空间结构应合理适度，契合人的感知，既不过分空旷，也不过分压抑，且能在一定程度上引导人们的思维和情感；二是具有特色，规划设计时应充分考虑具体城市或地域的历史沿革、文化背景、社会环境、教育哲学等，从特定的角度规划设计商业空间景观，形成城市、地域或单一网点的自有特色；三是整体保持协调统一，一

① 参考标准：《环境卫生设施设置标准（CJJ27－2012）》。

个城市商业网点的文化景观配套应与城市以及其对应商业网点的主题、文化的大方向保持一致，景观设施各部分各要素之间形成内在联系，对文化和主题的阐述在空间和时间上保持连续性；四是符合配套网点能级，考虑文化景观设施的建设及运营成本，其设置规模和品质应尽量适合商业网点的能级，在保证其质量的同时降低消费门槛，减少资源的浪费。

6. 其他设施

由于本书界定的其他设施包含的对象较多，且目前还没有针对该类设施以及该类设施所包含对象制定的标准，因此根据规划经验，通常其他设施规划需要遵循的标准有：一是符合消费者的接受程度、使用需求和使用习惯，如吸烟区宜布置在人流密度较低、相对偏僻的位置，儿童活动设施应采用轻型材质以及软装保证安全，物品存放箱布置在建筑出入口等；二是其他设施一般与景观打造相结合，通过对其外观的美化，使其在保持原有功能的情况下承载部分景观设施的功能，因此其在承载景观功能时，应符合文化景观设施的规划标准；三是与整个商业配套设施规划统筹协调，商业配套设施无疑会增加成本，而其他设施对商业网点的影响相对较小，因此在资源有限时，应当适度把握其他设施的类型和规模。

（五）重要商业网点的商业配套设施规划

前文提到，商业配套设施是相对其配套主体而言的，不同的配套主体会有不同的配套需求和配套重点，本节主要通过对商业网点规划中重要商业网点配套设施的重点规划内容及规划要求进行阐述，为各类网点商业配套设施的规划标准制定以及具体规划实践提供参考。

本节提及的重要商业网点是指在商业网点规划中重点考虑和规划的网点，包括商业综合体、大中型零售网点、商业街（区）、商品交易市场、农贸市场以及社区商业网点。

1. 重要商业网点配套设施的重点规划内容

由于各类网点具不同的职能、形态、性质等，其规划思考方向和着眼点也有所不同，其重点内容的确定主要是通过对各类设施规划思考的优先级来进行判定的。

为了方便表述各类商业配套设施对各类商业网点的优先级，本书将其优先级分为重点配套、应当配套和酌情配套三个等级。其中重点配套适用于该配套设施对于该类所有层级的商业网点都有重要正向影响，在其规划中需要重点考虑，原则上必须设置时；应当配套适用于该配套设施对于该类大部分商业网点都有较大正向影响，在规划中如无特殊情况应当设置时；酌情配套适用于该配套设施对于该类商业网点具有正向影响，但受限于资金、资源、成本、需求等客观条件，仅有部分该类网点需要考虑设置，在规划中根据实际情况确定是否设置时。

根据上述优先级以及适用标准，本书梳理出了各类商业配套设施对重要商业网点的优先级，如表 11-3 所示。

表 11-3　重点商业网点配套设施设置表

网点类型	交通设施	导视设施	无障碍设施	环卫设施	文化景观设施	其他设施
商业综合体	●	▲	▲	▲	▲	△
大中型零售网点	●	▲	▲	▲	△	△
商业街（区）	●	▲	▲	▲	▲	△
商品交易市场	●	▲	△	●	△	△
农贸市场	●	▲	▲	●	△	△
社区商业网点	●	▲	●	▲	△	△

注：表中●为重点配套，▲为应当配套，△为酌情配套。

从表 11-3 中可以看出，在实际规划中，交通设施作为集聚人气和商品流通的基础对于各类商业网点都是需要着重进行考虑的；导视设施对各类网点都相对重要，但对各类网点都不造成决定性的影响；无障碍设施在使用频率不高和需求不强的商品交易市场中的重要程度较弱，而在社区商业网点中的重要程度较高；环卫设施对环境问题相对严重的商品交易市场和农贸市场中的重要性相对其他设施要高；文化景观设施在对商业品质要求较高且具有打造条件的商业综合体以及商业街（区）中更为重要；其他设施对于各类商业网点都不是相对重要。

2. 重点商业网点配套设施的规划要求

商业综合体和商业街（区）——多种设施并进、优质协调统一。作为最容易形成城市商业标签的商业网点以及城市商业品质和商业形象的主要展示窗口，商业综合体和商业街（区）相对于其他商业网点，对配套设施的种类要求更为齐全、品质要求更高。因此这两类商业网点配套设施的规划，应尽量配备所有的商业配套设施，同时结合其网点打造、新模式和发展趋势，形成独具特色、品质优良、协调统一的配套系统。

大中型零售网点——重点设施先行、量力适度对标。在商业多元化发展的趋势下，商业网点趋向于集聚化、综合性发展，总体上大中型零售网点相对于商业综合体，无论是业态功能还是规模品质都有所不及，其更多的是作为区域商业的补充；同时大中型零售网点的层级跨度较大，情况相对复杂。因此，大中型零售网点对配套设施的规划首先需要考虑设施设备的完善，首要考虑的对象是对其影响最大的交通设施，在相应设施基本功能得到保障的基础上，再根据实际情况，向商业综合体的配套设施要求靠拢。

商品交易市场——交通环卫为主、基础配套完善。由于商品交易市场承担批发功能的特殊性，且对商业品质的需求远不如其他商业网点表现的突出，因此主要考虑其配套设施的完善与否。配套重点将围绕交通设施以及环卫设施进行，以保障交通设施的完善、快捷和高效以及环卫设施数量的充足和分布合理为宜。

农贸市场和社区商业网点——兼顾各项设施、注重多方融合。虽然农贸市场和社区商业网点距离消费者较近，但是其经营活动以及消费者行为对交通设施（尤其是停车场）仍有较大的需求，因此这两类商业配套设施的规划，需要兼顾交通设施、导视、无障碍、环卫等各项设施，并融入新理念、新技术等，结合其网点的打造，形成完善优质的商业配套系统。

商贸物流设施是商业贸易活动中具备物流相关功能和提供物流服务的场所，既是一种商业网点设施，也是物流设施的重要分支。商贸物流设施是商贸流通有效运行的重要保障，是优化营商环境的基础设施。科学、合理的商贸物流设施规划，有助于实现商贸业和物流业联动发展，为城市用地结构调整和城市功能布局完善创造有利条件，指导和约束投资主体开展项目建设行为，提升消费服务水平。本章将介绍商贸物流设施及商贸物流设施规划的基本概念、分类和作用，重点介绍商贸物流设施规划与实践，为商贸物流设施网络体系规划提供指导。

第二节　商贸物流设施

一、商贸物流的概念

（一）现有术语

《中华人民共和国国家标准物流术语》（以下简称《物流术语》）中对物流的定义是：为物品及其信息流动提供相关服务的过程，即物品从供应地向接受地的实体流动过程中，根据实际需要，将运输、储存、采购、装卸搬运、包装、流通加工、配送、信息处理等功能有机结合起来实现用户要求的过程。

商贸物流从属于产业物流，是商品流通的重要组成部分。[①] 商务部、发展改革委印发的《商贸物流发展专项规划》（2011 年）以及《商贸物流发展“十三五”规划》对商贸物流的概念给出了界定，商贸物流是指与批发、零售、住宿、餐饮、居民服务等商贸服务业及进出口贸易相关的物流服务活动。也可以理解为在商业贸易活动中进行的物流过程，统称为商贸物流。[②]

商贸物流通过批发、零售和储存环节，把各生产企业的产品在一定的物流据点集中起来，经过储存、分拣、流通加工、配送等业务，将商品在适当的时间送到批发、零售商业企业或消费者手中。

（二）商贸物流设施的概念及分类

《商业网点分类（GB/T 34401－2017）》（以下简称商业网点分类）把商贸物流设施定义为：商业贸易活动中具备物流相关功能和提供物流服务的场所，包括商贸物流园区、商贸物流配送中心和仓储设施。商贸物流园区是指

---

① 商务部　发展改革委　供销总社关于印发《商贸物流发展专项规划》的通知（商商贸发〔2011〕67 号）。

② 李晓东，李道胜．商贸物流概论．济南：山东人民出版社，2015－6.

在商贸物流作业集中的地区，或在几种运输方式衔接地，将多种物流设施和不同类型的物流企业在空间上集中布局的场所，有一定规模和具有商品交易、加工、信息处理、储存以及运输等服务功能的聚集区。商贸物流配送中心是指从事货物配备（集货、加工、分货、拣选、配货）和组织对用户门对门送货的现代流通设施。仓储设施是指能够提供货物存储、加工包装、分拣配送等仓储服务的经营场所。

《物流术语》对物流设施有更深入的定义，将物流设施定义为提供物流相关功能和组织物流服务的场所。包括物流园区、物流中心、配送中心，各类运输枢纽、场站港、仓库等。其中物流园区是指为了实现物流设施集约化和物流运作共同化，或者出于城市物流设施空间布局合理化的目的而在城市周边等各区域，集中建设的物流设施群与众多物流业者在地域上的物理集结地。物流中心是指从事物流活动且具有完善信息网络的场所或组织（主要面向快递业、运输业的称为分拨中心）。配送中心是指从事配送业务且具有完善信息网络的场所或组织。

《物流园区分类与规划基本要求（GB/T 21334－2017）》将物流园区定义为，为了实现物流设施集约化和物流运作共同化，按照城市空间合理布局的要求，集中建设并由统一主体管理，为众多企业提供物流基础设施和公共服务的物流产业集聚区。《物流园区分类与规划基本要求（GB/T 21334－2017）》按照园区依托的物流资源和市场需求特征，根据服务对象和功能，将物流园区分为货运服务型、生产服务型、商贸服务型、口岸服务型、综合服务型。我们将商贸服务型物流园区和带有商贸服务功能的综合服务型物流园区归类为商贸物流园区。

由上述定义可以看出，商贸物流园区、商贸物流中心、商贸物流配送中心是三种不同规模层次的商贸物流设施，它们的主要区别如表 11－4 所示。

表 11－4　　商贸物流设施分类及主要区别

	商贸物流园区	商贸物流中心	商贸物流配送中心
集聚形式	是物流中心发展到一定阶段的产物，是多个物流中心空间集聚的载体	一家或多家物流企业，在一个物流集结区从事物流活动	由一家物流企业经营，根据商贸服务需要合理布局于城市及城乡，不宜空间集聚

续表

	商贸物流园区	商贸物流中心	商贸物流配送中心
辐射范围	以市域范围为核心，向全国范围形成外向型辐射	主要覆盖至整个城市内部及周边地区	主要向市内的物流服务需求形成辐射
节点功能	功能全面，具有商品交易、加工、信息处理、储存以及运输等服务功能	物流功能健全，存储、吞吐能力强，能为转运和多式联运提供物流支持	功能单一，以配送功能为主，仓储功能为辅
服务对象	为物流企业提供基础设施和公共服务	为下游配送中心客户提供物流服务	聚焦城乡商贸活动，为末端客户提供配送服务

仓储设施一般依附于商贸物流园区、物流中心和配送中心，也有单独的仓储设施，规划中一般不对仓储设施做专门规划，根据企业需要自行建设，作为重点项目纳入发展规划中。

（三）商贸物流设施规划的概念

区域物流规划是指在一个特定的区域范围内，结合国民经济和社会发展的长远计划和区域自然条件，对一定时期内的区域物流的发展目标、区域物流基础设施建设、区域物流发展战略及对策等进行的系统设计。① 物流园区规划是指对物流园区进行比较全面的、长远的发展计划，是对未来整体性、长期性、基本性问题的思考和未来整套行动方案的设计。商业网点规划下的商贸物流设施需要服务于商业发展定位，结合市场布局、城市配送需求等来规划设计。因此基于商业网点规划对物流设施的要求，我们认为商贸物流设施规划是结合城市商业发展计划，确定一定时期内的某一区域商贸物流设施发展定位，以及根据市场布局、城市配送需求构建多层次的商贸物流网络，确定商贸物流设施规划布局的过程。商贸物流设施规划是指导城市一定时期内商贸物流设施的发展目标、网点布局和设施功能的综合部署，是职能部门指导商贸物流设施建设的重要依据，同时是城市规划和物流规划编制的相关参考。

商贸物流设施规划注重在较大规模的地域范围内土地布局与功能布局结

① 孙莹著．区域物流规划理论、方法及应用．北京：冶金工业出版社，2012－30.

合的科学性，看重商贸物流设施建设发展的基础条件规划，突出商贸物流设施的特点以及与商贸服务产业发展的协调等要素规划。

商贸物流设施规划是商业网点规划下的一个分项规划，也是物流业发展规划下的商贸服务型物流设施（节点）分项规划，也可以是一个独立的专项发展规划。下面仅研究商业网点规划范畴下的商贸物流设施规划。

二、商贸物流设施规划的作用

（一）推进商贸业与物流业联动发展

在构建高效、畅通的商贸物流服务体系的前提下，进行商贸物流设施规划，将促进商贸繁荣，带动商贸业发展增加物流需求，从而促进物流业发展，这种相互促进、资源共享的发展模式，有助于实现商贸业和物流业联动发展。

（二）完善城市功能布局

随着城市化进程的加快，城市产业布局发生了重大变化，大型商贸物流园区、物流中心土地成本逐步增长并且对城市交通及环境影响较大，需要迁出中心城区。商贸物流设施规划为城市用地结构调整和城市功能布局完善创造有利条件。

（三）引导和约束投资方向

商贸物流设施规划根据地区市场、产业基础、区位条件确定产业发展方向和发展定位，引导正确的招商方向和投资方向，指导和约束投资主体开展项目建设行为。

（四）提升消费服务水平

商贸物流设施多与批发市场集中布局，有利于构建面向商贸流通企业和消费者的社会化共同配送体系；现代商贸物流设施需完善鲜活农产品储藏、加工运输和配送等冷链物流设施，有利于促进流通现代化，扩大居民消费的城市物流配送网络，提高向消费者提供配送服务的时效性和安全性。

商贸物流设施规划的主要目的是构建商贸物流网络体系，建立一个层级、类型、辐射范围、服务功能、空间布局均合理的商贸物流网络体系。

三、商贸物流设施规划步骤

（一）资料搜集整理

搜集与规划相关的资料，包括城市规划、商品交易市场规划、现代物流规划，主要搜集整理与商贸物流设施规划密切相关的商业网点分布、物流企业分布、综合交通运输、现状物流设施、用地布局、土地利用等资料。

（二）相关条件分析

商贸物流设施规划需要分析许多相关条件，包括上位规划、城市性质、经济基础、综合交通运输、商品交易市场布局、城市用地条件、电子商务发展等。

（三）规划布局

在明确上述约束条件后，就可以初步确定选址范围，一般需要划分物流节点的服务区域并设定级别，即设立物流节点的优先级。选址时应特别重视国土空间规划、城市土地利用规划、城市总体规划中给出的可能位置，这常常是选址的刚性约束条件。

（四）商贸物流网络体系规划

在初步选址范围确定的基础上，根据商贸流通发展需要和相关条件，重点考虑商品交易市场空间分布形态、运输方式构成，构建包括商贸物流园区、物流中心、配送中心以及服务站在内的多层次多类型的商贸物流网络体系，并明确其相应的服务范围、服务领域、主要功能等。

四、相关条件分析

商贸物流设施规划面临许多约束条件，主要受上位规划、城市性质、经济基础、综合交通运输、商品交易市场布局、城市用地条件、电子商务发展等影响。

（一）上位规划

商贸物流设施规划受上位规划条件约束，上规规划分析包括城市总体规划、产业规划、控制性详细规划、物流规划等，分析提取商贸物流相关的规划条件。

（二）城市性质

城市性质是指在一定地区、国家以至更大范围内的政治、经济与社会发展中所处的地位和所负担的主要职能。我国城市性质大体分为工业城市、交通港口城市、各级中心城市、县城、特殊职能的城市五类。商贸物流设施规划需结合城市性质，做出适合城市地位和主要职能的规划。

（三）经济基础

本地区的经济基础是商贸物流发展的重要后盾，经济基础分析包括 GDP、物流业增加值、全社会消费品零售总额等，如果经济高质量发展，既可以扩大本地物流需求，也可以为商贸物流设施发展提供有力保障。

（四）综合交通运输

受运输方式的限制，商贸物流设施在规划布局时，应侧重于综合交通枢纽附近或场站、码头、港口附近，因此需要分析地区的综合交通运输现状、未来规划，为商贸物流设施规划布局提供综合交通运输条件支撑。

（五）商品交易市场布局

商贸物流设施主要服务于商贸流通业，结合商品交易市场布局，商贸物流设施一般考虑规划布局在各类商品交易市场附近。

（六）城市用地条件

商贸物流设施的用地性质是物流仓储用地，因此要分析城市土地利用规划中的物流仓储用地位置、规模等。

（七）电子商务发展

商贸物流配送中心具有快递物流功能，需要结合地区电子商务发展情况进行规划，重点分析通过电子商务销售的工业品和农产品种类、数量及地区分布。

五、规划布局思路

商贸物流设施规划布局需衔接上位规划及相关规划，满足商贸流通需求，结合重大交通基础设施规划，充分考虑与城市发展及用地条件相适应，与商贸物流需求空间相适应，与综合交通网络相适应，优化商贸物流设施空间布局。

（一）充分衔接上位规划及相关规划

衔接上级上位规划，包括区域总体规划、上级物流规划、上级城市规划、上级商业网点规划等；衔接本地上位规划，包括城市总规、产业发展规划、控制性详规、物流规划、交通规划等；衔接相关规划，包括乡镇规划、集聚区规划等。秉承集约高效用地原则，统筹协调商贸物流节点规划布局。

（二）满足商贸流通需求规划布局

依托各类批发市场、专业市场现状布局及未来规划，根据批发市场、专业市场设计的交易规模、商品种类以及辐射范围，规划布局应适应商品交易物资集散需求的商贸物流设施。

（三）结合重大交通基础设施规划布局

依托区位交通条件，充分利用现有的交通路线，根据未来重大交通设施规划，规划布局应服务内外的工业品、原材料、农产品、生活用品等物资集散需求的商贸物流设施。

六、商贸物流网络体系规划

（一）商贸物流节点层级

在规划编制中，一般按规模功能划分为物流园区、物流中心和配送中心三级物流节点。物流园区是物流节点的最高级别，通常一个物流园区有多个物流中心和配送中心为其服务才能最终将商品运到消费者（用户）手中，实现物流的最终目的。①

1. 物流园区设置标准

物流园区是为了实现商贸物流设施集约化和物流运作共同化，或者出于城市商贸物流设施空间布局合理化的目的，而在城市周边等区域，集中建设的商品交易市场、商贸物流设施与众多物流业者在地域上的物理集结地。一般设在综合交通运输枢纽所在地，且有很大的物流需求量，有充足的用地空间。其功能由物流中心、配送中心等专门化综合设施，以及运输场站、仓储等单一功能的专业化设施共同组成，可以集中提供各种形态的物流组织服务。

2. 物流中心设置标准

从事物流活动的、具有完善信息网络的场所或组织，是综合性、地域性、大批量的物资位移集中地，它集商流、物流、信息流和资金流于一体，是产销企业间的中介。应基本符合以下要求：为社会或企业自身提供物流服务；物流功能健全；完善的信息网络；集聚辐射范围大；存储、吞吐能力强；大批量、少品种；物流业务统一经营、统一管理。

3. 配送中心设置标准

一般在较多商贸物流需求的地区设立面向原材料市场需求方、商品交易市场消费者的综合物流处理中心，也包括服务于城乡物资流通、快递物资流通的综合物流处理中心。应基本符合下列要求：能够为各类企业用户提供服务；商品配送服务的物理设施（场、站、库房及装备）健全；信息网络和服

① 王国花等．三级物流节点的数量规划理论及运用．物流工程与管理，2011－3：40.

务能力齐备；辐射范围主要以城市或企业销售网络为依托；适应多品种小批量高频率配送要求；以配送服务为主体，兼具产品库存控制与储存服务等功能。

（二）商贸物流节点类型

商贸物流设施规划需要考虑服务领域、服务对象的类型进行分类设计。根据服务领域、服务对象的类型将商贸物流节点分为农产品商贸物流节点、工业品商贸物流节点、电子商务物流节点。

农产品商贸物流节点需要完善鲜活农产品储藏、加工运输和配送等冷链物流设施。

工业品商贸物流节点需要根据产品特性设置储藏条件和运输设施。

电子商务物流节点主要为地区快递物资集散服务，需要考虑向乡镇延伸服务、设置服务站点。

（三）商贸物流网络体系规划

商贸物流网络体系规划的主要任务是，构建多层次多类型商贸物流网络体系，确定合理的物流节点等级、规模、功能、辐射范围，形成有利于商贸物流供需平衡、物流企业、商贸企业有序竞争的格局，支撑社会经济活动、商贸流通和生产消费。

商业网点范畴下的商贸物流节点体系规划一般结合商品交易市场、城市配送和快递配送需求确定商贸物流网络体系。

一是依托批发市场、专业市场构建核心的商贸物流网络体系。因为商贸物流设施主要依托各类批发市场、专业市场等商品集散地而规划建设，商贸物流网络体系需根据批发市场、专业市场的类型和辐射范围设置相应类型和层级的物流设施，统筹规划设置商贸物流园区、物流中心数量及位置。

二是考虑城市配送、快递配送需求构建商贸物流网络体系。城市配送和快递配送是面向本地消费者服务商贸物流服务，因此要结合消费者空间集聚布局城市配送、快递配送物流设施布局，一般选择在城市内外衔接的重要交通枢纽设置配送中心，再根据人口分布布局数量适宜的服务站点。

七、案例分享

本书以四川省某县级市《城乡商业网点规划》中的商贸物流设施规划部分为例，简要介绍商贸物流设施规划的一般方法。

（一）规划背景

1. 经济社会概况

区域经济差距拉大，虽然该市近年来经济总量持续增长，但在全市排名倒数第二，且与其他区市县的差距越来越大。三次产业结构不合理，2017年，三次产业比例为11.2∶51.2∶37.6，服务业占比低，比全市平均水平低2.7个百分点，比全省平均水平低12.1个百分点，比全国平均水平低14个百分点。人口支撑不足，该市常驻人口总量低，人口密度低，且吸引外来人流不够，导致消费不足，社会消费占零售总额不大，人口支撑不足，已成为制约该市经济发展的“瓶颈”。

2. 商品交易市场概况

商品交易市场较少，该市共有4个商品交易市场，包括农产品、粮油（副食品）、禽苗类和生产资料类商品交易市场，商品交易市场的数量在全市中并不具有明显优势。区域内商品交易市场同质化现象明显，德阳市范围内如农产品、粮油、副食品、禽苗类和生产资料类商品交易市场数量较多，一定程度上将导致各类商品交易市场服务半径缩小，竞争压力增大。

3. 商贸物流发展概况

货物运输量规模小，2016年该市公路货运周转量为5亿万吨/公里，仅占全市公路货运周转量的8.9%。商贸物流设施建设滞后，目前没有建设成型的大型专业物流园区、专业仓储设施、公共信息服务平台等配套设施。市场主体培育不足，多为小型运输企业和仓储企业，缺乏大型龙头企业引领带动行业发展。

4. 区位优势

该市位于成都、德阳、绵阳和阿坝四市交界处，距德阳33公里，距成都59公里，距绵阳26公里，属于成都一小时经济圈内，是成都平原经济区对接川西藏区和川西北生态经济区的重要桥头堡。

5. 交通条件

该市交通便捷，目前成都至青川的 S107 省道贯穿全境，成绵高速复线在境内设有 3 个高速路出入口，未来随着成（都）兰（州）铁路、G545 德茂公路（绵竹—茂县）、德阿高速（规划）、成都经济区环线绵竹延伸线、成都第三绕城高速的建成通车，该市将成为成都平原进入川西藏区和西北地区最安全、最便捷的黄金通道。

6. 资源优势

农特产品资源，该市拥有猕猴桃、茶叶、松花蛋、玫瑰花系列产品、剑南春酒、年画等农特产品。工业产业资源，白酒、磷化工、机械加工行业为该市支柱性优势产业。

（二）规划思考

1. 规划需要解决的问题

一是解决商贸物流设施与区位交通优势不匹配的问题。该市区位交通优势明显，随着未来区域交通设施进一步完善，德阿高速和成兰高铁开通，该市将成为川西北生态经济区与成都都市圈联系的交通枢纽。然而，该市现状商贸物流体系尚未构建，未能将交通区位优势换成城市实力和产业优势。

二是解决商贸物流设施与商品交易市场不协调的问题。目前该市尚未有建设成型的大型专业物流园区，有两个物流园区正在建设中，商贸物流设施建设进度较为滞后，不能满足商品交易市场物资集散的需求。

2. 规划期望达到的目标

结合该市衔接川西北与成都平原的区域条件，商贸物流将作为未来引领该市产业和城市发展，体现该市区域经济地位的重要产业。对接《某市现代物流发展规划（2017—2021）》，根据该市全域各镇乡在交通区位、产业特色、人口数量等特征，按照规划定位“形成以川西北生态经济区为腹地，面向区域和全球的商品交易市场和物资集散地”的要求进行商贸物流设施的规划。

（三）规划内容

1. 商贸物流设施层级

根据商品交易市场和物流设施服务的对象不同、运输的物资不同、辐射的范围不同，形成了多类型、多层次的商贸物流体系。中心城区商贸物流设施以服务城区内居民生活和企业生产为主，其他镇区以市域和川西北物资集散为主。

2. 布局思路

（1）结合高速出入口和高铁站点布局。选择市域内具有突出区位交通优势且符合《某市现代物流发展规划（2017—2021）》的乡镇进行商贸物流设施布局。

（2）市场与物流集聚布局。未来该市商品交易市场主要以川西北物资交易和集散为发展方向，市场与物流集聚发展，符合商贸物流快速响应的发展要求。

（3）退城进郊布局。中心城区结合商品交易市场现状和居民生活需求，根据城市总体规划用地布局，按照城零郊批的原则，调整商品交易市场位置。

3. 商贸物流设施规划布局

规划形成“2 集聚 1 环线 2 中心”的市域商品交易市场发展结构。2 集聚为 A 综合商贸物流集聚区和 B 大宗物资商贸物流集聚区，1 环线为绕中心城区环城路形成的商品交易市场和物流设施环线，2 中心是 C 镇和 D 镇的物流配送和快递中心。

4. 商贸物流设施功能规划

（1）A 综合商贸物流集聚区。在 A 综合商贸物流集聚区内，形成以市域和川西北的农产品交易和生活物资交易为主要功能的商品交易市场集聚区。主要包括农产品交易市场、家具、五金及装饰材料市场、日用品市场、食品、饮料及烟酒市场等。为服务于集聚区内农产品、日用品等物资物流和配送需求，发展冷链物流、电商物流和零担物流等物流功能。

（2）B 大宗物资商贸物流集聚区。在 B 大宗物资商贸物流集聚区内，形成以该市和川西北的大宗粮油和生产资料交易为主要功能的商品交易市场集聚区。主要包括大宗粮油市场、金属材料市场、化工材料及制品市场、建材市场等。结合铁路及大宗物资物流需求，形成多式联运、集装箱物流等物流功能。

（3）环城路商贸物流环线。沿该市市中心城区环城公路形成以服务中心城区居民生活和企业生产为主的商贸物流设施环线。结合区位交通条件和城市功能，中心城区不作为该市商品交易市场重点发展区，以现状市场保留、调整和项目落实为主，规划钢材交易中心、蔬果商品交易市场、汽车、二手车及汽配市场、恒大建材市场和再生资源集散交易市场。在城区南北方向各设置一个服务于中心城区及周边乡镇的物流配送中心，提供物流配送和快递功能。

（4）C 镇物流配送中心。C 镇物流配送中心主要提供中心城区以北各乡镇物流配送和快递服务。

（5）D 镇物流配送中心。D 物流配送中心主要提供中心城区以西各乡镇物流配送和快递服务，同时为玫瑰产业提供物流配送服务。

第三节　汽车 4S 店

2019 年，中国汽车行业在转型升级过程中受中美经贸摩擦、环保标准切换、新能源补贴退坡等因素的影响，承受了较大压力。根据中期协发布数据显示，2019 年全年汽车产销分别完成 2572.1 万辆和 2576.9 万辆，同比分别下降 7.5% 和 8.2%，降幅较 2018 年进一步扩大，作为中国汽车销售的主要渠道，汽车 4S 店迎来寒冬期。

科学合理的城市汽车 4S 店规划能够为政府部门管理和指导汽车 4S 店发展提供决策依据，优化城市汽车 4S 店供需平衡、空间布局等问题，从而引导城市汽车 4S 店健康发展。为了更好地认识汽车 4S 店，我们从汽车 4S 店的概念、发展历程、现状及发展趋势、规划原则及方法等多内容方面进行介绍，并以实际规划案例为例进行分析，以期更好地开展城市汽车 4S 店规划工作。

一、汽车 4S 店的概念

汽车 4S 店是“四位一体”的汽车特许经营模式，全称为汽车销售服务 4S 店（Automobile Sales Service Shop，4S），是一种集整车销售（Sale）、零配件（Spare part）、售后服务（Service）、信息反馈（Survey）于一体的汽车销售企业。

二、汽车4S店发展历程

（一）国外汽车4S店发展历程①

1. 汽车4S店模式在欧洲发展

汽车4S店模式起源于欧洲，欧洲汽车业发达，汽车销售体系的建立是以整车企业为中心，无论哪种销售体制，分销商、代理商和零售商的一切经营活动都是为整车企业服务的。它们之间的关系一般以合作或产权为纽带，依靠合同把销售活动与双方的利益紧密地联系在一起，欧洲汽车销售服务渠道模式的具体情况如图11－2所示。

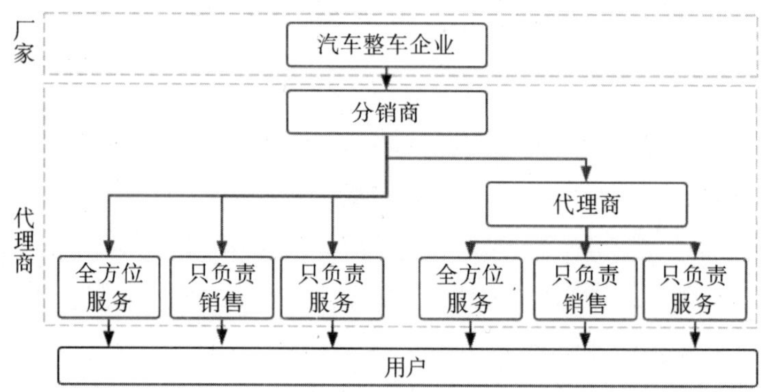

图11－2　欧洲汽车销售服务渠道模式示意图

大多数零售商都具备新车销售、旧车回收式销售、零配件供应、维修服务和信息反馈等功能，简称“5S”功能。德国、法国、意大利这些汽车大国的专卖店偏爱简单、实用的风格，新车、二手车同场销售。专卖店规模大则上万平方米、小至上千平方米，同一整车企业的多品牌同店销售已成为欧洲各国重要的发展模式。此外，还有不少不从事整车销售，仅提供汽车售后服务的特约维修店。无论是4S店还是特约维修店，它们只负责给特定品牌的汽车提供服务，维修中使用专用维修设备大多由该品牌汽车整车企业提供，而服务备件一般也都是原厂件，由于特约维修店垄断了新车保修业务，因此每

① 张礼军，陈荣章．国内外汽车4S店模式研究．上海汽车，2010－6.

一家维修店的客户也是相对稳定的。

但是值得提出的是，如今欧洲的这种专卖店网络已显颓态，由于销售网点过于密集，利润空间逐年减少，经销商无利可图，只能合并或者破产。因此，欧盟开放了汽车销售形式，重新设计新环境的营销形式，将销售和维修完全分开，并对汽车零售业进行改革，允许多品牌经营、减少中间环节以达到降低成本和促进消费的目的。

2. 汽车4S店模式在美国的发展

美国作为全球汽车强国，其传统的汽车销售体制是从整车企业到特约经销商再到顾客，每个地区设立地区机构负责产销关系，同时设有配件中心供应配件，还设有负责修理及培训的维修中心。美国汽车销售的主流模式仍然是汽车专卖店，厂家不直接参与销售商工作。全美共有2万多个汽车专卖店，大多数专卖店只做销售，少数具有一定规模的才会建有售后服务体系，其主要原因是销售商提供维修服务费用很高，3S、4S的传统经销模式经销点的建立和运行费用都很昂贵。而且，由于汽车科技含量的迅猛提升，所需的维修设备也越来越昂贵，没有必要每个经销商都购置一套，所以，美国的汽车售后服务逐渐趋向专业化经营，汽车销售已经实行销售和售后服务的分离，如汽车金融服务、保险服务等已从原有的售后服务体系中独立出来，美国汽车销售服务渠道模式的具体情况如图11－3所示，因此，可以分析出在美国真正意义上的汽车4S店模式并不是汽车销售服务渠道的主流模式。

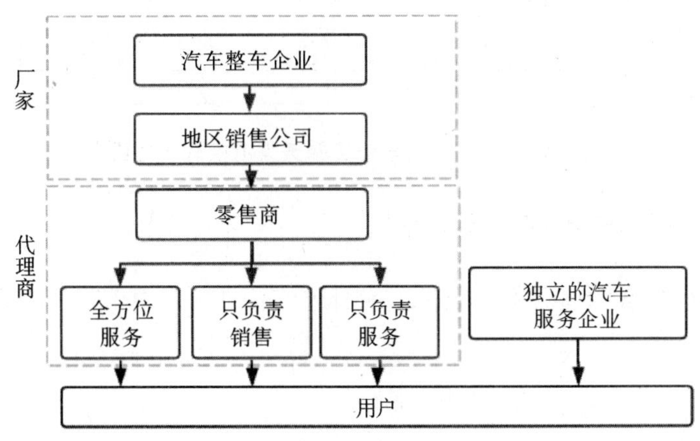

图11－3　美国汽车销售服务渠道模式示意图

3. 汽车4S店模式在日本的发展

日本的销售服务渠道体系主要有两种流通模式：通过独立经销商和整车企业出资建立的经销商。日本汽车销售模式以地区经销店为代表，业务构成分为三块，即新车、二手车和售后服务，地区经销总店一般负责一个县的品牌销售，经销总店下设若干分店，遍布全县。总店具有全套功能，包括整车销售、二手车交易、维修、配件销售等，并负责组织该地区统一进货，分店的功能除了整车销售外还提供一些易损备件和具备简单的维修设备。在日本的售后服务市场，大型汽车整车企业往往是主力军，由它们参股投资的维修企业规模较大，服务功能主要是定点维修品牌汽车。除此之外，也有一些独立的售后服务企业，与大型维修企业形成互补关系的，这些小型维修店通过全国联网完成最大程度的信息互动与资源共享，巧妙地调动了小型汽修店的灵活性。因此，以整车企业为投资方的汽车4S店和独立经销商经营的4S店是日本汽车销售服务渠道的主流，独立汽车服务企业则有效地补充了汽车销售服务市场。日本汽车销售服务渠道模式的具体情况如图11－4所示。

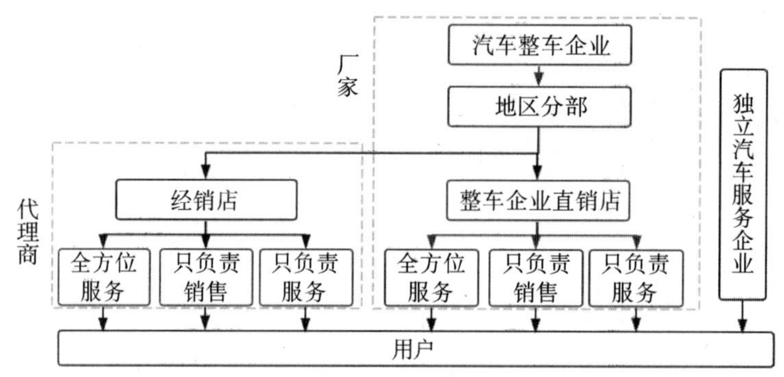

图11－4　日本汽车销售服务渠道模式示意图

（二）国内汽车4S店发展历程

中国引进汽车4S店模式较晚，在引进该模式前，中国汽车营销渠道体系总体上经历了计划经济阶段、改革开放阶段和市场经济阶段三个阶段后才开始进入4S店模式营销渠道体系阶段。

1. 计划经济阶段

1978年以前，计划经济时期，中央与地方政府完全控制汽车的生产和流通环节，当时汽车厂商没有自主生产经营的权利，没有自由的营销渠道体系。

2. 改革开放阶段

1978—1984 年，这一时期，由于计划经济向市场经济转型，计划经济有所松动，国家和地方政府对汽车行业控制力度减弱，一些汽车厂商开始销售计划外的车辆，厂商自主生产营销拉开序幕，营销渠道体系有了雏形。

3. 市场经济阶段

1987—1998 年，这一时期，汽车厂商纷纷建立自有的销售公司或以合作合资方式建立营销渠道。在 1997 年年底，由中国汽车销售流通体制改革研讨会牵头，汽车整车企业开始建立一种新的营销体系，即以汽车整车企业的整车销售部门为中心，以区域管理中心为依托、以特许或特约经销商为基点，受控于整车企业的全新营销模式——专卖店模式开始出现。

4. 汽车 4S 店营销模式阶段

1998 年起随着“广州本田汽车特约销售服务店”“上海通用汽车销售服务中心”和“风神汽车专营店”的逐一亮相，标志着以品牌经营为核心的汽车 4S 店在中国正式登陆，这些汽车品牌专卖店从外观到内部设计、从硬件投入到软件管理、从售前到售后等一系列的服务程序都进行统一规范，在其后短短几年内，汽车 4S 店遍布于全国各个城市，已发展成为中国汽车企业重要的营销渠道体系。

三、汽车 4S 店与其他销售模式对比

通过对中国现存汽车销售模式的统计，在现存的汽车模式中，主要销售模式有五种，分别是汽车 4S 店模式、汽车市场模式、汽车工业园区模式、汽车连锁模式和网络销售模式。虽然《汽车销售管理办法》中取消单一授权模式，推进多元化的销售模式，但是从现阶段汽车市场来看，汽车 4S 店模式仍以较高市场份额占据主流地位，各种销售模式对比见表 11 - 5。[①]

① 《2020—2025 年中国汽车销售行业发展模式与投资战略规划分析报告》。

表 11－5　　汽车销售模式对比表

销售模式	简要介绍	模式特点
汽车4S店模式	采用“四位一体”（4S）模式，以汽车制造企业的营销部门为中心，以区域管理中心为依托，以特许或特约经销商为基础，集新车销售、零配件供应、维修服务、信息反馈及处理为一体，受控于制造商的分销渠道模式	汽车4S店模式在外观形象和内部布局上，统一规范、统一标识，有助于提升品牌形象魅力，实行以直销为主的终极用户销售，将汽车销售与售后服务融为一体，从而获得客户的信赖
汽车市场模式	集中了国内外各种品牌、价格、档次的汽车、由多个代理经销商分销，形成集中的多样化交易场所，购车人可以在同一地点比较选择各种品牌的车辆	适应私人购车的需要，将汽车销售过程中涉及的各个部门监督管理服务集中到一起，方便消费者；通过交易市场的规模优势，同样可形成“四位一体”的格局，形成综合的社会效益，有利于消费者维护合法权益
汽车工业园区模式	结合中国市场“既集中又分散”的特点，将国外集中渠道模式有机结合，成为集约式汽车交易市场的发展方向，多种功能区的结合给消费者带来新的消费体验	汽车园区的最大优势就是多元化，具有全方位的服务集成功能，把传统的集约型融入现代专卖的渠道模式，多种交易方式集成，形成汽车功能区集群
汽车连锁模式	通过与制造商建立品牌专营或者买断资源经营方式，建立全国性的统一服务网络，利用连锁规模为客户提供服务	与4S店模式类似，但运营成本较汽车4S店低，采用统一订货、统一配送、统一管理、统一形象、统一服务标准等模式，降低运营成本，吸引消费者购买
网络销售模式	通过互联网、电子商务平台等方式进行汽车销售，消费者可以在网上选车、预约更换配件、预约维修保养、信息反馈与咨询等一体化模式	与其他模式相比，具有节约时间、节约成本等特点，将有可能成为未来汽车销售的主要发展方向

未来随着消费者消费习惯的改变以及新型科技的运用，网络销售模式与其他四种模式对比，具有节约时间、节约成本等特点，将有可能成为汽车销售的主要发展方向。

四、汽车 4S 店在中国现状及发展趋势

（一）发展现状

1. 数量呈现不断上涨趋势

汽车 4S 店模式从 1998 年登陆中国，在此后几年的时间里，各大汽车主流品牌的 4S 店出现在中国一、二、三线城市，并从 2010 年以后，开始向四、五线城市拓展，逐渐构建完善的销售网络体系。

根据中国汽车流通协会发布的《2018 年中国汽车流通行业发展报告》和《关于我国汽车经销商当前生存状况及相关建议的报告》统计数据显示，从 2010 年至 2018 年，中国汽车 4S 店从 17875 家发展到了 29664 家，随着汽车 4S 店数量的不断上升，汽车 4S 店之间的竞争也更为激烈。2010—2018 年中国汽车 4S 店详细数据见图 11 – 5。

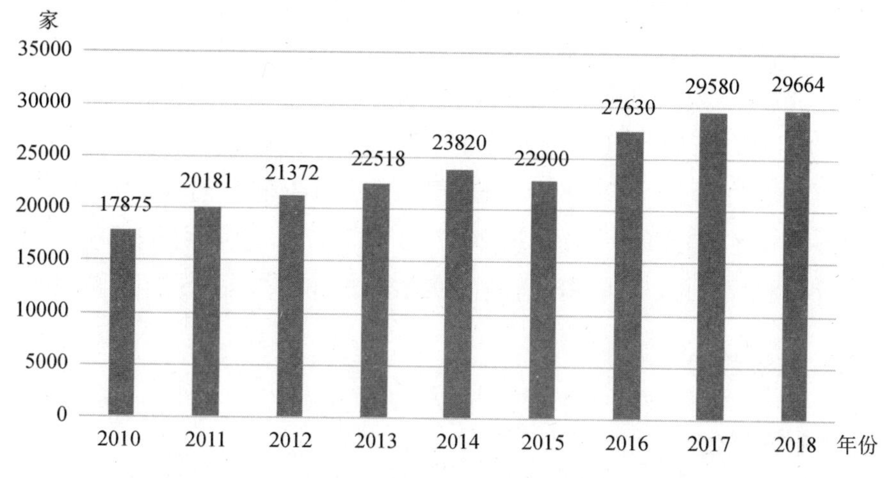

图 11 – 5　2010—2018 年中国汽车 4S 店数据统计图

2. 分布呈现集聚发展态势

通过实地调研部分城市汽车 4S 店分布情况，结合网络数据爬取分析，发现大部分城市汽车 4S 店均在城市外围沿着城市主干道进行布局，并且大多数汽车 4S 店呈现出聚集分布，同时也有少量的汽车 4S 店分布在城市中心城区

各处，分布较为散乱，如图 11 －6 是川南某市汽车 4S 店分布示意图。

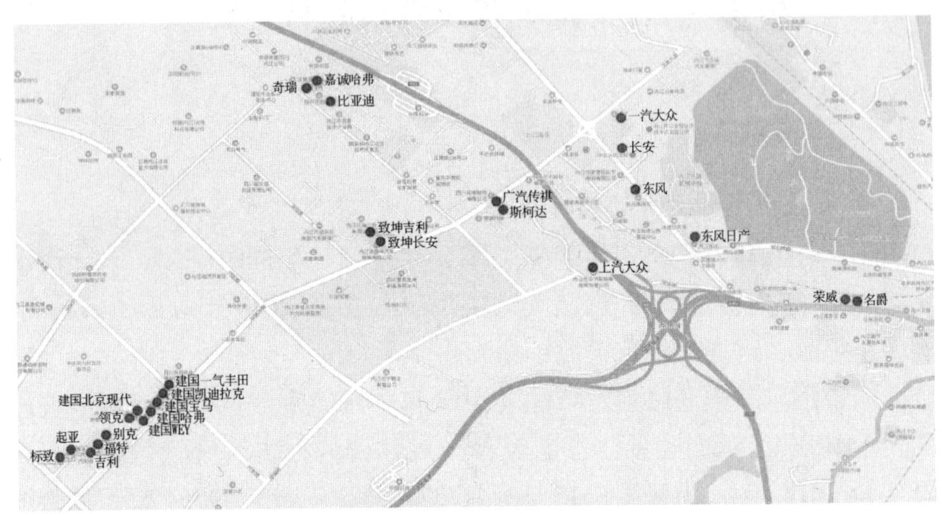

图 11 －6　川南某市中心城区汽车 4S 店分布示意图

3. 经营状况呈现恶化趋势

根据中国汽车流通协会统计数据，2018 年中国汽车行业总产量为 2776 万辆，同比下滑 4. 5%，总销售为 2802 万辆，同比下滑 3. 2%，行业产销量出现 28 年来首次负增长，汽车行业初显疲态。与此同时，根据《2018 年汽车经销商生存调查》显示，2018 年全国汽车经销商新车毛利从 2017 年的 5. 5% 下降到 0. 4%，经销商的亏损面从 2017 年的 11. 4% 增加到 39. 3%，汽车 4S 店经营状况逐渐恶化，汽车 4S 店进入寒冬期，许多汽车 4S 店面临倒闭。

（二）发展趋势

1. 功能智慧化

随着科技不断发展，互联网、人工智能、大数据、VR 等新兴技术开始应用于汽车 4S 店，汽车 4S 店的功能智慧化变成一种趋势，越来越多的汽车 4S 店将功能转到线上，比如打造智能展厅，消费者通过软件平台无须到店就能实现对店内车辆外观及内饰的浏览，同时对比各个车辆参数指标，有疑问随时可以在线咨询客服，从而实现线上看车、选车、订车等一系列操作。功能的智慧化将有助于汽车 4S 店节约成本，提高服务质量，为消费者带来更好的服务体验。

2. 业务多元化

受各种资源的限制，单一的汽车4S店模式不可能全部满足庞大的汽车产品“后市场”产业链的经营或服务要求，汽车4S店与同一条价值链上的上游厂家和下游“后市场”服务商之间进行协作联合成为一种趋势。汽车用品、汽车改装、汽车救援、二手车交易、物流运输、金融服务、出租和租赁、汽车检测等业务和服务将会越来越多地出现在汽车4S店内，从而变单点竞争为价值链和专业化规模竞争，将有助于汽车4S店在区域中提高竞争力。因此业务多元化将是未来汽车4S店的发展趋势，特别是二手车交易和汽车金融服务业务拓展是重点，因此未来越来越多的汽车4S店将拥有二手车交易功能，单独的二手车交易门店将逐步被取代。

3. 分布集聚化

近年来，汽车产业集聚发展越来越受到地方政府的重视，各个地方相继制定出台了许多引导产业集聚发展的政策文件。汽车产业的集聚发展产生的“邻近效应”使得汽车技术创新所需要的大量知识能够快速地在汽车企业间共享，同时也便于汽车企业间的人才交流和技术交流，促使企业间的竞争意识增加，尤其当一个强有力的竞争者出现时，模仿者会使其新思想迅速传递，使整个群体内汽车企业受益，从而形成加速发展的趋势，同时能够形成规模化效应，降低运营成本。汽车4S店作为汽车产业中汽车销售阶段的重要载体，从近几年的发展趋势来看，已逐步走向集群式发展，汽车大道、汽车产业园、汽车专业市场将成为主流，集中建店，统一规划，将逐渐形成城市汽车4S店发展的一种趋势。

五、汽车4S店规划与实践

（一）汽车4S店规划基本工作程序

首先通过现场踏勘、抽样或问卷调查、访谈和座谈会调查、文献资料搜集等方法了解城市基本情况，掌握城市发展方向、土地指标、汽车4S店发展现状等内容，然后根据掌握内容开展对城市汽车4S店需求量、需求类型及用地布局进行研究，从而提出符合城市发展方向的汽车4S店发展规划。

（二）汽车4S店规划原则

1. 协调性原则

汽车4S店作为城市商业网点的一个分支，同时也是城市经济发展的重要组成部分，汽车4S店规划作为城市商业网点规划的一项专项规划，应坚持协调性原则。因此要在以下几个方面把握汽车4S店与城市商业网点规划之间的协调：一是规划层次上的协调，城市商业网点规划是对城市商业网点在空间上的一种系统安排，其目标是建立一个在城市范围内由众多不同规模、不同业态、不同组织形式构成的商业网点系统，最大限度地满足消费者与生产活动的需求。而汽车4S店规划则是从属性规划，是对城市商业网点规划的进一步补充和完善；二是规划内容上的协调，一般而言，城市商业网点中涉及汽车4S店规划的内容，往往是粗线条和框架性的，而汽车4S店规划则是从汽车行业发展的内在规律出发，在对城市汽车4S店现状调查、分析的基础上编制出尽可能详细和针对性强的规划。

2. 前瞻性原则

前瞻性是规划的重要属性之一，汽车4S店规划作为指导城市汽车4S店发展的主要规划，理应具有前瞻性，其前瞻性主要体现在以下几个方面：一是汽车4S店的规划要根据经济发展速度以及近年来的城市汽车产业现状来推断未来城市汽车4S店的总规模；二是根据城市建设发展趋势规划未来汽车4S店的空间布局，比如一个城市在未来功能分区的变化、新城区建设、老城区改造等；三是考虑科学技术对汽车4S店的组织形式和网点建设的影响，比如智能展厅的出现会导致未来汽车4S店单店的建设规模变小；四是把握消费者生活方式和购买行为的变化趋势，优化城市汽车4S店的空间布局和业态构成，比如现在消费者越来越追求便捷，这就要求汽车4S店业务发展多元化，让消费者在汽车4S店就能得到与车相关的一体化服务。

3. 适应性原则

适应性是指汽车4S店规划在总体规模、品牌构成以及选址上要与城市整体发展相适应。城市的定位、规模、区位特征、经济发展程度和空间布局规划是汽车4S店规划需要考虑的重要因素。城市的定位、规模和区位特征是城市汽车4S店的重要影响因素，城市规模越大，区位条件越好的地区，其汽车

4S 店的总体规模往往较大；城市的经济发展程度则是城市汽车 4S 店的品牌构成情况的重要影响因素，一个城市越发达，消费者购买能力越强，那么在汽车 4S 店中，高端品牌店所占的比例也就越大，反之，经济发展程度越低，则低端品牌所占的比例越大。

（三）汽车 4S 店需求量

通过现状存量进行对比，判断现状汽车 4S 店与消费者的供需关系，从而决定是否需要引进新的汽车 4S 店，以及新引进汽车 4S 店规模。

汽车 4S 店属于市场经济的产物，与未来汽车 4S 店需求量相关的因素有很多，如地区经济水平、人口规模、消费习惯、购买力等，无法单独通过一种模型准确算出总的需求量，所以通常我们提的汽车 4S 店的总需求量，仅仅是一种预测值或者参考值，一般采用的方法有构建预测模型、趋势外推法、指标预测法或者类比法来进行预测。

1. 构建预测模型

虽然影响汽车 4S 店规模的因素有很多，但在构建预测模型进行预测时，往往通过多种模型进行预测，得到多个预测值，最后采取平均值方式取得预测值。主要预测模型有多元回归模型和趋势外推法两种。

多元回归模型。前面提到影响汽车总需求量的因素有很多，这些影响总需求量的因素同时也影响汽车销量，在预测模型中，为了更好地使用数据计算，通常使用某些经济指标来体现这些影响因素，比如地区经济水平用国民经济生产总值体现，购买力用人均年收入值体现等。把研究因变量（汽车销量）对于两个或两个以上自变量（解释变量）之间的回归问题，称为多元回归分析，构建回归模型进行预测未来某个时间节点的汽车销售量，进而反推得到汽车 4S 店的总需求量。

2. 趋势外推法

趋势外推法对拥有长期一定趋势的时间数列进行预测，这类时间数列随时间呈现增加或减少的形态。应用曲线拟合确定销量和趋势时间之间的关系，建立趋势外推模型，将时间作为自变量，汽车销量作为因变量，构建拟合方程，进行数据拟合，从而预测某一时间节点的销量，进而反推得到汽车 4S 店的总需求量。

3. 指标预测法

汽车行业，对汽车需求量预测较为常用的指标就是千人保有量，根据世界银行发布的2019年国家千人汽车拥有量数据，中国排名第17名，1000人拥有汽车数量才173辆，而排名第一的美国，千人拥有数量为837辆，日本千人拥有数则达到591辆，德国则是589辆，在综合考虑中国人口密度、公共交通、汽车共享模式、“4—2—1”家庭结构模式等因素，最终确定一个千人保有量数值来进行预测。

4. 类比法

类比法是一种较为常用的推测方法，是对未知或不确定的对象或已知对象进行归类比较，进而对未知或不确定对象进行预测。对于汽车4S店规模预测，可通过选取2～3个经济发展程度、城市人口规模相当的城市进行对比分析预测。

（四）汽车4S店品牌类型

自2014年10月1日起，工商总局停止实施汽车总经销商和汽车品牌授权经销商备案工作，意味着在法律层面允许一家4S店可以销售多个品牌汽车。尽管政策上允许，但是大部分汽车4S店还是以单一品牌汽车销售为主。

在汽车4S店规划中，主要通过对比分析来判断整个城市现状汽车4S店品牌类型组成是否合理。通过选择经济发展程度相当的城市作为对比对象，通过网络数据爬取获得对比城市汽车4S店的数据，对汽车4S店的品牌构成进行对比分析，进行判断并给出发展建议。

（五）汽车4S店布局选址

在汽车4S店规划中，汽车4S店的选址受到城市上位规划、用地条件、交通条件等多方面因素的影响。

1. 城市上位规划

汽车4S店选址应符合当地城市国土空间规划的控制要求，不得随意更改用地性质，为了短期利益侵占规划绿地、规划道路及市政公用设施等用地，也应避开城市高压走廊、防洪区等。

2. 用地条件

对汽车4S店来说，销售展厅、维修服务需占较大面积的土地，目前在国内各大城市中心区内很难安排如此大规模的市场用地，而且城市中心区地价过高，会导致投资成本大幅上升。因此，现代汽车4S店的布局选址宜在城市边缘选址建设。

3. 交通条件

交通的便利与否直接关系到客流量的大小，这是汽车4S店赖以生存的前提条件，只有当客流量达到一定的规模后，汽车4S店的服务功能才能充分发挥。另一方面为了便于内部人流车流的有效疏导和减少对周边区域的交通压力，汽车4S店不宜布置在城市中心区，而应临近中心区边缘的城市快速通道或城市干道，保证交通较高的通达性。

专栏11－1　案例——川南某市中心城区汽车4S店规划

为了让读者对汽车4S店规划有更加深入的了解，本书以四川省川南某市中心城区汽车4S店规划为例，简要介绍汽车4S店规划的具体流程。

一、案例概述

该市位于四川省南部，环境优美，资源丰富，产业兴旺，经济发展较好，具有优越的区位优势，交通便利，是国家重点交通枢纽之一、“一带一路”重要交汇点、四川第二大交通枢纽和西南陆路交通交接点，素有“西南咽喉”“巴蜀要塞”之称。

但是与川南其他城市相比，其汽车行业发展较差，尤其是其中心城区汽车4S店发展与周边城市相比，差距较大。通过规划团队实地调研，并与汽车4S店负责人进行座谈，发现该市汽车4S店存在分布较散，没有形成聚集分布，区域影响力低，品牌组成较低端等问题。

二、规划流程

（一）掌握规划背景

为了更好地了解导致这些问题的根本原因，规划团队成员与该市政府主管部门相关领导进行了座谈，详细了解了主管部门对于该市汽车4S店情况，通过分析，发现主要存在以下两个因素，一是该市汽车需求不明确；二是缺乏指导该市汽车4S店布局选址的相关文件。

（二）确定规划内容

根据上面分析出的原因，将原因进一步拆解，对于第一个因素，该市汽车需求不明确，需求不明确可以分解出一是汽车4S店量的不明确，也就是具体的汽车4S店需求总量需要确定，这是第一个规划内容；二是分解出汽车4S店品牌需求不明确，这是第二个规划内容。对于第二个因素，缺乏指导该市汽车4S店布局选址的相关文件，分解出第三个规划内容，要明确该市汽车4S店的布局选址。

（三）开展规划

1. 汽车4S店需求量规划

汽车4S店需求量规划包括两个部分内容，一是统计该市现状汽车4S店的总量，这部分主要通过实地调研，或者统计数据查找即能完成；二是预测该市总需求量，这个可根据汽车4S店需求量预测章节方法进行预测。将预测值与现状值进行对比，做出判断提出建议。

2. 汽车4S店品牌规划

汽车4S店品牌规划包括两个部分的内容，一是统计该市汽车4S店销售汽车品牌组成；二是选择2~3个与该市经济发展程度、城市规模相当的城市，统计这些城市汽车4S店的品牌组成，将该市汽车4S店汽车品牌组成与其他城市进行对比，做出判断，并给出发展建议。

3. 汽车4S店布局选址规划

汽车4S店布局选址包括三个部分内容，一是城市上位规划，这里主要参考的是该市最新的《商业网点规划》，在其中明确指出了该市汽车市场发展的选址建议，将该选址进行校核确定，不管是从用地条件还是交通条件来看，该区域均符合要求，并且满足《有形汽车市场建设与管理规范》的要求，因此沿用此区域作为该市汽车4S店的发展区域。

三、给出发展建议

根据以上分析内容，分别从汽车4S店的需求量、品牌组成和布局引导三个方面提出具体发展建议。

（一）汽车 4S 店需求量

考虑汽车 4S 店渠道下沉及其他经营形式同时存在等因素，近期至 2020 年，应严格控制汽车 4S 店总量增量，谨慎发展；远期至 2030 年，应结合该市经济情况，适量增加汽车 4S 店数量，在 2030 年年末，总体量不超过预测最大值。

（二）汽车 4S 店品牌

一是完善品牌的完整性，满足不同消费群体的购车需求；二是加大豪华汽车品牌汽车 4S 店的引入力度，改善该市汽车 4S 店的品牌组成。

（三）汽车 4S 店布局引导

一是引导现状分布在其他区域的汽车 4S 店像规划区域迁移，形成聚集发展；二是新引入的汽车 4S 店均布局在规划区域内，原则上其他区域不再布局汽车 4S 店。

第四节　再生资源回收体系规划

一、再生资源回收体系规划背景

再生资源回收是物资不断循环利用的经济发展模式，符合可持续发展的战略。再生资源的回收遵从自然界物质能量循环转化规律，减少不可再生资源的使用，对维持自然生态和人文生态的稳定具有重要意义。科学有效的再生资源回收模式和行为习惯，能够展现一个城市的文明、科技、教育、管理、理念等层面的发展水平，是一个城市发达的表现。因此，在我国物质基础和社会文明都得到长足提升的当下，应当更加注重资源合理再利用，积极开展再生资源回收规划的编制工作以推动我国经济又好又快发展，建设繁荣、文明、和谐、宜居的现代化国家。

二、再生资源的概念

在我国，“再生资源”的定义在不同的角度下有不同的解释。

在国务院发布文件[①]中，“再生资源”是指社会生产和消费过程中产生的可以利用的各种废旧物资，其中包括企事业单位生产和建设中产生的金属和非金属边角废料、废液，报废的各种设备和运输工具，城乡居民和企事业单位出售的各种废品和旧物。

在国家标准[②]中，“再生资源”是指在社会生产和生活消费过程中产生、已经失去原有全部或部分使用价值，经过回收、加工处理，能够使其重新获得使用价值的各种废弃物。包括废旧金属、报废电子产品、报废机电设备及其零部件、废造纸原料（如废纸、废棉等）、废轻化工原料（如橡胶、塑料、农药包装物、动物杂骨、毛发等）、废玻璃等。

在百度百科[③]中，将人类可利用的资源分为两类，一是不可再生资源，二是可再生资源。“再生资源”是可再生资源的一种，就是不可再生的在人类的生产、生活、科教、交通、国防等各项活动中被开发利用一次并报废后，还可反复回收加工再利用的物质资源，它包括以矿物为原料生产并报废的钢铁、有色金属、稀有金属、合金、无机非金属、塑料、橡胶、纤维、纸张等。

综合以上定义，本书更倾向于将“再生资源”理解为那些曾被制作成某种物品，但在该物品已失去其使用价值（或由于某种原因不再被以原有用途进行使用）的情况下，可以在具有技术可能性，且具有经济可能性的基础上，被再次用于相同用途或其他用途的物质或物品。[④]

但在实际规划工作中，会出现一些由于本身属性特殊而无法进入商品流通领域的再生资源，如汽车机油、农药瓶等。因此，在本书中“再生资源”

---

① 《关于加强再生资源回收利用管理工作的通知》（国发〔1991〕73 号）。

② 《再生资源回收站点建设管理规范》（SB/T 10719 - 2012），《再生资源分拣中心建设管理规范》（SB/T 10720 - 2012）。

③ 百度百科“再生资源”词条［EB/OL］. http：//baike. baidu. com/item/% E5% 86% 8D% E7% 94% 9F% E8% B5% 84% E6% BA% 90/10009986？fr = aladdin. 2020 年 2 月 5 日。

④ 吴解生 . 对“再生资源”几种定义的简略评析［J］. 有色金属再生与利用，2003（01）：23 - 24.

是指在社会生产、生活消费过程中产生的、已经失去原有使用价值或部分使用价值，经过回收、加工处理，能够使其重新获得使用价值的各种废弃物。重点包括废旧报刊及纸包装类、非生产性废旧金属类、废旧塑料类、废旧玻璃类和废旧家电类等生活性再生资源，以及废旧金属、报废电子产品、报废机电设备及其零部件等生产性再生资源回收，但不包括医疗废物、危险化学物品等特种物品的回收。

此外，由于过往经验习惯，人们常有“废品”“废旧物资”的称呼用法。本书认为此类称呼与再生资源虽指代同一类物品，但“再生资源”的称呼弱化了其废弃、废旧的特性，而将其作为资源来看待，对废旧物资再生利用过程中的经济可行性和技术可行性进行了强调，因而特此说明。

三、再生资源回收的发展历程

再生资源回收利用自新中国成立初期就受到党和国家的高度重视，1958年周总理为其题词：“实行废品收购，变无用为有用，变一用为多用，勤俭节约，变破旧为崭新”，充分体现了勤俭建国的光辉思想，深刻地阐明了“废物”不废，可以变无用为有用，变一用为多用，变破旧为崭新的辩证关系，指明了社会主义时期废旧物资回收利用工作的方向、任务和要求。为全面地发展生产服务，以便更好地实现勤俭节约、改造社会的任务，国务院发布了《关于加强对废弃物品收购和利用工作的指示》，鼓励把一切废弃物品广泛搜集和充分利用起来，以支援国家的社会主义建设。1977 年为学习周总理对废旧物资工作题词发表 20 周年，全国又一次掀起废旧物资回收的高潮。

在我国的经济社会发展过程中，再生资源行业的恢复发展与变化是领先于其他行业的，但是其改革与变迁是一个逐步推进的过程。现可从称呼的演变、营运机制的转变、行业规则的优化和政策扶持的发展四个方面的变化来看行业改革四十余年的观念、经营方式、管理机制等方面变迁的发展。

（一）称呼的演变：从“废旧物资”到“再生资源”

再生资源在我国最早被称为“废品”，20 世纪 70 年代出现“废旧物资”一词，至今使用仍比较广泛，到 20 世纪 80 年代中后期出现“再生资源”一词，并于21世纪盛行，成为官方与民间标准用语。

（二）营运机制的转变：从“特行证”到“市场调节”

改革开放的最大特点便是市场机制的逐步引入。表现在再生资源行业，第一是对经营者限制的放松。1979年，国家工商行政管理总局等7个部门《关于特种行业企业进行登记管理的通知》规定，旧货业，包括旧货店、古玩店、寄售行业和收购社会居民废品的收购站等列入特种行业的登记范围。1994年《废旧金属收购业治安管理办法》规定：“生产性废旧金属，按照国务院有关规定由有权经营生产性废旧金属收购业务的企业收购。收购废旧金属的其他企业和个体工商户只能收购非生产性废旧金属，不得收购生产性废旧金属。”2002年国务院《关于取消第一批行政审批项目的决定》，取消了生产性废旧金属收购企业特种行业许可证制度。第二是“统管统交”机制的退出。计划经济时期的物资器材、设备报废基本上实行“统管统交”“审批核准”“回收上交计划”；20世纪80年代中后期国家开始取消对再生资源的计划管理，鼓励市场调节，不少再生资源回收公司自办交易市场，直接为工业部门提供材料。第三是价格形成机制的市场化。1986年国家计委下放废旧有色金属物资价格权限，将废钢铁收购价格，由国家物价局管理；杂铜购销价格的中准价浮动幅度，由物价局会同供销社共同管理。

市场机制的逐步引入，使整个行业发展速度加快，再加上消费数量的增多与消费水平的提高导致产品淘汰速度加快，再生资源回收利用呈高速增长状态。我国主要品种再生资源回收不断增加，再生资源行业从业人数也不断增加，与之相对应的是经营者产权结构、回收范围以及经营模式的多样化。目前我国废旧物资回收公司已经改制成为具有多种所有制的产权结构组织，包括国营、集体、股份制、民营、中外合资以及个体等。其中以股份制和民营所占比重较大，即使国营和集体所有制回收公司，也多实行承包经营责任制。但与此同时，市场调节的弊端也开始显现，准入门槛的降低导致回收渠道的多元化，回收方式分散化、无序化，在市场利益的驱动下，普遍存在着“利大大干，利小小干，无利不干”的现象，再生资源回收品种不断减少。

（三）行业规则的优化：从“破烂王”到“五统一”

长期以来，游击队“破烂王”形象已深入人心，他们在给广大居民交售再生资源带来方便的同时，也存在着扰乱社会治安、缺乏诚信等问题。2002年国家经贸委发布的《关于印发再生资源回收利用“十五”规划的通知》提出，要“积极推动再生资源回收利用体系建设”，引导各地建立以社区回收网点为基础的点多面广和服务功能齐全的回收网络；到2008年由商务部主导的再生资源回收体系建设试点工程已进入初步验收阶段。各地在建设回收网络体系的时候，首先把规范基层回收者作为其基本手段，“统一管理、统一量器、统一培训、统一标识、统一车辆”的回收者替代游击队成为城市里的新时尚。

（四）政策扶持的发展：从“征三返七”到“免增值税”

国家对再生资源回收利用一直给予积极的政策扶持，这种扶持主要表现在税收政策上的优惠，其基本演变过程如下：

1987年7月至1994年减半征收批发环节营业税；

1995年5月至2001年4月扣除收购凭证金额10%作为进项；

2001年5月至2008年12月实行免税；

2009—2010年实行先征后返（2009年返70%，2010年返50%）。

由此可以看出，税收政策的每次变化对行业的影响都是巨大的，大大激励了再生资源回收和利用企业的积极性，提高了再生资源回收利用率。但是在推动行业加快发展的同时，也出现了一些有违政策初衷的问题，仍需要不断调整与完善。

改革开放以来，再生资源行业经历了从勤俭治国到经济循环的观念飞跃，但是也出现了诸多弊端，因此驻足回望，应及时调整前进的方向和步调，将再生资源行业放在一条更加合理的道路上。

四、再生资源回收的典型模式

1. 美国再生银行模式

美国再生银行是通过技术与商业模式创新获得成功的典型案例，基本思路是利用物联网技术，重整排放者、商家、再生资源回收利用企业和政府之间的再生资源交易链与利益链，通过市场化经营和政府适度补贴，在排放者得到实惠、商家绑定更多的消费者、再生资源回收利用企业获得稳定的原材料来源和政府减少财政补贴的前提下，提高资源回收率，促进废弃物分流分类，实现再生银行（企业）的预期收益与商业运作。

主要运转方式是再生银行给每个家庭免费提供一个专用的装有 RFID 标签的再生资源回收桶，定期计量、收购排放者排放的再生资源。在专用回收车尾部装有自动获取排放者 ID 码的 RFID 检测装置，并在吊杆上配备专用秤，因此排放者在什么时间、投放了多少再生资源都会被记录与储存下来，最后由“再生银行”的系统转化成排放者的积分。排放者每投放 10 磅可再生垃圾，再生银行就向他支付 5 美元，这笔钱划到专门为排放者开立的银行卡上。排放者拿着这张银行卡，可以到参加了该计划的任何一家商家消费，并可以享受折扣优惠。

2. 巴西赛普利模式（拾荒者合作社模式）

巴西赛普利是制度创新的成功案例，赛普利通过建立拾荒者合作社，分拣市政环卫部门无偿送来的干垃圾，从中回收再生资源，并将再生资源卖给登记合作的回收利用企业，达到强化资源回收和促进垃圾干湿分类的目的。

3. 德国双元回收模式

德国销售包装物双元回收系统（DSD）是行业自治的成功典例，也是生产者采用委托方式落实“生产者责任延伸制度”的成功典例。

德国 DSD 系统是一个社会企业 DSD 发起和创建的销售包装物回收系统，享受政府的免税政策。DSD 企业成员按照规定向 DSD 组织支付一定费用后，就可取得“绿点”包装回收标志的使用权。DSD 的主要运作方式是：标有绿点的包装物从 DSD 成员生产企业流出，经消费者排放后再由 DSD 组织认可的收运人（包括 DSD 成员收运单位和消费者）将其送至 DSD 成员回收企业进行回收利用。资金流则从生产企业流到 DSD 组织，再随包装物流向收运人和回收企业。对于政府下达的回收指标，DSD 组织每年都会进行全国范围的统计，将经核实后的数据报告提交给国家环境部门，完成了回收指标的工商企业即可按规定获得免税。

4. 中国台湾四合一模式

1998 年台北市出台《资源回收四合一计划》，并为此成立资源回收管理基金管理委员会。《资源回收四合一计划》发挥社区、回收商、地方政府

（清洁队）和信托基金的作用，社区组建资源回收互助组织，推动家庭垃圾分类、回收和预处理，回收商建立高效的回收系统，政府承担定时、定点、定线收运，信托基金向回收体系注入资金推动社区、回收商和地方政府清洁队严格执行资源回收制度。四个主体分工协作，合而为一，充分体现了全民参与及经济激励在资源回收过程的作用。这当中信托基金起到了利益驱动作用，促进与持续推动了家庭垃圾分类、回收与利用；此外，台北的慈善团体组织在推动社区垃圾分类中起到了发起、组织和作业等作用。

从整体来看，国内外回收模式可分为两类，一类是以美国"再生银行"回收模式为代表的营利性企业运作模式；一类是以巴西"塞普利"、德国双元和台湾省四合一回收模式为代表的非营利性社会组织的企业化运作模式。实际上，这两类模式只在利益关系与分配方面存在一定差别，在分类目的、主体分工、运作方式等方面并无实质性差别，二者殊途同归，通过整合业务链、交易链与利益链，借助利益驱动，发挥政府、排放者、回收公司、资源利用厂家、商品产销企业和社会组织的作用，达到强化再生资源回收、促进垃圾分流分类和实现企业化运作的目的。

五、再生资源回收的相关政策和标准

（一）《再生资源回收体系建设中长期规划（2015—2020）》

1. 主要目标

该规划提出了国内再生资源回收体系的建设目标，"到 2020 年，在全国建成一批网点布局合理、管理规范、回收方式多元、重点品种回收率较高的回收体系示范城市，大中城市再生资源主要品种平均回收率达到 75% 以上，实现 85% 以上回收人员纳入规范化管理、85% 以上社区及乡村实现回收功能的覆盖、85% 以上的再生资源进行规范化的交易和集中处理。培育 100 家左右再生资源回收骨干企业，再生资源回收总量达到 2. 2 亿吨左右。行业规模化经营水平大幅提升，技术水平显著提高，规范化运行机制基本形成。"以上要求将成为再生资源回收体系建设规划目标制定的重要参考依据。

2. 主要任务

该规划按产生源头对再生资源分为了四类：生活类（居民家庭）、产业类（工业、农业、建筑业等）、服务消费类（超市、百货店、维修店等）和公共机构类（机关、学校、医院等）。然后针对该四类再生资源的特点，提出了分类建立不同模式的回收体系，本书将其归纳如下：

生活类——三级网络模式

在城市，巩固和提升以回收网点、分拣中心和集散市场（回收利用基地）为代表的三级回收网络，并根据城市发展需要调整网络构成；在农村，建立城乡一体化、市域一盘棋的规划管理和实施机制，鼓励龙头企业延伸回收网点，以城带乡，城乡互动，建设与城镇化进程相适应的再生资源回收体系。

产业类——厂商直挂模式

鼓励有条件的企业将分拣和加工的再生资源直接配送给利用企业和国家城市矿产示范基地，通过厂（企）商直挂，减少中间环节，满足下游利用企业的需求，提高回收利用率。

服务消费类——逆向物流模式

充分发挥流通企业面向广大消费者分散销售且便于集中回收的优势，倡导销售者责任，推动绿色商场建设，利用销售配送网络，试点建立逆向物流回收渠道。

公共机构类——企业对接模式

组织有资质、实力强的回收企业与公共机构对接，通过开展义务回收、协议回收、定期回收、流动回收等多种方式，建设规范收集、安全储运、环保处理的示范模式。

此外，该规划在完善回收节点功能、培育龙头回收企业、强化行业秩序监管、健全回收管理制度、深入开展宣传教育五个方面提出了任务目标和实现路径。

（二）《四川省生活垃圾分类制度实施方案》

1. 主要目标

该规划提出了四川省垃圾分类的实施目标，“到 2020 年年底，基本建立垃圾分类相关法规和标准体系，研究制定地方性法规，形成可复制、可推广的生活垃圾分类模式，全省普遍建立生活垃圾分类制度，形成较为完善的生活垃圾处理信息化监管体系。在成都、德阳、广元城区实施生活垃圾强制分类，生活垃圾回收利用率达到35%以上；开展农村生活垃圾分类和资源化利用示范工作，逐步推进农村垃圾分类，垃圾分类综合治理、全民参与的浓厚氛围基本形成。”此外，该方案还明确了四川省内生活垃圾回收示范城市的名单。

2. 主要任务

该规划对实施生活垃圾分类投放和收运做出了要求，“居住区根据实际情况，按照可回收物、有害垃圾、易腐垃圾和其他垃圾实施‘四分类’或按照可回收物、有害垃圾、其他垃圾实施‘三分类’，大件垃圾和装修垃圾临时堆放场地单独设置”，“加强运输车辆规范化管理，配置符合密闭运输要求并有标识的生活垃圾分类运输车辆，统筹安排分类运输路线、时段和作业组织，实现规范运输。”同时，对提高可回收物回收利用水平做出指导，“探索开展废弃电子产品、包装物等再生资源品种逆向物流体系建设；优化城市再生资源回收体系，促进垃圾分类与再生资源回收利用‘两网融合’；建设城市大件垃圾等可回收物分拣中心，培育玻璃制品、塑料等低值可回收物利用市场，构建从垃圾分类到回收利用的完整产业链；建立再生资源回收利用信息化平台，提供回收种类、交易价格、回收方式等信息。”

（三）相关建设管理规范

2012年起，国家商务部相继发布了《再生资源回收站点建设管理规范》（SB/T 10719－2012）、《再生资源分拣中心建设管理规范》（SB/T 10720－2012）、《区域性大型再生资源回收利用基地建设管理规范》（SB/T 10850－2012）三份国内贸易行业推荐性标准，对再生资源回收站点、再生资源分拣中心和区域性大型再生资源回收利用基地的性质、功能、设立原则、建设标准和经营管理要求等做出了规定；2018年修订的《城市居住区规划设计标准》（GB 50180－2018）中对再生资源回收点的服务能力进行了规定。

1. 功能定义

根据《再生资源回收站点建设管理规范》3.2条款，回收站点是指“在工矿企业、机关团体、高等院校、居民集中区专门设立的进行再生资源回收、分类、存储、中转的回收场所”。根据《再生资源分拣中心建设管理规范》3.2条款，分拣中心是指“按照再生资源分类标准、品质状况，对再生资源进行集中专业分类、挑选、破碎、切割、拆解、打包等简单加工及处理的固定场所，以便集中进入集散市场或销售给加工企业，由分散污染转向集中处理，实现专业化和规模化分拣的职能，高效利用再生资源。一般分为综合分拣中心和专业分拣中心”。

根据《区域性大型再生资源回收利用基地建设管理规范》3.2 条款，区域性大型再生资源回收利用基地是指“再生资源集中度高、交易规模较大、有较好基础、具有一定的区域辐射能力，年再生资源回收处理量 20 万吨以上，具备商品交易、分拣加工、仓储配送和配套服务等分区设置的大型产业园区”。

2. 建设标准

（1）回收站点。根据《再生资源回收站点建设管理规范》5.1 建设依据“对于生活类再生资源，按照‘便于交售’的原则，城市每 2000 户居民设置一个回收点，乡镇每 2500 户居民设置一个回收点”；5.2 建设条件“固定回收站点的营业面积一般应不少于 10 平方米”，“中转站营业面积应不少于 500 平方米，城市中转站应在每个街道办事处辖区内设置 1 个，乡镇中转站按每个乡镇设置 2 个”。在《城市居住区规划设计标准》附录 B 的表 B.0.2“五分钟生活圈居住区”配套设施设置规定中表示，再生资源回收点属于社区服务设施，应当按照“五分钟生活圈居住区”的服务范围进行设置，并可进行联合设置；其中“五分钟生活圈居住区”是指步行距离 300m，区域内居住人口 5000～12000 人，住宅 1500～4000 套。

（2）分拣中心。根据《再生资源分拣中心建设管理规范》5.1 建设规模和 5.3.3 占地面积要求，按加工处理资源类型的不同，分别对其年加工能力和最低占地面积做出规定，详见表 11－6。

表 11－6　　分拣中心建设规模和占地面积要求

类别	年加工能力（万吨）	最低占地面积（亩）
废钢铁	10	50
废有色金属	1	20
废纸原料	5	50
废塑料	3	50

依据《再生资源分拣中心建设管理规范》5.2.1 货场建设要求“对环境有影响的加工生产不能露天作业”；5.2.2 厂房建设要求“各专业生产线厂房应有液体截流、收集、泄水等设备设施，具有防止废弃物溢散、散发恶臭、污染地面及影响周边环境的环保措施。各专业生产线地面应作防水、防渗漏处理，有特殊要求的地面作防腐蚀处理，一般地面应为混凝土地面”。

（3）区域性大型再生资源回收利用基地。根据《区域性大型再生资源回收利用基地建设管理规范》中 5. 建设规范，明确了其功能和建设要求，“根据整体功能配置要求，区域性大型再生资源回收利用基地应具备商品交易、分拣加工、仓储配送、配套服务，以及金融、邮政等功能”，“规划、设计及建设应符合环保、市容和消防安全等标准，设有隔离围墙，距居民区至少 1000 米以上，园区绿化率达到 30% 以上，保持较好的外观环境”。

六、再生资源回收的发展趋势

（一）政策发布推动再生资源回收

近年来，我国相继出台了一系列再生资源产业相关政策，包括商务部联合相关部门在 2015 年印发《再生资源回收体系建设中长期规划（2015—2020）》，2016 年印发《关于推进再生资源回收行业转型升级的意见》，2017 年国家发展改革委等 14 个部委联合印发《循环发展引领行动》，2018 年国务院办公厅印发《“无废城市”建设试点工作方案》，国内再生资源体系顶层设计日趋明晰。另一方面，2016 年 7 月至 2017 年 8 月中央前后共派出四批环境保护督查组，对全国有关地区展开大范围环境保护督查工作，环保督查成为新常态。2017 年国务院办公厅下发《禁止洋垃圾入境　推进固体废物进口管理制度改革实施方案》，此固废政策的调整以及环保督查力度的增大，倒逼再生资源行业重构国内供应链，国内再生资源回收率的提升成为重要目标。

（二）意识加强推动再生资源回收

党的十九大报告中指出，加快生态文明体制改革，建设美丽中国，着力解决突出环境问题，加强固体废弃物和垃圾处置。习近平强调，在生态文明建设功在当代、利在千秋。我们要牢固树立社会主义生态文明观，推动形成人与自然和谐发展现代化建设新格局。“绿水青山就是金山银山”，近年来全社会逐渐正确认识环境保护与经济发展的关系，发展理念从重经济发展轻环境保护转变为保护环境与发展经济并重，从环境保护滞后于经济发展转变为环境保护与经济发展同步。再生资源产业包含显著的节能减排效应和资源循环利用效益，是国家实施绿色发展、建设生态文明的重要内容，也是开展绿色生产和绿色制造、推广绿色产品的重要抓手和重要措施。再生资源产业已受到社会广泛关注。

（三）“两网融合”① 推动再生资源回收

近年来，再生资源回收价格持续下跌，“拾荒”大军和个体户的积极性逐渐下降，回收市场呈现“利大抢收、利小不收”的局面，再生资源回收难度越来越大。通过垃圾清运与再生资源回收系统的协同发展，加强生活垃圾分类回收与再生资源回收的有效衔接，充分发挥两个系统优势，提高生活垃圾在回收、分拣、处理等环节的运作效率，大幅提升再生资源回收率，减少了垃圾填埋量。

（四）“互联网 +”推动再生资源回收

随着互联网技术的飞速发展，一些再生资源回收企业利用互联网、大数据建立便捷高效的再生资源回收交易服务平台，开展信息采集、数据分析、流向监控，通过二维码等物联网技术跟踪产品及废弃物流向，逐步整合物流资源，梳理回收渠道，优化回收网点布局，使供需双方能够快速获得信息匹配，实现上下游企业间的智能化物流，完善再生资源回收体系，促使再生资源交易市场由线下向线上线下结合转型升级，减少了回收环节，降低了回收成本，提升了再生资源的回收效率。

---

① 两网融合：是指城市环卫系统与再生资源系统两个网络有效衔接，融合发展，通过整合环卫保洁和资源回收二大网络人力资源和场地设施，完善资源回收网点和加工中心，形成完善的、规范的再生资源回收体系，实现垃圾分类后的减量化和资源化。

七、再生资源回收体系的规划与实践

（一）再生资源回收规划编制的意义

本书认为再生资源回收的功能应当定位为资源利用提质增效器，城市文明风貌展示角，绿色可持续发展理念教育实践抓手。

再生资源回收一直以来是被认为是循环经济的重要组成部分，是解决资源有限、物资短缺并保护环境的重要手段。早在20世纪60年代就受到了国家、百姓的关注，并已经形成一套具有时代特色的回收体系。但是随着经济发展、城市扩张、理念改变等变化，垃圾围城、大量土地资源被占用、回收行业环境壁垒高耸等诸多问题凸显，国家号召大力发展循环经济，但是再生资源的回收率却依旧很低，大量的可再生资源被当作“垃圾”浪费。在现有的回收体系中，无组织、无管理、不环保的小回收主体在整个回收行业中占较大比重，“邻避效应”严重。而回收体系的建设本身具有公益属性，但长期以来却被完全当作商业属性，因此许多地区的回收网点、分拣中心都没有纳进城市土地建设规划，许多回收点被行政部门以不符合规划为由进行了拆除。

而目前人民素养和环保意识的提升，对高效、绿色、便捷等再生资源回收诉求逐步显现，这使得原有的回收体系已无法满足当下群众日益增长的对美好生活的渴求。因此规划设置合理高效的再生资源回收体系迫在眉睫。本节内容将在结合笔者实际规划经验和研究的基础上，从再生资源的界定、发展历程、当下发展氛围和趋势以及如何进行规划等方面来阐述再生资源回收的前世今生以及如何开展相关规划工作，以期能对解决当下存在的再生资源回收效率低、居民回收积极性差、回收量预测难和回收载体规划布局选址无具体参考指标的问题予以指引，对科学开展再生资源回收体系建设给予些许帮助，并能为国土空间规划或土地利用规划提供部分参考。

（二）再生资源回收体系的规划原则

1. 合理布局与优先建设相结合的原则

以再生资源回收总量及城市发展趋势为基础，控制再生资源回收网点、分拣中心和集散交易市场的数量，引导科学布局，合理安排项目布局和建设时序，优先建设目前急需新增的重点载体，逐步建立布局合理、网络健全、管理科学的再生资源回收体系，保障再生资源回收行业的有序发展。

2. 政府引导和市场运作相结合的原则

政府部门通过制定法规、建设标准和规范管理等措施，加强对市场失灵领域的引导，聚焦再利用价值较高的品种，注重提高此类物资的回收利用率。其他品种的回收则以市场化运作为主，充分发挥市场在资源配置中的作用。

3. 统筹当前和立足长远相结合的原则

结合当前再生资源回收行业发展中存在的突出问题，提出有针对性的政策和措施。同时，着眼于长远，坚持减量化、再利用、资源化的“3R 循环经济”理念，通过制度改革和技术服务创新，为行业发展提供制度保障。

4. 突出重点和兼顾全局相结合的原则

以回收、分拣环节为重点，同时，着眼于再生资源回收全程和全产业链管理。从产废源头入手，建立健全回收渠道，逐步实现应收尽收，通过提高分拣加工技术水平，实现与废物利用环节的有效衔接。

5. 总体设计与因地制宜相结合的原则

加强再生资源回收体系的整体规划，总结经验，借鉴先进做法，明确工作目标和任务。各地根据经济社会发展水平、资源条件等情况，科学选择建设模式，避免重复建设、资源浪费和污染环境。

（三）再生资源回收体系规划要点

整个再生资源回收体系的规划内容涉及面广、考虑因素多、实际落地性和区域特征性强，因此在实际规划过程中应当注重与规划地区的回收现状习惯、经济状况、文化习俗、地理条件等相结合。

整个规划技术路线如图 11 –7 所示。看似复杂，但实际上整个规划过程可以归纳为五个大的步骤。

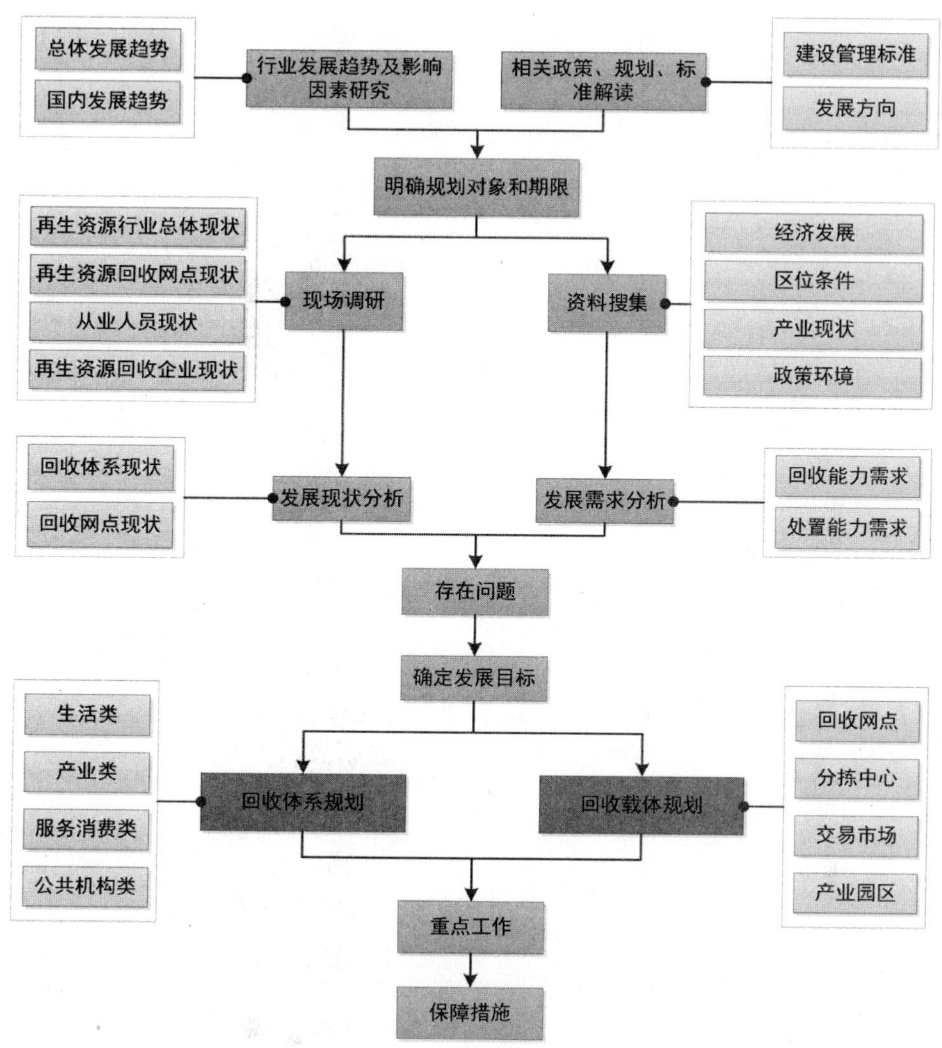

图 11－7　规划技术路线一览图

第一是明确规划对象和期限。在这个阶段主要对国家相关政策、相关国家标准进行解读和理解，明确规划可开展的工作内容和行业发展方向；然后在与规划地区相关负责人进行沟通后，明确规划的具体对象、内容和时限。

第二是规划地区实际情况的调研。主要包括现场的实地走访和相关资料的搜集，旨在了解本地再生资源回收行业发展的好坏。建议优先进行资料搜集，对本地和行业的概况有个大致的了解后再进行实地调研；其中重点了解本地行业的产业链结构、现状回收结构、相关运营载体在城市的分布情况以及行业合规情况。

第三是研判本次规划目标。结合国家政策标准以及实地调研了解到的文字和实景情况，开展现状的情况梳理、存在问题分析、具备的条件分析，结合实地产业发展、回收量等情况和行业大趋势发展要求，慎重开展未来预测，并制定未来目标。

第四是为达成目标进行“系统”和“软硬件”的规划。其中“系统”是指针对再生资源产生源的不同从而导致再生资源种类、数量、混乱度的不同，分别定制不同的回收体系，达成高效有序回收的目的；“硬件”是指为支撑“系统”的运行而实际修建的各类回收载体，主要包括再生资源的回收网点、分拣中心、交易市场，部分城市还会有产业园区；“软件”则是指为了保障“系统”“硬件”的运行而制定的各类规范制度。

第五是保障措施的明确。为了保证规划能够如期开展，必须制定相关的保障措施以保证整个规划的顺利实施。

在实际规划过程中，如何进行规划对象确定、构建回收体系、载体的规划布局选址、载体的设置标准制定是核心内容，下面将重点从这四个方面进行阐述。

1. 规划对象的确定

正确判定再生资源的情况，有助于将其进行高效分类，以便后期对其制定适宜的回收处理模式。

第一步：判定是否为再生资源。我国常见的再生资源详见表 11 -7，对应此表基本可对日常生活生产中的再生资源进行判别。但要注意的是，在实际规划过程中会遇到废弃物本身属于再生资源，但将其拆解后的某些部分属于危废或不可回收，如报废汽车拆解过程中产生的废矿物油及油泥属于危险废弃物，对这类再生资源的规划中要重点进行说明。

表 11 -7　　常见再生资源情况一栏表①

序号	分类	主要品种
1	废钢铁	重型废钢
		中型废钢
		小型废钢
		统料型废钢
		轻料型废钢
		非熔炼用废钢

① 该分类来源于2017—2019 年《中国再生资源回收行业发展报告》中统计类别。

续表

序号	分类	主要品种
2	废有色金属	废铜
		废铝
		废铅
		废锌
3	废塑料	塑料薄膜
		塑料丝及编织品
		泡沫塑料
		塑料包装箱及容器
		日用塑料制品
		塑料袋
		农用地膜
4	废纸	家庭废纸
		办公司废纸
		商业包装废纸
		印刷厂/装订厂废纸
		纸箱厂废纸
		纸制品废纸
5	废轮胎	废轮胎
6	废弃电器电子产品	电冰箱
		空气调节器
		吸油烟机
		洗衣机
		电热水器
		燃气热水器
		打印机
		复印机
		传真机
		电视机
		监视器
		微信计算机
		移动通信手持机
		电话单机

续表

序号	分类	主要品种
7	报废船舶*	报废船舶
8	报废汽车*	报废汽车
9	废玻璃	器皿玻璃
		灯泡玻璃
		平板玻璃
		玻璃纤维
10	废电池*	一次电池
		二次电池

说明：（1）报废汽车和报废船舶的回收中，拆解分拣涉及部分危险废弃物，应按照国家标准处理流程执行。

（2）可回收废电池不包括废弃的铅蓄电池、镉镍电池、氧化汞电池，上述三类电池属于危险废弃物，需要专门的处理途径。

第二步：依据再生资源产生源的特点进行分类。根据相关文献标准阅读和实际规划经验，可按照表 11 －8 的判别条件将再生资源分为四类。但应特别注意，在规划分类时不可直接从再生资源的名称或产生源来进行简单判断，可参看专栏 11 －2。

表 11 －8　　　　按再生资源产生特点分类一览表

序号	规划分类	特点
1	生活类	1. 主要在家庭生活中产生； 2. 同时产生两类及以上的再生资源； 3. 废弃物价值较低； 4. 单次产量较少，总量较大
2	产业类	1. 主要在生产过程中产生，多伴随产品生产出现； 2. 种类单一，混合出现情况较少； 3. 废弃物价值较高； 4. 单次产量较大，总量大

续表

序号	规划分类	特点
3	服务消费类	1. 生活生产中均可能产生； 2. 废弃物有较为复杂的组成结构，由多种材料组合而成； 3. 废弃物价值较高； 4. 能找到明确的上游生产商或者经销商
4	公共机构类	1. 在集聚型开展生产、学习、服务的机构中产生； 2. 废弃物种类单一，或轻度混合但极易分类成单一种类； 3. 单次产量较大，总量较大

专栏 11-2　再生资源规划分类

案例：SH 市工业废弃物现状①

SH 市某酒业——玻璃酒瓶

SH 市酿酒始于西汉，至今累计销售超过 50 亿瓶白酒。该酒业近 5 年（2014—2018）玻璃酒瓶年生产量、回收量以及回收率如表 11-9。在生产过程中产生的废玻璃已在该企业内部进行循环再利用，故统计数据未包含此部分废玻璃。由于生产的瓶装酒销往全国各地，该酒业仅能对本地废弃酒瓶进行回收，因而回收率较低。

表 11-9　　SH 市某酒业玻璃酒瓶年产量及回收量一览表

年份	酒瓶年生产量（吨）	酒瓶年回收量（吨）	回收率（%）
2014	36300	666	1.84
2015	33723	2240	6.64
2016	25354	378	1.49
2017	13742	335	2.43
2018	11364	302	2.65

注：数据由该酒业自有玻璃厂提供。

① 该案例节选自中商商业发展规划院编制的《射洪市再生资源回收体系建设规划（2019—2030）》。

> 要点：
>
> 在开始调研前规划人员认为玻璃酒瓶应当属于生产类再生资源，但在进行调研时却发现酒厂对玻璃酒瓶的回收率非常低。经过仔细询问后了解到，酒厂在生产过程中产生的废玻璃已在工厂内部进行了自我再利用。由于舍得酒业知名度广，大量的玻璃酒瓶随着销售流向了全国各地，因此工厂对其回收极少。因此在规划中，玻璃酒瓶并不属于生产性再生资源，而是随着销售进入消费者家庭，最终是归属于生活类再生资源。
>
> 因此，在实际规划过程中，并不能以废弃物的名称或简单的经验来判定其规划分类，应当仔细梳理其中关系。

2. 回收体系的初步模型建立

在对再生资源进行规划分类后，应针对不同类别构建相应的“系统”，也就是与规划分类再生资源相匹配的回收体系。结合《再生资源回收体系建设中长期规划（2015—2020）》相关内容及文献研读，根据再生资源种类、产生量、混合程度等实际情况构建4类回收体系。实际规划可参看专栏11－3。

（1）生活类再生资源回收体系规划。对生活类再生资源构建以“回收网点—分拣中心—交易市场”三级网络为基础的回收体系。其主要原因是由于生活类再生资源通常数量中等、混乱度大，难以直接进入流通环节，因此需要开展专门的分拣工作（见图11－8）。

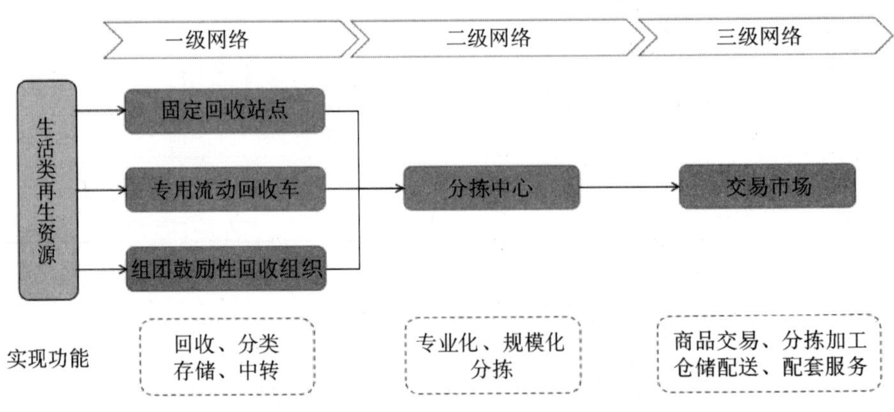

图11－8 “三级网络”回收模式示意图

（2）产业类再生资源回收体系规划。对产业类再生资源构建“厂商直挂”模式的回收体系（见图 11－9）。产业类再生资源通常数量大、品种较为单一，质量稳定，因此大多数产业类再生资源并不需要进行专业分拣则可以进行流通，因此直接对接加工厂商，减少不必要的中间环节，将有效提高行业运作效率。

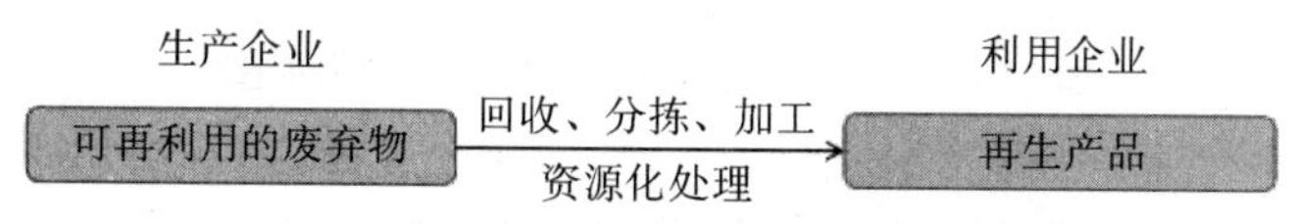

图 11－9　“厂商直挂”回收模式示意图

（3）服务消费类再生资源回收体系规划。对服务消费类再生资源构建“逆向物流”模式的回收体系（见图 11－10）。由于生产各类服务性消费品的厂商，对于本企业产品拥有更为完善的加工处理技术，若消费者将此类产品直接归入生活类再生资源，其中大量的可利用零部件将被当作原料暴力拆解或粉碎，虽材料得到回收，但实际上资源研究存在极大浪费；因此由生产本企业进行回收，并合理拆解处理，将大大提升资源的利用效率。

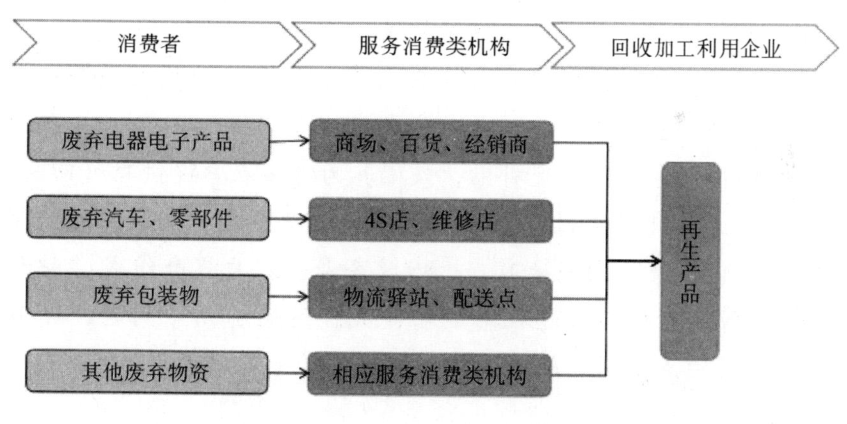

图 11－10　“逆向物流”回收模式示意图

（4）公共机构类再生资源回收体系规划。对公共机构类再生资源构建“企业对接”模式的回收体系（见图 11－11）。公共机构类和生活性再生资源具有较高的相似性，但是公共机构类再生资源的数量大，种类相对单一，对分拣的要求较低，因此从提高效率、减少中间环节的目的来考虑，对公共机构类再生资源进行独立的回收体系规划。

图 11－11 “企业对接”回收模式示意图

专栏 11－3 生产类再生资源回收体系构建

案例：SH 市“厂商直挂”回收模式①

农业秸秆——专业化利用

农业作为 SH 市主导产业之一，在促进社会发展的同时，也产生了大量农业废弃物，对当地生态环境造成了负面影响。2018 年本地秸秆理论产量 51.7 万吨，由于仅有少量乡镇引进了具备相关资质的秸秆回收利用企业，面对秸秆无处回收的情况，村民只能将秸秆堆放在田间地头，待其腐烂后还田处置，此方法不仅周期长，还易引发病虫害等次生危害。寻求秸秆合理、高效的回收利用模式已迫在眉睫。

建设重点：一是加快引进资质齐全的专业化秸秆回收利用企业，为秸秆资源化利用创造基础条件；二是制定相关补贴政策，对于回收企业开展的秸秆综合利用业务给予一定补贴，鼓励其为更多农户提供秸秆回收业务；三是政府对专业秸秆回收利用企业就近建厂予以用地和政策上的支持；四是配套公益运输系统，由当地政府、回收企业、农户代表组成“秸秆回收专项小组”，针对秸秆回收过程中运输量大、运输费高等问题，配套“顺风货运”“定时定点”等运输服务，促进秸秆的专业化再利用。

要点：

SH 市农业发达，每季收获后将产生大量的秸秆。秸秆并非属于常见再生资源，但是其可再利用特性明显，符合生产性再生资源通常量大，种类单一，回收不需要过多分拣的特点。但是这类再生资源价值较低常会出现无人回收的窘境，会造成远比浪费资源本身更大的环境问题和土地问题，对

① 该案例节选自中商商业发展规划院编制的《射洪市再生资源回收体系建设规划（2019—2030）》。

这类低值再生资源应当注重规划解决无法回收的难点问题。

在实际规划中不能只刻板按照再生资源名录来进行，要充分与当地实情相结合。

3. 相关载体的布局选址

为了4类体系的投入使用建立，需要布局相应的“硬件”——载体来进行支撑。根据各类文献阅读、标准查询以及规划经验，本书对回收网点（包含固定回收站点、流动回收点）、分拣中心、交易市场、产业园区共4类再生资源回收相关载体，总结出以下规划布局选址的要点（见表11－10）。

在实际规划过程中，可能会出现无法明确布局点位的情况，因此需要灵活处理，可参看专栏11－4和专栏11－5。

表11－10　4类再生资源回收相关载体规划布局要点一览表

名称		规划布局选址要点
回收网点	固定回收站点	1. 通常在中心城区常住人口密度较大地方布局固定回收站点； 2. 在居住人口密集区按照300m服务半径布局，在新城区或居住人口较少区域视情况按照500～800m的服务半径进行布局； 3. 尽可能布局于社区商业中心内，或靠近居住小区； 4. 智能型固定回收箱可结合便利店、购物中心等设置；传统式固定回收站由于密闭性较差，应设置于巷道末端，避免临近主干道、餐饮店等
	流动回收站点	1. 通常在常住人口较少或者居住密度小的地方布局； 2. 按照每2500～3000户配一处流动回收点的标准进行布局
分拣中心		1. 通常设置在城市近郊区交通便利处的工业用地上； 2. 距离居住区不应小于1km； 3. 若为地级市，选址点距离城市最近居住区应当不超过5km；若为县级市以下城市，可根据实际情况进行调整，但距离城市最近居住区不应超过10km
交易市场		1. 通常设置在城市近郊区交通便利处的工业用地上； 2. 距离居住区不应小于1km； 3. 若为地级市，可结合分拣中心或者产业园区选址；若为县级市以下城市，若周边城市确无交易市场，可与分拣中心联合设置，若周边城市有交易市场且本地再生资源产量较小，建议不设置交易市场

续表

名称	规划布局选址要点
产业园区	1. 通常设置在远离城市居住区，但交通便利处； 2. 位于城市下风向处； 3. 选址在工业用地，若无用地规划则需要与当地规划、国土等部门进行协商

专栏 11-4 地级市回收网点布局

案例：DY 市生活性再生资源回收网点布局①

结合 DY 市城市总体规划发展布局和城镇体系建设发展要求，对 DY 市城乡再生资源回收行业发展进行分区规划引导（见表 11-11）。共分为"两网融合"重点工程区域（包含"两网融合"智慧示范区和"两网融合"推广区）和再生资源回收规范化重点工程区域（包含规范改造区和发展完善区，具体参见图 11-12）。

表 11-11 DY 市再生资源回收城乡统筹总体分区规划一览表

序号	规划分区		规划范围	回收网点布局
1	"两网融合"发展重点工程区域	"两网融合"智慧示范区	中心城区的中部片区和旌南片区	不新设固定回收站点。近期规范整治现存固定站点，远期逐步将其纾解至新建再生资源集散市场内。鼓励企业整合社会流动回收个体，发展线下流动回收和在线回收兼并的回收模式。试点"两网融合"模式，推广智能回收设施
2		"两网融合"推广区	中心城区的城北、天元、双东、寿丰和八角片区，以及黄许镇、孝感镇和双东镇的城区	不新设固定回收站点。近期规范整治现存固定站点，远期逐步将其纾解至新建再生资源集散市场内。逐步推广"两网融合"模式，随着"两网融合"智慧化的技术和经验不断累积，在"两网融合"推广区内逐步布局和发展智慧化回收等再生资源回收新设备和新模式

① 该案例节选自中商商业发展规划院编制的《德阳市再生资源回收体系规划（2018—2030）》。

续表

序号	规划分区		规划范围	回收网点布局
3	回收规范化重点工程区域	规范改造区	和新镇、新中镇、扬嘉镇、孝泉镇、德新镇和柏隆镇的城区	根据相关城镇城区人口进行回收站点布局，规范站点建设、经营管理和回收行为，建设标准、规范的回收站，提高再生资源回收效率
4		发展完善区	所有镇域的乡村地区	到2030年，在人口规模较大、经济较为发达，区域居民达到2500户以上的乡村地区，根据建设标准设置回收站点或回收中转站；在不适宜设置回收站点的地区，设置定时定点的流动回收车

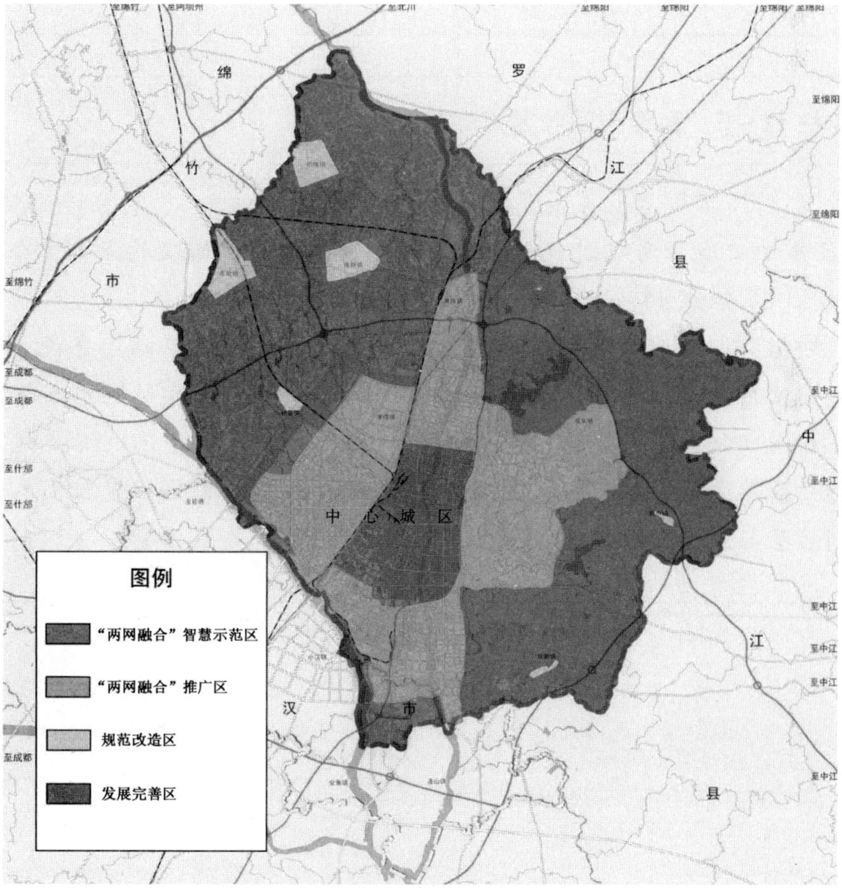

图 11－12　DY 市域再生资源回收城乡统筹总体分区规划图

要点：

《DY 市再生资源回收体系规划（2018—2030）》规划范围为 DY 市全域，包含中心城区和农村地区。考虑不同地区的经济文化、人口素质发展进度不一，因此在相对发达的中心城区规划进行“两网融合”的回收模式，而在农村场镇和农村地区则以规范回收行为、培育民众回收分类习惯为主。

由于 DY 市城市构成层次较多，因此不能“一刀切”进行规划，根据不同区域的特点制定与其相符合的回收网点设置；在规划时由于资料和实际情况，无法将回收网点布局落点，所以采用分区规划指引的方式进行规划。

专栏 11-5　县级市回收网点布局

案例：SH 市生活性再生资源回收网点布局[①]

SH 市中心城区共规划 167 个回收网点，其中固定回收站点 123 个，组团鼓励性回收组织 44 个（见图 11-13）。

规划指引：近期对现状固定回收站点予以整改，规范站点建设、经营管理和回收行为，建设标准、规范的回收站，在固定回收站点严重不足区域逐步新增回收站点，提高再生资源回收效率。远期引导回收站点过密区域的部分商家向回收站点不足区域迁移，或针对其中文化程度较高人员进行培训后参与组团鼓励性回收组织工作。

① 该案例节选自中商商业发展规划院编制的《射洪市再生资源回收体系建设规划（2019—2030）》。

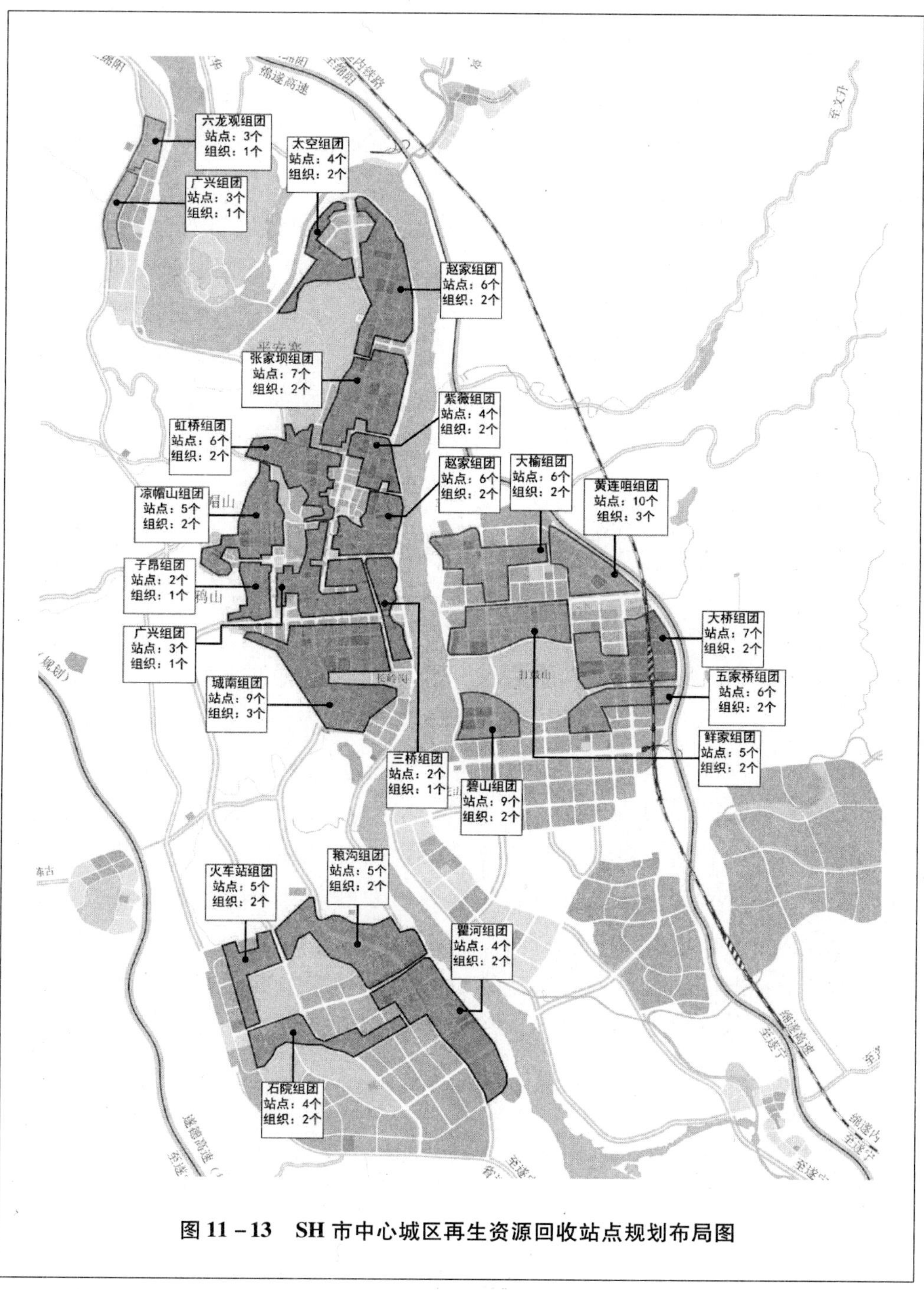

图 11－13　SH 市中心城区再生资源回收站点规划布局图

要点：

SH 市在进行规划时正逢撤县设市和国土空间规划编制期间，城市还处于县级规模且无法规划布局规划落点。考虑到城市人口较多但整体素质还有待提升，但未来城市能级提升将对城市提出更高的要求，因此规划在该市设置传统的固定回收站点以保证回收，并增加“组团鼓励性回收组织”这一模式开展回收及宣传教育工作，以提升本地居民素质，规范再生资源回收投放意识。

在我国，有大量的城市还处于欠发达状态，技术水平能力、人民素养还未能达到一定的高度，因此未来将处于且将长期处于技术革新、意识提升的过渡期，针对这一情况应当设置与之匹配的网点布局以及回收模式。

4. 回收载体的设置标准研判

在有了“硬件”以后，为了保障平稳运行，还需要各类“软件”进行调控，其中最核心的就是规划占地面积和处理能力的设置标准的研判。

国标中对载体虽然有相应的要求，但在实际规划中却发现，此类标准仅仅适用于那些如北上广深等发达城市，对中小型城市来说标准过高，并不具备可操作性。因此本书认为在实际规划中，各类载体的标准制定应当符合本地的实情。主要包括两个步骤：

第一步：规划区域再生资源回收量的预测。主要是依据当地城市总规的人口规划，结合制定的再生资源回收率等目标推算未来城市未来再生资源年回收总量。可参看专栏 11 -6。

第二步：根据回收量预测确定处理能力，并按照指标进行测算载体占地面积，具体指标详见表 11 -12。实际规划应用可参看专栏 11 -7。

表 11 -12　　规划指标参考一览表

载体类别	指标参考
传统固定回收站点	占地面积通常为 $10m^2$，不得小于 $6m^2$
分拣中心	专业和综合分拣中心都可按照 0.5 万吨/亩的指标进行测算，最小占地面积不应小于 10 亩

续表

载体类别	指标参考
交易市场	按照0.5万吨/亩的指标进行测算，若测算远小于20亩，应慎重考虑是否要设置交易市场
产业园区	根据实际情况来确定，通常不低于100亩，回收量较小地区不建议设置专门的产业园区

专栏11－6　再生资源回收量预测

案例：DY市生活性再生资源回收量预测①

中心城区再生资源回收量测算：

根据DY市总体规划，到2020年DY市中心城区常住人口将达到90万人，预测到2030年中心城区人口为120万人（见表11－13）。另参考全国其他各城市的垃圾产生量，并结合DY市总体规划与实际情况，确定到2020年，每人每天1千克的垃圾产生量，2030年随着循环经济的发展和社会低碳意识的提高，人均垃圾产生量降至0.9千克/天，垃圾回收利用率2020年达到35%，2030年达到40%进行测算（见表11－13）。

表11－13　　DY市中心城区再生资源回收总量测算表

年份	城市总人口（万人）	人均垃圾产生量（kg/人×天）	垃圾回收利用率（%）	再生资源回收总量（吨/天）	再生资源回收总量（万吨/天）
2020	90	1	35	315	11.5
2030	120	0.9	40	432	15.8

要点：

根据文献阅读和经验发现，在中国每人每天约产生1千克垃圾，但这个数值并不是一成不变的，本书认为未来我国人口素质注定是呈现上升状态，因此2030年人均垃圾产生量考虑降至0.9千克/天，垃圾回收率从35%上升至40%。

DY市由于规划只涉及生活类再生资源的回收，因此测算仅包括了生活类。在其他城市规划的过程中，还应当考虑其他回收模式收集来的再生资源量。

① 该案例节选自中商商业发展规划院编制的《德阳市再生资源回收体系规划（2018—2030）》。

专栏 11－7　分拣中心设置标准

案例：SH 市分拣中心设置标准①

1. 建设标准

（1）结合 SH 市实际情况和《再生资源分拣中心建设管理规范》（SB/T 10720－2012），本次新建的综合分拣中心按年处理再生资源量划分为一级和二级两类。一级分拣中心年再生资源处理量一般应不小于 30 万吨，二级分拣中心年再生资源处理量一般应不小于 10 万吨。

（2）按照"功能分区、分块布置"的布局要求，分拣中心应实行办公生活服务区、分拣加工区、仓储配送区分离。办公生活区建筑面积应不低于总面积的 10%，仓储配送区建筑面积应不低于总面积的 20%。

（3）分拣中心应设有合格、完善的消防设施，建有污水处理系统、排气设施等污染防治设施，具备治污减废功能，地面应采用防雨水、油污的高效混凝土地面。

（4）分拣加工区内应有对再生资源进行分选、切割、粉碎、打包等初级加工的设备，处理设施周围应有油类或液体的截流、收集及油水分离的设施或措施。各类型再生资源加工区如纸类打包、塑料压缩、废弃钢材和电子产品切割分解区应实行分区工作，不同品种的再生资源分拣、拆解、破碎等作业区之间应保持 10 米以上距离；存储区的存储场地应相对固定并符合环保和消防要求，应有围墙隔断，以免造成二次污染。

2. 规划布局（见表 11－14）

表 11－14　　SH 市再生资源分拣中心布局一览表

序号	名称	地址	分拣类别	等级	规模	服务范围	建设时序
1	SH 市再生资源分拣中心	铁路货运站场、黑色金属综合利用产业区和纤维塑胶综合产业区区域内	塑料、玻璃、纺织物、纸板等	二级	20 亩	SH 市全市	近期

① 该案例节选自中商商业发展规划院编制的《射洪市再生资源回收体系建设规划（2019—2030）》。

续表

序号	名称	地址	分拣类别	等级	规模	服务范围	建设时序
2	废旧钢铁分拣中心	铁路货运站场、黑色金属综合利用产业区和纤维塑胶综合产业区区域内	废旧钢铁	一级	50 亩	周边 500km 范围内	远期
3	锂电废弃物分拣中心	绵渝高速路以西，刘氏祠村以南区域	废旧电子设备、动力电池	一级	50 亩	周边 500km 范围内	远期
4	报废汽车拆解中心	威马纯电动汽车精细化拆解产业区内	报废汽车	一级	50 亩	周边 500km 范围内	远期

要点：

SH 市由于再生资源种类较多、类别专业性强，因此设置了 4 处分拣中心。由于其分拣对象和服务范围不同，因此设置标准存在不同，因此设置了一级和二级两档不同的分拣中心标准以匹配当地实地情况。

在实际规划中，遇到单一标准无法执行时，要进行合理分类，拆解单一指标，以适用为原则。

5. 规划过程部分细节问题的思考

（1）规划期限的确定。由于再生资源回收体系规划是属于商业网点规划下的专项规划，同样应当遵从城市总规或国土空间规划的指引，因而根据实际和规划的情况，规划期限可按照城市总规或国土空间规划的规划期限来确定。但若规划地区对规划有特殊的要求，也可按照每 5 年作为一个时间节点的方式来进行规划，但在预测再生资源回收量时要注意预测指标数据的收集。

（2）相关政策内容的使用。本书编撰之际，正处于大多数政策的时效末期这一“交界处”，因而引用的规划和政策都处于这一交界时期。而大多数规划期限远在这一期间之后，因此需要规划者根据地区实际发展情况来进行预设相关指标。根据相关规划经验，再生资源回收是一个长期努力的过程，因此后续设置指标不宜过高，可参考本地的经济增长率来进行预判。本书建议回收率及相关指标在未来 10 年的规划增长范围可在 5% ~10% 这一区间来进行设置。

（3）规划对象的确定。在实际规划中，可能出现某一废弃物可回收且在当地的经济发展中占有重要的地位，但是其回收模式不属于本书规定的范畴。对此类情况，规划者不应坚决拒绝，需结合当地要求，深入研究此类废弃物的产业链情况，并可设置专章的形式对其进行规划，并单独注明即可。

（4）对当地情况资料的阅读。本书建议在实际调研之前，对当地的产业链结构情况进行大致了解。这需要规划者对相关产业的工艺流程、设备运转等情况有一定的知识基础。除了解现状的产业结构之外，在调研时还应当着重了解地区未来重点产业发展方向、制造企业招商情况以及相关企业招商储备库情况，规划时若存在与现状发展有较大调整的地区，需要根据其未来改变来进行相关预测和网点设置。

第四篇

前沿思考篇

商业网点规划的编制思路总是随着新的消费趋势、商业概念、城市发展理念的变化而变化。本篇结合近期最为热门又对商业网点规划编制有深远影响的四个概念，公共交通导向发展模式（TOD）概念、首店经济概念、夜间经济概念、体验消费概念，展示它们在商业网点中的应用情况或对未来商业网点规划编制的影响。

第十二章　TOD 理念下的商业网点规划

一、引言

近年来城市公共交通、城际快速交通的快速网络化发展使我国进入公共交通引领城市发展的重要阶段，公共交通导向发展模式（TOD）成为推动新区有序发展、城市品质提升、城市群快速建设的重要手段。商业和服务业是 TOD 综合开发的重要支撑，进行 TOD 理念下的商业网点规划研究显得尤为迫切和重要。本质上 TOD 理念的核心在于多功能混合用地，因此研究 TOD 理念下的商业网点规划，也就是研究在该理念下商业需要扮演的角色，即商业与区域发展的关系以及商业与其他城市功能的关系，并由此对商业网点的功能、规模、分布进行符合 TOD 理念、满足 TOD 布局模式的规划。TOD 理念虽然已提出多年，但在商业网点规划中属于较新的应用场景，本章将从 TOD 的概念入手，结合多国发展经验简要介绍 TOD 理念下的发展模式分类，并根据规划实践，分析国内常用 TOD 模式中商业的主要角色，最后，结合商业网点规划的主要内容，阐述 TOD 对商业网点规划的影响，和未来在此理念下的重要研究方向。

二、TOD 的概念

TOD（Transit - Oriented Development，公共交通导向发展模式）是在 1993 年由美国教授卡尔索普（Calthorpe）在其著作《下一个美国都市：生态、社区和美国梦》中首次明确提出。当时，TOD 的提出是为了解决美国对私人交通依赖程度大和城市无序蔓延而导致的发展效率低下和用地浪费的问题。因而，书中提出要改变城市低效率的空间组织方式，提倡公共交通使用，围绕公共交通站点修建一系列社区公共设施，以减少人们出行和对私人交通工具的使用需求，最终形成围绕公共交通组织的邻里空间系统。

在 Calthorpe 书中，将 TOD 定义为一个围绕公交站点（主要是轨道交通和公交站点），具有良好步行环境的社区。以公共交通站点为中心，以 400～800 米（5～10 分钟步行路程）为半径建立中心广场或城市中心，其功能特点在于集工作、商业、文化、教育、居住等为一身的“混和用途”。然而，随着 TOD 理念在全球被广泛应用，结合各国的自身需求，TOD 应用场景已经超出社区概念，成为指导各城市解决交通拥堵、环境污染、无序扩张的规划实践方法。

三、TOD 的相关理论

由于 TOD 理念在世界范围内的不断实践，它的概念内涵也大大超出了原本“围绕公交站点布局的社区”这一概念。除了区位理论、中心地理论、聚集理论、邻里单元、人本主义这些我们在第三章中介绍过的商业网点的常用理论外，与 TOD 发展相关的还包括田园城市理论和精明增长理论。

（一）田园城市理论

TOD 模式的发展早期本质上是为了解决田园城市带来的城市郊区化、用地分散化、依赖私家车出行等城市问题，并在很长时间内，用以指导田园城市理论中的卫星城的布局建设。因此，为了更好地理解 TOD 的发展阶段和应用实践逻辑，我们需要对田园城市理论进行一些了解。田园城市是英国社会活动家霍华德基于空想主义提出的城市布局模式。其城市模型的核心是在中心城市周围布局六个称之为田园城市的独立卫星城，每个卫星城通过交通干路、铁路支线与中心城市环状道路、环状铁路链接，在中心城市和卫星城之间是永久田园区域。田园城市提出的目的是防止城市无序扩张带来的环境污染、远离自然环境、农田破坏等问题，但在规划实践中也带来郊区化、分散化等其他城市问题。除了 TOD 模式外，为了解决田园城市带来的系列问题，同时保持亲近自然的舒适居住环境，很多其他的规划学者也提出了例如工业卫星城、混合功能卫星城、线性城市、城市群等系列城市布局模式，这些理论中都有部分内容与 TOD 相似，在此就不多赘述。

（二）精明增长理论

TOD 模式发展到后期，已不再局限于居住社区问题，而是广泛地应用于各类城市问题。在这一阶段，TOD 模式和精明增长理论中的其他政策紧密结合，成为现在我们熟知的、以公共交通引导的城市综合开发模式。精明增长是由美国规划协会提出的，核心目标是充分利用城市存量空间，减少城市无序扩张；复兴城市中心区域，节约基础设施建设和公共服务成本，重现破败地区居住和生产活力；提倡城市紧凑布局、混合用地；提倡使用公共交通和步行，保护城市生态环境，创造舒适的居住环境。TOD 模式在这一阶段作为实现精明增长理论下城市形态的有序建设的方式，为城市可持续综合发展提供了可能。

四、TOD 的发展阶段

（一）起源阶段：TOD 典范卫星城

在 TOD 理论提出之前，瑞典首都斯德哥尔摩，基于田园城市理论建设了卫星城魏林比，卫星城的建设就运用了与 TOD 相似的规划理念。魏林比在四个地铁站内设置大型购物中心，并在可步行距离内，设置较高密度的居住区，来提高城市用地的效率，解决卫星城与主城的公共交通使用率问题。这种模式很快成为欧洲大城市设置卫星城的典范，也是现在公认的经典 TOD 模式。然而，这种模式的实施也被专家认为得益于魏林比始终较低的人口规模。同时，实践中也发生了居民热爱驾车前往地铁站购物消费的情况，因而更高效的多重公交整合系统，被认为是实施 TOD 模式的关键。[①]

① MEES P. TOD and Muti－Model Transport ［J］. Planning Practice & Research 2014，29（5）：461－470.

（二）兴起阶段：以 TOD 引导新区开发

TOD 理念在美国正式提出并开始实施时，和魏林比模式类似，是基于社区新建和发展的 TOD 模式类型，关注的焦点在于居住和商业的紧凑布局。随着 TOD 理念在全球其他地区（尤其是以新加坡和日本为代表的，亚洲高人口密度国家）的流行，TOD 更多地用于城市新区开发引导，以缓解原有中心城区高密度人口带来的环境压力。在新区开发中，贯彻 TOD 混合用地策略，保持较高的土地使用效率，将原中心城区的部分功能，如居住、工业、商业搬迁至新区，围绕公共交通站点综合布局，在降低原中心城区人口密度的同时，减少新区人口因工作、购物长距离出行带来的不便。

（三）盛行阶段：以 TOD 社区为单元的城市发展形态

这一阶段，TOD 不再局限于社区或新区紧凑布局，而是广泛运用于城市规划中，解决城市中心社区复兴、存量土地再利用、土地混合利用、鼓励使用公共交通、保护楔形绿地、构建城市生态系统等系列城市问题。在这一阶段，TOD 模式转变为一种以公交线路串联不同城市单元的城市发展形态理念。由于不同城市单元有截然不同的发展需求，因而 TOD 模型也发展出各种类型。

五、TOD 的模式类型

随着各城市以 TOD 为理念的城市形态全面展开，TOD 模式的城市单元越来越多。各城市结合自身发展阶段需求、对 TOD 模式的理解，将 TOD 模式分为多种类型。

（一）按站点区位进行划分

在 TOD 发展初期，大多数国家根据《未来美国大都市：生态、社区、美国梦》一书，将站点按照所在位置简单分为城市型和郊区型。随着实践和理念的发展，现在美国在对 TOD 规划进行指导时，对区位和 TOD 单元特征进行进一步细化。《站区规划：如何做 TOD 社区》报告提出，将 TOD 社区分为三个大类和八个小类。三个大类分别是中心型、邻里型和走廊型。中心型是指以商业、办公为核心功能，居住为辅助功能，具有明确向心力的城市区位，包括区域中心、城市中心、郊区中心和镇中转中心。邻里型是指以居住为主要功能，商业服务为居住提供服务的类型，包括城市邻里、郊区中转邻里和特殊用途或就业区。走廊型是包含中心型和邻里型的多核心结构单元。基于各种分类，报告还就各类型 TOD 模式中居住、商业综合、交通站点、道路布局和开发强度进行了指导。

（二）按站点能级进行划分

如成都以城市功能与轨道交通功能为主要分级影响因素，结合发展实际，将轨道交通站点分为四级——城市级、片区级、组团级、一般站点，围绕城市级站点打造代表成都形象的 TOD 都市示范型商圈，围绕片区级站点打造代表各区市县的 TOD 城市商圈，围绕组团级站点打造区域性 TOD 商业中心，围绕一般站点打造 TOD 社区商业。

（三）按站点周边主要功能进行划分

比如，段德罡和张凡，在对西安地铁进行研究时，将站点按照周边功能分为居住型、公共服务型、商业商务型、交通型、产业型和混合型 6 类。

（四）混合分类

《珠三角城际轨道站场 TOD 发展总体规划纲要》将 TOD 类型分为区域级综合中心节点、单一功能中心节点、次区域级综合中心节点、区域级交通枢纽、城市级和次城市级中心节点以及一般社区型、产业型、旅游型。在其分类中，既包含了站点等级，也包含了周边用地功能。

六、TOD 理论下的城市特征

（一）用地集约化

一般说来，TOD 站点位置较好，周边土地资源有限，用地集约化成为

TOD 商业开发的主要取向。如日本 TOD 商业项目多以轨道站点为中心，开发强度向外梯度递减，六本木、新宿等枢纽站点，500 米范围内容积率为 8 ~ 15，500 ~ 800 米容积率也达到 5 ~ 8，东京 23 区 80% 的商业和写字楼都位于轨道站点 800 米以内。

（二）纵向布局的垂直城市

由于 TOD 单元的核心区域呈现以公交站点为中心的圈层式高密度用地开发模式，这也必然带来核心区用地呈现类似垂直城市的各种功能纵向布局模式，以减少功能区与公交站点间的距离，而达到土地价值的最大化。对于各类商业及其他城市功能，则不再以平面分区为主要功能规划形式，而转向对综合体内各层纵向空间的研究。如东京涩谷之光位于东京地铁涩谷站，地上 34 层，地下 4 层。项目所在地汇聚了 8 条交通轨道，是日本著名的交通中枢，也是集合了商业、办公、文化等复合功能的区域。涩谷之光的地下 2 ~ 3 层为对接地铁的配套餐饮商业，地下 1 层到地上 5 层为零售商业，其中 2 层对接轻轨站，6 ~ 7 层为餐厅餐饮业态，8 层为文化创意业态，9 层为会议功能，10 层为剧院及空中客厅，通过 10 层的空中客厅可到达 18 ~ 34 层的办公空间。

（三）功能复合化

满足消费者多元化需求，TOD 商业的功能复合化趋势明显，商业形态、文态、生态功能复合，吃住行游购娱文商会业态混合。如长 1000 米、宽 700 米的“银座”区域，集聚了 14 家大型百货、500 家特产商店、2000 家饭店、1600 多家酒吧和歌舞厅、30 余家剧院和 100 余处画廊，成为亚洲乃至世界的时尚高地。

七、TOD 理念对商业网点规划的影响

随着 TOD 理念在城市规划领域的广泛应用，城市发展形态、功能布局方式将随之改变，因而，对商业网点规划，将在商业体系空间布局、功能定位、商业体量预测、网点布局、业态规划等方面均产生重大影响。然而，由于在 TOD 理念下的商业网点规划实践较少，本章将结合现有案例分析，着重阐述

TOD 对商业网点规划的影响，并提出未来的重点研究方向。

（一）TOD 理念下城市发展对商业网点规划的要求

1. 分类引导

根据 TOD 站点所在区域发展条件确定 TOD 商业的能级，在充分研究辐射范围和服务人群的基础上，明确 TOD 商业的定位和类型，合理设置商业功能。

2. 新旧结合

充分利用城际轨道交通建设机遇，以 TOD 商业引领推动新区建设和老城改造工作，新区站点着力推动 TOD 商业系统创新规划和招引，老城站点着力推动商业业态更新。

3. 集约紧凑

集约利用站点周边土地，合理高效规划商业空间、步行空间、生态空间，形成紧凑的用地布局，提高土地资源利用效率，形成良好的集聚效应。

4. 混合规划

根据 TOD 站点定位选择彼此兼容的功能，鼓励土地的混合使用和建筑物用途的多功能化，推动商业与文化、艺术、旅游等功能的融合，提升 TOD 的活力和魅力。

（二）对商业体系空间布局的影响

首先，基于 TOD 公共交通出行理念，结合我国的高速轨道交通网络，需要将相对独立的城市商业体系放到轨道交通可达的更大的区域范畴进行统筹考虑，重新规划具有区域性特色的商业体系。现有的城市级商业中心等级体系、布局位置都将发生变化。在规划分析中，考虑到更广的辐射范围、更完整的体系层级，商业中心的交通区位因素权重将大幅提升，从而配合 TOD 综合开发，形成具有广阔辐射的区域型商业中心。其次，商业体系布局思路将进行调整。现在城市商业体系圈轴结构，一般结合城市道路体系进行分析设置而形成符合城市道路等级、发展脉络的规划结构。在 TOD 理论引导下，城市公共交通系统将对商业网点空间布局产生深远影响。

然而，现阶段我国多数城市 TOD 发展还处于试验性阶段，一般以某几个重要站点为对象，各自进行站点的 TOD 发展规划编制，还未达到以公共交通串联城市单元的全面发展阶段。因而，作为国土空间规划体系中的专项规划，商业网点规划如何在 TOD 理念指引下，处理现阶段城市整体商业结构和未来 TOD 理念下的城市发展方向的差异需要进行研究，同时，商业网点规划与 TOD 专项规划的相互关系也应是我们研究的重点范畴。对于单个编制的站点 TOD 发展规划，商业网点规划作为其上位规划或参考资料可能是符合现在 TOD 规划发展阶段的有益尝试。

（三）对功能定位的影响

在商业网点规划中，对商业中心的功能定位一般是结合商业中心等级、区域城市功能对商业的发展需求确定的。在 TOD 理念引导下，商业中心的功能定位可按照 TOD 模式类型分类确定。从商业角度来看，TOD 单元需要按照等级和功能的综合标准进行分类，才有利于实现各商业中心的差异化定位，并为城市提供完整商业功能。然而，结合上文所说，各个城市在对 TOD 单元分类时缺少统一标准且各有侧重，因而在商业网点规划编制中，将存在无法完全与其划分类型对应的情况，而如何结合 TOD 单元模式分类，体系化、全面化地对各商业中心进行功能定位则是需要解决的难点问题。

（四）对体量预测的影响

TOD 理念下，对城市商业整体规模的影响较小，但对局部商业中心规模存在较大影响。由于公共交通系统因素的影响权重增大，在城市商业中心规模分配中，结合重要交通站点来布局商业中心规模将大幅提升。同时，在运用断裂点理论预测商业中心吸引力时，原有通过距离计算吸引力的方法需要改为公共交通出行时间则更为准确。

（五）对网点布局的影响

需要布局的商业网点类型与各 TOD 单元功能定位有直接关系，应在明确服务人群、相关产业、综合开发模式对商业的需求基础上研究确定。对于网点布局位置，出于 TOD 模式对友好步行环境的高度需求，在 TOD 单元中布局的商业网点位置，需要在对人流动线全面分析的基础上进行综合布局。同时，由于混合用地，商业网点规划不再只是平面布局，然而，更多的综合性站点可能采取地下、地上多层布局模式，因而竖向人流和空间分析将是决定商业网点具体位置的考虑因素。由于缺少更为系统性的研究，对于以公共交通和步行为主要出行方式的城市商业网点布局形态将是重点研究的问题。

（六）对业态规划的影响

根据功能定位进行业态设置和引导，TOD 单元强调功能的综合性，在商业网点业态规划中，需要结合 TOD 模式类型，形成与其他功能融合发展的复合型业态。如日本池袋车站定位为“国际型剧场式车站”后，着力打造电影迷福音、奢华红色剧院、跨界剧场、电影广场等 8 座个性十足的剧院。与中心的八大剧场相呼应，以池袋车站为轴心，周边还有商业配套、有艺术气息、有优美环境的四大公园。商业业态的规划难点在于如何结合需求，创造具有新颖性和指导性的规划要求，在 TOD 的指引下，新兴业态和新的消费需求是商业业态研究的重点内容。

第十三章　消费新热点下的商业网点规划

第一节　首店经济与商业网点规划

2020 年 2 月 21 日，中国商务部副部长在国务院新闻办公室举行的新闻发布会上表示，2019 年全年中国社会消费品零售总额 41.2 万亿元，同比增长 8%。消费连续六年保持中国经济增长第一拉动力，消费对经济增长贡献率达 57.8%，拉动 GDP（国内生产总值）增长 3.5 个百分点。在驱动中国经济平稳前行的“三驾马车”中，消费始终是重中之重。近年来，中国消费趋势指数呈现稳中有进的态势①，该指数由消费者对于就业前景的判断、个人经济情况以及消费意愿三个方面构成，消费趋势指数高于 100 代表积极消费趋势，反之则为消极消费趋势。从图 13－1 中可以看到，我国消费趋势指数呈现整体上升的态势。2016 年，我国消费趋势指数大概在 106 点左右，但是到了 2019 年，这个数字已经攀升到了 115 点，足足上升了近 10 个点。

中国购物中心存量市场正在高速扩张，每年有近 500 个购物中心新开业，同一商圈内多个购物中心相互竞争，差异化成为破局关键。首店品牌，是购物中心打造内容差异化的方式之一，一直以来备受追捧，近年来已形成一股“首店经济”潮流。从 2018 年开始，全国多个地方开始加强了对“首店”的追逐热情，而“首店经济”亦被认为是反映一个地区经济活跃程度的新指

① 引用自尼尔森中国消费趋势指数。

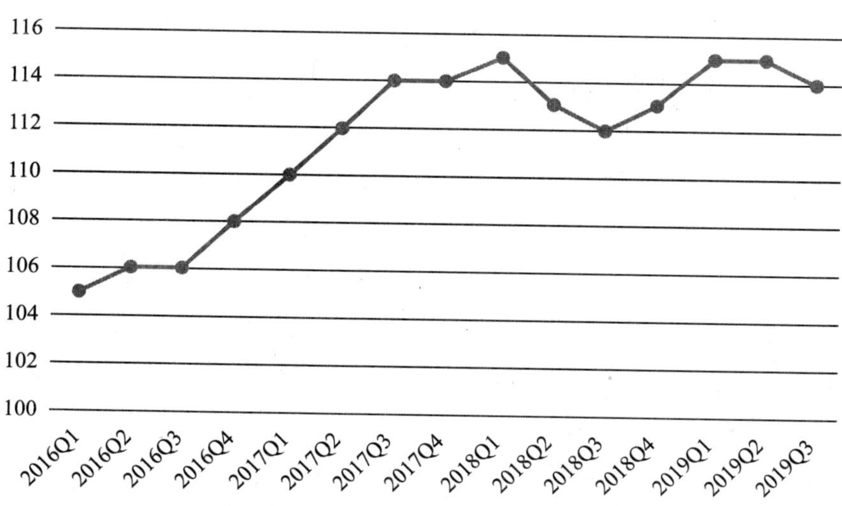

图 13－1　中国消费趋势指数走势图

标。首店经济的培育无疑是城市商业活力基础的体现，为存量市场寻求突破、为既有项目焕新、为新项目注入动能。而品牌首进的这座城市，或成为众多同质品牌战略性布局的风向标，而这将可以帮助该城市通过品牌的“聚集效应”来提升其商业影响力。

一、首店经济的概念

“首店”是指在行业内具有代表性的、新潮的品牌在某一区域开的第一家店，或是老店通过创新经营业态和模式形成的新店。“首店”不只意味着地理位置的首选，而且体现着发展样态的首创。无论是国际品牌的下沉，还是本土品牌的崛起，“首店”凭借区域唯一性、跨界融合的优势，创造出新颖的商业模式，引领新潮的消费趋势。

随着“首店”在一座城市的聚集，由此产生了“首店经济”。“首店经济”是指一个区域利用特有的资源优势，吸引国内外品牌在区域首次开设门店，由此对该区域经济发展产生积极影响的一种经济形态。“首店经济”一定程度上实现了品牌美誉度与商圈知名度的双重叠加。在此过程中，商家扩大了品牌价值效益，城市优化了区域资源利用，消费者享有了更多选择，可谓一举多得。

二、首店经济的演进

2005—2014 年，购物中心不断成熟、快速增长，同时品牌商尤其是国际连锁品牌进入中国市场高速拓展期。

2015—2017 年，购物中心开始意识到“首店”在项目开业、改造调整宣传中的价值，并借首店选址原因对购物中心品牌价值及运营能力进行推广。深圳、成都、杭州等城市通过对区域年度开业的首店进行盘点，实现了“首店”吸引力角度的城市营销。

2018 年至今，“首店经济”一词在上海 2018 年首店宣传中被首次提及，上海政府后续将首店经济视为打响“上海购物品牌”的一张靓丽名片。而后首店经济进入爆发期，上海、成都、北京相继出台首店补贴政策。2019 年 8 月，国务院办公厅发布 42 号文件《国务院办公厅关于加快发展流通促进商业消费的意见》，提出“因地制宜，创造条件，吸引知名品牌开设首店、首发新品，带动扩大消费，促进国内产业升级。”

三、我国首店经济发展现状

“首店”丰富了消费市场，也为城市发展带来新的可能。纷至沓来的品牌“新面孔”，既能带来看得见的客流、人气，也有助于扩大就业、增加税收。从推出本地口味到定制特色产品，从融入城市元素到植入文化韵味，一些商家在开设“首店”的同时，还积极融入本地市场、突出地域特色，实现了品牌的差异化发展，在一定程度上提升了区域的消费力、创新力和影响力。

（一）我国“首店”布局现状

在城市筛选品牌的同时，“首店”也在挑选城市。一个品牌从无到有，反映着一个城市消费市场的敏锐度和成熟度，折射出营商环境的舒适度和开放度。如今一线城市、沿海发达地区通过对创新品牌和创新业态的政策扶持，已经抢占了先机，但更多的地方正在以更富吸引力的举措加速追赶、梯次跟进。可以说，中国超大规模的市场拥有无限的成长潜力，不断优化的营商环境创造着前所未有的机遇，能够为“首店经济”发展提供充足的空间。

全国首店与大陆首店布局首选国家中心城市。全国首店是一个城市的综合实力与商业魅力的集中体现。全国首店选址看中的不仅是落地城市的消费实力，更看重的是后续的该城市以点带面的区域市场辐射能力，以及合理、科学的商圈和城市空间规划，所以全国首店也往往偏好于商业环境、交通条件、消费聚集皆佳的中心城市。2019 年上半年全国首店最密集的前十大城市排名分别为上海、北京、成都、广州、杭州、深圳、西安、武汉、南京、长沙。[①] 其中除了华东两大省会城市杭州和南京及湖南省会长沙尚在全力争取国家中心城市地位之外，其余城市已被确立为全国十大中心城市成员，全国首店数据从侧面印证了国家中心城市的重要地位（见图 13－2、图 13－3）。

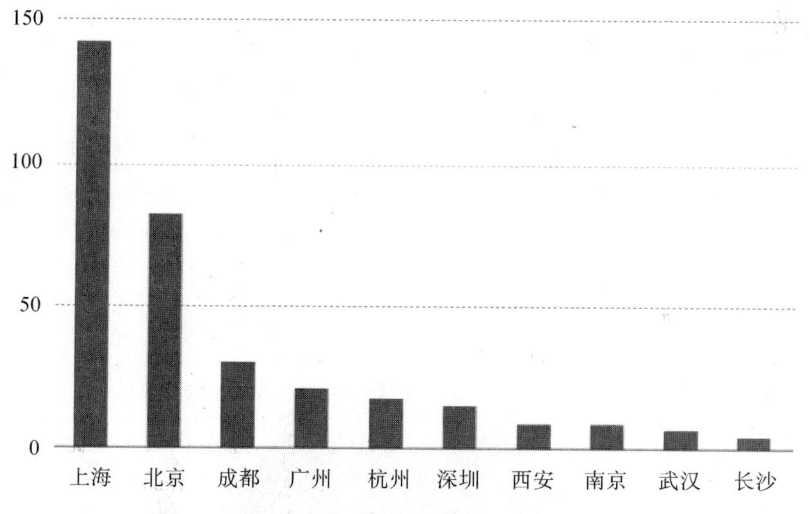

图 13－2 全国首店偏爱的十大城市

首店在区域布局上呈现“东进北上西拓”的趋势。从首店区域数量来看，多点开花的华东以 169 家独占半壁江山，华北依靠北京以 70 家排第二，华南与西南则以 37 家与 34 家紧随其后，华中和西北以 14 家和 11 家居第五、第六位。“东进”抢滩登陆华东长三角城市群在上海安营扎寨，少量品牌在上海无合适商圈铺位时采取迂回包抄先进杭州或南京市场再回师上海。“北上”进驻首都北京，在顶级商圈、顶尖项目和高端消费人群中建立品牌形象和认

① 引用自 RET 睿意德《2019 年上半年全国首店选址布局研究》。

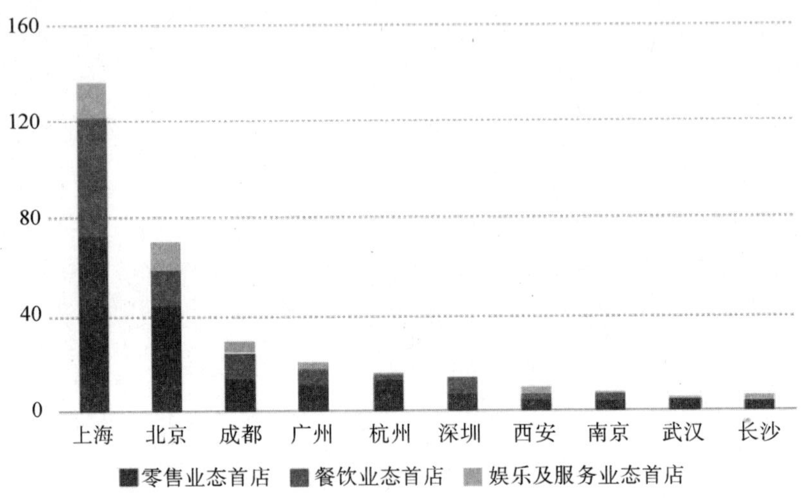

图 13－3　十大城市首店业态构成

知。“西拓”，作为西部商业最发达城市，成都不仅具备优质商业项目，同时可以辐射整个西部及华中部分区域，且城市消费也极度活跃。最终上海、北京、成都形成首店落地“黄金三角”，也为品牌在国内拓展建立了稳固的基地。构成东南区、北区、中西区三大首店势力范围圈（见图 13－4）。

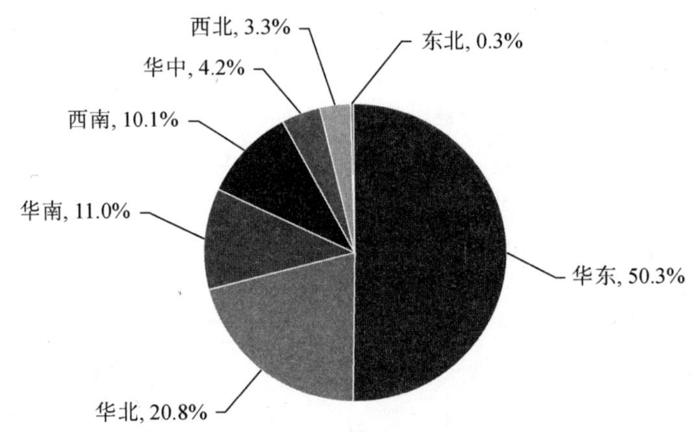

图 13－4　首店区域布局

城市商圈的空间集聚效应对首店吸引力不容小觑。就 2019 年上半年表现来看，21 个首店偏爱的城市商圈中上海与北京平分秋色各有 8 个席位，成都 2 个，广州、杭州、深圳各有 1 个入选。21 个商圈中，城市核心商圈与区域商圈各有13个和8个。同时，首店最偏爱的50座商场中11座为开幕时间不满一年的新项目，剔除此类项目后，年营业额超过20亿元的店王级商场，占比超过六成。这50家商场中，外资商场达26家，占比超过半数。从城市来看，上海、北京、广州、成都分别有21、10、5、4家商场入围（见图13-5）。

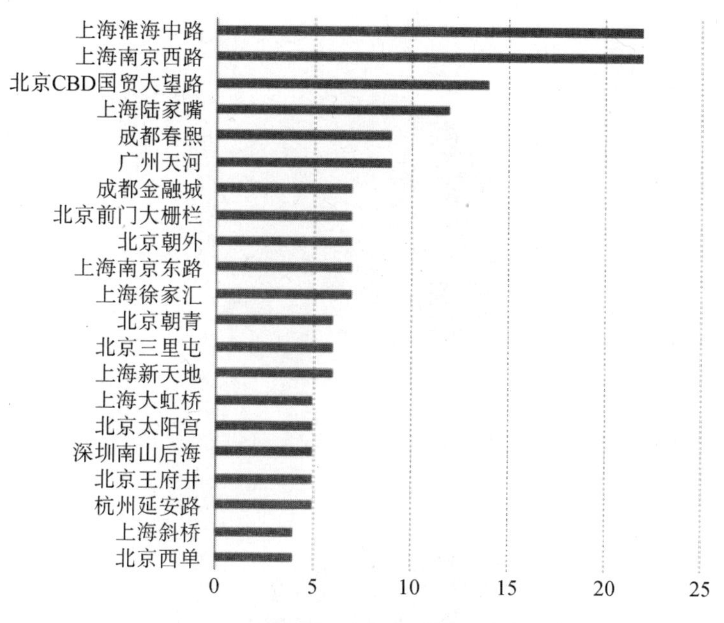

图13-5　全国吸引首店最多的21个商圈

（二）国内代表城市首店经济发展现状

1. 上海

上海是国内第一个将首店情况纳入统计公报范畴的城市，2019年前三季度，上海新进首店756家，同比增长74.6%，截至11月，上海新进的首店数量已经超过了900家，继续领跑全国。其中98家有国际品牌的首店，18家是港台地区的首店，另外还有14家全球首店和亚洲首店。

2. 北京

2019年总计有878家首店落户北京①，其中全球首店12家，亚太首店9家，中国首店201家，华北首店115家，北京首店541家。从首店品牌来看，

① 数据来源自北京市商务局官方网站。

国际化品牌共有150个，来自13个国家和地区；从分布商圈看，CBD商圈、三里屯商圈、王府井商圈成为国际品牌入驻首选；从业态分布看，餐饮和零售业占比近80%，分别为54.26%、25.03%，儿童、生活服务和休闲娱乐业态首店占比分别为5.87%、5.20%和9.63%（见图13－6、图13－7）。

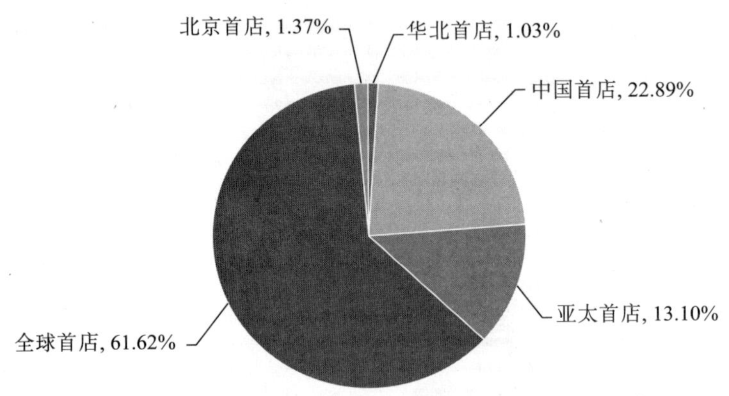

图13－6　北京首店类型分布

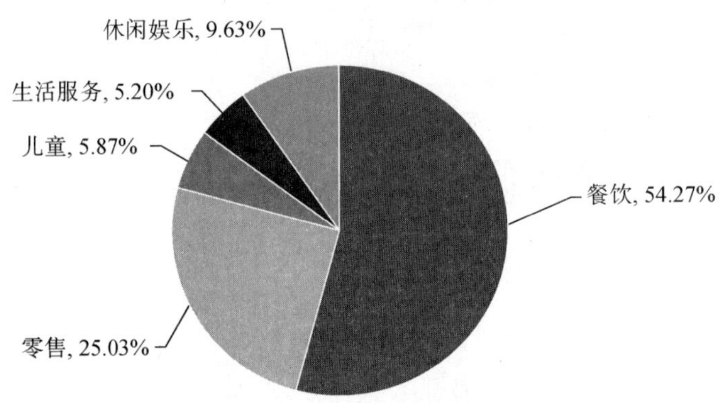

图13－7　北京首店业态分布

3. 成都

成都众多文艺老街小巷渐次成型，仿古建筑街区商业逐渐兴起，成为首店品牌的重要选址地。2019年落户成都的首店数量达473家[①]，市场规模进一步扩大。同时，落户的全球首店数量仅次于上海、北京，继续领跑新一线

---

① 引用自成都零售商协会与中商数据联合发布《成都市2019年首入品牌研究》。

城市。与 2018 年全年共引进 200 家首店相比，2019 年成都首店增速约 136.5%。从首店类型来看，全球首店 6 家，亚洲首店 1 家，全国首店 50 家，西部首店 26 家，西南首店 97 家，成都首店 293 家。进驻的首店主要以餐饮与零售业态为主，中国大陆品牌居多，港台品牌其次，全新品牌占 67.90%（见图 13－8）。

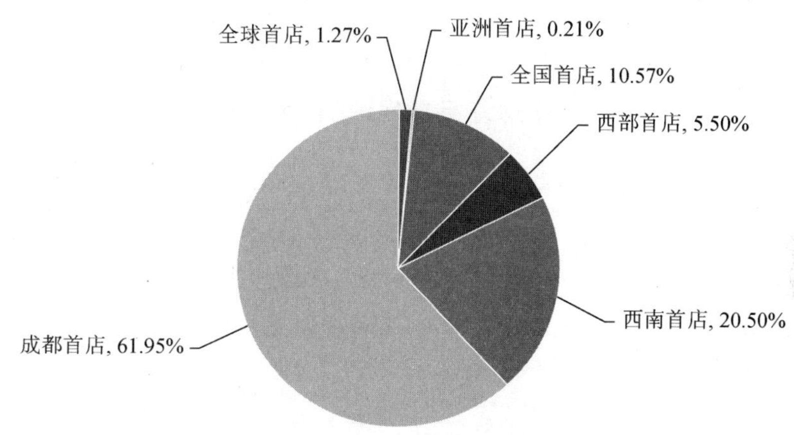

图 13－8　成都首店类型分类

四、国内首店经济发展经验

"首店经济"在字面上是一个商业概念，但反映出一个城市消费市场的敏锐度和成熟度，折射出营商环境的舒适度和开放度。2019 年以来，上海宣布对"首店经济"发展持续支持，北京、成都相继出台补贴政策，主动招募国际化品牌等首店资源入驻。内陆城市中，武汉、济南也纷纷将发展"首店经济"上升至政策层面。

（一）上海

2018 年 6 月，上海启动打造"全球新品首发地"，同时发布 9 条政策措施支持和鼓励国际知名品牌和原创自主品牌在沪首发新品。上海市商务委表示，为全力打响"上海购物"品牌，已启动"上海打造全球新品首发地"行动，在制度创新、规则对接、平台打造、环境营造等方面下功夫，通过支持一批国际知名品牌来沪首发、扶持一批原创自主品牌在沪首发、做强一批新品发布专业平台等九大措施，更好提升上海“购物品牌”的影响力，实现“买全球，卖全球”的理念。为持续引入优质首店，上海市商务委已会同相关部门在新品通关、新品首发、知识产权保护等方面为全球品牌提供便利措施。

专栏 13-1　上海市打造全球新品首发地的重要举措

打造全球新品首发地的 9 项措施

一是支持一批国际知名品牌来沪首发，鼓励有国际影响力的高端知名品牌、设计师品牌、高级定制品牌等来沪首发全球新品。

二是扶持一批原创自主品牌在沪首发，打造引领消费潮流、具有时代气息和鲜明上海特色的新品牌，吸引国内优质原创品牌，大力发展商业新业态、新模式。

三是做强一批新品发布专业平台，将上海时装周打造成为全球第五大时装周，培育一批汽车、服装服饰、化妆品、消费电子产品等专业新品发布平台。

四是打造一批新品发布地标性载体，以外滩和上海展览中心为核心地标，以黄浦江滨江两岸沿线为载体，在重点商圈商街、创意园区、文化场所等，打造多层次的全球新品发布载体。

五是推出一批新品发布活动，开展上海全球新品首发地整体形象宣传推广，依托东方明珠电视塔、滨江两岸标志性建筑大屏、高架路迎风旗和公交地铁移动电视屏资源，提高打造全球新品首发地的影响力和知晓度。

六是培育一批新品发布专业机构，引进国内外知名专业服务机构，健全新品发布的传播、传媒、广告、策划等专业服务体系。

七是完善一批支持新品发布的创新制度，推广进口商品检验结果采信制度，开展在沪首发的新品海外预先检测试点，实施新品“预归类”制度，为新品在国内销售提供便利。结合深化“放管服”改革，优化大型活动安全许可流程，努力实现活动安全许可审批“一事不两跑”“一事不两批”。

八是加大新品发布财政扶持力度，用好本市服务业发展引导资金、产业转型发展专项资金（品牌经济发展）和文创资金，支持符合条件的“打造全球新品首发地”相关项目。

九是营造新品发布的良好环境，制订“全球新品首发”“首店旗舰店落户”相关标准，加大对首发新品的商标维权保护力度，将符合条件的首发新品品牌列入“上海市重点商标保护名录”。

上海将聚焦消费重点领域，加大制度创新力度，打造集新品发布、展示、推广、交易、销售于一体的全链条，为全球新品在上海首发，营造国际化、法治化、便利化的营商环境。

以建设全球新品首发平台为引领，提升“上海购物”品牌的影响力。商品的丰富度、时尚度，是吸引消费者的关键。通过建设全球新品首发平台，吸引更多的名家新品、名牌新品、老牌新品和新牌新品集聚，更多国际流行趋势作品和新锐设计师作品发布，让更多消费者，特别是年轻人群体，“要购物、到上海”。

以推进消费业态模式创新为抓手，提升“上海购物”品牌的吸引力。创新是推动消费升级的驱动力。发挥上海金融、贸易、航运、科技创新等要素资源集聚优势，加强人工智能、大数据等新技术的应用，推动线上线下联动，培育集聚一批新零售、跨境电商、物流供应链的领军企业，大力发展更多商业新业态、新物种、新技术，力争“日日新、月月异”。

以举办中国国际进口博览会为契机，提升“上海购物”品牌的辐射力。进口博览会汇聚了全球最优质的企业、商品和服务，是打响“上海购物”品牌的最好载体。以进口博览会为平台，推动更多的全球知名企业、知名品牌在上海首发全球新品，实现“买全球、卖全球”。

（二）北京

2019年3月，北京市商务局出台《关于鼓励发展商业品牌首店的若干措施》包括开启首店服务“绿色通道”、搭建平台助力品牌选址推广、提升国际品牌高端人才服务保障水平、打造国际品牌展示载体、加大资金支持提升品牌引进效率等五个方面。

专栏13－2　北京市《关于鼓励发展商业品牌首店的若干措施》重要内容

为推动首都消费市场国际化、品质化发展，着力将北京打造成国际品牌集聚地和本土品牌孵化地，建设国际品牌“引进来”和本土品牌“走出去”的连接中枢，激发时尚消费、品牌消费，持续推进国际消费枢纽城市建设进程，制定如下措施。

一、深化“放管服”，开启首店服务“绿色通道”

（一）由商务部门会同相关部门建立联席会议机制，对品牌首店入驻和开业进程中所涉及的规划、建设、通关、消防、质量检测、食品经营、市政市容等行政审批事项进行会商，开启“绿色通道”，缩短办理时限，加快开业进程。

二、搭建平台，助力品牌选址推广

（二）对有选址需求的亚洲首店、中国（内地）首店、北京首店国际品牌（不含港澳台）所属企业或授权代理商，由商务部门进行选址指导或对接商业设施产权人。优先支持品牌首店入驻王府井、西单、三里屯、回（龙观）天（通苑）、通州副中心等商圈。

（三）支持首店品牌参加中国国际服务贸易交易会（京交会）、中国进出口商品交易会（广交会）、中国国际进口商品博览会等，对符合条件的品牌所属企业或授权代理商给予资金支持。

（四）对在京设立跨国公司地区总部、营销总部的首店品牌所属企业或授权代理商，符合条件的优先享受本市总部经济政策。

三、提升国际品牌高端人才服务保障水平

（五）对具备国际影响力、符合首都城市战略定位且为首都经济增长做出突出贡献的国际品牌，优先为其所属企业符合条件的高管人员落户北京、办理工作居住证及子女在京入学等提供支持和保障。

四、打造国际品牌展示载体

（六）打造一批国际品牌集中展示、发布的地标性载体，对首店品牌开展新品发布活动给予场地、资金、宣传等方面的支持。

五、加大资金支持，提升品牌引进效率

（七）对在京开设亚洲首店［国际品牌、本土品牌在亚洲开设的首家实体门店]、中国（内地）首店[国际品牌、本土品牌在中国行政区域（不含香港、澳门、台湾）内开设的首家实体门店]、北京首店[国际品牌、本土品牌在北京行政区域内开设的首家实体门店]、旗舰店[面积在500平方米以上（含）且超过北京市本品牌其他实体店，商品类别涵盖该品牌一级目录下所有类别的实体门店]的国际品牌（不含港澳台）授权代理商，对其海外版权代理费超过100万元的，商业流通发展资金可按照项目核定实际投资总额的最高50%、最高500万元金额给予支持。

（八）对在京开设亚洲首店、中国（内地）首店、北京首店、旗舰店的国际品牌（不含港澳台）企业，对其开设首店的租金和装修成本超过100万元的，商业流通发展资金可按照项目核定实际投资总额的最高50%、最高500万元金额给予支持。

对在京开设中国（内地）首店、北京首店、旗舰店的本土品牌（含港澳台）企业，对其开设首店的租金和装修成本超过50万元的，商业流通发展资金可按照项目核定实际投资总额的最高20%、最高200万元金额给予支持。

（三）成都

为促进成都消费市场国际化、特色化发展，打响“成都消费”品牌，加快“三城三都”建设，2019年4月成都市出台《关于加快发展城市首店和特色小店的实施意见》，同时发布了《成都市促进首店经济发展工作方案》和《成都市促进首店小店发展建设国际消费中心城市工作方案》，并于同年4月底举行了首店经济发展交流大会，旨在通过“两店”经济推动成都早日建成国际消费中心城市。具体措施包括：一是发展总部型首店，鼓励国际国内商业品牌企业在蓉设立跨国公司地区总部、综合型（区域型）总部、功能型总部；二是鼓励特色小店创新商业模式和经营业态，将传统门店改造为有引领性的旗舰店、概念店、体验店、定制店；三是打造“两店”窗口，建载体搭平台、优环境开通道，有条件适度放宽“外摆位”“跨门经营”。

专栏 13－3　成都市《关于加快发展城市首店和特色小店的实施意见》重要内容

为深入贯彻落实中央和省、市党代会精神，按照政府引导、市场主体、商业化运作，坚持以开展企业招引培育为抓手，以打造“两店”载体和促进平台为支撑，以营造良好营商环境为保障，发展城市首店，彰显“国际范儿”，培育特色小店，传承“成都味儿”，把成都建设成为我国西部最重要的商业高品牌首选地、国内外新品首发地、原创品牌集聚地、国际消费时尚创新地。

一、工作目标

到 2021 年，每年新落户全球性、全国性和区域性的品牌店、旗舰店、体验店等各类品牌首店超过 200 个、发展特色小店超过 300 个，其中引进国际首店及世界品牌 100 个，“两店”经济推动成都国际消费中心城市建设取得显著成效。

二、大力招引品牌首店

支持引进知名品牌首店。鼓励国内外零售企业在我市开设全球首店、亚洲首店、中国（内地）首店、西南首店、成都首店，每年择优 20 家具有引领性、示范性和带动性的品牌首店，分别给予 20 万元奖励；对在城市级以上商圈开业并且经营面积达到 10000 平方米的品牌首店，给予最高 100 万元奖励。支持商业综合体和街区运营管理机构赴境外开展投资促进和商务推介活动，积极招引品牌首店，对成功引进高端商业品牌开设首店并订 3 年以上入驻协议的引进企业（业主或该商业场地实际经营单位）。引进的国际顶级品牌首店每个给予 10 万元奖励，引进的国际一线品牌每个给予 5 万元奖励；对当年引进发展品牌首店达到一定数量、促进首店发展有突出贡献的项目投资方或运营管理机构，每年择优 10 家，给予授牌表扬和宣传推广支持。

支持发展总部型首店。积极促进总部型首店企业发展，鼓励国际国内商业品牌企业在设立跨国公司地区总部综合型（区域型）总部、功能型总部。对在蓉设立跨国公司地区总部、综合型（区域型）总部、功能型总部的首店品牌企业或授权代理商，符合条件的按照本市支持总部经济发展的政策给予支持。

支持品牌新品首发。对有国际影响力的高端知名品牌、设计师品牌、高定制品牌等在首发新品时，举办时尚走秀、国际展会和发布活动。推动新品首发进展会、进秀场、进商场，对品牌首店、本土知名品牌、商业综合体、商业运管机构等开展的具有国际国内影响力的大型新品发布活动，对活动的宣传推广、场租和展场播建总费用的35%，最高给予100万元的补贴。

三、精心培育特色小店

支持培育传统特色小店。支持传统特色小店开设和改造提质，引导商业企业以特许、加盟、收购等多种形式挖掘、整合传统特色小店，传承培育一批彰显天府文化的特色小店。制定《成都市商业特色小店服务示范店评定办法》，对试点示范改造成效明显的带动性项目给予10万元奖励。

传承发展老字号小店。支持老字号小店发展，对新入驻市级以上特色商业街的中华老字号、四川老字号，营业面积达到30平方米，按照投入费用的20%，每个企业最高给予10万元补贴。对中华老字号、四川老字号企业新建或改造旗舰店和形象店，建筑面积800平方米以上，投资总额300万元以上，每店最高给予100万元的补贴。

推动特色小店转型升级。鼓励特色小店创新商业模式和经管业态，将传统门店改造为有引领性的旗舰店、概念店、体验店、定制店，按原改造费用的30%，择优最高给予30万元的补贴。

四、全力打造“两店”载体

鼓励商业综合体集聚品牌首店。以春展路商图、江夜清费商圈、金融城商圈、双流空港商圈、天府中央商务区商圈等商圈和TOD项目为重点，鼓励大型高商业练合体、高商务楼宇积极招引集聚各类品牌首店。

引导特色街区发展“两店”。结合高品位步行街、天府锦城“八街九坊”建设，和特色商业街区建设提升行动等，鼓励采取减免房屋租金、补贴水电气费等优惠政策，吸引品牌首店、老字号店、特色小店入驻特色商业街区和街坊。鼓励街区运营管理机构编制发布特色商业街区业态发展导则，引导特色小店合规发展、持续经营。

利用社区商业资源发展“两店”。用好社区商业设施、社区综合体、社区党群服务中心或相关公共服务空间，鼓励便民小店和特色小店入驻，在税收上享受国家有关优惠政策，并在物业管理、水电气等方面给予优惠。推进国际化社区发展“两店”，提升社区商业活力。

结合城市更新改造发展“两店”。按照主体功能区差异化发展思路，结合“中优”“北改”战略和天府锦城、锦江公园、天府绿道等项目建设，盘活盛业存量资源，采取局部调整、闭店改造等方式，推动老旧商业综合体、楼宇改造提升。支持利用中心城区非核心功能疏解腾退出的空间资源，引进“两店”经营。

五、首店经济对城市商业发展的推动效应

（一）高质量首店引发消费热潮

2019 年 1 月 24 日，纽约网红汉堡品牌 Shake Shack 在中国内地市场的第一家餐厅在上海新天地正式开业。第一个客人从早上 8 点开始排队，直到 11 点营业，现场有近 300 人排队。同年 8 月 27 日美国第二大零售巨头“Costco 开市客”中国内地首店在上海闵行区开业，开业当天虽然是工作日，但 Costco 闵行门店依然人山人海，甚至出现“抢购风潮”，据悉中国内地第二家 Costco 已选址上海康桥，占地 4.7 万平方米。高质量首店受到消费者热情追捧，体现出高质量“首店”对国内消费者巨大吸引力，从而也带来了可观的经济效益（见图 13－9）。

（二）场景式空间助推消费体验

首店更倾向于打造创新的场景式消费，融合空间与场景，为消费者同时带来感官体验、物质享受与精神愉悦。2018 年 1 月 18 日，全球首个 MUJI 无印良品深圳深业上城店铺、MUJI Diner 无印良品餐堂、MUJI HOTEL SHENZHEN 无印良品酒店・深圳三合一项目正式亮相，空间与场景融合，精神愉悦

图 13 - 9 上海 Costco 闵行门店开业

与物质享受兼得（见图 13 - 10）。2019 年 8 月丹麦乐高集团在西安开出其在中国西北地区的首家品牌零售店，由乐高积木搭建而成的大雁塔、钟楼等亮相该家零售店。此外，店内展出两尊各由 5.6 万块乐高积木拼搭而成的彩色兵马俑、还原古都长安风韵的由 47 万块乐高积木拼砌成马赛克壁画“大唐盛世”吸引了不少游客驻足观看。

图 13 - 10 无印良品三合一旗舰店

（三）酷炫黑科技引燃消费激情

位于上海世茂广场的 NIKE 全球旗舰店，通过店铺中庭空间的科技化展示（鞋履传送带）和黑科技体验（核区中心），吸引消费者眼球，增加消费者驻留时间，提高尝鲜意愿（见图 13 - 11）。同样位于上海世茂广场的 M 豆巧克力世界亚洲旗舰店借助高科技，通过好玩有趣的心情测试，增强与消费者的情感互动联系。

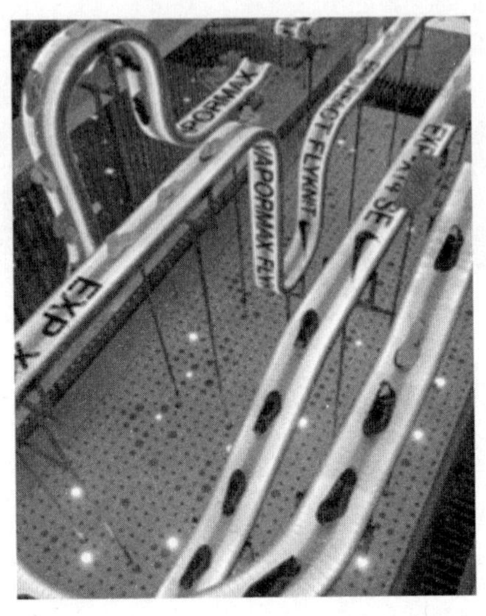

图 13 - 11　NIKE 旗舰店鞋履传送带

六、小结

在对城市重要商圈、商业中心等的发展指引规划中，可引入发展首店经济的相关内容，充分利用本地优势，吸引国际、国内或当地的首店品牌入驻，在配合品牌方的发展需求基础上，提倡打造场景式的体验消费，适当加入黑科技等先进手段，由此实现品牌美誉度与商圈知名度的双重叠加效应，从而对区域经济发展产生积极影响。

第二节　夜间经济与商业网点规划

一、夜间经济的提出

据国家统计局数据，消费已连续五年成为我国经济增长的第一动力，

2018 年我国消费支出对 GDP 增长贡献率为 76.2%，但我国消费增速在放缓，2018 年仅为 9.0%。党的十九大报告指出，中国经济已经由高速增长阶段转向高质量发展阶段。因此扩大内需、刺激消费，是实现这一转变的应有之义。夜间经济的繁荣能进一步提高服务业发展水平，提高服务业在产业中的比重，是推进经济结构调整，加快经济发展方式转变的重要推手。越来越多的数据和事实也表明，夜间经济已成为新的消费增长点，在扩内需、促消费、稳就业等方面能够产生积极作用。美国布朗大学教授戴维·威尔研究指出，一个地区夜晚的灯光亮度和它的 GDP 成正比，商务部发布的相关报告显示，我国 60% 的消费发生在夜间，大型商场每天 18 时至 22 时的销售额占比超过全天的一半，并逐步上升。在技术不断发展、消费加速升级的当下，夜间正在成为消费的"黄金时段"。在这样的背景下，发展夜间经济成为高质量发展的必然要求，也是适应我国社会主要矛盾转化的内在选择。

"夜间经济"源自 20 世纪 70 年代英国为改善城市中心区夜晚空巢现象提出的经济学概念，2001 年英国学者 Paul Chatterton 和 Robert Hollands 以"城市夜间休闲规划"（Urban Playscape of City Night Life）的概念首次提出夜间经济。夜间经济是指发生在当日 18 时到次日 6 时以本地市民和外地游客为消费主体，包括休闲、旅游观光、购物、健身、文化、餐饮等在内的现代城市消费经济。随着经济的发展、科学技术的进步，快节奏的白昼工作使人们需要更多空间释放压力，白天无空隙的工作安排，让许多人把购物和放松的时间选择到了夜间，而夜间市场的开发已成为整个经济发展的一个重要的新的增长空间。"夜间经济"因可以延长经济活动时间、提高设施使用率、激发文化创造、增加社会就业、延长游客滞留时间、提高消费水平、带动区域发展，现已成为城市经济的新蓝海。

二、国外夜间经济发展情况

（一）英国伦敦

有人说，日落之后，伦敦的生机才真正浮现出来，夜间经济助推了这座世界都市的经济发展。伦敦的夜间经济已成为英国的第五大产业，其成熟的运营模式和巨大的商业潜能不仅丰富了人们的夜生活，也为英国经济增长创造了多元化新引擎。英国于 1995 年正式将发展夜间经济纳入城市发展战略，2004—2016 年，仅伦敦就创造了逾 10 万个新的夜间工作岗位，涵盖了 1/8 的工作岗位。2017 年夜间经济占全英国 GDP 的 6%，同年伦敦市的夜间经济收入达 263 亿英镑，预计到 2030 年将达到 300 亿英镑。伦敦的夜间经济主要由酒吧、饭店、音乐厅、剧院等组成，夜间经济和城市文化氛围有密切的关联，遍布大街小巷的酒吧、俱乐部是这座注重“酒吧文化”的城市发展夜间经济的主力军。伦敦夜间经济的发展也建立在漫长的文化传承上，伦敦大大小小的博物馆不胜枚举，近年来也逐渐向公众开放夜间展览。据英国媒体报道，伦敦正在筹建英国首个真正 24 小时不打烊的博物馆。如今英国已有不少博物馆实现晚间开放，每周五延长开放时间到 22 时。每年的 10 月 25—27 日为一年一度的“博物馆之夜”，伦敦大小博物馆会推出不同类型的晚间活动，以展览、讲座、对话的形式一展文化魅力。2016 年 8 月，伦敦市政府推出地铁通宵运营计划，维多利亚线等多条关键线路在周末 24 小时运营。《伦敦发展报告》称，地铁通宵运营每年为伦敦带来 7700 万英镑的经济效益，同时对于缓解交通拥堵、抵制黑车、延长企业营业时间也起到了很大帮助（见图 13 - 12）。

图 13 - 12　伦敦夜景

（二）荷兰阿姆斯特丹

荷兰阿姆斯特丹被认为是保护和最大化夜间活动收益的引领者，夜生活十分丰富。2018年，阿姆斯特丹的游客量达到近2000万人次，是当地居民的近30倍。这与阿姆斯特丹夜间经济的繁荣密切相关。推出“夜间市长”计划，2003年，阿姆斯特丹首位“夜间市长”开始任职。“夜间市长”由夜间市长基金会管理雇用，由公众和专家投票的方式选举产生，职责为在政府、企业和公民之间建立纽带，搭建沟通平台，化解问题矛盾，平衡各方面的利益需求，确保夜间经济安定有序（见图13－13）。目前，全世界有超过30个城市在阿姆斯特丹的影响下采用了类似职位或行政模式，除伦敦外，还有巴黎、马德里、东京。2016年，米兰还主持召开了第一次全球夜间市长峰会。城市规划先行，为充分激发城市夜间经济活力，阿姆斯特丹将城市规划与夜间经济发展理念相融合，对郊区闲置文化空间进行规划。阿姆斯特丹西部一所规模庞大的技术学院，经过规划改造重新修建，变成了一家洞穴式夜店，可容纳700人，旁边还配有咖啡厅、美食餐厅以及健身房和艺术画廊。夜店于2016年1月正式营业，丰富新颖的夜间活动吸引大量夜间消费者从市中心慕名而来，在此举办了很多高质量派对。同时，为了扩展夜间经济的丰富性，充分激发夜间消费潜力，为夜间出行的市民提供便利服务，阿姆斯特丹正规划设计24小时图书馆、24小时工作空间、24小时便利店建设，最终形成企业自由决定何时开业和关闭、夜间活动者决定夜晚何时结束的24小时地区。

图13－13　阿姆斯特丹日间市长范德拉恩（左）和夜间市长米兰（右）

（三）法国里昂

法国第二大城市里昂以其绚丽的城市照明闻名于世，每年 12 月 8 日在此举办的为期 4 天的灯光盛会能够吸引超过 400 万的游客，投资回报率达到 28.6%，极大地带动了当地住宿、餐饮、娱乐等行业的发展。1980 年里昂市政府成功实施了《城市灯光规划》，从政策、技术、艺术等方面为该节日提供支持，通过夜景照明的手段和方法，使来到这里的人们从夜晚重新触摸到法国的历史，里昂的情怀。如今，里昂灯光节已经发展成为具有国际规模和专业水准的大型灯光艺术活动（见图 13－14）。2002 年国际灯光城市协会在里昂市成立，该组织致力于从照明设计、照明项目、管理创新等方面挖掘城市发展潜力。近十年来里昂市开始实行全新的“绿色照明”规划，设立城市照明局，专门研究和监督城市生态型照明的可持续发展策略，倡导“小而灵（Small but Smart）”的节能理念，规避城市亮化工程所带来的负面影响。

图 13－14　里昂灯光节

（四）泰国曼谷

曼谷发达的夜间经济，一方面是因为东南亚炎热的气候使得人们更愿意晚上出门，放松白天工作的压力或者消费享受。另一方面更是因为曼谷国际化旅游都市的地位带来了众多的全球游客，据悉泰国 2018 年全年国际游客逾 3800 万人次，领跑东盟十国，超过 60% 的访泰游客都会选择到曼谷游玩，曼谷也紧抓游客带来的机遇，积极发展出各式各样极具特色的夜间消费场所，完善夜间经济的种类，扩大夜间经济的规模，而丰富多彩的夜生活则继续吸引更多游客，以此形成良性循环。夜市是曼谷夜生活的招牌之一，据不完全统计，曼谷大大小小的夜市近百个，大部分都会开到零点，夜市是泰国当地人夜生活的传统，大量的外来游客也乐于体验这种随性自由、以吃喝为主的小市场（见图 13－15）。“秀场”也为曼谷的夜间经济做出了巨大的贡献，作为泰国的宗教、文化中心，曼谷是游客了解泰国的第一站。许多国际游客来到曼谷，必不可少的“任务”就是看看泰国传统歌舞等文艺表演，以感受泰国的历史和风土人情。

图 13－15　曼谷夜市盛景

（五）日本东京

东京是世界上夜生活最丰富的城市之一。酒吧、卡拉 OK、舞厅、夜总会等都以不同的形式和多样的档次散布在东京的各个角落。无论是纸醉金迷的银座、灯红酒绿的新宿，还是灯火通明的台场、灯光璀璨的六本木，都能让热爱夜生活的人感到沸腾和兴奋。日本盛行的居酒屋文化无疑是夜间经济发展的重要推动力，餐饮业被称为继汽车制造业之后日本第二大主力产业。据社团法人日本饮食服务业协会调查研究中心数据，2018 年日本餐饮业市场规模达 33.9 万亿日元，其中夜间消费占到 60% 以上。居酒屋是介于小吃店和酒吧之间的一种存在，甘洌的清酒，美味的海鲜日料，清雅的环境都让本地人和游客流连忘返。涩谷狂欢夜，涩谷一直是日本流行文化的发祥地，无论白天黑夜，都会聚集大量年轻人或是游客前来“朝圣”，其具代表性的十字路口更是被誉为世界上最繁忙的十字路口，涩谷创立了具有东洋特色的万圣节狂欢，最近几年声势越来越浩大，成为这个以死板和仪式感著称的国度中，最盛大的嘉年华（见图13－16）。

图13－16　涩谷十字路口鸟瞰图

三、国内夜间经济发展历程

（一）萌芽阶段

在中国，“国营夜市”可以看作是夜间经济的雏形。1956年6月1日，《人民日报》第二版发表了《农村夜市》一文。这篇仅有285字的报道，除了对夜市的基本情况做了描述之外，点睛之笔在于它用数据表明了夜市对消费的促进作用：“这个中心店开辟了农村夜市以后，平均每天销售商品总金额约增加6%以上。”经查证，到1979年11月，《人民日报》刊登的有“夜市”关键词的报道共11篇，这些报道的核心主旨都是鼓励各地供销单位开办“夜市”以满足农民、工人在一天的劳作之后的消费需求。由此可见，即便是在计划经济时代，中国已产生重视夜间经济发展的萌芽。

（二）夜市兴起

1979 年之后，伴随着改革开放的进程，夜间经济的发展成为中国日益开放、经济繁荣的一个缩影。广州在 1984 年 5 月设立全国第一个灯光夜市——西湖路灯光夜市（见图 13－17）。这个主要由个体户提供商品、服务的夜市开启了市场经济下中国夜间经济的 1.0 版本。此后，市场经济大潮涌动，全国各大城市掀起了开办“灯光夜市”的热潮，如南京的三牌楼夜市、上海的彭浦夜市、厦门的定安夜市等。这些夜市集聚着形形色色的个体户小商贩，实惠的大排档、廉价的衣物和生活用品应有尽有，满足了广大市民的消费需求。

图 13－17　20 世纪 80 年代广州西湖路夜市

（三）夜市关闭潮

在 2000 年左右，夜市的发展达到了一个顶峰。然而，这些“野蛮生长”的夜市存在许多共性的问题：卫生条件相对较差、占道经营阻塞交通、规划杂乱影响市容、安全隐患难以消除等，这些弊端阻碍了夜间经济品质的提升。

此后的10余年，一些大城市迎来了夜市关闭潮。

（四）商圈时代

2000年以后，中国夜间经济2.0时代的大幕迅速拉开，许多大城市迅速涌现出著名的“商圈”，比如，北京的王府井、上海的南京路、南京的新街口、广州的北京路等等。“夜市”被“商圈”取代是城市经济发展的历史必然，也是城市规范化、精细化治理的要求。也正是在这段时期，青岛、杭州等许多城市开始研究并陆续出台规范发展夜间经济的相关政策。

（五）夜间经济聚集区时代

2017年至今，越来越多的城市意识到，发展“夜间经济”，并不只是灯光秀、逛夜市、吃美食这么简单，更是对于城市管理与运营的一大考验，同时也迎来了中国夜间经济3.0时代。南京、西安、天津等城市率先提出发展夜间经济的指导意见，至今已有10余个城市发布相关政策文件指导当地夜间经济的发展，在突出其自身文化特色的基础上，以打造夜间经济聚集区、特色示范街区等为重要举措，并配套实施一系列城市治理措施，共同营造适宜于夜间经济发展的商业氛围。

四、我国各地夜间经济发展举措

2019年8月，国务院办公厅发布42号文件《国务院办公厅关于加快发展流通促进商业消费的意见》，提出“活跃夜间商业和市场。鼓励主要商圈和特色商业街与文化、旅游、休闲等紧密结合，适当延长营业时间，开设深夜营业专区、24小时便利店和‘深夜食堂’等特色餐饮街区。有条件的地方可加大投入，打造夜间消费场景和集聚区，完善夜间交通、安全、环境等配套措施，提高夜间消费便利度和活跃度。”这一顶层设计的出台是对中国夜间经济发展历史与现实的考量，也将进一步激发发展夜间经济的有利要素和巨大潜力。

城市夜经济的发展能够让城市更加具备竞争力，同时也是体现城市吸引力的重要途径。对消费者而言，夜间经济的发展不仅能够丰富消费者的生活内容、提高生活品质，并且也是消费者生活需求的重要补充。近几年来，国内各大城市相继出台促进夜间经济发展的相关举措，而且这种势头由一二线城市逐渐向三四线城市辐射，进一步发掘城市经济发展新的增长点，推进消费升级、激发城市活力、提升文化品位已成为各大城市夜间经济发展的重要目标（见表 13 - 1）。

表 13 - 1　　我国各地发布的关于支持夜间经济发展的政策文件清单

时间	城市	政策文件
2004. 5	青岛	《关于加快我市市区夜间经济的实施意见》
2006. 6	杭州	《杭州市夜间娱乐休闲生活发展报告》
2010. 5	河北	《关于加快发展城市夜经济的指导意见》
2012. 11	辽宁	《关于发展夜间经济的指导意见》
2014. 6	重庆	《重庆市人民政府关于发展夜市经济的意见》
2014. 8	宁波	《关于发展月光经济的指导意见》
2017. 5	河北	《2017 年夜经济建设工作方案》
2017. 11	南京	《关于加快推进夜间经济发展的实施意见》
2018. 4	西安	《关于推进夜游西安的实施方案》
2018. 5	北京	《支持“深夜食堂”特色餐饮发展项目申报指南》
2018. 11	天津	《关于加快推进夜间经济发展的实施意见》
2019. 4	上海	《关于上海推动夜间经济发展的指导意见》
2019. 6	济南	《关于推进夜间经济发展的实施意见》
2019. 7	北京	《关于进一步繁荣夜间经济促进消费增长的措施》
2019. 8	天津	《关于打造我市夜间经济街区可持续高品质发展 2. 0 版的实施方案》
2019. 8	青岛	《关于推动夜间经济发展的意见》
2019. 9	成都	《关于发展全市夜间经济促进消费升级的实施意见》
2019. 9	三亚	《三亚市鼓励发展夜间经济三年（2019—2021）行动方案》
2019. 11	长沙	《关于加快推进夜间经济发展的实施意见》
2020. 2	合肥	《关于加快推进夜间经济发展的实施意见》

（一）北京——打造“夜京城”消费品牌

根据北京市商务局印发的《关于进一步繁荣夜间经济　促进消费增长的措施》，北京市将坚持“市场主导、政府引导、分类培育”原则，着力发展

“时尚活力型、商旅文体融合发展型、便民服务型”夜间经济形态，营造开放、有序、活跃的夜间经济环境，打造具有全球知名度的“夜京城”消费品牌。打造“夜京城”地标。在前门和大栅栏、三里屯、国贸、五棵松打造首批 4 个“夜京城”地标，分别围绕古都风貌、活力时尚、高端引领、跨界融合等主题，大力发展具有创新引领和品牌吸引力的夜经济消费业态，吸引国内外消费者。升级“夜京城”商圈。在蓝色港湾、世贸天阶等区域，打造首批“夜京城”商圈，形成“商旅文体”融合发展的夜经济消费氛围，提升夜经济消费品质，辐射热点地区消费者。培育“夜京城”生活圈。在上地、五道口、常营、方庄、鲁谷、梨园、永顺、回龙观、天通苑等区域，培育首批“夜京城”生活圈，提升基础设施和配套服务，便利居民夜间消费。

（二）成都——打造 100 个夜间经济示范点位

根据成都市人民政府办公厅发布的《关于发展全市夜间经济促进消费升级的实施意见》，成都将大力发展夜间经济新业态新模式，不断完善夜间公共服务，优化夜间经济营商环境，切实提升夜间经济活力，积极促进城市消费升级，更好满足人民群众日益增长的美好生活需要。打造 100 个夜间经济示范点位，包括十处夜间旅游景区、十处夜间视听剧苑、十处夜间文鉴艺廊、十处夜间亲子乐园、十处夜间医美空间、十处夜间乐动场馆、十处夜间学习时点、十处夜间购物潮地、十处夜间晚味去处、十处夜间风情街区。并实施市场主体培育工程、交通管理夜间服务、商业活动宽容监管、城市光彩更靓工程、基础设施提档升级、货币兑换便利服务、市级媒体亲民服务、品牌活动策划营销、城市智慧综合服务、夜间安全防控服务十项支持政策。

（三）天津——打造“夜津城”示范街区

根据天津市商务局印发的《关于打造我市夜间经济街区可持续高品质发展 2.0 版的实施方案》，天津将围绕“强化顶层设计，突出差异化特色化定位；强化招商引资，突出优化丰富业态；强化探索创新，突出打造冬季夜间消费新场景”三大核心任务，以“潮生活、流行风”为导向，重点推动六个市级示范街区提升品质。以“历史风貌”为主题，结合小洋楼特色，打造五大道夜间经济示范街区，以“欧陆风情”为主题，突出酒吧和特色餐饮主力业态，打造意式风情街夜间经济示范街区，以“现代风尚”为主题，突出“体育文化+青春活力”，打造时代奥城夜间经济示范街区，以“运河风味”为主题，注重“运河文化+非遗传承”，打造运河新天地夜间经济示范街区，以“津沽风韵”为主题，突出“老天津卫”特色，打造爱琴海老门口夜间经济示范街区，以“流行风潮”为主题，突出打造酒吧文化、文艺演出、特色餐饮、休闲购物为一体的人民公园周边夜间经济示范街区。按照旅游景区建设标准，推动街区商旅文体有机融合，深度打造“夜游海河”“夜赏津曲”“夜品津味”“夜购津货”四大品牌活动，打造夜间消费“文化 IP”，营造“最极致”体验。

（四）三亚——打造夜间经济聚集区

根据三亚市政府发布的《三亚市鼓励发展夜间经济三年（2019—2021）行动方案》，三亚市将高起点规划建设一批富有三亚特色的夜间经济集聚区，深入挖掘三亚夜间消费新动能，打造夜间消费地标，激发城市活力、推进消费升级，推动城市经济高质量发展，加快形成三亚夜间经济体系。以三亚河景观带为轴线，依托具有夜间消费习俗的街道里巷、封闭市场等，建设市民生活型夜间经济集聚区。以“历史体验+餐饮休闲”为聚客元素，增设夜间文化演出、影视、娱乐、电子竞技等服务业态和观光景点，营造商务商旅型夜间经济集聚区。依托体育场馆、图书馆、书店、电影院、购物中心、公园、演艺游乐场等载体，建设文体消费型夜间经济集聚区。依托大专高校、总部经济等创新人才聚集区域，布局发展咖啡简餐、商务休闲、夜宵餐饮等内容，建设便利服务型夜间经济集聚区。此外，三亚还将着力打造“夜游三亚”“夜玩三亚”“夜购三亚”等特色活动，培育多元化夜间消费模式。

五、夜间经济在商业网点规划中的应用

（一）现行商业网点规划中的夜间经济

1. 24 小时商圈

与传统“盒子式”的购物中心与步行街相比，24 小时商圈打破了营业时

间限制，有利于形成全天候体验式商业。“盒子式”的购物中心一般上午 10 点开门，晚上 10 点关门，每天只有 12 个小时的繁华。同时，传统的步行街在景观、休闲等配套方面有所缺乏，尽管不乏大牌门店，但缺少情调小店。这类步行街除了提供购物需求外，无法吸引人们驻足休闲。24 小时商圈可形成 24 小时全天候体验式商业，在融合当地地理、环境、人文等因素的基础上打造而成，整个商圈的氛围除了纯粹的购物激情外，更多的是体验式的人性化享受，一改传统百货、零售业为主的旧模式，助力商圈“24 小时繁荣”。

2. 夜宵夜市

夜宵夜市多指在特定路段占道经营的集市，而非室内市场或室内餐饮店，是城镇繁华下的一种都市民俗文化，承载地域文化信息，记录居民生活特征。在经营内容上，以美食小吃为主，兼具其他特色小商品等的售卖，有吃有喝又有玩，弥漫着市民生活的气息和无拘无束的氛围，为市民群众提供更加丰富、充实、便利的夜生活，是城市夜间经济发展的重要组成部分。

3. 存在问题

目前商业网点规划中对发展夜间经济的载体布局较为零散，不够全面，未形成体系，不足以成为对夜间经济发展的有效引导。发展“夜间经济”需要全面布局、多方设计、配套跟进，从顶层设计来说，需高起点规划建设富有特色的“夜间经济”集聚区与特色商圈，丰富夜间经济业态，促进夜间经济的发展。

（二）商业网点规划中夜间经济的规划方向

当前，我国正处于城镇化加速发展的中后阶段，城市发展方式及其趋势也呈现新的特征。以商业为代表的服务经济成为众多城市发展的新兴动力，并在新一轮城市竞争的角逐中，发挥着越来越大的作用。城市商业网点规划是指根据城市总体规划和商业发展的内在要求，在充分反映城市商业发展规律的基础上，对城市未来商业网点的商业功能、结构、空间布局和建设规模所做的统筹设计，是城市规划中专项规划的其中一种。

随着城市商业规模不断扩大，居民消费水平的提升，新的商业业态不断产生，夜间经济等形式逐渐成为新的发展趋势，城市商业网点作为城市商贸业的重要载体，其规划应主动顺应消费升级大趋势，以扩大有效供给和品质提升来满足新需求，引导商业网点的转型升级，促进商贸业的可持续发展，提升城市发展质量。

1. 城市商业网点是夜间经济的基本载体

城市夜间经济繁荣的重要标志是形成空间布局合理、经营业态多元、消费者满意度高的发展格局，需要为划定的商圈、街区、景点和场所等商业网点正是城市发展夜间经济的重要载体。城市商业网点规划作为政府调控城市商业空间资源，实现控制和引导城市商业网点发展与建设的公共政策之一，可根据城市商业发展规律以及夜间经济等新型商业形式的发展要求和特点，并结合城市发展现实状况，规划布局各类城市商业网点。目前各城市编制的城市商业网点规划，基本以2004年商务部颁布的《城市商业网点规划编制规范》要求进行编制。为有效促进城市夜间经济的发展，在城市商业发展总体目标、各级商业中心的空间布局和业态定位方面，均应考虑夜间经济的发展现状和发展空间，结合夜间经济的发展需求实施规划编制。

2. 开放式街区是夜间经济的重点核心

与日间消费以满足基本生活需要为主要目的不同，夜间消费诉求则以观光、休闲、娱乐、社交为主。夜间经济不仅是消费从白天到夜晚的时间延展，还包括消费空间的营造、升级和拓展，唯有创设优良的夜间消费场景和空间，充分满足消费者的体验感，从而繁荣城市夜间经济。现有发展经验显示对比封闭式的购物中心，开放式的商业街区购物中心在打造夜间经济中更具优势，更充满想象力，是城市发展夜间经济的重点核心。开放式的空间为让购物中心不仅仅是一个消费空间，赋予它更多的功能和价值，加强人、物、场之间的链接，为消费者提供了社交的场所。利用开放式街区、自然生态资源、公共空间或场馆打造夜间消费聚集区，形成城市夜间经济集约化发展格局。

3. 复合型业态是夜间经济的关键支撑

城市商业网点规划在进行各级商业中心业态规划时，避免同质化、低端化，以夜市的规划为例，避免仅以餐饮作为主力业态，导致品牌单一，缺少特色，可从文化性、艺术性、创新性方面，适度地引导大众消费的不断升级，同时也能体现出城市特色，不仅要“饱口福”，也要“饱眼福”“饱耳福”。一个吸引人的商业中心是可以满足多层次需求的，不光是聚餐，还应有唱歌、看电影、健身、逛街等各种复合型的商业。鼓励书店、博物馆等延长营业时间，开发更多晚间活动，策划夜间讲座等；在“深夜食堂”的周边配套影城、喜剧现场、潮流服饰等一系列文娱设施，为夜间经济提供更多的消费空间。各种活动的多元化、多层次化是夜间文娱产业需要着力打造的特色，整个夜间经济和文化的范围要从纯粹的产业扩展到一定的公共文化服务。

4. 便利的交通是夜间经济的重要基础

城市商业网点规划在进行空间布局选址时，尤其是在布局以夜间经济为发展重点的商业设施时，应将其交通道路条件、轨道交通等公共交通站点距商业设施的距离等作为关键影响因素。中国由于气候、习俗等多重差异，各地夜间经济的发展程度不一，但基于社会发展和经济现状，“夜间经济”成为刚需已经是不争的事实。一直以来，夜间商业配套交通设施的缺位是制约夜间经济发展的主要因素之一，“怎么去”“如何回”的问题影响着居民、游客以及夜间商业经营者们的消费决策与消费积极性。推动夜间经济繁荣发展的各式举措层出不穷，但要真正走好政策落地的“最后一公里”并非易事，在城市商业网点规划中，尽量多地考虑交通因素，有利于夜间经济的整体良性发展。

第三节　体验消费与商业网点规划

近年来，我国在扩大消费规模、提高消费水平、改善消费结构等方面取得了显著成绩，但当前制约消费扩大和升级的体制机制障碍仍然突出。重点领域消费市场还不能有效满足城乡居民多层次、多样化消费需求，监管体制尚不适应消费新业态、新模式的迅速发展，质量和标准体系仍滞后于消费提质扩容需要，消费政策体系尚难以有效支撑居民消费能力提升和预期改善。在这种情况下为了进一步激发居民消费能力，引导消费新模式加速成长，商业网点规划通过商业业态合理布局、商业载体的区位选择、商业体量科学预测等方式在生产品转化为消费品、生产者与消费者相互沟通过程中发挥重要作用，将多层次多样化的消费场景提供给消费者，以满足其多样化的消费需求，通过标准化、专业化的业态布局将新业态融入商业网点，不仅有利于新业态快速发展，更有利于市场监管部门进行监督管理。

一、体验消费的发展背景

（一）体验消费的概念

体验消费是伴随经济快速发展、居民可支配收入增加、居民消费需求个性化增加所出现的一种新兴消费方式。1999 年美国学者约瑟夫·派恩（B. Joseph Pine）和詹姆斯·吉尔摩（James H. Gilmore）合著的《体验经济》首次构建了体验消费的基本理论研究框架，其中内容提出："体验是一组基于刺激的事件或活动。所谓的'体验'就是指人们用一种自我的方式度过一段时间，并从过程中获得一系列可记忆的事件"，"人类历史的经济价值演变过程可以分为四个阶段：产品、商品、服务和体验，并将人类几千年来经济发展的总历史划分为三个阶段产品经济时代、服务经济时代和体验经济时代。"同时派恩把体验经济理想特征描述为："消费是一个过程，消费者是这一过程的产品，因为当过程结束的时候，记忆将长久地保存对过程的'体验'。消费者愿意为这类体验付费，因为它美好、难得、非我莫属、不可复制、不可转让、转瞬即逝，它的每一瞬间都是一个唯一。"①

从消费行为的角度观察，消费行为与体验性紧密相关。拜恩（Byrne）（2003）认为，市场是一个由多种因素和变量共同制约的综合体，在体验式的商业建筑中，如果消费者在购物过程中未满足目的性需求，并且对购物中心的环境又不满意，就会使消费者转向另一个体验丰富的场所选择商品，所以，消费者的体验行为与购物中心所提供的体验环境和商业模式密切相关。此外，安德鲁·纽曼（Andrew Newman）、查尔斯·丹尼斯（Charles Dennis）和舍希德·扎曼（Shahid Zaman）三位学者在"销售环境中的营销形象与顾客体验"（2007）一文中同样对消费者的环境体验要素进行了说明，指出了商业环境与商业模式是消费者认识和体验商业中心的重要因素。②

因此，体验消费的概念可概括为：以消费者为中心，以商业网点为载体，体验服务为业态，所创造能够让消费者参与其中并值得回忆的消费行为。

---

① B. 约瑟夫·派恩和詹姆斯·H. 吉尔摩，夏业良等译. 体验经济. 北京：机械工业出版社，2002.

② 赵伟超. 体验经济与商业空间设计的耦合关系. 硕士学位论文，河北工程大学，2014：9.

（二）体验消费与传统消费的差异

传统的消费模式是通过实物交换的形式来实现的，消费者依据不同的价格购买所需要的产品，这种产品是具体的、有形的事物，包括商品与服务。在传统的消费过程中，消费者并没有直接参与到产品的生产或者服务的过程中，而只是通过使用产品或者享受服务完成消费，注重物质消费以及商品的使用价值。

体验式消费是基于传统消费上对消费更高层次的需求，消费者在消费场景中被周围的环境所引导，更为重视消费商品或服务过程中获得的符合自身心理需求和情感偏好的特定体验，从而达到自我价值的实现。在体验式消费中，产品即是“体验”，它是抽象的、无形的感受，包括消费者对周围环境的情感反应与直接参与其中所获得的个性的实现、精神的愉悦以及情感的满足。

（三）体验消费的特征

依据消费经济学原理，消费活动具备三个基本要素，即消费主体、消费客体和消费环境。体验消费活动同样具备这些基本要素，体验消费过程是体验消费主体与体验消费客体相结合的过程，而这种结合又是在一定的体验消费环境中进行的。

体验消费主体是指从事着体验消费活动的消费者；体验消费客体是指消费者的体验消费活动所指向的消费对象，其目的是为满足消费者的心理需求；体验消费环境是指消费者在体验消费过程中面临的、对体验消费产生一定影响的、外在的、客观的制约因素，主要包括自然环境和社会环境。

受体验消费活动的基本要素影响，体验消费的特征可分为以下几类：

1. 亲历体验性

体验消费重在体验，强调亲历，注重实践，消费者重视的不仅是体验结果，更是整个体验过程，或者说，消费者看重的不是拥有体验消费对象，而是对于体验消费对象满足自身心理需求的体验过程。

2. 游戏娱乐性

游戏娱乐性是体验消费的重要特征。消费者在参与中、在游戏中、在玩乐中感受获得新奇的体验，是体验消费的重要发展方向，也是顺应体验消费发展的必然要求。

3. 冒险挑战性

消费者在体验消费过程中对自己的智慧、胆量、体能、毅力、意志等的极限进行冲刺和挑战，能够体现人生的价值和意义，获得精神上的成功感、喜悦感和自豪感。

4. 参与互动性

体验消费中，生产经营者提供的是为消费者量身定制的体验式产品和服务体验消费，消费者已转化为“宾客”，不再是被动的接受者，而成为积极的参与者，消费者渴望通过主动参与，成为体验消费的中心和主角。

5. 个体创造性

体验消费中，消费者能够充分表达自己的消费意愿和消费偏好，发挥自身的主观能动性，积极参与体验式产品、服务、主题项目活动和体验场地等的设计、创造和再加工，此时的体验消费已经不是原来意义上的纯粹消费，在某种程度上已经具有了生产创造的性质，体现了消费者的个体创造性。消费者通过这种参与互动的创造性活动，能体现独特的个性魅力和审美价值，从而获得更大的成就感、满意感和难忘的消费体验。

二、体验消费类型

由于国内学者对体验消费的研究更多地局限于生产者和营销者的视角，受体验经济和体验营销研究结论的影响较大，对于体验消费的内涵、特征、需要、对象、满意度等问题尚未形成统一认识①，以下仅列举部分学者对体验消费类型的定义，邹凤岭（2002）② 将“体验消费经济”划分为八大类型：文化需求体验型消费经济、人道奉献体验型消费经济、回归自然体验型消费经济、传统寻源体验型消费经济、猎奇虚幻体验型消费经济、追崇时尚体验型消费经济、展示地位体验型消费经济、健康运动体验型消费经济。王龙

---

① 张恩碧．体验消费论纲．博士学位论文，西南财经大学工商管理学院，2009：13.

② 邹凤岭．“体验消费经济”发展与市场创新．山东经济战略研究，2002：2.

(2003)① 按照体验消费者参与程度及需求表述的强弱，把体验消费行为划分为发烧型购买、跟进型购买、萌芽型购买和培育型购买四种类型。王绪刚(2005)② 将网络体验消费类型划分为四种：偏好体验消费型、一般体验消费型、附加体验消费型、个性体验消费型。

三、体验消费发展趋势

（一）主流化

目前在我国消费结构加速转型的趋势下，国内消费者的消费习惯发生巨大改变，消费已经不再是单纯的购物，而开始向精神层面的满足感延伸。近几年伴随着消费者消费升级，注重体验性、互动性、娱乐性的体验消费发展较为迅速，大众餐饮、文化娱乐、休闲旅游等服务消费成为消费者新热点。

与此同时，国内服务消费市场供给优化、城乡居民消费能力提升、体验消费市场环境改善等因素都将为体验消费高速发展提供动力，有利于提升服务供给质量，激发潜在体验消费需求，促进体验消费规模持续扩大。

（二）情感化

通常的消费结构中服务消费所占比重是逐步上升的，体现在体验消费结构中所对应的是服务型体验消费所占比重逐步上升，消费者从产品型体验消费中获得的体验效用将逐步下降，而从服务型体验消费中获得的体验效用和心理需求满足将越来越多。

另一方面，物质型体验消费所占的比重将逐步下降，而精神文化型体验消费所占的比重将逐步上升，特别是富有文化内涵的、具有高度文化自觉的精神文化型体验消费所占的比重不断提高。人们不仅依靠感觉器官来获得感官型消费体验，而且将越来越多地依靠记忆、联想、思维等心理活动来获得丰富多彩的心理型、情感型消费体验。以获得心理情感上愉悦和满足的体验消费，将越来越成为消费者的自主选择。

---

① 王龙．基于体验消费的企业营销策略研究．硕士学位论文，河海大学商学院，2004：25.

② 王绪刚．基于体验消费的网络营销策略研究．硕士学位论文，河海大学商学院，2005：32.

（三）个性化

消费市场竞争日趋激烈，迫使生产经营者不断创新，不断推出富有特色的产品和服务以增强自身的优势；科学技术日新月异，为产品和服务的不断创新提供了技术支撑和保障；国际交往与合作日益加强，“走出去”的消费者日趋增加，“引进来”的新产品和服务越来越多；随着收入水平的提高，消费者的体验消费需求不断增长，体验消费领域不断拓宽。这些都使得消费者的体验生活更加丰富多彩，更加具有个性化色彩。体验消费对象的新奇独特、别具一格，主要表现为自然性、历史性、异域性、文化性、科技性和新潮时尚性等六大特性，这也反映出体验消费有利于人的自由而全面的发展，更加有利于社会、资源、生态环境的协调和可持续发展。

四、体验消费相关理论

（一）马斯洛需求层次理论

结合马斯洛需求理论，在商业网点规划中能够为商业网点发展体验消费业态提供一定依据，消费者在商业网点内活动，除了满足基本需求外，更希望能满足高层次的精神需求，在规划中可布局相应的体验互动场所，引导消费者积极主动地参与到不同的场景进行互动体验，以满足消费者对特定环境、新鲜事物的新奇感，获得身心的双重满足。

（二）效用理论

效用理论主要是以消费者的需求为出发点，分析研究消费者行为差异对商业组织空间决策的影响以及研究消费者如何在各种商品和劳务之间分配收入，以达到满足程度的最大化。其中效用是指商品满足人的需求的能力，或者说是消费者在消费商品时所感觉到的满足程度。效用是消费者在消费行为中的一种主观心理感受，效用因人而异，因时而异，因地而异。消费者消费某种商品能满足自身需求的程度高就是效用大，反之，就是效用小。

结合效用理论，在商业网点规划中能够为商业网点发展体验消费提供一定依据，不同消费者在商业网点内的消费需求会产生不同的消费行为，这些消费行为直接体现在商业网点内的不同业态和空间组织结构中，这就要求商业网点规划中需要充分考虑消费者的消费等级、多样化的消费需求等因素，找准商业网点的定位与类型。

五、体验消费与商业网点规划实践

（一）体验消费在商业网点规划中的定位

体验消费模式在商业网点规划中的定位是体验情景的呈现，明确的体验消费主题能够吸引消费者并给消费者带来愉悦的体验，如果体验消费主题不够明确，消费者就无法得到准确得到商品信息和空间感受，从而失去体验机会。

商业网点在规划中的定位受到周边的环境、区位、交通等因素的影响，因此体验消费在商业网点规划中应综合考虑商业网点的服务类型、服务范围及服务对象等多方面的因素。

商业网点根据服务需求不同形成了多种类型，其服务对象的消费需求也不尽相同，如大型商超、商业综合体等商业网点服务对象的消费目标多是通过一站式消费满足消费需求，而像专卖店、零售业集合店等特定的商业网点是吸引消费者进行特定商品的消费。因此不同的商业网点致力于不同消费层次与消费需求的消费者，体验消费在商业网点中的定位必然会受到商业网点自身因素的影响。

（二）体验消费在商业网点规划中的原则

1. 整体性原则

整体性主要是指体验消费业态与商业网点空间内的有关的各种业态之间的相互协调，是作为一个整体出现的，而不是相互分裂的，其中包括商业网点内外的商业空间与商业网点整体风格、环境协调统一，也包括商业网点内部各种商业业态之间，即空间布局、业态布局相互之间具有共性与整体性，通过统一整体的环境感受，形成起伏变化、富有动感的空间层次，为消费者提供空间的统一感与视觉上的和谐感，让消费者体会到连续且富有动感的空间体验。

2. 个性化原则

随着体验消费模式发展，消费从生活必需品的消费逐渐上升至精神需求品的消费，消费者开始追求轻松、愉悦的消费环境。根据消费者的心理特征，即对美好的事物喜爱的心理，在对商业网点进行规划时，应注重考虑商业空间个性化的设计，通过规划特色且富有趣味性的空间布局，创造消费者与特色商业空间的互动，布置消费体验业态调动消费者参与体验，让消费者在体验的过程中获得满足感。

3. 便捷性原则

商业网点内部空间人流与外部空间联系密切密集，消费者想要快速到达体验消费业态需要在规划中设计高效、便捷的交通流线。在消费流线设计时，首先应保证流线清晰明确，使消费者快速了解到商业网点消费流线的整体结构，使其具有明确的方位感，便于消费者找到其需要的业态点位，其次应使流线形成环路，增强商业空间的可达性。

（三）商业网点体验消费发展模式

体验消费有别于传统的商业消费模式，更加注重消费空间的体验感、代入感和参与感，对商业环境的要求比传统消费更高，在商业网点发展中，商业综合体是体验消费的常见载体，从业态组合和商业模式上，都更容易实现体验式的消费理念。

（1）初级体验消费模式。初级体验消费模式主要是集购物、餐饮、娱乐于一体的典型模式，对商业网点的空间品质和环境营造等方面要求不高，主要强调的是业态组合。城市中心商业综合体的商业功能和业态组合需相互支撑，零售业态占比要符合消费群体需求，才能完整体现商业网点目标定位。

（2）中级体验消费模式。中级体验消费模式不仅注重业态的组合和布局，而且还重视商业网点形态和内部装饰的设计。使业态组合和建筑形态有机地融合在了一起，能够更好地激发消费者的热情，使消费者参与其中刺激消费。城市中心商业综合体需在完善商业功能和业态组合的基础上加入对消费群体体验感受的考虑，通过合理的商业业态布局，将各区域的业态类型均衡分布，通过公共空间、体验空间营造突出区域主题，增强消费群体的活动体验，提高商业网点自身吸引力与竞争力。

（3）高级体验模式。一般情况下多以主题化的形式出现，并且将视觉、听觉、触觉和味觉融入商业网点中，还会为消费者营造出具有文化气息的氛围，使消费者全方位地参与到商业环境当中，在消费的过程中体验到愉悦和满足。城市中心商业综合体发展以商业网点目标定位为核心，商业环境主题化为主要形式，将目标定位融入商业主题中，通过业态布局、环境氛围、建筑形式对主题进行深化表现，让消费群体沉浸在主题消费场景中，增强消费群体的体验感、参与感。

（四）商业网点体验消费业态类型

体验业态是指服务企业为满足不同的消费体验需求进行相应的体验要素组合形成的不同经营形态。体验业态分类可以分为有店铺体验业态和无店铺体验业态两类。常见的有店铺体验业态包括电影院、电玩城、KTV、休闲会所、美容美体、儿童体验、主题餐饮等；无店铺体验业态包括主题会展、文化体验、娱乐路演等。